PLAYA GIRÓN: LA VERDADERA HISTORIA

COLECCIÓN CUBA Y SUS JUECES

EDICIONES UNIVERSAL, Miami, Florida, 1994

ENRIQUE ROS

PLAYA GIRÓN:

LA VERDADERA HISTORIA

Primera edición, 1994

EDICIONES UNIVERSAL
P.O. Box 450353 (Shenandoah Station)
Miami, FL 33245-0353. USA
Tel: (305)642-3234 Fax: (305)642-7978

Library of Congress Catalog Card No.: 94-71749

I.S.B.N.: 0-89729-738-5

Diseño de la cubierta por Eduardo Fiol

ÍNDICE

PRÓLOGO 9
«ES MEJOR BOTARLOS EN CUBA» J.F.K. 13

CAPÍTULO I 15

EL GRUPO ESPECIAL (COMITÉ 5412) Y EL PROGRAMA DE ACCIÓN ENCUBIERTA CONTRA EL RÉGIMEN DE CASTRO. SEGUNDO CONGRESO PRO-LIBERTAD Y DEMOCRACIA. CREACIÓN DEL FRENTE REVOLUCIONARIO DEMOCRÁTICO

CAPÍTULO II 21

EMPLAZAMIENTO AL RÉGIMEN. EL MDC Y EL MOVIMIENTO CLANDESTINO. EL DIARIO DE LA MARINA. PRENSA LIBRE. LA FUGA DEL MAGISTRADO ELIO ALVAREZ. PASOS PREVIOS A LA FORMACIÓN DEL FRENTE REVOLUCIONARIO DEMOCRÁTICO EN CUBA. PRIMEROS CUADROS CLANDESTINOS DE LA DEMOCRACIA CRISTIANA. EL FRD EN CUBA. ORGANIZACIONES QUE FORMAN EN LA ISLA EL FRENTE REVOLUCIONARIO DEMOCRÁTICO. EL MOVIMIENTO 30 DE NOVIEMBRE. LA ISLA USEPPA. RADIO SWAN. LOS ESTUDIANTES CHILENOS. CONSTITUCIÓN DEL FRD FUERA DE CUBA. EL FRD ESTUDIANTIL. SITUACIÓN DE LA UNIVERSIDAD DE LA HABANA. DESERCIÓN DEL PRIMER MIEMBRO DE LA FEU. LA UNIVERSIDAD DE ORIENTE.

CAPÍTULO III 63

HACIA LOS CAMPAMENTOS MILITARES. ACCIONES DE SABOTAJE. NUEVO COORDINADOR NACIONAL DEL MDC. EL MDC EN EL EXILIO. EL FRENTE REVOLUCIONARIO DEMOCRÁTICO:EL MRR, MDC, TRIPLE A, RESCATE Y MONTECRISTI. QUIENES LOS COMPONÍAN. DELEGACIONES Y COMISIONES DE TRABAJO. SÉPTIMA REUNIÓN DE CANCILLERES EN COSTA RICA. ACTIVIDAD EN CUBA Y EN EL EXILIO. ASISTENCIA ECONÓMICA A FAMILIARES DE COMBATIENTES. EL FRD EN MÉXICO.

CAPÍTULO IV 88

RELOCALIZACIÓN EN MIAMI DEL FRD. DESIGNACIÓN DEL COORDINADOR GENERAL. RENUNCIA DE AURELIANO SÁNCHEZ ARANGO. INGRESO DE RICARDO RAFAEL SARDIÑA. COMITÉ EJECUTIVO. CRISIS EN LA TRIPLE A Y EN EL MRR. ASALTO A LA EMBAJADA DEL PERÚ. FUGA DE LOS OFICIALES DE HUBER MATOS. LUCHA EN EL ESCAMBRAY Y OTRAS REGIONES. ORLANDO BOSCH DELEGADO GENERAL DEL MIRR. GERARDO FUNDORA. PORFIRIO RAMÍREZ, SINESIO WALSH. OTROS COMBATIENTES. CLANDESTINIDAD, EXILIO, CAMPAMENTOS.

CAPÍTULO V 107

EL ESTADO MAYOR DEL FRD. CORONEL EDUARDO MARTÍN ELENA. IMPUGNACIÓN A MILITARES. FONDO DE HÉROES Y MÁRTIRES. PRIMER PLENO DE LOS ESTUDIANTES EN EL EXILIO. CARTA PASTORAL DE PÉREZ SERANTES Y CARTA ABIERTA DEL EPISCOPADO A CASTRO. LAS MILICIAS EN LAS UNIVERSIDADES. LLEGA A MIAMI MIRO CARDONA. EL MRP, EL FRD ESTUDIANTIL, EL FRD OBRERO (FORD). UNIDAD REVOLUCIONARIA. JORGE FUNDORA. EL PROGRAMA DE ACCIÓN ENCUBIERTA. SUS ORIGINES. DE LUCHA DE GUERRILLA A GUERRA CONVENCIONAL. BRIGADA DE ASALTO 2506. GUATEMALA (EISENHOWER) 1954 - CUBA (KENNEDY) 1961. ACCIÓN DE PUERTO BARRIOS. EL COORDINADOR MILITAR. JIM Y EDUARDO: DOS AGENTES CON POSICIONES DISTINTAS. JUECES CUBANOS EN SURAMÉRICA.

CAPÍTULO VI 141

EL COMANDANTE JAIME VARELA CANOSA. EL CAPITÁN MANUEL VILLAFAÑA. DISTANCIAMIENTO ENTRE EL ESTADO MAYOR, EL FRD Y LOS CAMPAMENTOS. ORGANISMOS DESVINCULADOS. CRISIS EN LOS CAMPAMENTOS. VERSIONES SOBRE VISITA DE VARONA, MACEO Y ARTIME. LA TESIS GENERACIONAL. VIAJES CLANDESTINOS DE FRANCISCO Y SORÍ MARÍN.

CAPÍTULO VII 167

LA NUEVA FRONTERA Y LOS NUEVOS CONTACTOS. EL FRENTE UNIDO DE LIBERACIÓN NACIONAL Y LA AMPLIACIÓN DEL FRENTE REVOLUCIONARIO DEMOCRÁTICO. ENTRA EN ESCENA EL MRP. EL PRESIDENTE SERÁ SU PROPIO SECRETARIO DE ESTADO. EL «DISPOSAL PROBLEM». QUÉ HACER CON ESTOS HOMBRES. KENNEDY ASUME LA RESPONSABILIDAD DE APROBAR LOS PLANES.

CAPÍTULO VIII 177

EL NUEVO CONCEPTO PARAMILITAR. EVALUACIÓN DEL PLAN TRINIDAD. COMITÉS Y GRUPOS DE TRABAJO CREADOS POR LA ADMINISTRACIÓN. EL CONSEJO REVOLUCIONARIO CUBANO. DESARTICULACIÓN DEL MOVIMIENTO CLANDESTINO. LA QUINCENA TRÁGICA. DETENCIÓN DE SORÍ MARÍN, GONZÁLEZ CORSO, DÍAZ HANSCOM, EUFEMIO FERNÁNDEZ Y OTROS DIRIGENTES. ANDRÉS VARGAS GÓMEZ EN CUBA. FUERZA DIVERSIONARIA. DÍAZ LANS, JORGE SOTUS, LAUREANO BATISTA, PEPÍN LÓPEZ. LA EXPEDICIÓN DE NINO DÍAZ. EL LIBRO BLANCO SOBRE CUBA. EL PLAN QUE NO SE VA A CUMPLIR.

CAPÍTULO IX 217

LA FUERZA INVASORA: UN PESADO FARDO. SECRETO A DISCRECIÓN. INTENCIONALES FILTRACIONES DE NOTICIAS. EL COMITÉ PRO-TRATO JUSTO PARA CUBA EN LA CASA BLANCA. DEBILITANTES CAMBIOS EN LOS PLANES MILITARES. CONVERSACIONES CON MIRO CARDONA. LLEGA A LOS CAMPAMENTOS LA ORDEN DE MOVILIZACIÓN. DE ESPALDAS A LOS CUBANOS. EL MENSAJE A STEVENSON. SUSPENSIÓN DE LOS ATAQUES AÉREOS. DOMINGO 16 DE ABRIL. LUNES 17 DE ABRIL. MARTES 18 DE ABRIL. GOBIERNO PROVISIONAL EN LA CABEZA DE PLAYA.

CAPÍTULO X 255

PRESENCIA DE LAS AGENCIAS Y DEPARTAMENTOS Y SU PODER DE DECISIÓN. LA CIA: CULPABLE, PERO, TAMBIÉN, CHIVO EXPIATORIO. EL INFORME DEL GRAL. LYMAN KIRKPATRICK JR. EL INFORME TAYLOR. CONCLUSIONES

DE LA COMISIÓN TAYLOR. INADECUADA COBERTURA AÉREA. D-2 (ABRIL 15): MOTIVACIONES POLÍTICAS, NO MILITARES. CAMBIOS INCONSULTOS EN LAS OPERACIONES MILITARES. D-DAY: SUSPENSIÓN DE LOS ATAQUES AÉREOS. ROBERT KENNEDY. INEXISTENCIA DE UN PLAN ALTERNO. RESPONSABILIDAD DE ESTADO MAYOR CONJUNTO. EXTRAVÍO DEL INFORME JCSM-44-61. NO ENFÁTICA OPOSICIÓN AL PLAN. OPERACIÓN MILITAR SIN CONTROL MILITAR.

BIBLIOGRAFÍA 289

RELACIÓN NUMÉRICA DE LOS PRIMEROS BRIGADISTAS 295

BRIGADISTAS VETERANOS DE VIETNAM QUE HAN SERVIDO EN LAS FUERZAS ARMADAS DE EE.UU. Y SUS GRADOS. 297

ÍNDICE ONOMÁSTICO 299

PROLOGO

En estos momentos en que todo el pueblo de Cuba, dentro y fuera del país, se une en convicción democrática en un solo y común anhelo, es cuando los grandes y genuinos valores espirituales y morales de la patria ejercen su función de servicio.

Respecto a este libro de mi amigo y compañero en la lucha por la libertad de la patria, Enrique Ros, al cuál luego de haberlo leído y analizado en profundidad, me quiero adherir, en adhesión que no pretende ni puede ser prólogo, estudio ni glosa porque a Enrique, ni se le presenta, ni se le aclara ni se le comenta; sencillamente se le admira y aprecia.

Cuando un autor se decide a narrar un hecho histórico de un pueblo que después ha tenido tan fatales y crueles consecuencias. Y más aún, cuando se es doliente e hijo entrañable de ese mismo pueblo que ya no tiene horrores que mostrar ni dolores que sufrir, el autor no puede ser superficial ni temer a decir las verdades por muy crueles y vergonzosas que ellas hayan sido; ni tampoco palear los hechos porque le parezcan bochornosos. Eso es precisamente, con pluma ilustrativa y sin ambigüedades, lo que ha hecho Enrique Ros en su libro:

GIRÓN:
LA VERDADERA HISTORIA

La historia de la traición de Girón y sus consecuencias, que tan meticulosamente desglosa Enrique, se manifestó, después, en una especie de pútrida eclosión humana de sufrimiento, dolor, sangre y terrorismo, pues el tirano al que le obsequiaron el triunfo, tomó aquel fatídico hecho como argumento puntal y excusa vil para, a posteriori y por muchos años, desestabilizar gobiernos, diseminar e imponer la pervertida filosofía marxista con infiltraciones y tropas invasoras a multiplicidad de países de América y el viejo continente. Guerras que fueron estúpidas y sin sentido y que tuvieron que pagar, con sus vidas, miles de soldados cubanos, conscientes o inconscientes de aquella monstruosidad generada por un orate a cuyos servicios estaban.

A Enrique le asiste también, además de su coraje y sinceridad que aprendió desde joven universitario impaciente, ser uno de los artífices conspirativos que enfrentaron a los traidores y a los comunistas en las entrañas de su patria en su cabalgadura racera para apropiarse de una revolución en la que no habían participado.

Fue miembro entusiasta, fervoroso y fundador del Movimiento Demócrata Cristiano y donde llegó a ocupar la posición de Coordinador Nacional. Después, gran activista conspirativo dentro del Frente Revolucionario Democrático y el Consejo Revolucionario Cubano.

Enrique, no sólo señala en forma puntual y sintética en significación y personalización de los hechos y los hombres, así como sus fatídicas consecuencias, sino también Enrique prueba, con su conducta y acción en ese laberinto conspirativo, que había que estar seguro y consciente que la conciencia cierta de lo inevitable trae consigo el valor necesario, pero, por supuesto, sin devorar sus razones para que dicho valor no se tragara la espada con que se luchaba y se defendían esas mismas razones.

Enrique rechazó siempre, por lesiva e improcedente, la lucha entre los cubanos combatientes, pues comprendía que en aquella ardua y riesgosa tarea lo importante no era la disputa, el recelo y el polemicismo con los demás, sino lo que uno debe librar en su interior para exteriorizarlo y depositarlo en los nobles requerimientos del espíritu y de la patria.

Hace síntesis histórica y prueba la multiplicidad de errores del gobierno de los Estados Unidos de América, así como de los norteamericanos asignados por Washington. Todo lo cual, ya fuere inconscientemente, por intereses o torpeza, compartían con grupúsculos y equivocados supuestos "intelectuales" que defendían histéricamente los "nobles" ideales de la revolución cubana.

Enrique pone a relieve la deslealtad política y moral de las dirigencias de los supuestamente países hermanos latinoamericanos. Conducta que, hasta la publicación de esta obra, no ha cambiado en lo absoluto para verguenza y estigma de América como lo probará muy pronto la historia en su inexorable examen retrospectivo y hurgamiento de sus sabias curvaturas, además de mostrar, al gentilicio universal, las monstruosidades de la tiranía después de su decapitación.

No oculta Enrique la falta de autoridad del liderazgo cubano frente a la Agencia Central de Inteligencia (CIA). Todo lo cual iba generando resentimiento, intrigas, renuncias y protestas entre los propios nacionales en los parámetros de su cúpula, a la vez que advertía el presagio ominoso que fatalmente se materializó el 17 de abril de 1961 en Girón.

Enrique estaba consciente, y así lo manifestaba junto a otros honestos cubanos, que las consecuencias serían fatales para la causa y los destinos de Cuba. Por ello relata la falta de autoridad plena del Estado Mayor, los malogrados e insuficientes contactos con la clandestinidad, así como la casi inexistente jurisdicción cubana sobre los campamentos de entrenamiento.

Después de leer esta enriquecida obra de Enrique, espero que los cubanos por ello y otras muchas razones comprendan que lo importante en la vida no son las victorias o derrotas, ni tampoco los premios y castigos, sino las consecuencias. Y que la conciencia sea, en un futuro inmediato con relación a la patria y su agonía, una síntesis activa en perpetua realización para así buscar en nosotros mismos lo que el hombre vulgar busca en los demás.

Ojalá que este genuino e instructivo esfuerzo intelectual de Enrique, nos sirva para enfatizar sobre la necesidad de aprender a reflexionar entre los cubanos, así como nos anime a enterrar el hacha de las diatribas, ambiciones y egoísmos, a la vez de acabarnos de convencer (aunque bastante tardíamente), que ya es hora que de aquí en adelante todo sea la suma viviente de lo positivamente experimentado y sustancialmente extraído después de tantos errores, frustraciones y fracasos.

Orlando Bosch

El autor entrevistado para el documental «El pez es rojo»

«ES MUCHO MEJOR BOTARLOS EN CUBA»
J.F.K.

Altos funcionarios relacionados con la política exterior de los Estados Unidos y con la seguridad nacional han sido convocados a la reunión que se está celebrando en la Casa Blanca en la mañana de este martes 4 de Abril de 1961.

El grupo –que está juzgando los méritos y desméritos de un plan de invasión que ha venido cristalizándose durante 12 meses– lo componen ese día 12 hombres: un militar, dos altos oficiales de la Agencia Central de Inteligencia, un político y ocho brillantes intelectuales con poca o ninguna experiencia militar. La diferencia con la composición del antiguo grupo asesor es notable. Las consecuencias serán desastrosas.

Era ésta una de las muchas reuniones que, desde fines de enero de 1961 cuando tomó posesión, realizaba el Presidente John F. Kennedy para estudiar, modificar y aprobar los planes sobre Cuba que en la pasada Administración eran analizados por el Grupo Especial (Comité 5412) y el Grupo de Trabajo de la CIA.

Días después de jurar su cargo, el Presidente Kennedy asume la responsabilidad de aprobar esos planes. La responsabilidad, que no se había atrevido a tomar para sí el general de cinco estrellas que comandó las fuerzas aliadas en la Segunda Guerra Mundial, la toma, con despreocupada ligereza, el joven oficial de un pequeño barco patrullero. En Febrero disuelve Kennedy dos importantes organismos del Consejo Nacional de Seguridad: La Junta de Planeación y la Junta Coordinadora de Operaciones, alegando que su control sobre actividades de la Guerra Fría *representa indebida influencia militar.* La medida debilita al aparato militar norteamericano. Desde su toma de posesión el nuevo presidente ha introducido, también, apreciables y desconcertantes cambios en los planes paramilitares elaborados.

Los cubanos que se encontraban en los campamentos y ya marchaban hacia la isla nada conocían de estos fatídicos cambios que inevitablemente conducirían al fracaso. No importaba.

Es evidente que ya el Presidente ha tomado su decisión cuando expresa fríamente a los ahí reunidos en esa mañana de Abril: «Tenemos que salir de estos hombres. Es mucho mejor botarlos en Cuba (dump them in Cuba) que en los Estados Unidos. Especialmente si es allá donde ellos quieren ir.» El Presidente le ha dado solución –su solución– al «disposal problem» (el qué hacer con la Brigada) que le habían planteado en la reunión de Marzo 11.

Las reuniones de Marzo 11 y Abril 4 de 1961 y las subsiguientes decisiones –claudicantes, entreguistas– del joven mandatario le darán un ignominioso fin a los planes elaborados por el Presidente Eisenhower en Marzo 17 de 1960.

CAPÍTULO I

EL GRUPO ESPECIAL. COMITÉ 5412.

El «Grupo Especial» de funcionarios del Departamento de Estado, Pentágono, CIA y la Casa Blanca se reunía periódicamente en 1960 para estudiar acciones que pudieran tomarse en el «Caso Cuba.»

Este grupo, en la terminología burocrática llamado también Comité 5412, estaba formado por el Sub-Secretario de Estado, un Diputado del Secretario de Defensa, el Director de la CIA y el Asistente Especial del Presidente ante el Consejo de Seguridad Nacional.

Las acciones que ese año estudiaban se basaban en el «Programa de Acción Encubierta Contra el Régimen de Castro» aprobado por el Presidente Eisenhower el 17 de Marzo de 1960.[1]

Este es un documento esencial para poder comprender la estructura que la CIA le dio a la lucha contra Castro. Por años, este «Programa de Acción Encubierta» estuvo, en su totalidad, clasificado. Era considerado «secreto sensitivo.» En Marzo de 1985 fue parcialmente desclasificado este documento que consta de 10 páginas y 3 tablas. Describe el plan que habrá de guiar a la Administración de Eisenhower y luego –con cambios que habrán de debilitar grandemente el proyecto– a la de Kennedy.

Por su naturaleza de documento secreto, algunos historiadores que han cubierto el capítulo que llevó al desastre de Playa Girón no tuvieron la oportunidad de estudiarlo limitándose a mencionarlo sin poder ahondar en el mismo.

Así, Karl E. Meyer y Tad Szulc sólo dicen «la historia comienza en marzo de 1960, cuando el Presidente Eisenhower dio permiso a la CIA para organizar a los exiliados cubanos en una fuerza armada.» Theodore Draper expresa que «en la primavera de 1960 la Administración de Eisenhower aceptó ayudar a organizar una fuerza de cubanos.» Haynes Johnson se limita a mencionar que «el Presidente había aprobado la formación de un Ejército de Liberación.» Referencia similar hace Theodore Sorensen: «La

---

[1] El Programa descansaba en la Resolución NSC 5412 descrita por Allen Dulles, Director de la CIA, como «uno de los documentos más secretos del gobierno de los Estados Unidos» (Memorandum de Abril 23, 1961 de la Comisión Taylor detallando la primera reunión de dicha comisión en la que participaron el Gral. Maxwell D. Taylor; el Secretario de Justicia, Robert Kennedy; el Almirante Arleigh Burke; el Director General de la Agencia Central de Inteligencia, Allen Dulles; Mayor General David Gray; Coronel C.W. Shuller; Comandante Mitchell; General C.P. Cabell, y C. Tracy Barnes, de la CIA, y otros).

Administración Eisenhower autorizó temprano en 1960 el entrenamiento de un ejército de liberación de cubanos bajo la dirección de la CIA.» Schlesinger, quien tuvo acceso a papeles de trabajo de Bob Kennedy, menciona «las instrucciones de reclutar y entrenar una fuerza cubana capaz de realizar una acción guerrillera y reunir un amplio grupo de cubanos exiliados... 'en una oposición política unificada'.»

El Programa de Acción Encubierta contra el Régimen de Castro constaba de 4 partes o componentes y constituiría –sin que en esos momentos lo conocieran con claridad los dirigentes cubanos– la cartilla por la que se regirían «los amigos» u oficiales de la CIA.

Los cuatro elementos eran:

a) La creación de una oposición a Castro unida y responsable, localizada fuera de Cuba.
b) El despliegue de una poderosa propaganda contra el régimen.
c) La creación de una organización activa dentro de Cuba, que respondiera a la oposición en el exilio.
d) El desarrollo de una fuerza paramilitar fuera de Cuba, para una futura acción guerrillera.

EL SEGUNDO CONGRESO PRO LIBERTAD Y DEMOCRACIA.

Muy útil para poner en marcha el Programa de Acción Encubierta, resultaría una reunión hemisférica que –convocada meses atrás– se celebraría en Venezuela a mediados del próximo mes de Abril.

Doscientos treinta y un delegados en representación de veintiocho países se reunieron en Maracay el 22 de Abril de 1960 para constituir el II Congreso Interamericano Pro Democracia y Libertad. Rómulo Betancourt presidió el acto inaugural, que contó con la presencia de José Figueres, Carlos Llera Restrepo, Eduardo Frei Montalva, Galo Plaza, Paz Estensoro, Rafael Caldera, Salvador Allende y otras figuras de la América Latina. Miguel Otero Silva fue electo presidente del congreso.[2]

El Congreso había sido organizado por Frances Grant y la Asociación Interamericana Pro Democracia y Libertad, una organización que incluía americanos social-demócratas como Roger Balwin y Norman Thomas y se especializaba en contactos con dirigentes social demócratas en Latinoamé-

---

[2] Algunos de ellos recién habían firmado el día 7 del propio mes un documento de solidaridad con la revolución cubana que había sido gestado por figuras de la vida pública chilena. Entre los firmantes se encontraban Eduardo Frei Montalvo, Salvador Allende, Lucas Ayarragaray, Javier Correa, Dardo Regules, Alfredo Palacio, Janio Quadros, Lázaro Cárdenas, Rafael Caldera y Rómulo Gallegos.

rica. La conferencia excluía a fascistas y comunistas y adoptó resoluciones condenando las dictaduras de la República Dominicana, Nicaragua, Haití y Paraguay. El Congreso derrotó, muy estrechamente, una resolución que calificaba al comunismo como antidemocrático, aunque, más tarde, adoptó otra que relacionaba al comunismo como una de las muchas formas de tiranía pero ni siquiera se refería a Castro.

Entre las figuras norteamericanas que asisten está Adolf A. Berle[3] que manifiesta su preocupación por la visible presencia de los extremistas de izquierda. En su diario deja constancia de sus observaciones al llegar a Caracas el 23 de Abril:

> «Mi opinión es que esto es un desastre. Francamente la izquierda pro-comunista ha aterrorizado al centro no comunista que no se ha atrevido a levantar una voz contra Castro o en favor de los Estados Unidos o en favor de la libertad. Pepe Figueres y yo presentamos un proyecto que sumariza el punto más importante. Tuve que salir el día 26 luego de hablar con Betancourt, Galo Plaza, de Ecuador y Paz Estensoro, de Bolivia. No me gusta lo que veo. Los hombres lucen bien pero la izquierda comunista puede crear un desorden en el momento que desee; me recuerda vagamente la situación de la Revolución Francesa durante el Terror.»

Como era de esperar el Congreso estuvo impregnado de una retórica antinorteamericana. En una de las primeras sesiones Cheddi Jagan, del Partido Progresista de la Guayana Británica, presentó una ponencia contra el colonialismo americano. No contra el colonialismo francés, inglés, holandés o soviético. Sólo contra el colonialismo norteamericano. El líder del Movimiento Independentista de Puerto Rico, Luis Archilla Languier calificó de colonialista al Estado Libre Asociado; mientras el delegado paragüayo presentó una ponencia para revisar el concepto de no intervención.

La delegación cubana (el gobierno castrista no fue invitado), compuesta por Tony Varona, José Ignacio Rasco, Aureliano Sánchez Arango, Mario Llerena, Jorge Zayas (director de Avance y Vicepresidente de la SIP), hizo «en nombre del pueblo cubano, sojuzgado por una tiranía, un llamado a la

---

[3] Adolf A. Berle vivió durante varios años en República Dominicana y por las distintas posiciones que ocupó, todas relacionadas con la política exterior de los Estados Unidos, viajó extensamente. Nadie en la administración estaba a la izquierda de Berle en temas de Latinoamérica pero nadie se encontraba a la derecha de él en su anticomunismo. En 1961 Berle llegaría a ser vitriólicamente hostil a todo liberal que se oponía a una solución militar contra Castro.

defensa de la libertad y la democracia» y demandó que Castro, «de acuerdo con el compromiso de la Revolución con el pueblo,» convocase de inmediato a elecciones.

En Cuba, la FEU no demoró en calificar con los peores improperios a los dirigentes cubanos que aún se encontraban en Maracay. Otras instituciones se sumaron a la campaña de insultos a «la delegación de los intereses enemigos del progreso patrio, de los grupos exigüamente minoritarios que se oponen a los nobles y altos ideales de la Revolución Cubana.» Con este intenso barraje de insultos preparaban las condiciones para la imposición de más severas medidas de represión.

CREACION DEL FRENTE REVOLUCIONARIO DEMOCRATICO.

Hay una relación muy directa entre la celebración del Segundo Congreso Pro-Libertad y Democracia y la creación del Frente Revolucionario Democrático. Éste es, en gran medida, producto del extenso cambio de impresiones –y de la franca discusión del problema cubano– que pudieron desarrollar en Caracas, y previamente en New York, Tony Varona, José Ignacio Rasco, Justo Carrillo y Aureliano Sánchez Arango. Manolo Artime no fue a Caracas.Permanece en Nueva York y Miami y es el primero de estos dirigentes en establecer contacto con lo que comenzaríamos a llamar «los amigos.» Ya está en marcha el «Programa de Acción Encubierta Contra el Régimen de Castro.»

Antes y después de la celebración del Congreso Pro-Libertad y Democracia, los sectores aliados, hoy claramente identificados como oficiales de la CIA, propiciaron el encuentro de un grupo de dirigentes políticos cubanos con la intención de crear un frente donde se agruparan distintas organizaciones y personalidades. Las reuniones, repito, se produjeron antes y después del Congreso Pro-Libertad y se realizaron en Nueva York y Miami. Además de las personas ya mencionadas participaron en ellas, Pedro Martínez Fraga, Andrés Vargas Gómez y, con menos frecuencia, Ricardo Lorie.

La primera sesión conjunta, celebrada en el Colegio de Abogados de Nueva York,[4] fue presidida por Frank Bender, asistido por Willard Carr que hablaba español con gran fluidez. A esa reunión, que se extendió por varios días, asistieron Manuel Antonio de Varona, Justo Carrillo, José Ignacio Rasco, Manuel Artime, Andrés Vargas Gómez, Pedro Martínez Fraga y Ricardo Lorié.

---

[4] Pedro Martínez Fraga. «Examen de las Relaciones del Gobierno de Estados Unidos con el Consejo Revolucionario de Cuba.» Noviembre 24, 1961.

En esas reuniones se fijaron las bases o condiciones sobre las que descansarían las relaciones entre el gobierno norteamericano y las fuerzas opositoras al régimen de Castro. Estas bases pueden resumirse así:

a) El gobierno de Washington delega en la Agencia Central de Inteligencia (CIA), representada exclusivamente por Frank Bender (Gerry Droller), los poderes necesarios para llevar a efecto la cooperación prometida a los revolucionarios anticastristas.
b) Los participantes cubanos deberán crear un organismo central que tendría a su cargo la preparación, dirección y realización de la guerra contra el régimen de Castro.

El 5 y el 8 de Junio, Pedro Martínez Fraga envía a Frank Bender dos memorandums, el primero, titulado «Un Acuerdo de Caballeros,» delineando las bases convenidas «inspiradas por el deseo de salvar a Cuba y a las Américas del muy real peligro comunista,» y el segundo, «Algunas Observaciones,» amplía los mismos conceptos. Éstos fueron respondidos por Bender el 16 del propio mes de Junio de 1960.[5]

Este núcleo o Comité extendió cartas de invitación para participar en el nuevo organismo a distintas personalidades, algunas ya exiliadas y otras, en aquel momento, aún en Cuba: Dr. Antonio Maceo, José Alvarez Díaz, Felipe Pazos, Dr. José Miró Cardona, Carlos Hevia, Ramón Barquin, Andrés Valdespino y otros.

Con Aureliano algunos de estos dirigentes habían hablado, más o menos extensamente, en Caracas (donde faltó Artime) pero por la agresión de que fue objeto a su regreso a La Habana y su posterior asilo no pudo Sánchez Arango participar en los detalles finales de la constitución del Frente pero sí dió su aprobación a todo lo decidido y acordado.

---

[5] Pedro Martínez Fraga. «Examen de las Relaciones del Gobierno de Estados Unidos con el Consejo Revolucionario Cubano,» Noviembre 24, 1961.

Febrero 26 de 1961 -

He leído con detenimiento y admiración la relación histórica que relaciona en su escrito mi amigo Enrique Ros, principalmente por la humildad con que contempla su actuación decisiva en la vida clandestina del M.D.C. repartiéndola con caridad de amigo entre nosotros sus compañeros.
Realmente que él el que llevó a la estructuración definitiva el movimiento, dado que, por ejemplo, pude durante relativamente poco tiempo llevar a cabo la labor a mi entregada por el Dr. Rasco, teniéndome que ausentar del país aproximadamente a los 45 día de la salida del Dr. Rasco.
No hay duda que el M.D.C. ha tenido uno de sus mayores pilares en Enrique Ros.-

Guillot

---

[6] Febrero 26 de 1961

He leído con detenimiento y admiración la relación histórica que relaciona en su escrito mi amigo Enrique Ros, principalmente por la humildad con que contempla su actuación decisiva en la vida clandestina del M.D.C., repartiéndola con caridad de amigo entre nosotros sus compañeros.
Realmente fue él el que llevó a la estructuración definitiva el Movimiento, dado que, por ejemplo, pude durante relativamente poco tiempo llevar a cabo la labor a mi entregada por el Dr. Rasco, teniéndome que ausentar del país aproximadamente a los 45 días de la salida del Dr. Rasco.
No hay duda que el M.D.C. ha tenido uno de sus mayores pilares en Enrique Ros.

Manuel Guillot

(Manolito Guillot morirá fusilado el 30 de agosto de 1962).

CAPÍTULO II

EMPLAZAMIENTO AL RÉGIMEN.

Previo al Congreso Pro-Democracia y Libertad –que concluyó el 26 de Abril de 1960– el Movimiento Demócrata Cristiano de Cuba, que había mantenido una firme actitud ante el régimen castrista, publicó un severo documento de análisis crítico de la situación cubana que obligó al ocultamiento, y posterior asilo político, de su Presidente Dr. José Ignacio Rasco y su Secretario General Enrique Villarreal. Era la primera denuncia contra el gobierno que realizaba una organización cívico política.

Ya el 9 de Marzo de 1960 el MDC había demandado del gobierno «elecciones libres y honradas, como único camino que permitirá la consolidación definitiva de todas las conquistas revolucionarias.»

Antes de efectuarse el Congreso Pro-Democracia y Libertad hizo el Presidente del MDC un viaje a Venezuela y a los Estados Unidos y, elaborado ya el borrador del documento, fue discutido éste con prominentes figuras del partido COPEI de Venezuela y con diversas personalidades cubanas en el exilio. A su regreso, fueron consultados los dirigentes del MDC públicos. Todos aprobaron el análisis crítico y su publicación. En el momento final, sólo uno rehusó firmarlo.

Varias semanas habían transcurrido entre la redacción del documento y su publicación. Existía una honda preocupación en algunos dirigentes de la institución sobre las consecuencias que para ellos –en sus profesiones, en su vida diaria– pudiera tener la divulgación del mismo. La publicación del documento calzada con las firmas de todos los dirigentes del MDC podría conllevar para ellos sanciones de todo tipo, incluyendo el riesgo de privación de libertad.

Se plantearon tres alternativas. La primera fue la de publicar el enjuiciamiento con la firma de todos los dirigentes que lo habían aprobado. La segunda la de publicarlo tan sólo con la firma del Presidente del MDC haciendo constar que el MDC dejaba de funcionar y, de hecho, cesar toda actividad como grupo. La tercera opción fue la de publicarlo con la firma de Rasco y, días después, dar a conocer otro documento aún, más severo, indicando que el MDC cesaba en sus actividades, pero organizar una estructura clandestina que entraría a funcionar tan pronto fuese publicado ese segundo documento. Esta última proposición fue la aprobada, con un solo cambio: Enrique Villarreal, Secretario General del MDC, también firmaría el primer enjuiciamiento. Fue el propio Villarreal quien así lo solicitó.

La publicación de este señalamiento de la Democracia Cristiana cubana, como hemos dicho, forzó a mantenerse ocultos al Dr. José Ignacio Rasco y a Enrique Villarreal. En varias reuniones celebradas donde se ocultaban, y con la presencia de José Ignacio Rasco, Enrique Villarreal, Dámaso Pasalodos, Rafael Bergolla, Manuel Guillot, Rogelio Helú, Segundo Miranda, Enrique Ros y Luis Aguilar León, quedó ratificado que este último a nombre del MDC haría planteamientos aún más enérgicos declarando en receso a la organización.

Cuatro miembros del MDC público, Enrique Ros, Manuel Guillot, Segundo Miranda y Rafael Bergolla quedaron responsabilizados con estructurar el aparato clandestino de la organización, correspondiéndole al primero la Coordinación Nacional del Movimiento.

Eran designaciones lógicas por la estrecha y aflictiva identificación que ya existía entre ellos. Guillot (Man) había confiado en Ros la revisión final de su Carta a Castro que publicó el Diario de la Marina en Marzo 27 y que mereció la ya clásica «coletilla» del «Comité de Periodistas del Centro de Trabajo» porque contenía «párrafos que, de manera encubierta y tendenciosa, constituyen un ataque a la Revolución Cubana.» A Miranda y Guillot los unía una amistad de muchos años, fortalecida en su común carrera de agentes de aduana y su lucha por reivindicaciones de ese gremio. Bergolla (Antonino) conocía estrechamente a Guillot; amistad que se había forjado en las oficinas de Manuel Suárez Carreño en las que Bergolla trabajaba y que Guillot visitaba con frecuencia.

Ros (lo que sólo Rasco y Guillot conocían) tenía amplia experiencia en la actividad clandestina. Durante muchos meses le había ofrecido refugio a una conocida figura política del régimen depuesto[7] y había asistido a los grupos universitarios en su lucha por defender la autonomía universitaria. En Febrero de aquel año, cuando el incidente de Anastas Mikoyán frente a la Estatua de José Martí en el Parque Central, Ros había establecido contacto con Alberto Müller y otros estudiantes para ofrecerles una casa de seguridad.[8]

---

[7] Dr. Antonio Alonso Avila, Sub-leader Cameral del Partido Acción Progresista, el principal grupo político que respaldaba al gobierno del Presidente Fulgencio Batista. Alonso Avila había sido también Sub-Secretario de Hacienda.

[8] En Febrero 5 Anastas Mikoyán colocó una corona de flores ante la estatua del apóstol José Martí. A los pocos minutos un grupo de estudiantes llegó y retiró violentamente la ofrenda floral. Fueron detenidos Alberto Müller, Juan Manuel Salvat, Ernesto Fernández Travieso, Enrique Casuso, y otros.

Algunos estudiantes, entre ellos los hermanos Blanco, habían salido de las oficinas cercanas del Ministerio de Comercio donde trabajaban para unirse a la demostración. Conocida su identificación los hermanos Blanco permanecieron ocultos varios días hasta asilarse en la Embajada de Venezuela.

Semanas después, cuando el vapor «Le Coubre» explota en la Bahía de la Habana el 4 de Marzo, –por causas hasta hoy totalmente desconocidas– estaban Müller, Salvat y Fernández Travieso junto a Ros en la casa de seguridad. De ahí saldrían los estudiantes de nuevo hacia la universidad para, a nombre de una nueva organización –el Frente Estudiantil Universitario Democrático– seguir luchando «por el imperio absoluto de los principios de justicia, libertad y democracia» y oponerse a las coacciones que quiere imponer el Comandante Rolando Cubela, Presidente de la FEU, y el Comandante Angel Quevedo, Secretario General.

Pertenecía Cubela al «Directorio Revolucionario 13 de Marzo» y ocupaba el cargo de Sub-Secretario del Ministerio de Gobernación.

Angel Quevedo, siempre opacado por Cubela, se limitaba a repetir las consignas del Presidente de la FEU que, a su vez, venían dictadas por los Castro.

Ambos, junto con delegados de las Universidades de Las Villas y Oriente, proponen en Abril de 1960 una Declaración de Principios y la creación de un Consejo de Enseñanza Superior para planear la educación universitaria y depurar las facultades. La facultad de Ciencias Comerciales de la Universidad de La Habana sería la primera en oponerse.

El 13 de Abril se hace público el pronunciamiento del Movimiento Demócrata Cristiano.

> «El Movimiento Demócrata Cristiano considera un deber ineludible fijar sus puntos de vista respecto al momento actual y su orientación en cuanto al futuro» y, más adelante afirmaba «la democracia y la libertad son conceptos precisos y bien definidos en las instituciones de un Estado de Derecho, al que ineludiblemente la Revolución debe ir, cuanto antes mejor, por ser uno de sus objetivos primarios y una de las más apremiantes necesidades para su consolidación y estabilidad.»

Se emplaza al régimen a ponerle fin a su provisionalidad:

> «El Movimiento Demócrata Cristiano le pide formalmente al Gobierno Revolucionario que fije ya el término de su provisionalidad y al hacerlo piensa tanto en el porvenir de la vida nacional que, necesariamente, ha de ordenarse por los cauces de un régimen democrático permanente, como en la salud y estabilidad de la ciudadanía.»
>
> «A casi un año y medio del triunfo revolucionario el gobierno no ha anunciado cuál es el límite del Estado de provisionalidad y excepción, y cuándo y cómo la vida pública va a empezar a encauzarse hacia lo que los tratadistas del moderno Derecho Público llaman un Estado de Derecho, cuyo primer paso es la plena instauración del régimen constitucional.»

Pide el Movimiento Demócrata Cristiano la vigencia total de un régimen constitucional «sin adulteraciones, y el señalamiento de la fecha de futuras elecciones. En otras palabras, *el restablecimiento total de la Constitución de 1940.»*

En uno de sus últimos párrafos hace una enérgica denuncia de la penetración de la extrema izquierda: «No cabe duda que los comunistas avanzan a paso de carga y todos sabemos hasta donde pueden llegar si no se les detiene. Advertimos a la opinión pública de este peligro porque la República puede llegar a verse traicionada por quienes en todas las situaciones sólo persiguen sus propios fines.»

La reacción del gobierno no se hace esperar. En distintas comparecencias radiales sus voceros califican al MDC de ser un organismo contrarrevolucionario al servicio de intereses anticubanos. Los dirigentes democristianos prudentemente tratan de distanciarse de la decisión tomada por Rasco pero reafirman con vigor el derecho de la organización a discrepar y «a señalar lo que estimamos facetas negativas de algunas proyecciones del gobierno.» Firman el documento Luis Aguilar León, Carlos Busot Lugo, J. Manuel Guillot, Valentín Arenas, Rogelio Helú y Manuel J. Hidalgo.

Afirman que la institución es un movimiento pacífico y legal «amparado por nuestro sistema jurídico» y que «lo que ha tenido que decir el MDC lo ha dicho en forma pública en alta voz y sin ambigüedades....Con esa misma independencia de criterio hemos señalado al Gobierno Revolucionario lo que consideramos aspectos graves o peligrosos del actual momento cubano.»

PRIMEROS PASOS DEL MOVIMIENTO CLANDESTINO DEL MDC.

Al transcurrir el tiempo, asilados ya José Ignacio Rasco y Enrique Villarreal, sin que se publicasen otros documentos del MDC condenando la situación antidemocrática que vivía el país, el Coordinador Nacional solicitó de los dirigentes del MDC público que planteasen al Dr. Aguilar Leon la necesidad de hacerlo recesar, oficialmente, en sus actividades públicas. Como José Fernández Badué (que comenzó a trabajar en el clandestinaje con el nombre de Lucas) era el más insistente en que cesara cuanto antes la actuación del MDC público, el Coordinador Nacional comisionó a Rafael Bergolla (Antonino) a que contactase a Lucas en Santiago de Cuba y que éste se trasladase a la Habana para lograr la firma del mencionado documento.[9]

LLegados al exilio a través de la Embajada del Ecuador, Rasco y Villarreal denunciaban nuevamente las faltas de garantías existentes en Cuba y la progresiva comunización del país, cuya denuncia tendría días después una mayor repercusión en las sesiones del Congreso Pro-Democracia y Libertad donde asistieron ostentanto la representación del MDC.

Para esa fecha, Abril 15, el movimiento clandestino Demo-cristiano, como organización, daba sus primeros pasos estableciendo contactos con instituciones y personas que podrían ser útiles en la nueva etapa iniciada. La Universidad de la Habana estaba siendo sometida a una extraordinaria presión del régimen que pretendía, por todos los medios, violar su autonomía y apoderarse de su gobierno y administración.

Una de las primeras tareas de Enrique Ros (Emilio) como Primer Coordinador Nacional del MDC fue vertebrar la Sección Estudiantil del Movimiento. En aquel momento los estudiantes se encontraban unidos, más o menos efectivamente, a la Triple A, al M.R.R. y al S.A.C. y no existía en la Universidad de la Habana, ni en la de Villanueva, una Sección Demócrata Cristiana. Después de hablar con Alberto Müller, Johny Clark, Mario López Callejas, Lilia Groso, July Hernández y otros, éste último se hizo cargo de la dirección nacional estudiantil. July Hernández recién había conocido a José Ignacio Rasco en una visita a casa de Ros días antes del asilo de Rasco.

De inmediato, mientras se esperaba el receso oficial del MDC público, se comenzaron a designar responsables estudiantiles en cada facultad y en cada centro de enseñanza y se imprimieron –en mimeógrafo obtenido por López Callejas– cientos de panfletos alertando al estudiantado a defender la autonomía universitaria. Un eficiente compañero de esa etapa fue

---

[9] José Fernández Badué, que escribía en la prensa local de Santiago de Cuba «Notas Católicas de Pepín,» era considerado como el periodista del Arzobispado. Cuando meses atrás Rasco va a Santiago para constituir el MDC público habla con el Arzobispo Pérez Serantes quien lo pone en contacto con Fernández Badué. Éste gestiona, con un hacendado de apellido Russeau, fondos, y monta en una bonita casa de la Calle Lacret la oficina del MDC público.

Influye Fernández Badué en esos días con Pérez Serantes, el Padre Hernández y otros sacerdotes en el traslado a La Habana de la imagen de la Virgen del Cobre, Patrona de Cuba, para encabezar la procesión que se celebraría el 27 de Noviembre de 1959 y que culminaría —tras un desfile de antorchas— en una Misa de Medianoche en la propia Plaza de la Revolución y, luego, con una concentración el domingo 29 en el Stadium de la Tropical. Allí se inicia Pepín en la lucha frente al régimen.

Conrado (Fermín) Gómez quien se hizo cargo de la distribución de la propaganda clandestina.

En La Habana el centro de actividad se ha desplazado del antiguo local del MDC público en 9 y J en el Vedado, a los cuarteles de la incipiente organización clandestina.[10]

Se unen a la Sección Estudiantil José M. Díaz Silvera –que luego llegará a ser Presidente de la Juventud Demócrata Cristiana de Cuba–, J. Petit Cardoso, José A. Marcos (Marquitos), Clarita de León, Enrique Chao, Eduardo Arias, Armando Martínez, Lilia Groso, Luis Martínez, Sixto Calvo, Isabel Pérez y otros.

Se establecieron contactos con el Padre Testé, el Padre Villaverde, Monseñor Boza Masvidal y otras figuras de la Iglesia Católica.

A través de July Hernández, Coordinador Nacional Estudiantil del MDC, se mantiene contacto permanente con los otros grupos universitarios. Se responsabiliza a René Luis Pelli de la organización de los sectores profesionales a los que se les remitían los primeros boletines editados por la organización clandestina pero que aún no eran firmados como MDC por no haber recesado oficialmente el movimiento público.

Se incrementa cada día más la labor de organización de los cuadros universitarios y la labor de agitación en la Colina. Ya para esa fecha estaban coordinados los esfuerzos de los grupos estudiantiles de la Triple A, del MRR, del MDC, del SAC,[11] éste último dirigido por Virgilio Campanería[12] e integrado por estudiantes de la Universidad de la Habana y de Villanueva. Emilio Llufrío,[13] representando a los estudiantes de la Triple A, denunciaba públicamente en la Plaza Cadenas el diario uso de la violencia y la intimidación para tratar de someter al estudiantado.

---

[10] «La casa de Ros —recuerda años después Bergolla— era el punto diario de reunión cuando se fue a la clandestinidad. Allí estaba el cuartel general.» En forma similar se expresa Lucas: «En aquella casa siempre había un paquete de gente. No había una casa en toda La Habana con mayor actividad.»

[11] SAC (Salve a Cuba) se integrará posteriormente al Directorio Revolucionario Estudiantil que habrá de formar Alberto Muller.

[12] Virgilio Campanería caería preso un año después en Marzo 29 de 1961, y fusilado junto a Alberto Tapia Ruano y Ramón Puig.

[13] Luego de permanecer en Cuba varios meses más, ostentando distintos cargos de responsabilidad en la Triple A, Llufrío se asila y, más tarde, regresa a Cuba clandestinamente. Es apresado y sometido a juicio en 1963.

En Oriente los estudiantes democristianos comienzan a agruparse bajo la orientación de Jorge Más en la Universidad de Oriente. Junto a él estarán Tony Calatayud, René Sagebién, Pepín Casal, Emiliano Antúnez, Pepín Mustelier, Celestino Palomo, Israel Manzano, Julio Antonio Ramos (que había sido jefe de la Guardia Presidencial de Manuel Urrutia, y que luego sería Coordinador en Oriente de la JUDEC), Nemesio y Joaquín Viso y otros.[14] El grupo había comenzado a estructurarse dentro de la vida pública del movimiento. Coinciden estos primeros pasos con el inicio del Precurso de la Universidad en el mes de Mayo que lleva a Santiago a Pedro Guerra, estudiante de Guantánamo que en su ciudad se había vinculado a la democracia cristiana a través del Padre Pascual. Laureano Garrote pone en contacto a Guerrita con Jorge Más. Ambos deciden organizarse como grupo clandestino.

Se unen Armando Gelpi y Viti Gallinar de Baracoa; Alcides Martínez, Ramiro (Manino) Gómez y José (Cheo) Quevedo (en cuya casa se constituye la primera célula de la juventud en Guantánamo). En esta ciudad se incorporan de inmediato al trabajo clandestino Walfredo Corral, Luis Juárez; Pedro Iván Campos Mariño, Pedro Rivas, José L. Quijano (hoy sacerdote oficiando en Hialeah), Santiago Estévez, Urbano Alvarez, Migdalia Bueno, Nadia Mirabal y muchos más.

En Holguín organiza la JUDEC Hugo Pérez, que contaría con Tomasito Betancourt, Ino Guerra, Bonifacio Vega, Rafael Fornes entre otros. En Banes ya están trabajando Anabel Pérez, José Pioferrer y Pepín Solís; y en Sagua de Tánamo, Nicolacito Gómez y José Pimentería. Está Pedro Haber Nassif en Alto Cedro; y Tomasito Vaquero (que será fusilado en 1962), en la Maya.

En Manzanillo es de los primeros Ramoncito Cubeñas Conde que será también de los primeros en ingresar a los Campamentos de Guatemala y luego morirá en una de las misiones que con tanto arrojo realizaba. Junto a Cubeñas está Ricardo (que dejó de atender el comercio que había adquirido en la Plaza del Mercado para ocuparse de la Coordinación Municipal del MDC); y, Juan Rodríguez, que, luego de Girón, llegará a ser General del Ejército de los Estados Unidos.

---

[14] Entre los que participaron en las primeras actividades clandestinas de la Juventud Demócrata Cristiana (JUDEC) en Santiago de Cuba, se encuentran también Humberto Blanco, Julio César Díaz, José Gil Sánchez, Maximino Casals (que será de los primeros en pasar a los Campamentos de Guatemala). Fernando (Pipi) Chacón, Israel Lozada, Leidis Fallat, Juan José Marín, María de los Angeles Forjas, Ramón Canales, Ariel y Freddy Clavijo.

El 2 de Mayo el Frente Estudiantil Universitario Democrático da a conocer en La Habana un documento dirigido a los universitarios y a la opinión pública.
La denuncia dice en una de sus partes:

«En estos momentos trabajamos en la labor organizativa de nuestros cuadros. No queríamos producir nuevas declaraciones hasta estar perfectamente organizados y haber publicado nuestra Declaración de Principios. Pero los hechos se repiten y es necesario alertar a los estudiantes y al pueblo para prepararlos en la lucha que se hace necesaria.»
«No nos llenamos de miedo, no sentimos temor ante los ataques y los golpes. Y a cada golpe responderemos con golpe. Y a la fuerza responderemos con fuerza. Y a los ataques responderemos con ataques. Y a los combates responderemos con combates. Aunque nunca olvidaremos los principios y la moral que ellos pisotean.»
«Sabemos darlo todo en defensa de la moral y la dignidad universitaria. Sabemos que un día amanecerá la justicia tan alta como las palmas cubanas. Por Cuba, por la Universidad, por los ideales de nuestros mártires.»

El documento lleva la firma de Manolo Salvat como Secretario General de ese Frente Estudiantil que fue precursor, tan sólo por unas pocas semanas, del Frente Revolucionario Democrático Estudiantil que, a su vez, se convertiría meses después en el Directorio Revolucionario Estudiantil.

El mismo día, la Sección Estudiantil del MDC ayuda a repartir el periódico universitario «Trinchera» en el que, bajo la firma de Alberto Muller como su Director, se manifiesta «la posición de lucha de los universitarios cubanos contra la Revolución atea, materialista y dictatorial que los comunistas proclaman.» Para los jóvenes del MDC, como para los del MRR y demás grupos que laboran juntos, la tarea es doble porque ese día se hace circular también una edición, tirada en mimeógrafo, de «Aldabonazos,» modesto periódico preparado por Ernestico Fernández Travieso.

Los ánimos en la Colina se exaltan cuando los bonchistas que siguen a Cubela y Quevedo, intentan que el estudiantado reaccione ante «AVISOS» que la Embajada Norteamericana había colocado en edificios y locales de propiedad u ocupados por personas o entidades norteamericanas.

Pretenden con esta maniobra distraer la atención del barbárico asalto al DIARIO LA MARINA realizado ese mismo día.

Aprovechan la presencia en La Habana de dirigentes universitarios de Argentina y Uruguay para que éstos hagan declaraciones denunciando «a los enemigos internos y foráneos de la Revolución Cubana.» Alrededor de este pequeño grupo el gobierno mantiene un estrecho cerco aislándolo de todo contacto con los universitarios cubanos.

Dos o tres días después sale un suplemento de Trinchera. Lo firman Alberto Muller como Director y Manuel Salvat como Jefe de Redacción. Como título lleva:

«INTERVENCION, GRITAN LOS TRAIDORES.»
«AUTONOMIA, GRITAN LOS ESTUDIANTES LIMPIOS.»

«Vuelven a pisotear la Autonomía Universitaria... Vuelven de nuevo... los actuales traidores de nuestra patria. Los Cubela, los Quevedo, los Fidel Castro, los Dorticós, los Revellon, los que se autocalifican patriotas y están vendiendo los intereses de la patria al Kremlin comunista.»

«Hace apenas unos días, –denuncian– se confabularon para acabar con la libertad de prensa. Ahora se confabulan de nuevo para acabar con la Autonomía Universitaria.» «Adelante compañero universitario. Unirse en la palabra de orden. Unirse para luchar contra los nuevos dictadores de la patria. Unirse para defender nuestra Colina Heroica... Defender la Autonomía Universitaria no es más que defender la Patria.»

La confrontación sigue en aumento en la Universidad. Se incendiaron carros de algunos dirigentes estudiantiles gubernamentales. La violencia llegó al máximo a mediados de Mayo cuando jóvenes de uno y otro bando se enfrentaron a balazos.

Pero el gobierno quiere culpar a otros de la agudización de la lucha. El comandante Rolando Cubela, y el comandante Angel Quevedo expresaron:

«Denunciamos públicamente la maniobra contrarrevolucionaria que pretende llevar la violencia a la universidad y exhortamos a todo el estudiantado para que se mantenga alerta, porque en sus manos estará la sanción que corresponde a estos despreciables traidores.»

EL DIARIO DE LA MARINA. PRENSA LIBRE.

El Diario de La Marina continuaba ofreciendo sus páginas a los estudiantes, al MDC y a otras organizaciones.

En Marzo 27 había destacado la enérgica condena de la FEUD «al ataque perpetrado por la porra comunista» contra los estudiantes y el pueblo que «habían acudido dos días antes a la CMQ en uso legítimo de su derecho a la libre expresión.» El 25 de Marzo, Luis Conte Agüero había denunciado por radio la penetración comunista y se le impide por la noche aparecer en su programa televisado de CMQ. Tres días después aparece una nueva denuncia en el Diario de la Marina. Y al siguiente día Abel Mestre va al programa «Ante la Prensa» para emplazar a Castro y denunciar la influencia comunista de su gobierno.

Ese mismo día el periódico publica la «Carta a Castro» de Manolito Guillot emplazando al Primer Ministro «a que defina, de una vez por todas, los destinos de Cuba» porque «el problema del comunismo y el justificado anticomunismo está dividiendo a las familias, a los amigos, a las agrupaciones, a la Revolución, a Cuba.» Ni los que mucho han perdido ni los que nunca han tenido bienes materiales que perder «están dispuestos a perder algo intangible:... nuestra moral cristiana.»

En Marzo 28 una reunión convocada en la Universidad de La Habana pide la expulsión de Alberto Müller, Manolo Salvat, Tulio Díaz y otros estudiantes. Las denuncias públicas se hacen cada día más frecuentes.

Durante el mes de Abril aparece casi a diario una denuncia contra el régimen. El miércoles 13 La Marina publica en primera página el documento en que el MDC fija su posición contra el gobierno de Castro. El 29 da a conocer la impugnación que hace la Sección Universitaria del Frente Nacional Democrático Triple A del Anteproyecto General de los Estatutos de Reforma Universitaria al que califica de «insuficiente y reaccionario.» El documento lo firman Emilio Llufrío –que tan estrechamente ha trabajado con el MDC clandestino– como Secretario General y Julio Sánchez, como Secretario de Cultura.

El miércoles 28 de Abril se produce un hecho que produce conmoción: El Dr. Elio Alvarez, antiguo Magistrado de la Audiencia, que estaba preso con exclusión de fianza, se escapa de la Audiencia de la Habana. La espectacular fuga es, por supuesto, relatada por el Diario de la Marina que también recoge las declaraciones del Magistrado Alvarez y del Dr. Manuel Gómez Calvo, Presidente de la Sala Quinta de la Audiencia.

La Comisión Estudiantil Nacional Auténtica condena a la FEU, presidida por los comandantes Cubela y Quevedo, por sus ataques a destacadas figuras que habían asistido al Congreso recién celebrado en Caracas.

Acaba de terminarse en Maracay, Caracas, el Segundo Congreso Pro-Libertad y Democracia, al que hemos hecho referencia, donde figuras sobresalientes de la política y la intelectualidad cubana y latinoamericana, denunciaron y condenaron al régimen de Castro. El hecho, una vez más, es destacado en el Diario de La Marina.

Se publica también la invitación que los dirigentes de la Triple A extienden a la población para recibir en el Aeropuerto de Rancho Boyero al Dr. Sánchez Arango a su regreso. Firman el documento compañeros con los que a diario laboramos y otros con muchos de los cuales funcionaremos posteriormente: Leopoldo Morffi, Dr. Mario Villar, Emilio Llufrío, entre otros.

El 7 de Mayo llegaba al Aeropuerto Internacional de Rancho Boyeros, Aureliano Sánchez Arango de regreso del Congreso Por la Libertad y la Democracia. Al descender del avión se produjo un enfrentamiento a golpes y disparos entre los seguidores de Aureliano y miembros de la fuerza pública. Fue una abierta agresión personal al dirigente de la Triple A.

La agresión de que fue objeto el Dr. Sánchez Arango[15] fue ampliamente recogida por el Diario de la Marina. Era esto mucho más de lo que podía soportar el régimen de Castro. El miércoles 11 de Mayo se produce el ataque fidelista. Sale el periódico con esta aclaración:

> «La Federación Nacional de Artes Gráficas y el Colegio Provincial de Periodistas de la Habana asumen provisionalmente su dirección. Nuestra consigna es 'Patria o Muerte'.»

Fue su última edición. No vuelve a salir el periódico fundado en 1832.

Lanzan paletadas de fango contra el Diario La Marina: «La Marina murió porque estaba contra el pueblo.» «La Marina murió porque ésta es una revolución de verdad.»

El gobierno organiza el entierro simbólico del más antiguo rotativo de Cuba y aprovecha el momento para lanzar una seria amenaza a Prensa Libre, el único periódico independiente que queda en la isla: «El destino de Prensa Libre dependerá de sí mismo.De nadie más... En la Cuba de hoy no hay más que dos caminos. El de la Revolución y el de la contrarrevolución.Son dos caminos irreconciliables....En el camino de la contrarrevolución están los círculos imperialistas... es el camino de la traición, de la quinta columna... **Prensa Libre sigue el camino de La Marina.**»

Pero antes el gobierno había dado algunos pasos para tratar de neutralizar a Prensa Libre. Varias figuras del régimen se acercan a Humberto Medrano, Sub-Director del periódico, buscando una base para «un armisticio.» La respuesta de Medrano es tajante: «¿Un armisticio? Sólo los ejércitos pactan un armisticio. Nosotros somos un periódico, no un ejército. No hay armisticio posible.» La reacción de los voceros castristas es amenazante: «Tendrás que atenerte a las consecuencias.»

«Prensa Libre» no se amedrenta. En el número del viernes 13 publica su editorial «Los Enterradores» denunciando que «en esos entierros vergonzosos de la libertad de expresión están enterrando los principios por los que tanta sangre se ha derramado en nuestro suelo desde la Guerra de

[15] Aureliano se ve forzado a asilarse en la Embajada de Ecuador de donde partirá a Venezuela.

Independencia....Estamos contra el empleo de la fuerza para acallar la voz de cualquier ciudadano sea periodista o no.»

Al producirse el asalto fidelista al Diario de la Marina, y, días después, a Prensa Libre, la Coordinación Nacional del MDC logró obtener un original de la carta que José Ignacio Rivero dirigió a otros directores de periódicos (que nunca publicaron) y el editorial «Cuba: Comparecemos Ante Tí» en el que Humberto Medrano denunciaba la sumisión política del régimen de Castro a la Unión Soviética y cuyo editorial el gobierno no permitió publicar. Ambos trabajos –la carta de José Ignacio Rivero y el editorial de Prensa Libre– fueron profusamente repartidos por el incipiente Movimiento Clandestino Democristiano a través de sus boletines.[16]

LA FUGA DEL MAGISTRADO ELIO ALVAREZ.

Días atrás, la opinión pública se había conmocionado con la noticia difundida por la radio, de la espectacular fuga del magistrado Elio Alvarez del edificio de la Audiencia de la Habana.

De maniobra contrarrevolucionaria calificó el periódico Revolución la fuga del Magistrado Elio Alvarez, denunciándola como parte de un plan contra la Revolución Cubana. Los cintillos del periódico castrista mostraban el estupor del régimen ante el dramático rescate: PERSONAJES DE LA TRAMA. EMPIEZA LA MANIOBRA. LA VISTA. LA ACTITUD DE LOS MAGISTRADOS. SURGE LA CONFUSION. IRREGULAR PROCEDIMIENTO. La extensión de su cobertura noticiosa confirmaba la importancia que Castro le concedió a esta acción.

El plan –ideado por Frank Alabau Trelles–[17] lo desarrolló y lo puso en práctica un grupo muy reducido de amigos de Elio, conscientes de los riesgos y de la responsabilidad que asumía.

El gobierno revolucionario tenía mucho interés en mantener privado de libertad a Elio Alvarez. El depuesto magistrado se encontraba guardando prisión en La Cabaña desde el 23 de febrero de ese año por dos causas, la número 55, acusado de conspiración, y la número 1736 de delación.

El 20 de abril, pocos días antes de la espectacular fuga, el juez instructor Teniente Jorge Marbán dispuso la libertad de Elio Alvarez por la causa 55

---

[16] La carta de José Ignacio Rivero llega al MDC clandestino a través de Ambrosio González del Valle. El editorial de Prensa Libre se recibe de manos de Juan Navarrete.

[17] Francisco Alabau Trelles. Antiguo Magistrado de la Audiencia de Santiago de Cuba y de La Habana había sido designado miembro de la Corte Suprema de Justicia al triunfo de la Revolución.

de conspiración y fue trasladado por el propio Teniente Marbán de La Cabaña para el Príncipe, sujeto, ahora, sólo a la causa 1736.

Frank Alabau había conseguido una certificación de la cárcel, enclavada en el Castillo del Príncipe, haciendo constar que Elio Alvarez ya no estaba sujeto a ninguna causa pendiente. Esta certificación la tenía el Magistrado Gómez Calvo en su poder y era la que permitiría, desde el punto de vista legal, justificar que Elio «había sido puesto en libertad» en la misma Sala Quinta de la Audiencia, ya que las palabras de ritual eran: «El detenido queda en libertad si no hay otra causa pendiente.»

Así se desarrollaron los hechos: Cerca de las 10 de la mañana llegó a la audiencia Elio Alvarez conducido por la escolta del penal, permaneciendo en el salón contiguo al de los abogados y pasando, después, a los calabozos hasta el inicio de la vista del recurso de «habeas corpus» que había sido presentado por su abogado defensor Dr. Lázaro Ginebra ante el Magistrado Manuel L. Gómez Calvo.

Al iniciarse la vista, alguien con aspecto autoritario le dijo a los custodios: «Desde este momento queda el detenido a la disposición de la Sala. La escolta puede retirarse.» Los custodios quedaron fuera de la Sala.

Elio conocía que se tenía planeado su secuestro de la Audiencia, pero ignoraba qué día, en qué momento y en que forma se haría.

Elio Alvarez pasó al sótano donde lo esperaba un carro. Aún con traje de preso, escondido en el asiento de atrás, salió del edificio de la Audiencia hacia la casa de seguridad del Nuevo Vedado en la que tantos meses había permanecido oculto otro gran amigo, el Dr. Antonio Alonso Avila.

Cerca de las dos de la tarde la escolta, a quien en forma repetida se le había dicho que el detenido quedaba a disposición de la Sala, pidió al Secretario Dr. Pedro Pablo Villanueva, que le diera una constancia escrita. El Secretario hizo constar que «el preso quedaba a la disposición de la Sala.» Los custodios hicieron contacto con la guarnición del Castillo del Príncipe informándole de la situación. Ya para entonces Elio Alvarez estaba muy lejos del edificio de la Audiencia de la Habana.

Irrumpen en la Secretaría de la Sala Quinta, alrededor de las 4 de la tarde, varios oficiales del ejército rebelde y de la policía, pertenecientes a la guarnición del Castillo del Príncipe. Increpan al Secretario Villanueva, lo detienen durante varias horas. Pero todo es inútil. Nada sabe del paradero de Elio Alvarez. La radio da a conocer la fuga. Los periódicos de la tarde la confirman. Tras la enérgica protesta del Magistrado Gómez Calvo[18] el Secretario Dr. Villanueva es puesto en libertad.

«Nunca, que se recuerde –reporta indignado Revolución– y de ello pueden dar fe los que hayan ejercido la abogacía en la capital se había producido un hecho similar... señalamos aquí en el juzgado que es esto parte de la maniobra contrarrevolucionaria cuyo acto principal se pretende escenificar en los Estados Unidos donde denuncian supuestos maltratos a los presos en las cárceles cubanas.»

Jamás se había producido el hecho –repite irritado el periódico castrista– de «que un acusado quedara en libertad en la propia Sala, llevándose inclusive el traje de preso que vestía que es propiedad del Estado.» Un nuevo cargo para Elio Alvarez: Robo de una Propiedad del Estado!

Elio Alvarez se encuentra ya en la casa de seguridad del Nuevo Vedado.

Se inician de inmediato los contactos con el Embajador Chiriboga, de Ecuador, cuya sede diplomática está a pocas cuadras de la casa de seguridad y quien ya, antes, había facilitado el asilo político del Dr. Alonso Avila, el del Dr. José Ignacio Rasco y de Enrique Villarreal. Ingresa Elio a la Embajada de Ecuador el 2 de mayo en calidad de huésped por el elevado número de asilados que se encontraba en esos momentos en la embajada. En mayo 6 se consigue su traslado a la Embajada de El Salvador que estaba situada en la Calle 3ra. de Miramar, cerca de las oficinas del G2.

El magistrado Alvarez sale de la casa de seguridad el 2 de mayo y el 4 entra en ella Manolo Guillot. Manolito acababa de denunciar en la prensa ese mismo día la agresión del gobierno al Colegio de Corredores de Aduana del que era él dirigente distinguido. En su denuncia exige Guillot al régimen respeto a la Constitución y lo emplaza a la celebración de elecciones. El día anterior Ros había llevado la carta al Diario de la Marina

---

[18] No era esta la primera dificultad que el Magistrado Gómez Calvo encaraba con el Gobierno Revolucionario. Meses atrás, en Junio de 1959, fue uno de los magistrados de la Audiencia de La Habana que ordenó la libertad del Dr. Enrique Llaca Ortiz a quien le querían negar el derecho de habeas corpus. El Dr. Francisco Alabau Trelles, como miembro del Tribunal Supremo intervino a favor del Dr. Gómez Calvo manifestando que «ni la Revolución ni el Gobierno Revolucionario pueden desconocer el habeas corpus que había sido uno de los estandartes de la Revolución «y que sólo 'los tiranos y los déspotas desechan el habeas corpus'.»

Hugh Thomas, en su libro, tan inexacto, *Cuba: La lucha por la Libertad*, hace mención a la valiente posición del Magistrado Gómez Calvo y del miembro del Tribunal Supremo Frank Alabau Trelles.

y a otro periódico. La Marina lo publicó; el otro periódico se negó a hacerlo diciendo que Guillot era un agitador y que servía los intereses de Castro y de los comunistas!

No podía Manolito Guillot permanecer por más tiempo en libertad. Su ataque no podía ser tolerado por el régimen castrista. Expresaba en ese documento su oposición, «decidida y pública, a términos y posiciones coactivas, atentatorias a la libre expresión impuesta por funcionarios del gobierno.» Pedía «la plena libertad de criterios para todos los cubanos,... la desaparición de las infames coletillas que sirven de coacción moral bochornosa a la prensa, ...que se elimine el control estatal sobre el obrero... que se vuelva a respetar íntegramente la Constitución.» Con valentía expresaba Manolito Guillot: «Me consideraré HONROSAMENTE contrarrevolucionario si me titulan así por mis convicciones como católico, anticomunista por principios, defensor de la libre expresión,... contrario a la coacción material o moral de Gobierno a Pueblo o miembro de una organización cívico-política cristiana.»

Es Bergolla (Antonino) quien lleva a Guillot de la casa de seguridad a la embajada.

PASOS PREVIOS A LA FORMACION DEL FRENTE REVOLUCIONARIO DEMOCRATICO EN CUBA.

De todas las actividades en Cuba, Ros mantiene informado a Rasco quien a su vez, por conductos clandestinos, le da a conocer los pasos que se dan en los Estados Unidos. Una mañana recibe el Coordinador Nacional del MDC instrucciones de ir con urgencia a Miami.

Sale hacia allá el 13 de Mayo. Habla con Rasco quien le da detalles de lo que se ha conversado en Caracas y de todo lo que se ha avanzado en la formación del FRD. Va (el MDC clandestino) a integrarse en el Frente Revolucionario Democrático. Rasco lleva a Ros a una reunión con Artime que se celebra en la propia casa de Rasco (1774 S.W. 11 Street); hablan de todo lo realizado en Cuba, principalmente con la sección estudiantil. Artime parece estar al día de mucho de lo que se ha hecho. Luego pasan, Rasco y Ros, a ver a Tony Varona con quien el Coordinador Nacional del MDC tiene un similar cambio de impresiones. Después, la conversación es con Justo Carrillo. No conoce aún el Coordinador Nacional del MDC el motivo de estas reuniones. Al día siguiente queda enterado: Ha sido seleccionado para incorporar en Cuba, en un frente unido, a las demás organizaciones del FRD.

Vuelve Ros a entrevistarse ese día, separadamente, con Carrillo, con Tony y con Artime. Cada uno le da el nombre, el nombre de guerra, la contraseña y el contacto del responsable nacional de su organización.

Tiene que memorizar esa información. Al día siguiente, mayo 15, saliendo de una reunión –no ligada al trabajo clandestino– caminando junto a Amalio Fiallo y Antonio Alonso Avila sufrió una caída que le ocasionó la fractura del tobillo. Como estaba obligado a regresar de inmediato no quiso someterse a tratamiento médico en Miami.

En horas de la tarde ya había establecido contacto con Francisco. Fue el inicio de una estrechísima colaboración que se extendería hasta que Ros abandonó Cuba. Después, vió a Lomberto,[19] que había aceptado la responsabilidad de organizar Rescate Revolucionario, como llegaría a llamarse el grupo auténtico de Tony Varona. Por último, se vió con Eneas, de la Organización Montecristi. Luego, días después, contactaría a Tony,[20] el responsable –junto con Pepe Utrera– de la Triple A, cuyos datos ofreció Aureliano al llegar asilado a Miami.

De los integrantes originales del Frente era Lomberto, por la alta posición pública que había ocupado, y por la campaña de moralización que había desarrollado como Ministro de Gobernación, la figura más conocida. Por eso se ven siempre en distintos sitios. En una oficina en la Rampa; en la casa de un médico al fondo del Hospital Mercedes, y en otros lugares diversos. Alrededor de Lomberto se integran César Lancís, Tony Santiago, José Julio Fernández y otros.

Con fecha 23 de Mayo de 1960 se firmó el documento en que formalmente se hacían recesar las actividades del MDC público, que de hecho no había funcionado desde el asilo de Rasco y Villarreal.

El Comunicado reconoce que «Como la gran mayoría del pueblo cubano, el Movimiento Demócrata Cristiano unió su entusiasmo a la gran obra renovadora nacional y aplaudió y aplaude fervorosamente las realizaciones positivas de la Revolución,» pero señala que «lamentablemente el fecundo impulso creador de la Revolución se ha visto oscurecido cada

---

[19] A Lomberto Díaz, que había sido Ministro de Gobernación bajo el Gobierno de Prío, le había solicitado Tony Varona que organizase la agrupación Rescate ya que los intentos realizados anteriormente por Mario del Cañal no habían tenido éxito. En un principio, Lomberto había presentado reparos porque ya muchos cuadros de acción Auténticos estaban vertebrándose bajo la OA (Organización Auténtica). Finalmente aceptó la nueva petición de Varona que recién le había llegado a través de la Sra. Fresneda que tenía una agencia de pasajes en La Habana.

[20] Mario Escoto, cuyo nombre de guerra era Tony, era un viejo militante de la Triple A. Vinculado a César Lancís por la estrecha amistad que lo había unido al cuñado de éste, Mario Fortuny (muerto en la lucha contra el gobierno de Batista), Escoto había militado también en la Organización Auténtica (OA). En abril de 1961 caerá preso y cumplirá más de 20 años de cárcel.

vez más por algunos aspectos negativos que han ensombrecido el cuadro,» y denuncia «la tendencia hacia el gobierno de una sola voluntad unipersonal e inapelable, la férrea limitación de las voces discrepantes, la propensión totalitaria a subordinar al Estado todas las actividades económicas...»

Para luchar por la difusión de sus ideales, «la Democracia Cristiana requiere un minimun de condiciones y de posibilidades que le garanticen la libre expresión de su pensamiento. Y tales condiciones no se dan en Cuba.»

De ahí que «los integrantes del movimiento Demócrata Cristiano hayan decidido suspender sus actividades públicas y recesar como movimiento organizado.»

Para evitar ser identificado con las actividades del movimiento clandestino, ya en marcha, los firmantes hacen esta aclaración: «A partir de este momento... todo manifiesto o proclama que aparezca apoyado o firmado por el Movimiento Demócrata Cristiano de Cuba habrá de reputarse falso.» Resultaba comprensible esta aclaración que no impidió a algunos de los firmantes incorporarse a la ya pujante organización clandestina.

El gobierno trata de ignorar el documento. Pero en algunas localidades donde son conocidos los dirigentes del movimiento público la reacción no se hace esperar. Desde Güines, donde residen Jesús Angulo y Eddy Carrera se les lanzan ataques a estos militantes democristianos por haber firmado el manifiesto. El periódico Revolución califica a Jesús y a Eddy de «divisionistas,» «rosablanqueros,» «siquitrillados,» «pepillitos,» «niños bien» y otros epítetos.

A fines de marzo, desde Caracas, a donde ha viajado con frecuencia, Manuel Antonio de Varona da a conocer un manifiesto titulado «El Drama de Cuba Ante América,» en el que fija su posición frente al gobierno de Castro: «Comparezco ante mi pueblo y América, fiel al deber de defender la causa de su soberanía e independencia ...Privada mi patria de libertades y derechos, emprendo en esta Caracas generosa los duros caminos del destierro... y denuncio la existencia en mi patria de un régimen dictatorial de factura comunista.»

PRIMEROS CUADROS CLANDESTINOS DE LA DEMOCRACIA CRISTIANA.

En esa fecha fueron designados, aunque ya de hecho algunos realizaban esas tareas, José Fernández Badué (Lucas), Coordinador Provincial de Oriente; Laureano Garrote (Eulogio), Vice-Coordinador Provincial de aquella provincia; Guillermo Martínez (Ramiro), Coordinador de Santiago de Cuba; Pepín Ceñal (Sierra), Coordinador de Holguín. Jesús Angulo asume la responsabilidad de la Coordinación Provincial de la Habana, junto con Eduardo (Eddy) Carrera; Dámaso Pasalodos (Andrés) se hizo cargo de la Coordinación Nacional de Finanzas junto a Luis Manrara (Silvio). Asumen otras responsabilidades Pedro García, Lilia Groso, Benigno Galnares (Otto, el Profesor), René Luis (Ignacio González) que se hace cargo de organizar a los profesionales. En esta etapa se incorporan al movimiento Fermín Fleites, Mike Cervera, Neil Núñez, Nando López y otros en Oriente; D. Barceló, G. Vasquez, en Las Villas. También se unen Manuela Calvo,[21] Hilda Barrios (Ileana),[22] quien realiza un efectivo trabajo primero en Oriente y, luego, en La Habana.

El aparato clandestino ya estaba constituido en La Habana y Oriente. Había que llevarlo a las demás provincias utilizando contactos previos. Para esta tarea Ros, como Coordinador Nacional, organiza dos viajes al interior. El primero lo realiza July Hernández, recorriendo Las Villas y Camagüey y llegando a Oriente donde, a través de Laureano Garrote (Eulogio) conoce en una casa de Vista Alegre a Lucas. Establece July también contacto con Jorge Más, en aquel momento estudiante de la Universidad de Oriente, y con Pedrito Guerra, de Guantánamo, que había mostrado su inmensa capacidad de trabajo.

Guerrita[23] acababa de trasladarse de su ciudad a Santiago para iniciar el pre-curso de la Universidad. En Guantánamo deja laborando en la activa organización clandestina a Jorge Hernández Abdo, Linardo Elías, Quintín Fernández, Ricardo Escardo y otros muchos.[24] Como miembro activo de

---

[21] Manuela Calvo fue miembro del MDC público a cuyas reuniones en 9 y J concurría. Había ingresado a través del Padre Testé y luego, iniciada la labor clandestina, trabajó con Benigno Galnares (El Profesor), Rafael Bergolla (Antonino), Eddy Carrera y otros.

[22] En la etapa de la lucha contra el gobierno de Batista, Hilda Barrios, conocida como Ileana, se había incorporado muy joven a la Columna 8 del Comandante Hubert Matos. El proceso a que fue sometido Matos, a cuyo juicio ella asistió, la decepcionó del régimen.

[23] Pedro L. Guerra Bueno, joven de Guantánamo, fue de los primeros en incorporarse al MDC clandestino. Condenado a varios años de prisión, que cumplió en Boniato y en una granja entre Victoria de las Tunas y Puerto Padre, salió de la cárcel en 1971 y, de inmediato, volvió a ser condenado por el delito de intento de salida ilegal del país. Sirvió su nueva condena hasta 1979 y pasó al exilio, donde continuó laborando dentro de las filas del MDC.

[24] La JUDEC en Guantánamo en aquellos primeros pasos contará con Manolito Hernández, Marie Prieto, Ramón Alvarez Guzmán, Felicia (Lupe) Bernet, Edgardo Velázquez, Ramón Rodríguez Suárez, Ariel Guitian, José Gómez, Héctor Pérez Atencio, Alberto y Edmundo Iglesia, Gelín Rodríguez, Jesús Fernández, Tony Durance, Carlos

la juventud en Oriente participará Neil Núñez,[25] de Victoria de las Tunas que llegará a ser Coordinador Militar de la provincia, y luego, Coordinador Nacional de la Juventud. Junto a Neil estarán Alcibíades y Papito Cano, Rodolfo Nápoles y Miguel Cervera en la JUDEC, y en otras secciones dentro del movimiento estarán Eulalio Vidal (fusilado en 1962), Rafael Suñet, Orlando Poello, Feliciano (Chano) Velázquez, Oscar Martínez Casanovas; Natalio Hernández (fusilado en 1962), Elio Peña, Felipe Santiago, Andrés Casanovas, Gregorio Ortiz, Ramón Antonio Nápoles.

Para el segundo viaje –por su imposibilidad de manejar como consecuencia de la fractura de la pierna– comisiona Ros a Fernández Badué (Lucas) y a Bergolla (Antonino) facilitándoles su propio automóvil. Van a Matanzas, Las Villas y Camagüey.

En Caibarién comienza a funcionar Alfredo Parra (Parrita) que por muchos años va a mantener una inquebrantable militancia demo-cristiana. En Camagüey se incorporan al aparato clandestino Fritz Appel, el Dr. Ramón Boza, el Reverendo Blanco que habían sido miembros distinguidos del MDC público; Raúl Rodríguez, que luego será Coordinador Provincial; J. Perdomo que será fusilado. En los cuadros de la juventud, funcionan en Camagüey Acelo D'Alexandre, Daniel Castiñeira y Rafael Angel Quevedo. En Ciego de Avila se hace cargo de la organización Magno Moreno Melo, que llegará a ser Coordinador Nacional del MDC. En Morón está al frente de la labor organizativa, Fernando Gómez. En Bayamo, Delfín Díaz y Eladio Armesto. En San Luis (Oriente), Yeyo Otero, Roberto Fluxa, que había sido fundador del MDC público; Manolo Rivero; Daniel Morales, que más tarde será Coordinador Provincial, y Eulogio Mojena.

Ya la organización está funcionando en todo el país. Desde Baracoa –donde se cuenta con José Campo y Argeo Martínez, ambos capitanes del Ejército Rebelde, y Silvio Salvio Abella– hasta Pinar del Río. En Guantánamo, donde el movimiento clandestino surge de las filas universitarias, ya éste opera en diversos sectores con Reunaldo Mirabal, Mario Cardona, Gastón Bueno, Antonio Arrieta, Emilita Mayo; Carlos Campos, que ocupará la Coordinación Municipal y morirá fusilado en Diciembre 25 de 1961. Junto

---

Gómez, Carlos Abella, Luis Martínez Calzadille, Alberto Chi Tey, Oscar Rodríguez.

[25] Neil Núñez Agüero había pertenecido al Ejército Rebelde en la Sierra Maestra formando parte de la Columna 12. Destacado luego en la Capitanía de Victoria de las Tunas, que contaba con una dotación de 52 hombres, comenzó a conspirar cuando el proceso del Comandante Huber Matos; Licenciado del Ejército, es detenido por conspiración en distintas ocasiones en 1960 sin que le puedan probar los cargos.

a ellos trabajan Cuqui Guitian, fundador del MDC; Manolito Martínez y Monguín Mola.

En Santiago de Cuba participan Celestino Palomo, Agustín Gallego, Ulises Calzado, Mariano Maurice Estín, Lucía Hechevarría; Lilita Jauregui, Coordinadora de la Sección de Mujeres de aquel municipio; Fernando Tercilla; Gloria Rodríguez, que organizó a los educadores. Miguel Sastre, Consuelito Gómez, Olga Perera, Erasmo Martínez, Ramón Más Tudela.

También, Santiago Moisés que luego será Coordinador Municipal; Héctor Carbonell que a fines de 1960 se incorporará al MRP; Manuel Castillo («El Viejo.») Vicente Sánchez, Coordinador de la juventud en Santiago, Caridad Bustamante; Felipito Rondón, que morirá en Playa Girón.[26]

Se une al movimiento José A. Marcos (Marquitos), joven Primer Teniente del Ejército Rebelde que comienza a conspirar con estudiantes del instituto de segunda enseñanza y con otros jóvenes.

Más tarde, ya bajo la Coordinación Nacional de Lucas, Manuela Calvo (la Dra. Juana) se hará cargo de organizar la Sección Femenina en distintas regiones del país: San Juan y Martínez, Caibarién, Camagüey y otras ciudades. En Caibarién incorpora al movimiento al propietario de una imprenta que se ocupará de la publicación y distribución de la propaganda y establece contacto con Parrita que es el responsable de aquel importante puerto. En Camagüey organiza, con la cooperación del Dr. Ramón Boza a un activo grupo femenino; trabajan allí, también, Santamarina y el Dr. Lamar. Sus principales contactos los realiza a través de las iglesias de La Caridad y La Soledad. En La Habana trabaja con Fernández Badué y con Eddy Carrera.

En La Habana se une Jorge Villaverde Lamadrid, que llega a ocupar la posición de Coordinador Nacional de Acción y Sabotaje. Junto a él funciona Guillermo Ara. Entre los universitarios están Luis (el Chino) Chao, Sixto Calvo, Alvaro Lorenzo Fradera, Tony Guerrero y Armando Gonzalo. Están también Antonio Babarro y Nelson Escala. Entre los profesionales, Eugenio Sansón, Jorge Escala, más tarde Coordinador Nacional de la Juventud Democristiana (JUDEC); José Antonio (el Chino) Petit, al que meses después habrá que exfiltrarlo de Cuba en una de las diversas misiones realizadas por la organización en el exilio, José Rivas (Paché), que será Coodinador Nacional en años posteriores, y el médico David Orta.

---

[26] En Santiago formarán también parte de estos primeros núcleos Manuel Cuza, Juan Saro, Manuel Sarbeito, Narciso Ramos, Javier Casas; Tony y María Luisa Figueras; Pedrito Jaile; Emiliano Infante; José A. Pérez Flaquer; José Antoni Estefan; Kiko Mazorra; Ramón (Monchi) Alonso; Hatuey y Emiliano Infante; Arnaldo (Pachucho) Santacruz; Nené Sinca, José Guerra Albuerne, Johny Leivit, Daniel Fajardo.

En Matanzas, se une Alberto del Junco que llegará meses después a la posición de Coordinador Nacional del MDC. Se incorporan en distintos momentos otras figuras que habrán de ocupar cimeras posiciones en la lucha clandestina: Magno Moreno, José Luis Socarrás de Pinar del Río que ocupará después el cargo de Coordinador Nacional y morirá a manos del G2. Trabajará con él José Somohano. Para esa fecha, a través del Sub-Coordinador Nacional del MDC, Segundo Miranda (Frank), se había establecido una perfecta identificación con frailes de un convento donde se escondieron compañeros perseguidos, se imprimió propaganda, se realizaron entrevistas con dirigentes de otras organizaciones y se estableció contacto con embajadas extranjeras.

EL FRENTE REVOLUCIONARIO DEMOCRATICO EN CUBA.

El 31 de Mayo se produce la primera reunión de los coordinadores nacionales de las organizaciones que constituyen el Frente Revolucionario Democrático:

Movimiento	Coordinadores
Movimiento de Recuperación Revolucionaria (M.R.R.)	Francisco
Movimiento Demócrata Cristiano (MDC)	Emilio
Organización Montecristi	Eneas
Triple A.	Tony y Pepe
Rescate Revolucionario	Lomberto

Queda así constituido oficialmente en Cuba el FRD, correspondiéndole a Rogelio González Corzo (Francisco) la coordinación militar.

ORGANIZACIONES CLANDESTINAS DEL FRENTE REVOLUCIONARIO DEMOCRÁTICO.

Las conversaciones iniciadas días antes, durante y días después del Congreso Pro Libertad y Democracia habían culminado en la constitución del Frente Revolucionario que, en los primeros meses[27] estaría compuesto de cinco organizaciones: MRR, MDC, Rescate, Triple A y Montecristi.

[27] En Septiembre 15 el FRD tomaría el acuerdo de aceptar a Ricardo Rafael Sardiña como representante de 4 organizaciones.

De acuerdo a Manolo Artime[28] las primeras conversaciones que sostuvo para crear el Movimiento de Recuperación Revolucionaria fueron con Angel Ros Escala (Guillín) que le presentó a Jorge Sotus, y en las que participaron también Rafael Rivas Vázquez, Carlos Rodríguez Santana[29] y Carlos Hernández. Fue Jorge Sotus quien lo puso luego en contacto con Ricardo Lorié y con Michael Yabor; después se unieron Sergio y Joaquín Sangenís, Nino Díaz, Pepita Riera, Pepín López y, desde antes, Francisco.

Nino Díaz[30] ofrece una versión ligeramente distinta. Según Nino, luego de haber venido él a los Estados Unidos, en Agosto de 1959, a petición de Pedro Luis Díaz Lans, para entrevistarse secretamente con el antiguo Jefe de la Aviación y con Jorge Sotús,[31] regresó a Cuba y continuó sus contactos con miembros del Ejército Rebelde y elementos civiles. A fines de ese año, recibió la visita de Carlos Rodríguez Santana (Carlyle) que lo ponía en contacto con un grupo de estudiantes de La Habana, muchos de ellos de la Universidad de Villanueva. Ya para entonces tenía, en Santiago de Cuba, una de las primeras células de lo que se denominó MRR, integrada por Felipe Vals; su cuñado, Eddy Fernández Uriarte; Llillo Fernández, hijo del dueño del garage La Cubana, y otros. En aquellos momentos Jorge Sotús, que había regresado a Cuba, se había incorporado al Ejército Rebelde y comenzó a trabajar dentro del recién formado MRR. (En marzo 19 de 1960 el ya ex-Capitán Sotús es arrestado bajo la acusación de ser el jefe de una conspiración contra el gobierno revolucionario).

---

[28] Declaraciones de Manuel Artime durante el juicio a que fueron sometidos los brigadistas en 1961. (Revolución Marzo 28, 1962).

[29] Carlos Rodríguez Santana (Carlyle) murió realizando prácticas en los campamentos de Guatemala y en su honor su número 2506 se tomó para darle nombre a la Brigada 2506.

[30] Higinio (Nino) Díaz que había militado en la Juventud Auténtica, era Comandante del Ejército Rebelde. Participó en la toma de Moa y, luego del triunfo de la Revolución, pronto se sintió defraudado y comenzó a conspirar. Teófilo (Toffí) Babún le facilitó un Jeep para que se movilizara dentro de la provincia de Oriente.

[31] Jorge Sotús —según Nino Díaz— estaba temporalmente en Miami.

Según Bebo Acosta[32] el MRR fué originalmente constituido por Nino Díaz, Sotús, Santiago Babún, Rogelio González Corso, Bebo Acosta, Artime y Lorié. Artime organiza a la gente de Oriente y Rogelio a los de La Habana.

A fines de Abril (de 1960) Nino Díaz se encuentra alzado. También lo está, por distintas razones, Manuel Beaton. La importancia de estos dos movimientos armados se puso en evidencia por el mucho tiempo que, en su comparecencia en radio y televisión, le dedicó Castro a tratar de minimizarlos y su admisión de que él (Castro) había ido personalmente a Oriente para organizar las milicias que los combatirían.

Fue el MRR creciendo con la incorporación de figuras como el propio Francisco (Rogelio González Corzo) y jóvenes estudiantes –como Alberto Muller, Manuel Salvat, Ernesto Fernández Travieso, Johny Clark y otros que, –aunque asumían otros nombres para las organizaciones de lucha–, se sentían como parte de la Sección Estudiantil del MRR. Se unían Ernestino Abreu, primero en Manzanillo y otras regiones de Oriente, y luego en Matanzas; también José Enrique Dausá, Kikío Llansó, Roberto Varona; Héctor Fabián y otros en La Habana. La unidad de la célula inicial o embrión del MRR duraría hasta mediados de Junio de 1960.

Tan sólo unos días antes, el 8 de Junio, el MRR había ofrecido un amplio informe «a la opinión pública de América»[33] denunciando como «el sometimiento a una ideología extraña y totalitaria y las más desmedidas ambiciones personales» de los dirigentes de la Revolución «han traicionado los limpios anhelos de ésta y han obligado al pueblo cubano, una vez más, a ponerse en pié de lucha para alcanzar el logro de sus nobles anhelos de democracia y justicia social.» Firman el extenso documento Manuel Artime, Ricardo Lorié, Antonio Michel Yabor e Higinio (Nino) Díaz.

El MDC había surgido a la vida pública a fines de 1959. En abril, como ya se ha explicado, se produjo de hecho un receso en sus actividades públicas y se inició la etapa clandestina y mantuvo su unidad durante todo el año 1960.

Rescate Revolucionario tuvo que vencer un obstáculo más serio. Siendo de extracción Auténtica no podía utilizar el nombre del Autenticismo en su labor clandestina porque la figura más sobresaliente de ese partido, el antiguo presidente Dr. Carlos Prío Socarrás, permanecía en Cuba sin expresar oposición al régimen de Castro. Mientras que en sus actividades

---

[32] Orlando (Bebo) Acosta se distinguirá dentro de Cuba por crear métodos innovativos para la recepción de armas. Exiliado en enero de 1961, estará al frente de distintas operaciones de envíos de armas y pertrechos.

[33] Firmado en Costa Rica el 8 de Junio de 1960.

de oposición pública se utilizaba el nombre del Autenticismo, como en los documentos que daban a conocer la Comisión Estudiantil Nacional Auténtica y la Comisión Obrera Nacional del PRC (A), la labor clandestina no podía realizarse utilizando el nombre de esa organización política. Por eso, el grupo Auténtico que seguía la dirección del Dr. Manuel Antonio de Varona asume el nombre –en Mayo de 1960– de Rescate Revolucionario.

Rescate lo integran originalmente Lomberto Díaz, César Lancís, Alberto Cruz, Tony Santiago, José Julio Fernández, Gil Ascurra, entre otros. Al salir de Cuba, en lo que consideró que sería un breve viaje, a Lomberto lo sustituyó Alberto Cruz quien, también, había sido ministro del gobierno auténtico.

El Frente Nacional Democrático Triple A, funcionó siempre bajo ese nombre y la labor pública, de abierta confrontación al régimen, la llevaron a cabo Anastasio Martínez, por la provincia de Pinar del Río; Javier de la Vega, Leopoldo Morffi y Fernando Melo Fontanills en La Habana; Mario Villar por Matanzas; Roberto Calderín por Las Villas; Ernesto Botifoll en Camagüey y Vicente Portuondo por Oriente. Además de estas figuras, eran responsables en la organización pública de la Triple A Miguel Zahonet, Ageda Valdés, Felipe Donante, José R. Morel, Rolando Piñera, Ramón Iglesias Vasallo, Jorge González y otros.

El aparato clandestino de la Triple A estaba dirigido por dos viejos revolucionarios, ambos ya fallecidos. El primero, Mario Escoto, que utilizaba el nombre de guerra de Tony. El segundo, Pepe Utrera de vieja y reconocida presencia en las actividades revolucionarias y que había militado en las filas del Partido Comunista del que se había desvinculado años atrás.

La unidad de la Triple A se quebró en Septiembre de 1960, muy poco después que el Frente Revolucionario Democrático (FRD) optase por la designación de un Coordinador General y que fuese electo para esa posición el Dr. Manuel Antonio de Varona.

La Agrupación Montecristi carecía de presencia apreciable en esos momentos en los sectores obreros, y estudiantiles. En la lucha anterior contra el gobierno de Batista, Justo Carrillo había actuado como Coordinador General pero había sido Francisco (Pancho) Carrillo quien, como Secretario General, había organizado el movimiento de toda la isla. Muchos de aquellos miembros comenzaron a militar en la nueva estructuración. Más tarde se le incorporarán otros profesionales distinguidos.

Por la comunicación que se mantenía con el exterior, el movimiento clandestino sabía que el 22 de Junio se daría a conocer desde la ciudad de México la constitución del Frente Revolucionario Democrático (FRD). Esa misma noche aparecieron pintadas en las esquinas céntricas de La Habana las siglas FRD dándose una demostración de organización y pujanza.

Tan pronto como el MRR entró a participar en el Frente Revolucionario Democrático comenzaron las fricciones dentro de aquella organización. En el intervalo producido entre la constitución del FRD en Cuba (fines de Mayo de 1960) y la constitución oficial del FRD en México (Junio 22 de 1960) las tensiones dentro del MRR eran ya evidentes. Francisco comparte con Ros sus preocupaciones por las diferencias que existían en los Estados Unidos entre los dirigentes de su organización y de las que él se mantenía perfectamente informado a través de Manolito Guillot y el propio Artime.

Aunque Ricardo Lorié y Michel Yabor son orientales como Nino Díaz, y proceden todos de las filas del Ejército Rebelde, no habían tenido los dos primeros, en Cuba, contacto personal con Nino. Sus relaciones se establecen cuando Nino llega a Miami. «Lorié y Yabor ya estaban funcionando dentro de la maquinaria revolucionaria (MRR) y habían creado una fuerte organización dentro de las fuerzas militares de Castro y con miembros del antiguo Ejército Constitucional cubano.»[34] Los aguerridos comandantes rebeldes se van distanciando del carismático joven médico.

A fines de Junio Manolo Artime le pide a Francisco, según éste le cuenta a Ros, el envío de una comunicación respaldándolo para solventar la crisis planteada en Miami. El documento llega al Comité Ejecutivo del FRD el que da por ratificado a Manolo Artime como representante de esa organización en el Frente. En ningún momento el grupo disidente del MRR mantuvo contacto dentro de Cuba con las organizaciones que componían el Frente. Sólo Francisco era, en todos los niveles, el representante reconocido del Movimiento de Recuperación Revolucionaria.

El 25 de Julio es ya del dominio público, en Miami, la escisión del MRR, pues en un documento en el que se hace un llamado a los cubanos a participar en esta organización no aparece la firma de Lorié, Yabor ni Sotus. Como integrantes del Comité Ejecutivo firmaban Manolo Artime, José Arriola, Ambrosio González del Valle, Pepita Riera, Manolito Guillot, Herman Koch (que moriría meses después en la Invasión de Bahía Cochinos), Joaquín Sanjenís, Rafael Rivas Vázquez, Manolín Hernández, Roberto Varona García (no el hermano de Tony), Luis Bueno, que había sido Coordinador Provincial de Oriente en el MRR en Cuba, y Abel de Varona. Dos días después se da a conocer la separación de Lorié, Nino y Michell

---

[34] Entrevista de Nino Díaz con Enrique Ros.

del MRR,[35] quienes en la tónica autodestructiva que caracterizó al exilio de los años 60 respondieron «expulsando» de su MRR a Manolo Artime.[36]

EL MOVIMIENTO 30 DE NOVIEMBRE.

Ya para esa fecha se había comenzado a estructurar también, con grandes dificultades, el Movimiento 30 de Noviembre. Será una organización que –durante una larga etapa– luchará contra el régimen paralelamente al FRD sin existir estrechos contactos entre ambos. Es esta organización consecuencia del X Congreso de la CTC[37] donde se había hecho evidente, para muchos líderes sindicales democráticos, que no podrían contrarrestar la creciente y poderosa influencia comunista en el movimiento obrero.

El grupo que da los primeros pasos para la formación del Movimiento 30 de Noviembre lo forman, entre otros, David Salvador –que aún ocupaba la Secretaría General de la CTC–; Luis Moreno, de los tabaqueros, que había integrado la Comisión Organizadora del X Congreso; Jesús Brito; Jesús Fernández, Hiram González; Carlos Rodríguez Quesada; Valle Galindo (ayudante del Comandante Juan Almeida); Jaime Vega; Gabriel Hernández Custodio; Luis Nibo, que había sido oficial del Ejército Rebelde, y Carlos Manuel Delgado. Se designa a David Salvador como Coordinador Nacional; a Carlos Rodríguez Quesada como Organizador Nacional, quien habrá de viajar al interior del país para estructurar al movimiento. La coordinación militar del incipiente movimiento le corresponderá primero a Hiram González[38] y luego a Jaime Vega, pasando Hiram a Jefe Nacional de Acción y Sabotaje. La representación estudiantil la ostenta, junto a otros, Ricardo Vázquez que funcionará primero en Las Villas y luego en La Habana. Participará también en la labor clandestina, Arturo González que va a ocupar la posición de Secretario de Abastecimiento.

Se avecina para este grupo, su prueba de fuego. El Congreso de los Trabajadores de la Construcción en el que Castro señaló el nuevo papel de

---

[35] Acuerdo tomado «en sesión celebrada con fecha 18 de Julio y confirmada por la Dirección Nacional del MRR en Cuba.»

[36] Acusan los firmantes a Artime «entre otros delitos graves, de maquinación para destruir el prestigio de los compañeros de lucha y traicionar los postulados revolucionarios.»

[37] «El Congreso de los Melones:» Verde por fuera, rojo por dentro.

[38] Hiram González, antiguo teniente del Ejército Rebelde, había pertenecido muy joven al 26 de Julio. Fue de los primeros en incorporarse a la nueva organización.

un dirigente sindical: «Ahora el líder no es el que viene a demandar, no es el que viene a agitar demandas. Ahora el líder tiene el duro papel de pararse en una tribuna a decir....Demandas, no! Líder sindical es el que elige ahora: aumento de la producción! aumento de esfuerzo!» Este Congreso tuvo especial importancia porque le costó a David Salvador perder la Secretaría General de la CTC. Por protestar sobre los planteamientos del Congreso y la amañada elección de su Secretario General, Carlos Rodríguez Quesada[39] fue inhabilitado por 20 años para participar en labores sindicales. El gobierno quiere imponer al movimiento obrero la nueva «filosofía revolucionaria.» La CTC sería el instrumento idóneo en «el adoctrinamiento revolucionario de los trabajadores y de las masas» según expresaba el 9 de Junio Jesús Soto, Secretario de Organización de la CTC.

LA ISLA DE USEPPA.

Dos semanas antes, el 16 de Mayo de 1960 se reune en un modesto motel de Fort Lauderdale un grupo de jóvenes. Tres días después se les reunirá Manolo Artime. Irán todos, el 19 de mayo, hacia Fort Myers donde en dos pequeñas lanchas son trasladados a la isla Useppa para comenzar su entrenamiento.

Los primeros 10 en llegar a Useppa Island, pequeña isla aparentemente arrendada por Freddie Gaudie, serán José Andreu; Antonino Díaz Pou;[40] Vicente Blanco Capote;[41] Javier Souto;[42] Armando Acevedo; Carlos

---

[39] Carlos Rodríguez Quesada saldrá de Cuba asaltando un barco camaronero en Dupont, Matanzas, el 24 de febrero de 1961. Vendrá junto a Luis Moreno, José Romero Sotolongo y Roberto Almas. La salida la organiza Arturo González.

[40] José Antonino Díaz Pou, estudiante de la Escuela de Derecho de la Universidad de La Habana era militante del —en aquel instante— incipiente Movimiento de Recuperación Revolucionaria (MRR). En febrero de 1961 se infiltra en la provincia de Oriente. Después de fracasada la invasión se asila en la Embajada de Venezuela y, luego, renuncia al asilo y continúa su actividad clandestina. Es detenido en Matanzas, condenado a muerte y fusilado en diciembre de 1961.

[41] Vicente Blanco, que actuó como rediotelegrafista durante la invasión, escribió uno de los más detallados relatos sobre la constitución del núcleo inicial de la Brigada. (Revista Girón, 1985).

[42] Javier Souto formará parte de los equipos de infiltración. Hoy es un honesto funcionario público que ha ocupado altas posiciones electivas.

Rodríguez Santana (Carlay), cuyo número 2506 le dió nombre a la Brigada; Enrique Casuso; Ramón Machado; José Raffo; y Humberto Solís Jurado.

Le seguirá, ese mismo día, un segundo grupo compuesto por José Raúl Varona González; Frank Bernardino; Guido Valladares; Enrique Falla; Gabriel Durán; William (Billy) Schuss; Manuel Reyes; Jorge García Rubio Cancio; Jorge Gutiérrez Izaguirre y José Benito Clark Sánchez.

Son sometidos allí a un examen médico y se les asigna un número de inscripción que había de comenzar con el 2501.

Allá, en la pequeña isla, los reciben, como recuerda Vicente Blanco, «el flaco y alto Jerry» que será el policía militar y guardián, a «las órdenes del narizón Bill, jefe de seguridad.» Están «el tuerto Walter Dick... que será luego el instructor en telegrafía;» «Mack que hacía de sargento instructor, y Gordon, responsable y jefe de todos.»

Ya ha llegado a Useppa otra decena de jóvenes: Emilio Martínez Venegas,[43] quien a los pocos días estará a cargo del traslado a Guatemala de los futuros expedicionarios (A Panamá irán directamente algunos de los que se encontraban en Useppa; otros luego pasarán, en ambas direcciones, de Guatemala a Panamá); José Basulto; Carlos Hernández; Jorge Giraud; Aurelio Pérez Lugones; Rafael Quintero; Rubén de Quesada; Fernando Trespalacios y Manuel A. Blanco Navarro.

Le siguen Santiago Morales, Guillermo Fernández-Mascaró; Ricardo Céspedes Jimenez, Ramón Ferrer, Reinaldo A. García Martínez,[44] Jorge Navarro Rodríguez y Miguel Orozco Crespo.

Llegan José (Pepe) Pérez San Román[45] y su hermano Roberto,[46]

---

[43] Emilio Martínez Venegas, estuvo muy estrechamente vinculado a Artime. El 3 de Julio de 1960 organizó la movilización hacia Guatemala (vía Opa Locka) de las primeros expedicionarios que se entrenaban en Panamá. Infiltrado en Cuba, poco antes del 17 de Abril cae preso sin ser identificado. Luego de cumplir varios años de cárcel llega al exilio.

[44] Reynaldo García Martínez, después de Girón se incorporó al ejército norteamericano sirviendo en Vietnam. Alcanzó el grado de Coronel.

[45] José (Pepe) Pérez San Román, aunque joven, era un militar de carrera. Sirvió en Cuba como Oficial de Planeamiento de la División de Infantería; recibió cursos de infantería en Fl. Benning, Georgia; Profesor de la Escuela de Cadetes del Ejército Constitucional de Cuba; Oficial sin mando en el Ejército Rebelde; preso político en 1959. Llega al exilio en Noviembre de 1959. Recibe entrenamiento en Useppa, Ft. Gullick (Zona del Canal de Panamá), y Base Trax (Guatemala); es nombrado Jefe de la Brigada y se convierte en jefe militar de la invasión.

Osvaldo Piedra Negueruela;[47] Hugo Sueiro; Manolo García-Rubio; René Chávez Pérez; Luis Alberto Beltrán; Alejandro del Valle;[48] Gustavo Caballero Acosta; Tomás Cruz;[49] Gilberto Hernández; Oscar Alfonso Carol Armand, quien, como narraremos oportunamente, habrá de renunciar por elevados principios de cubanía a la Jefatura de la Brigada. Junto a ellos llegan a Useppa, para seguir a los campamentos, Adolfo González Mendoza; Pedro Tomás Moreno, Rodolfo Hernández Herrera; Hugo Gómez Oyarzabal; José Manuel Alfonso; Angel Hernández Valdés; Francisco Salicio Sánchez; Miguel M. Alvarez Jimenez y Manuel Antonio Rodríguez Treto.

---

[46] Roberto Pérez San Román fue, junto a su hermano Pepe, de los primeros en incorporarse a lo que habrá de ser la Brigada de Asalto, y en la que comandará el Batallón de Armas Pesadas. Al fracasar la invasión en la que dió muestras de valor, fue rescatado, medio inconsciente, en un pequeño bote de velas tras 15 días en el mar sin alimentos ni agua. Estaban frente a New Orleans. Diez de los 22 hombres que toman el bote habían muerto de hambre y de sed. Los que murieron en la trágica travesía fueron Vicente R. García, el primero en morir; Raúl García Menocal; José García Montes, que había ocupado un alto cargo diplomático en Japón; Alejandro del Valle, que comandó el Batallón de Paracaidistas, Jorge García Villalta; Jesús Vilarchao; Rubén Vera Ortiz; Ernesto Hernández; Julio Caballero; y Marcos Tulio García, el más joven de los tripulantes.

[47] Osvaldo (Chirrino) Piedra Negueruela sirvió, muy joven, en la Fuerza Aérea del Ejército Constitucional. Se graduó en 1957 en San Antonio, Texas, como piloto de bombarderos. Desde los campamentos realizó distintas misiones de suministro, y fue de los pilotos que atacaron tres aeropuertos cubanos el 15 de Abril. Morirá en combate aéreo el 17 de Abril.

[48] Alejandro del Valle, respetado y admirado por sus compañeros, pronto ocupó la Jefatura del Batallón de Paracaidistas. Luego de pelear bravamente, tomó el pequeño barco junto a Roberto San Román y otros 20 brigadistas. A los 10 días murió de sed, en larga agonía.

[49] Tomás Cruz, uno de los primeros negros en incorporarse a la Brigada, será luego siempre recordado por la respuesta que le dió a Fidel Castro cuando éste le dijo «¿Cómo estás tú con ellos? ¿No sabes que antes no dejaban a los negros bañarse en la playa?» Todos los cubanos conocen la respuesta de Tomás Cruz: «Comandante, yo no he venido aquí a bañarme en la playa.»

Media docena más completarán el núcleo inicial de los 66 que llevarán la honrosa numeración del 2501 al 2566: Mirto Collazo;[50] Pedro Acebo Rodríguez; Jorge Rojas Castellanos;[51] Rubén Vera Ortiz; Pedro Vera Ortiz y, el número 2566, Oscar Luis Acevedo Alemán, que llegará a comandar una compañía.

De Useppa Island, varios fueron a Fort Gullick, en la Zona del Canal de Panamá. De ahí pasaron a Guatemala donde volvieron a reunirse con los oficiales de comunicación de la Brigada que habían llegado directamente de Useppa. Artime regresará por un tiempo a Miami antes de volver a Panamá y, posteriormente, a Guatemala.

Aún no han hecho crisis las tensiones internas del MRR, y Nino Díaz que –desde su salida clandestina de Cuba en un barco camaronero– había estado en contacto con la CIA, es trasladado por ésta a Panamá, donde, de acuerdo a lo que luego expresa a Ros, le es ofrecida la jefatura del campo de entrenamiento de Fort Gullick. Allí se había producido una crisis por diferencias entre Pepín López, de extracción revolucionaria, y otros reclutas cubanos que habían pertenecido al Ejército Constitucional. Las condiciones impuestas por Nino para asumir la jefatura no fueron aceptadas por los norteamericanos, y lo regresaron a Miami.

RADIO SWAN.

Días atrás, en Mayo 17, había quedado instalada Radio Swan en la isla Swan. Originalmente se había planeado como una estación clandestina pero, poco antes de salir al aire, se decidió operarla como una estación

---

[50] Mirto Collazo formó parte de la comisión de 10 brigadistas que el 19 de Mayo de 1961, un mes después del desastre de Girón, vino a los Estados Unidos a negociar la liberación de los brigadistas presos. Al regresar la comisión a la prisión el 31 de Julio, Collazo fue uno de los dos miembros que rechazó volver.

[51] Jorge Rojas Castellanos formó parte de los equipos de infiltración. Junto con Jorge Gutiérrez Izaguirre, Abel Pérez Martin, Jorge Recorey y José Regalado, penetra en Matanzas. Detenido el 17 de Abril sin ser identificado, es delatado por el traidor Benigno Pérez (que había formado parte de los eqipos de infiltración pero era un agente castrista). Rojas Castellanos será fusilado el 23 de Septiembre de 1961.

comercial.[52] Su programación dirigida a Cuba gozó de prestigio y credibilidad sólo por poco tiempo.

No era la primera vez que en la pequeña isla enclavada frente a las costas de Honduras funcionaría una poderosa estación de radio para difundir información y propaganda encaminada a lograr el éxito de una operación encubierta organizada por la CIA.

Ya en 1954 se había montado una operación similar. La misma localización, idénticos personajes, igual modo de operar, similar plan de acción. Distinto desenlace.

La estación de radio dirigida a respaldar la operación que derrocaría al gobierno de Jacobo Arbenz en Guatemala, había sido construida por el entonces Coronel Edward Lansdale[53] siguiendo las indicaciones de Allen Dulles quien el año anterior había sido designado por el Presidente Eisenhower Director de la Agencia Central de Inteligencia.

LOS ESTUDIANTES CHILENOS.

En los primeros días de Junio, y a través igualmente del Sub-Coordinador Nacional del MDC Segundo Miranda (Frank), se estableció contacto con un grupo de estudiantes chilenos que de regreso a su patria, procedentes de los Estados Unidos, estaban visitando la Habana bajo estrecha supervisión del régimen. La atención del continente se había fijado en ese grupo de estudiantes desde que, en los primeros días de Marzo de 1960 en Santiago de Chile, habían hecho entrega al Presidente Eisenhower de un documento en que analizaban la política de los Estados Unidos hacia América Latina. Invitados por el Presidente Norteamericano a visitar los

---

[52] Radio Swan comenzó a funcionar como una legítima estación comercial a petición de la Marina de los Estados Unidos para cubrir la participación de ese cuerpo en la construcción de la planta. De hecho fue la marina norteamericana quien la construyó en menos de 60 días.

[53] Edward Lansdale presentó en 1960 y 1961 distintas objeciones al plan sobre Cuba. Consideraba que la fuerza invasora no debía ser inferior a 3 mil hombres. Su participación en la «Operación Cuba» fue limitada. En Mayo de 1962 vuelve a aparecer su nombre en la lucha contra Castro. Así lo menciona Miró Cardona en el análisis conque presenta su renuncia al Consejo Revolucionario en Abril 9 de 1963: «Realizamos el censo de posibles combatientes; preparamos, sin vetos ni exclusiones, las listas de oficiales, dentro de los términos de edades señalados; el General Lansdale vino hasta Miami para discutir conmigo determinados aspectos del problema militar, que no era de fácil solución y que implicaba inevitables delaciones.» Desempeñó un papel más destacado en Filipinas y Vietnam. Se retiró como Brigadier General de las Fuerzas Aéreas de los Estados Unidos.

Estados Unidos, estaban ahora de paso por la Habana en su regreso a Chile. Durante dos meses y medio Patricio Fernández, Santiago Munita, Alejandro Fonley y los otros jóvenes chilenos habían captado el interés de la prensa internacional y, ahora, eran huéspedes del gobierno revolucionario.

El Presidente títere Osvaldo Dorticós, en extensa carta de Abril 10 –y ampliamente desplegada en la edición del periódico Revolución de Abril 12– interfiere en el intercambio epistolar del mandatario norteamericano y los estudiantes chilenos. Expresaba Dorticós que «en Cuba hay una democracia efectiva, con la participación real del pueblo en la edificación de su propio destino.» Calificando de «intervencionista» la carta del presidente Eisenhower invitaba Dorticós a los estudiantes suramericanos a visitar Cuba para «conocer la realidad cubana.» A eso venían los universitarios chilenos.

Era esencial para la ya pujante organización clandestina democristiana poderles hacer ver la verdadera realidad de la situación cubana.

El Presidente Eisenhower había sido víctima de varios actos de hostilidad en su viaje al Cono Sur y a la región del Caribe en febrero y marzo de ese año. Los estudiantes chilenos no participaron en las manifestaciones de violencia sino que le presentaron al mandatario norteamericano una extensa carta analizando los problemas existentes en la América hispana y solidarizándose con la revolución cubana.

Patricio Fernández, Presidente de la Federación de Estudiantes de Chile, en su carta al Presidente Eisenhower afirmaba que el sistema interamericano se basaba en establecer de una forma jurídicamente obligatoria la solidaridad de destino de América Latina con los Estados Unidos. Consideraba que era un sistema que descansaba en compromisos aceptados por los más débiles en favor del fuerte. De los pobres en favor del rico. Era una repetición de los argumentos enarbolados en toda conferencia o encuentro hemisférico. Pero el documento, que en esos días tuvo tanta repercusión en Hispanoamérica, se refería también al problema cubano y expresaba, como era habitual, que «la intervención norteamericana en Cuba no sólo sería un crimen sino una inmensa estupidez.»

Una de las secciones de la carta entregada a Eisenhower se titulaba «Revolución y Autodeterminación en Cuba.» La trama estaba orquestada pues, al día siguiente, la confrontación se tornaba violenta en Montevideo donde se produjo una lucha entre estudiantes y miembros de la fuerza pública que custodiaban la seguridad del Presidente Norteamericano. Esta vez, los estudiantes no entregaban documentos; tiraban piedras al Presidente Eisenhower y a su comitiva cuando éstos pasaban en automóviles descubiertos hacia la Casa de Gobierno.

En artículo publicado en Bohemia, Jorge Mañach, que aún no se había percatado del tinte totalitario que ya cubría al gobierno revolucionario, expresaba su sorpresa porque los periódicos «al menos los que hablan por la Revolución, no hayan reproducido la carta que los estudiantes chilenos dirigieron al presidente Eisenhower.» El filósofo y pensador cubano calificaba la misiva «de un documento admirablemente maduro.» Fue, pues, Mañach quien, en el propio mes de Marzo, había traído a la palestra pública cubana esa carta a la que tanta importancia se le concedió en Latinoamérica.

En mayo, cuando los universitarios chilenos respondieron –ahora en un documento público– la carta que el Presidente Dorticos les había enviado invitándolos a visitar Cuba, era obvio que el gobierno trataría de sacar el mayor provecho de esta conveniente visita para mostrarles el mejor rostro de la Revolución cubana. La Sección Estudiantil del MDC se preparó para ofrecerles una clara imagen de las medidas opresivas a que estaba siendo sometido el pueblo cubano.

Rompiendo la estrecha vigilancia, Frank Miranda, July Hernández y otros pudieron establecer contacto con Patricio Fernández, Presidente de la Federación Estudiantil y con otros de los jóvenes chilenos e informarlos de las continuas violaciones a la autonomía universitaria, de la intimidación ejercida en las últimas elecciones de la FEU, de la violencia desatada por los provocadores castristas en la Colina Universitaria y de la falta de garantías en toda la nación.

El primer cambio de impresiones se realizó a las 48 horas de su llegada en el propio hotel Habana Riviera donde se estaban hospedando. Fue José Venegas, Secretario de Relaciones Exteriores de la FEU quien interrumpió, junto con Carlos Olivares, el intercambio de ideas de July y Frank con los jóvenes chilenos.

Dos días después, antes de iniciar la conferencia de prensa que tenían anunciada, Frank Miranda y July Hernández pudieron hacerles entrega del documento que los estudiantes nos habían solicitado y que se había preparado para ellos.

Ya un grupo de jóvenes veteranos en lucha de guerrilla han comenzado –inicialmente con independencia los unos de los otros– a procurar y almacenar armas. Se sienten frustrados por el proceso revolucionario. En esas actividades se encuentran, en Las Villas, Diego Paneque, Sinesio Walsh, Joaquín Membibre, Diosdado Mesa, Edel Montiel, Evelio Duque, Porfirio Ramírez, Plinio Prieto, Osvaldo Ramírez y otros. Junto a ellos está Orlando Bosch[54] que, aún antes de iniciar los primeras contactos con los

[54] Orlando Bosch, médico de Santa Clara, había sido en la lucha contra el gobierno del Gral. Fulgencio Batista, Coordinador Provincial del 26 de Julio sustituyendo a Enrique Oltuski. Al triunfo de la Revolución es designado gobernador de Las Villas. De inmediato choca con Castro al oponerse a las arbitrarias confiscaciones de casas y automóviles que

hombres que están decididos a alzarse, comienza a transportar y ocultar armas.[55]

«Castro había sido un fraude. Teníamos que reivindicarnos combatiendo de nuevo como sabíamos hacerlo: como guerrillas» explica Bosch al hacer un recuento de aquella etapa. «Primero me reuní con los mejores dirigentes del 26 de Julio. Lo hicimos en el Laboratorio Koster. Luego ví al Comandante Diego –de Acción y Sabotaje cuando la lucha contra Batista. Ví al Negro Ramírez (Porfirio); más tarde fundamos el MIRR.»[56]

CONSTITUCIÓN «OFICIAL» DEL FRENTE REVOLUCIONARIO DEMOCRATICO (F.R.D.)

Fue el 22 de Junio de 1960 que, de manera oficial, se da a conocer en México el manifiesto de Constitución del Frente Revolucionario Democrático (FRD). Firman el documento Manuel Antonio de Varona, Manuel Artime, José Ignacio Rasco, Aureliano Sánchez Arango y Justo Carrillo.

¿Qué dice el documento? He aquí algunos párrafos:

> «En nombre del pueblo de Cuba, cuyo insobornable afán libertario se ha venido canalizando nuevamente en la clandestinidad heroica para organizar el Frente Revolucionario Democrático, nacido en la entraña misma de la dolorosa situación actual cubana, cuyos delegados en el exterior somos,... hemos venido a México... a declarar ante América y el mundo que la traición soviética del régimen del Comandante Fidel Castro... obliga a todos los ciudadanos dignos a luchar de nuevo por el rescate de los valores democráticos y justicieros que la patria demanda.»
>
> «No es posible permanecer indiferentes al terror legal, físico y sicológico más coactivo que recuerda nuestra historia... que ha violado y pisoteado todos los derechos humanos contenidos en la Declaración Universal de los Derechos del Hombre, organizado del ejército más oneroso y político de América, burlado los más

---

realizan miembros del Ejército Rebelde. Renuncia a todos sus cargos.

[55] «Con el guajiro Leoncio —que falleció hace poco en Nueva York— llevamos cuantas armas pudimos reunir a la finca La Guanaja. Allí las ocultamos. Serían las primeras armas con que contaría Sinesio Walsh» le dice Bosch a Enrique Ros en reciente conversación.

[56] Las reuniones de Orlando Bosch celebradas en Santa Clara con los presentes y futuros combatientes se efectúan en la Clínica de Maternidad Obrera (donde trabajaba su primera esposa) y en la Clínica del Maestro.

elementales principios constitucionales y jurídicos...» Un régimen que ha «defraudado al país con una Reforma Agraria antieconómica, regresionista y catastrófica que no ha dado la tierra al campesino y lo ha sometido a un régimen de campamento...»

«Surge así el F.R.D. como deber histórico para derrocar al régimen traidor que encarna la dictadura de Fidel Castro y restablecer en Cuba el sistema democrático representativo que devuelva al pueblo el ejercicio pleno de la soberanía, libertades y derechos...»

«El F.R.D. conjuntamente con la restauración de la vida institucional sobre la base de la Constitución de 1940 se esforzará en defender el proceso y el progreso social del pueblo de Cuba, abogará por la reivindicación de las conquistas sociales de la clase obrera y por una Reforma Agraria que desarrolle la riqueza nacional que eleve, en realidad, el nivel de vida de la población del campo.»

«Lucharemos por una patria soberana, sin sometimientos a ningún imperialismo, plena de justicia social, sin merma de su libertad, del respeto a la dignidad del hombre y de acatamiento a la ley, sin odios, divisiones ni rencores, una administración honesta y ordenada de los fondos públicos con verdadera libertad sindical, ajena a toda política partidista gubernamental.»

Es exactamente ese mismo día, Junio 22, que los jóvenes cubanos que se habían ido concentrando en la isla Useppa se dividen en dos grupos. Uno –junto a otros hombres que aún no conocen-compuesto de 28 irán a la próxima base. El otro grupo se quedará para recibir un entrenamiento en radio comunicación. Luego, todos se reunirán para formar el ejército de liberación.

Ya antes, Manuel Antonio de Varona había denunciado que «la subversión total del ordenamiento jurídico-constitucional, verificada sin el consentimiento del pueblo expresado a través del sufragio, constituye una usurpación de la soberanía nacional.» Algunas de sus ideas expresadas en distintas tribunas las recogió, quien llegaría a ser Coordinador General del Frente Revolucionario Democrático, en un pequeño trabajo impreso dos meses después.[57]

Deseosos de infligir algún daño al régimen castrista varios pilotos –cubanos y de otras nacionalidades– radicados muchos de ellos en Miami realizaban operaciones aisladas de diversa naturaleza sobre Cuba. Para frenar estas actividades el Departamento de Inmigración prohibió a 45 de

---

[57] Dr. Manuel Antonio de Varona. *El Drama Cubano*. Editorial Marymar. Agosto, 1960.

estos pilotos realizar vuelos a Cuba y, a ese efecto, publicó una lista con estos nombres que hizo llegar a los operadores de los aeropuertos y a las agencias de alquiler de aviones. Entre los hombres a quienes se les prohibía realizar vuelos sobre Cuba estaban Pedro Luis Díaz Lanz, Frank Fiorini, Eduardo Whitehouse, Angel Blanco Navarro, Roberto Fernández Miranda, Ricardo Lorié, Francisco Monnar, Roberto Pérez San Román, Osvaldo Piedra Nogueruela y Manuel Revuelta San Emeterio, muchos de los cuales formarían parte de la Brigada 2506.

Desde principios de 1960, funcionarios del Departamento de Estado se habían quejado de «continuos viajes ilegales sobre Cuba originados en aeropuertos de Estados Unidos,» y recomendaban que «renovadores e imaginativos esfuerzos deben realizarse por las agencias federales pertinentes para prevenir estos vuelos,» sugiriendo al Secretario de Estado que «llevara este problema a la consideración de la próxima reunión del gabinete.»[58]

Poco después, en Marzo de 1960, Castro denunciaba que «los criminales de guerra (?) actúan impunemente en la Florida... transportando armas y pertrechos en pleno día.»[59]

El cubano Eduardo Whitehouse y el estadounidense Bob Spinning eran identificados como los responsables de «lanzar varias bombas en las proximidades de Cojimar y Regla» tripulando un bimotor B-25.

La prensa oficial los contrastaba con «los buenos cubanos en el territorio norteamericano que no cedían en actividad a los enemigos de la patria... y llevaban su protesta a las puertas de la invasión ejecutiva en Washington» donde desfilaron con carteles «de texto sobrio.» Se refería la prensa castrista a un pequeño grupo que expresaba frente a la Casa Blanca sus simpatías por el régimen.

---

[58] Memorandum de Mallory, Subsecretario para Asuntos Interamericanos, de fecha Febrero 24, 1960, al Secretario de Estado. (Foreign Relations. 1950-1960, Volumen VI).

[59] Bohemia, Marzo 6, 1960.

SE CREA EL FRD ESTUDIANTIL.

La eficiente coordinación que –dentro del FRD– existió en los primeros meses de constituido ese organismo se mostró en la sincronización de su fundación con la creación del Frente Estudiantil.

Redactado por July Hernández se elabora un llamado al estudiantado cubano que es firmado por las siguientes agrupaciones: Sección Estudiantil del Autenticismo Revolucionario (abstencionista), Sección Estudiantil del Frente Nacional Revolucionario (Triple A), Sección Estudiantil del Movimiento Demócrata Cristiano y Directorio Estudiantil del Movimiento de Recuperación Revolucionaria.

Es éste un documento histórico porque, firmado el 25 de Junio de 1960 en la mencionada casa de seguridad de Nuevo Vedado, quedaba constituido el Frente Revolucionario Democrático Estudiantil (FRD Estudiantil). El texto de este documento es el siguiente:[60]

«AL ESTUDIANTADO CUBANO:

Con motivo de haberse constituido el 22 de Junio de 1960 en la Ciudad de México el FRENTE REVOLUCIONARIO DEMOCRATICO por los representantes de las verdaderas organizaciones revolucionarias no copartícipes de la traición perpetrada a nuestra patria por el títere rojo Fidel Castro, nosotros, representantes estudiantiles nacionales de estas organizaciones, acordamos unirnos apoyando la actitud asumida por los firmantes de dicho pacto y declaramos constituido, hoy día 25 de Junio de 1960, en la ciudad de La Habana, el FRENTE REVOLUCIONARIO DEMOCRATICO ESTUDIANTIL.

Unidad pide nuestra sufrida patria y en estos momentos en que nuevamente se ve sojuzgada, exhortamos al estudiantado cubano a unirse al Frente Revolucionario Democrático Estudiantil dejando a un lado todo partidarismo personal o de grupo para así rescatar los más puros ideales por los que murieron los compañeros estudiantes José Antonio Echeverría, Fructuoso Rodríguez y otros muchos.

Compañeros, el momento es de lucha. La patria nuevamente nos reclama; unidos triunfaremos. Busca tu contacto con alguna de las organizaciones del Frente. Es tu deber.

POR LA VERDADERA REVOLUCIÓN CUBANA
LIBERTAD O MUERTE

La Habana, 25 de Junio de 1960

---

[60] Archivo personal de Enrique Ros.

Sección Estudiantil del Autenticismo Revolucionario (Abstencionista)
Sección Estudiantil del Frente Nac. Revolucionario Triple A
Sección Estudiantil del Movimiento Demócrata Cristiano
Directorio Estudiantil del Movimiento de Recuperación Revolucionario.»

SITUACION DE LA UNIVERSIDAD DE LA HABANA.

Unidos ya en forma orgánica los estudiantes a través del Frente Revolucionario Democrático Estudiantil se hizo aún más intensa la lucha en la Universidad. La situación era propicia.

A fines de Abril de 1960 el Claustro de Profesores de Ciencias Comerciales de la Universidad de La Habana había rechazado, por acuerdo unánime, el Proyecto de Reforma Universitaria propuesto por los miembros de la FEU, que creaba una Junta Superior. Este proyecto había sido elaborado, entre otros, por el Comandante Cubela, Presidente de la FEU; Ricardo Alarcón, Vicepresidente; el Comandante Quevedo, Secretario de este organismo; y José Rebellón, Presidente de la Asociación de Estudiantes de Ingeniería.

Días después el propio José Rebellón crea un desorden interrumpiendo un examen en una de las escuelas de ingeniería y pidiendo el traslado del examen para otra escuela. La Asociación de Estudiantes de la Escuela de Ingeniería –dominada por Rebellón, tomó el acuerdo de expulsar a estos profesores (Luis Núñez y Manuel F. Vera), medida que fue rechazada por el Consejo Universitario. En Julio 15 un grupo de estudiantes de la Facultad de Filosofía y Letras se reune y acuerda la destitución del Consejo Universitario. También deciden constituir una Junta Superior de Gobierno integrada por cuatro profesores y cuatro alumnos. Los «alumnos» elegidos fueron el Comandante Rolando Cubela, el Comandante Quevedo, Ricardo Alarcón y José Venegas. Luego, el 4 de Agosto, se firma la ley #851 que pone fin a la autonomía universitaria colocando al gobierno y dirección de la Universidad de La Habana bajo la «Junta Superior de Gobierno» que responde a los intereses del gobierno de Castro. Este hecho provoca la renuncia de un gran número de profesores de la Facultad de Ingeniería, Derecho, Medicina, Ciencias Comerciales y Ciencias Sociales. Así terminó la Autonomía Universitaria.

DESERCION Y FUGA DEL PRIMER MIEMBRO DE LA FEU.

En el mes de Julio el Secretario de Organización del Frente organiza también la salida por Puerto Antonio, Guanabo, del Comandante Benjamín Camino, de Orestes Guerra, de Josefina Prado y otros. Benjamín Camino era, también, oficial del Ejército Rebelde y, al llegar al exilio, llegaría a formar parte de lo que se conoció como el Estado Mayor del FRD. Orestes Guerra era uno de los 13 miembros de la FEU; presidía la Asociación de Estudiantes de Ciencias Comerciales y sería el primer miembro del más alto organismo estudiantil universitario que rompería públicamente con Castro; por eso, era tan importante lograr su defección.[61] Josefina Prado era una activa dirigente de la organización Triple A. Se fugaba también, un miembro del Noticiero Nacional. Los preparativos de esta salida clandestina estuvieron a cargo de Frank Miranda. La embarcación, «El Sábalo,»[62] permanecía a varios metros de la orilla lo que hizo más difícil subir a bordo a uno de los jóvenes que no sabía nadar. En la travesía, al encarar en pocas horas mal tiempo y mar picado, Josefina Prado se haría cargo de timonear la embarcación hasta la Florida.

El punto de reunión para algunos de los que saldrían fue la casa, aislada y solitaria, en que radicaba el cuartel general del MDC clandestino. En este viaje estaba supuesto a salir también el Comandante Raúl Chibás quien, camino ya del punto de reunión decidió no incorporarse al grupo. Era la segunda vez que Raúl Chibás vacilaba en el minuto final. Días atrás, en una salida organizada por Rescate, Chibás decidiría quedarse en una casa de seguridad en Jaimanitas. (Luego de la salida preparada por el MDC, llegará Chibás a Miami, el dos de agosto, en otro barco).

---

[61] Uno de los objetivos era romper la aparente unidad de la FEU. A ese efecto iniciamos un acercamiento hacia Orestes Guerra, Presidente de la Asociación de Estudiantes de Ciencias Comerciales. Coincidente con estos contactos —pero totalmente independiente— la Escuela de Ciencias Comerciales de la Universidad de La Habana toma por voto unánime el acuerdo de rechazar el proyecto de reforma universitaria propuesto por la Federación Estudiantil Universitaria.

[62] Tomás Diego, propietario de la embarcación, había sido contactado por el MDC Clandestino a través de la joven Daiwy Llovet, hija de un conocido abogado, y de Máximo Sorondo. Éste último llegaría a ser Delegado del Frente Revolucionario Democrático en Colombia, Chile y varios otros países de Sur América. Poco después, Tomás Diego conseguirá —a través de la organización clandestina democristiana— la documentación necesaria para salir del país con destino a México. El «Sábalo» será luego utilizado, antes y después del 17 de Abril, en otras operaciones de infiltración. Una de ellas, realizada en Agosto de 1963 en la costa de Caibarién —cuando fue reabastecida de combustible por el barco Rex— se hizo luego pública al ser apresados varios tripulantes de esta última embarcación y forzados a declarar ante la televisión. En ningún momento estos tripulantes, ni otros apresados en condiciones similares, mencionaron el nombre de los que se encontraban en Cuba. Sólo hacían referencia a nombres conocidos de personas que ya estaban en los Estados Unidos y de organizaciones cuya participación en estas actividades era de todos conocida.

LA UNIVERSIDAD DE ORIENTE.

Fue también en Julio que el dirigente estudiantil Jorge Más se vió obligado a salir del territorio nacional. Dos sacerdotes y la esposa de Fernández Badué (Lucas) lo acompañan hasta Bayamo. De allí sigue, por los canales clandestinos hasta Matanzas donde es recogido, siguiendo instrucciones de Ros (Emilio), por Bergolla quien lo traslada a la ya mencionada casa de seguridad en el Nuevo Vedado. Allí se le consigue el pasaje hacia los Estados Unidos después de verificarse –por los medios con los que ya se contaba– que no aparecía aún en la lista de personas que serían detenidas al tratar de escapar.

Sustituyen provisionalmente a Jorge Más, en la dirección provincial de la juventud, Pepín Casal[63] y, a éste, Emiliano Antunes. Días después, en reunión celebrada en el Colegio Dolores, de Santiago de Cuba, nombran a Pedro Guerra (Guerrita)[64] Coordinador Provincial de la Juventud Demo-Cristiana. Como Vice-Coordinador se designa a Pepín Mustelier que será auxiliado por Julio Ramos. Viaja Guerrita por todo Oriente. Trabaja con Guillermo Martínez (Ramiro) y con Celestino Palomo que es en ese momento el Coordinador Provincial. La juventud se hace cargo de acción y sabotaje. De inmediato se hace evidente para todos la actividad de este grupo. En el sabotaje a la tienda El Encanto, de Santiago de Cuba, detienen a la joven Leidy Puente Fallat y le encuentran, entre otras cosas, evidencias que incriminarán a Guerrita.

En La Habana la propaganda clandestina, elaborada en esos momentos en la modesta casa de Miramar es ampliamente distribuida. Precisamente a mediados de Julio tres soldados rebeldes tocan en la casa recién alquilada de Mario López Calleja cerca de Rancho Boyeros en busca del anterior inquilino. Aclarado el error, se retiran. Afortunadamente no registraron el viejo carro V-W que se encontraba lleno de literatura subversiva.

René Luis (Ignacio)[65] ya había estructurado un eficiente sector de profesionales y se encarga, junto con Frank Miranda, Mayito López Callejas,

---

[63] José (Pepín) Casal vendrá luego al exilio; pasará a los campamentos y participará en la invasión del 17 de Abril.

[64] Pedro Guerra es detenido el 16 de Diciembre de 1961 y enviado a prisión sin ser sometido a juicio. Éste se celebrará cuatro años después en 1966. Puesto en libertad en 1971 volverá a caer preso ese mismo año y guardará prisión hasta 1979.

[65] René Luis, contador público, saldrá luego para el exilio y en la primera semana de Febrero de 1961 pasará a los Campamentos.

y July Hernández de la impresión y distribución de propaganda que se elabora en otra casa alquilada en el Reparto Querejeta.

Fermín Fleites (Cucho), Mike Cervera y otros se mantienen activos en el reclutamiento de jóvenes dispuestos a pasar a los campamentos.

Durante los meses de Junio y Julio se continúa estructurando y extendiendo el aparato clandestino del FRD y, en particular, el del MDC. Ros y Francisco, por afinidad ideológica y la natural vinculación que se producía entre el MRR y el MDC tanto en los sectores profesionales como en los estudiantiles, mantenían el más estrecho contacto. Francisco, como Coordinador Militar del FRD, era el encargado de recibir y distribuir las pocas armas que eran enviadas desde el exterior. Ros tenía a su cargo la vinculación de los distintos grupos que, en aquel momento, componían el Frente Revolucionario Democrático.

Feb. 26, 1961

Después de haber leído el informe del Señor Enrique Ros, gran amigo y compañero de lucha en los primeros días de la clandestinidad en Cuba, quiero ratificar y demostrar todo el agradecimiento que le debo, tanto a él como a su esposa en su ayuda a la integración del Directorio Revolucionario Estudiantil en sus primeros orígenes de Frente Revolucionario Democrático Estudiantil. El Sr. Enrique Ros ayudó fuertemente en cuanto a la organización y propaganda de las distintas organizaciones estudiantiles que componían el F.R.D.E.

E F Travieso

66

Febrero 26, 1961

Después de haber leído el informe del señor Enrique Ros, gran amigo y compañero de lucha en los primeros días de la clandestinidad en Cuba, quiero ratificar y demostrar todo el agradecimiento que le debo, tanto a él como a su esposa, en ayuda a la integración del Directorio Revolucionario Estudiantil en sus primeros orígenes de Frente Revolucionario Democrático Estudiantil. El Sr. Enrique Ros ayudó fuertemente en cuanto a la organización y propaganda de las distintas organizaciones estudiantiles que componían el F.R.D.E.

Ernesto Fernández Travieso

CAPÍTULO III

HACIA LOS CAMPAMENTOS MILITARES. ACCIONES DE SABOTAJE.

Junio, Julio y Agosto de 1960 son meses en los que salen gran número de jóvenes para incorporarse a los campamentos militares. Entre ellos: Juan Ramón López de la Cruz, Rafael Candia, Ramón A. Cubeñas, Francisco Puente y muchos más. Cubeñas era un joven de apenas 20 años, nacido en Manzanillo. Había estudiado en los Estados Unidos el año anterior. Llegó a Miami el 21 de Junio de 1960. López de la Cruz, al igual que Cubeñas, era de Manzanillo y tenía su misma edad. Llegó a Miami el 20 de Julio.

La misma edad que tenía Félix Sosa Camejo, cuando lleba a Miami escapado en su pequeño bote, procedente de Pedro Betancourt, su pueblo natal, y parte de inmediato a los campos de entrenamiento.[67]

El primero de Julio habían comenzado a marchar hacia los campamentos de Guatemala los primeros jóvenes que habían iniciado su entrenamiento en Useppa Island y, luego, en Panamá. José Andreu, Díaz Pou, Javier Souto, José Basulto[68] y otros.

No sólo son jóvenes estudiantes los que son invitados a pasar a los Estados Unidos para, luego, incorporarse a los campamentos.

También, con las precauciones necesarias, se establecen contactos militares. Es a mediados de Junio que Ros, como Secretario de Organización del FRD en Cuba se entrevista por primera vez con el teniente Erneido

---

[67] Félix Sosa Camejo después de Playa Girón se incorpora al ejército de Estados Unidos y en la acción militar de la República Dominicana toma parte distinguida en la captura del Puente Duarte que decidió el resultado del breve pero sangriento conflicto. Más tarde pasa a Vietnam donde muere en combate ya con el grado de capitán. Había recibido en su corta vida las más altas condecoraciones: Dos Corazones Púrpura, dos Estrellas de Plata; dos Medallas Aéreas, una Estrella de Bronce, y la más alta condecoración del ejército vietnamita: La Estrella de Plata.

[68] José Basulto fue de los primeros en incorporarse a lo que constituiría la Brigada 2506. De hecho le correspondió el #2522 y formó parte del grupo inicial cuyo entrenamiento se inició en la Isla Useppa en la costa oeste del Sur de la Florida. Basulto junto con otros 29 compañeros partió hacia Guatemala el 1o. de Julio de 1960. Ese segundo grupo compuesto de igual número de Brigadistas partiría 3 semanas después, en Julio 21. Desde José (Pepe) Andreu que recibió el #2501 hasta Oscar Luis Acevedo Alemán que recibió el #2566, estos pioneros del entrenamiento para la lucha contra el régimen castrista constituyeron el embrión de la Brigada 2506 de la que todos los cubanos se han sentido orgullosos.

Oliva.[69] La entrevista se realiza en la casa de seguridad del Nuevo Vedado. La conversación es larga y en ella el que iba a llegar a ser uno de los más altos jefes militares de la Brigada 2506 expone sus lógicas preocupaciones ante la riesgosa invitación. Quiere cerciorarse de la seriedad del planteamiento. Expone las dificultades que encontrarán para salir del territorio nacional. Le preocupa que la operación que se le ha explicado pudiera no contar con el respaldo oficial que se menciona. Se le da toda la información necesaria –sin comprometer la seguridad de la operación clandestina– para calmar sus comprensibles inquietudes. En aquella conversación Oliva no se compromete definitivamente con el Secretario de Organización del FRD a dar el paso aún, pero queda acordada una segunda entrevista para semanas después.

Las salidas del territorio nacional se realizan por dos métodos distintos. Para aquellos que no son figuras conocidas se les facilita los documentos necesarios para su salida de Cuba y entrada en los Estados Unidos así como el pasaje y el necesario contacto a su llegada a Miami. Para aquellos que –por su condición de militares, dirigentes estudiantiles o sindicales, o figuras prominentes– el gobierno le impediría su salida, se organizan salidas clandestinas.

> «En aquellos días del verano de 1960, cuando en La Habana hablaba contigo, yo estaba sumamente preocupado porque, como militar, ocupaba una posición de inspector del INRA» dice Oliva, ahora general retirado, al recordar con Ros aquel trascendente momento. «Fue un norteamericano quien me puso en contacto contigo. Cuando finalmente tomé la decisión de salir de Cuba fue impresionante la forma eficiente en que todo funcionó. En cuestión de horas ya tenía todos los papeles necesarios y el asiento reservado, bajo otro nombre, en el avión. No podré olvidar tampoco a Bergolla que tanto me ayudó.»

Así se organizó entre otros, la salida en el mes de Julio de los hermanos Cuéllar –que funcionarían como radio– operadores en próximas expediciones a Cuba– por un barco en Caibarién cuya tripulación (Tito Mesa, Dake Ruiz y el Güajiro Luis Guevara) operaba para el ya activo MDC clandestino.

---

[69] Erneido Oliva cuenta a Haynes Johnson este episodio. Johnson lo relata así en su obra «The Bay of Pigs,» editado por Dell Publishing Co. en 1964. Dice Oliva: «dos miembros del clandestinaje me contactaron en La Habana al comenzar el verano de 1960. Ellos me dijeron que iba a haber una invasión y que estaban preparando tropas en campos de Latinoamérica, que contaban con una oficina de reclutamiento en los Estados Unidos y que deseaban que yo me uniese a ellos.» Fue para Oliva una decisión difícil. Graduado de la Escuela de Cadetes prestaba en esos momentos sus servicios como Inspector de la Reforma Agraria.(Páginas 41, 42 de «The Bay of Pigs.»)

Fue el compañero Gualdino Vázquez quien estuvo a cargo de esta operación. Los hermanos Cuéllar eran oficiales del Ejército Rebelde.[70]

En esos días se produce en La Habana la segunda entrevista de Ros con Erneido Oliva quien acepta pasar al exilio para incorporarse a la fuerza invasora que se estaba organizando. Se consideran dos alternativas: (a) La salida clandestina por uno de los distintos barcos conque ya se funcionaba. (b) Su salida normal una vez que presentase su baja del ejército.

El oficial Oliva opta por intentar la segunda alternativa. Presenta poco después su dimisión al ejército pero no le es aceptada. Esto lo lleva a una tercera solución que antes no se había considerado: Conseguir, por los medios que la organización clandestina ya tenía desarrollados, documentación bajo otro nombre que le permitiese salir del país. Así se realiza y es Bergolla (Antonino) quien lo recoge en la Calzada de Columbia y lo lleva a donde le habían de preparar la documentación necesaria para su salida. Recibe, también, el pasaje emitido al nombre ficticio. Días después, el 18 de Agosto, estaba en Miami quien iba a ser Segundo Jefe Militar de la invasión.[71]

Sólo permanecerá en Miami 11 días conviviendo luego con otros compañeros en las modestas casas militares de las que ya disponíamos. Por la descarnada discriminación racial imperante en Miami en 1960 no fue posible –como se intentó– alojar a este valioso militar en un hotel confortable. «Recuerdo, dijo recientemente Oliva, aquel pequeño Hotel Cuba, de Flagler y la 17 avenida. Por las noches los jóvenes tocaban sus guitarras y cantaban.» El 28 de Agosto, junto con otros cuatro militares, varios jóvenes estudiantes, el Capitán Eduardo Ferrer y algunos pilotos, sale Oliva hacia los Campamentos. Van en este grupo Segundo Borges (que luego formará parte de uno de los primeros equipos de infiltración); Gilberto Carmona, militante democristiano; Miguelito Chardiet; Modesto Castañer; Arturo Comas; un pequeño grupo que se había enrolado en Nueva York (Rodolfo Bartelemy, Miguel J. Battle, Rafael de Jesús Bolívar, Antonio Gómez Cendales, Fausto García Menocal, Marcos D. Hernández, Nicolás

---

[70] Hay una sombra oscura sobre un radio operador de apellido Cuella (Pedro Cuella) que, de acuerdo a lo narrado por John Martino en su obra «I Was Castro's prisoner,» se infiltró en una organización clandestina traicionando a sus miembros. Este Pedro Cuélla que había salido de Cuba en diciembre de 1960, de acuerdo al libro de Martino, fue juzgado y sentenciado a muerte en la misma causa iniciada al grupo al que él infiltró. La sentencia fue cumplida.

[71] Es el Dr. Antonio Alonso Avila quien, por indicaciones de Ros, lo recibe en el aeropuerto y lo conduce al local desde donde opera la organización. Poco después partirá Oliva para el campamento.

Molina, Reinaldo Ramos y Angel Rodríguez); Elmo García Puyada y otros.

Su destino será –no se sabía en aquéllos momentos– el insignificante aeropuerto de San José cerca de Retalhuleu,[72] próximo a la finca Helvetia, en Guatemala. La finca enclavada en el noroeste del país es propiedad de Roberto Alejos, hermano del embajador guatemalteco en Washington, Carlos Alejos.

Al llegar se encontrará con antiguos compañeros como Alfonso Carol, Pepe San Román, Manuel Blanco, y con un brillante grupo de jóvenes idealistas.

Estaban ya algunos en Panamá, otros en Guatemala. J. Antonino Díaz Pou, Manuel Reyes, Javier Souto, Gabriel Durán, José Basulto, Ramón Machado, Alejandro del Valle, Hugo Sueiro, Roberto Pérez San Román, Guido Valladares, Emilio Martínez Venegas, Jorge y Manuel García Rubio, Epifanio González Horrasti, Guillermo Fernández Mascaró, Tomás Cruz, Enrique Falla, Ramón J. Ferrer, Carlos Hernández y otros.

Con el arribo de este grupo ya ascienden a 187 los jóvenes voluntarios que forman el ejército de liberación:

Fecha	Grupo	Voluntarios
Julio 1	1-0	31
Julio 21	2-0	29
Agosto 1	G-1	33
Agosto 21	G-2	47
Agosto 28	G-3	8
Agosto 30	G-4	39

En Cuba la influencia comunista en el gobierno es cada día más evidente. El 4 de Julio se asila en la Embajada de Argentina el Dr. José Miró Cardona. En Julio 15 renuncia el decano de la facultad de Ciencias Comerciales, Dr. José Alvarez Díaz y al día siguiente el grupo comunista acuerda destituir al Consejo Universitario y constituir una Junta Superior de Gobierno formada por cuatro profesores y cuatro estudiantes. Los cuatro alumnos designados fueron el comandante Rolando Cubela, el comandante Angel Quevedo, Ricardo Alarcón y José Venegas. Es el momento en que el periódico «Hoy» comienza a imprimirse donde se editaba el periódico «Revolución.» Se asila en la Embajada de Venezuela el Dr. Miguel Angel Quevedo, Director y Propietario de Bohemia.

---

[72] Eduardo Ferrer. «Operación Puma.»

Noviembre 20 de 1993

Sr. Ernrique Ros
8420 NW 58 th Street
Miami, Florida 33166

Estimado amigo:

Sólo unas líneas para expresarte mi gran satisfacción al verte de nuevo el martes pasado y también compartir un rato con Ileana, quien se ha ganado rápidamente el respeto y la admiración de todos por el extraordinario trabajo que viene realizando en el Congreso de esta gran nación.

Como te expresé durante nuestro almuerzo, cuando recordábamos el trabajo clandestino que realizamos en Cuba antes de la invasión de Bahía de Cochinos, considero imposible que pueda escribirse la historia del proceso libertario sin tener presente las honorables páginas escritas por hombres que como tú, en el anonimato, arriesgaron sus vidas luchando contra el régimen despótico de los hermanos Castro.

Estoy plenamente convencido que muy pronto nos veremos nuevamente unidos para romper las cadenas comunistas que hoy esclavizan a nuestro pueblo y, después, contribuir al establecimiento de un sistema plenamente democrático en la Patria Cautiva.

Con un abrazo fraternal,

E. A. OLIVA
Major General (DC) Retired

Se acercaba un nuevo aniversario del asalto al Cuartel Moncada. El gobierno de Castro se preparaba para celebrar la fecha en Oriente con grandes festejos. La ya vertebrada organización clandestina democristiana con los pocos medios físicos con los que en esos momentos contaba se dió a la tarea de entorpecer dichas celebraciones. A ese efecto, Hilda Barrios se trasladó a La Habana para transportar a Santiago de Cuba fósforo vivo para producir en esa ciudad distintos incendios. El material le fue entregado en la casa del Nuevo Vedado desde donde se planeaban y organizaban muchas de estas operaciones.[73] Hilda y el grupo de acción de Santiago de Cuba hicieron uso efectivo de ese material. Más tarde siguió a la casa de Nené León en La Habana (que había sido Representante a la Cámara por Oriente) en busca de otros materiales.

En el propio mes de Julio, Francisco y Ros celebran dos entrevistas con una importante figura del movimiento obrero católico: Reinol González. Tratan de incorporarlo a la lucha clandestina pero no tienen éxito. La primera reunión se produce, en la casa de seguridad del Nuevo Vedado, alrededor del 22 de Julio de 1960. Reinol admite que está ya totalmente desilusionado con la Revolución pero que aún no está decidido a participar activamente frente a ella y le aclara a Ros y Francisco que dentro de unos días él estará, por compromisos previos, participando de las festividades conque se celebrará en la Sierra Maestra el 26 de Julio.

A la siguiente semana, el 31 de Julio, vuelven Francisco y Ros a entrevistarse con Reinol para tratar de incorporarlo a la lucha activa frente a Castro. La gestión vuelve a resultar infructuosa. Conversaciones similares se tuvieron en esos días con Manolo Ray en Ayestarán con igual negativo resultado.

Mientras, en los Estados Unidos se van estableciendo nuevos contactos con los sectores «aliados» o fortaleciendo las relaciones recién establecidas. El desfile de los Frank Bender (Mr. B),[74] Douglas Gupton, Jaime Castillo, Sam, Mr. Berned, Eduardo (Howard Hunt), Mike, Jimmy, Jack, comenzaba,

---

[73] «Recuerdo aún —como si fuera hoy— la botella de perfume en la que Amanda (Amanda Ros) metió el fósforo vivo y como la cerró herméticamente» dice Hilda en 1993 al narrar el episodio. «Dos milicianas que formaban parte de nuestra organización retiraron en Santiago la maleta. Cuando la abrimos, la ropa en que había envuelto la botella estaba destrozada.»

[74] Frank Bender, su nombre real era Gerry Droller, es un refugiado alemán, que había venido a los Estados Unidos antes de la Segunda Guerra Mundial y servido en el ejército americano.

para meses después, en otras áreas, extenderse a los Coronel Frank,[75] Coronel George, Coronel Rodrick, Jim y otros.

Uno de los que más estrecho contacto estableció con la dirigencia cubana fue Howard Hunt (Eduardo). Así describe «Eduardo» a algunos de ellos en sus primeros encuentros: «Manolo Artime, educado por los jesuitas, era entusiasta, lleno de vitalidad, persuasivo. Más importante aún, tenía el innegable carisma de un líder.» De Rasco expresó: «Rasco era un hombre serio que lucía lo que era: un joven profesor. Mientras hablábamos lo ví menos interesado en desempeñar un papel personal en lo militar que en conseguir embarcaciones y suministros para sus hombres del MDC. Rasco me dió una lista de materiales que había solicitado a Jimmy[76] ninguno de los cuales le habían entregado.»

NUEVO COORDINADOR NACIONAL DEL MDC.

Antes de abandonar el territorio nacional, Enrique Ros (Emilio) como Coordinador Nacional del MDC clandestino reune al Ejecutivo Nacional para informarle de las últimas actividades realizadas por la organización y designar a quien lo iría a sustituir. Concurren a la reunión José Fernández Badué (Lucas), Laureano Garrote (Eulogio), Fritz Appel (Arturo), Benigno Galnares (El Profesor), Luis D. Manrara (Silvio), Segundo Miranda (Frank), Jesús Angulo (Clemente), Dámaso Pasalodos (Andrés), Eddy Carrera y otros. Informa el Coordinador Nacional de lo realizado, de su traslado a los Estados Unidos y de la designación de Lucas como Coordinador Nacional y de El Profesor como Sub-Coordinador, a quienes ya había puesto en contacto con los Coordinadores Nacionales de los distintos movimientos. Se toman, además, otros acuerdos. A partir del primero de agosto la responsabilidad de la Dirección Nacional del Movimiento, dentro de Cuba, pasa a manos de José Fernández Badué (Lucas).

EL MDC EN EL EXILIO.

El primero de Agosto Frank Miranda y Ros se encuentran en Miami. El día 5, en reunión del Directorio del Movimiento Demócrata Cristiano en el Exilio se elige a Ros para ocupar la primera Vice-Presidencia del MDC y a

---

[75] Coronel Frank J. Egan, que estuvo al frente de la Base Trax, en Guatemala.

[76] «Jimmy» era el jefe de operaciones paramilitares. Luego fue sustituido por el «Coronel Rodrick».

Frank Miranda como Vice-Secretario General. En esa semana comienza a funcionar el MDC en el apartamento 1412 del Congress Building.

En Agosto el Directorio del MDC en el Exilio está compuesto por José Ignacio Rasco, Enrique Ros, Enrique Villarreal, Segundo Miranda, Laureano Batista, Jesús Gutiérrez,, Ramón Puig, Rubén Darío Rumbaut, Fernando Trespalacios, Pedro Abascal, Jorge Más, Ana Villarreal, Antonio Alonso Avila, Angel de Jesús Piñera, Fritz Appel, Maximino Casal, Rafael Candia. Días después, fue ampliado con Benigno Galnares, Jesús C. Angulo, Bernardo Maristany, Pedro Pablo Bermúdez, Heriberto Corona, Pedro Montiel, José A. Hernández, René Luis, Miguel A. Bahamondes, Alberto Gutiérrez. Se crean las siguientes Secciones de Trabajo:

Asistencia Social:	Ana Villarreal
Sección Obrera:	José A. Hernández
Sección Juvenil:	Jorge Mas Canosa
Sección Estudiantil:	Orestes Guerra
Sección Profesional:	René Luis Pelly
Comisión de Admisión:	Pedro P. Bermúdez, Segundo Miranda, y Fritz Appel.

Se designa para laborar en contacto con el Movimiento Clandestino a los siguientes miembros:

Sección de Recepción:	Orestes Guerra
Sección de Transporte:	Jorge Mas Canosa
Sección de Radiocomunicaciones:	Juan Mesa
Sección de Contacto:	Segundo Miranda y Jesús Angulo

Comienzan a funcionar las Delegaciones en el Exterior:

Caracas	Jorge Mantilla
México, D.F.	Gabriel Aurioles
	Frank Martínez Piedra
Madrid	Oscar Miñoso Bachiller
	Carlos de la Torre
Bogotá	Ricardo Arellano
Puerto Rico	Pedro Vicente Aja

También se crean otras delegaciones en los Estados Unidos:

New York	Jorge Arellano
	Enrique Abascal
	Luis Parajón
Stanford	Genaro Cal
Washington,D.C.	Alberto Martínez Piedra

El 8 de Agosto Rubén Darío Rumbaut inicia un viaje a Buenos Aires y Lima. Representará, como miembro de la organización, al MDC cubano en el Congreso de la Democracia Cristiana (ODCA) que se celebrará en Buenos Aires. Como periodista representará también al MDC en el Congreso Interamericano de Periodistas que habría de celebrarse en Lima y donde se logró condenar al régimen de Castro por cercenar la libertad de prensa. Ambos viajes los realiza la organización democristiana como miembro solidario del FRD.

Tres días después, sale Rasco hacia México donde habrá de residir el Comité Ejecutivo del FRD. El traslado lo hace por carretera. De inmediato sigue hasta San José para tomar parte en la Conferencia de Cancilleres de la OEA que se celebraría en San José,[77] donde participa en distintos programas de radio y televisión denunciando las arbitrariedades del régimen de Castro.

QUIENES PARTICIPAN EN EL FRENTE REVOLUCIONARIO DEMOCRATICO (FRD).

Ya para Agosto un grupo numeroso de hombres y mujeres se encontraba trabajando dentro del Frente Revolucionario Democrático.
Por el MDC se encontraban entre otros:

NOMBRE	DESCRIPCION DE RESPONSABILIDADES
Enrique Abascal	Relaciones Internacionales en Nueva York.
Pedro Abascal	Comisión de Propaganda en Miami.
Elena Alonso	Trabajando en la oficina del Frente como Taquimecanógrafa.
Osvaldo Aguirre	Auxiliar en la Delegación de Miami y ayudando al traslado de ejecutivos y activistas.
Pedro Vicente Aja	A cargo de la Delegación de Puerto Rico.

---

[77] Ya el 18 de Julio (1960) el Consejo de la Organización de Estados Americanos había acordado por unanimidad convocar a la reunión de cancilleres americanos. El acuerdo se adoptó después que, inesperadamente, Cuba anuncira que aceptaría concurrir a la reunión en la localización y fecha que una comisión de 7 miembros acordase.

Orestes Guerra	Ex-Miembro de la FEU, participando en la Sección Estudiantil.
Heriberto Corona	Auxiliando al Delegado del MDC en el Frente Revolucionario Democrático.
Frank Martínez Piedra	Ingeniero, Relaciones Internacionales en México.
Segundo Miranda	A cargo de Organización y Proselitismo.
Jorge Más	Como Secretario General de la Sección Estudiantil.
Luis Parajón	Ingeniero en la Comisión de Planificación y realizando funciones en Nueva York.
Angel de Jesús Piñera	Abogado. En la Comisión de Propaganda esperando su designación como delegado en Argentina.

NOMBRE	**DESCRIPCION DE RESPONSABILIDADES**
Enrique Ros	Contador Público Miembro de la Delegación en Miami.
Silvia Torres	Taquimecanógrafa en inglés y español.
Fernando Trespalacios	Radiotécnico. En la Comisión de Comunicaciones.
Enrique Villarreal	Agrimensor. Miembro de la Comisión de Organización y Proselitismo.
Ana Villarreal	En la Sección de Asistencia Social.
Maggie Velasco	En la Sección Femenina.

Ese mes el MDC designa a Angel de Jesús Piñera delegado del FRD en Argentina una vez que haya concluido gestiones que habrá de realizar en México y las ya terminadas en Costa Rica.

Luego se incorporarán al trabajo del Frente dentro del MDC Thelma Carregado, procedente de la lucha clandestina como algunos de los anteriores, que se integrará a la Delegación de Miami; Melchor Gastón, Fermín Peinado,[78] Nieves y Blanca Rodríguez. Se unen también al equipo

[78] Fermín Peinado, había sido decano de la Escuela de Derecho de la Universidad de Oriente. En Diciembre de 1960 como miembro del MDC en el Exilio escribió «Beware, yankee» que alcanzó gran circulación entre profesores universitarios norteamericanos. La obra respondía falsas afirmaciones contenidas en el libro «Listen, yankee» del Profesor de Sociología C. Wright Mills, ardiente simpatizante de la revolución de Castro. C. Wright Mills había visitado Cuba a fines de 1959 y afirmado que la Revolusición había sido un alzamiento campesino causado por condiciones de pobreza intolerable y desesperación en un pobre país subdesarrollado.

de trabajo democristiano José A. Marcos (Marquitos)[79] y Jorge Mantilla, y, tres meses después Mente Inclán y Alfonsito Gómez Mena,[80] que luego tomarán parte en viajes a Cuba para dejar en las costas armas y hombres. Es en esta etapa que se incorpora a la organización Héctor García, sobresaliente guitarrista que luego pasará a los campamentos.

Se cuenta además con Nicolás Gutiérrez, Jorge Recio; José Angel Ortega que meses después llegaría a la Presidencia del MDC; Laureano Saavedra que pasaría después a los campamentos; José A. Rodríguez Lodo, que será uno de los sobrevivientes de la fatídica rastra de Osmanis Cienfuegos; Jorge Bosch; Manolo de la Torre. Desde el primer día el MDC en el Exilio contó con el entusiasta trabajo de Fernando Marquet, que será luego uno de los más jóvenes integrantes de la Brigada 2506; Rafael Aguirre; Alvaro Fajardo, que en Noviembre pasaría a los campamentos; Santiago Fernández Pichs, Orlando Alexander; Nicolás García de Celis; Enrique y Héctor Lamar que, junto a su otro hermano, formarían luego parte de la Brigada 2506. Arturo Zaldívar, Romilio Cepero, que formó parte de la Sección Obrera junto a Omar Guerra, José A. Hernández y Raúl Amieva. Y otros miembros de las demás organizaciones como Cristóbal Moré y Nize Martín.

Por la Organización Rescate laboraban ya en el mes de Agosto Felipe Alonso, Ricardo Cabrera, José Caramés (Key West), Nestor Carbonell, Mario Barrera, Pelayo Cuervo Galano, Renato Díaz, Claudio González, Humberto Estévez, Orlando Gómez Hill (Nueva York), Jesús Marinas, Manuel de Jesús Mencía, Angel López Borges, Enrique Llaca, –quien ese

---

Así se expresa Berle sobre C. Wright Mills: «Ha degenerado de ser un capaz, aunque marcadamente izquierdista, profesor de sociología de Columbia en un propagandista ramplero. Su libro, Escucha, Yanqui, escrito después de dos meses en Cuba, donde él nunca había estado, se basó en entrevistas en español (idioma que él no conoce) sin identificar las fuentes; realmente una pieza de propaganda ruidosa.»

[79] José A. Marcos (Marquitos), del Central Céspedes de Camagüey, había estudiado en los Estados Unidos y, muy joven, regresó a Cuba. En 1958 se alzó en la Sierra Maestra formando parte de la Columna Uno, en las Mercedes, donde sirvió de traductor, junto a Manuel Piñeiro (Barbarroja), cuando periodistas norteamericanos entrevistaban a Castro. El primero de enero de 1959 recibe el grado de Primer Teniente. Pronto se percata de la orientación que se le quiere dar a la Revolución y comienza a expresar su oposición. Se reune con estudiantes de los institutos de segunda enseñanza y otros jóvenes del ejército rebelde. Es perseguido y se ve forzado a solicitar asilo político. Va a Aruba donde permanece cerca de 3 meses antes de venir a los Estados Unidos.

[80] Alfonsito Gómez Mena será el capitán de distintos barcos que en los meses anteriores a Playa Girón realizaban operaciones de infiltración.

mismo mes estará a cargo de una delegación del FRD compuesta por Eric Agüero y otros, que participará en un congreso en Bogotá–; Pedro Martínez Fraga, Armando León Sotolongo, Felipe Rodríguez, Mario Riverón Hernández, Ana M. Tomeu, Tomás Vázquez, Abel de Varona, Frank Zayas y otros.

Por la Triple A se encontraban laborando Leopoldo Morffi, que ostenta la jefatura de la Triple A en la Delegación de Miami; Pedro Leyva, que concurre, junto con Rubén Darío Rumbaut, al Congreso de Periodistas que se celebró en Lima, Perú–; Mario Jordán, Orlando García Vázquez,[81] Armando Pérez Torrón, Juan Vidal, Jorge Vidal y algunos más.

Por el MRR ofrecían con entusiasmo su trabajo José Arriola –que había llegado a Miami junto a Humberto Medrano y Ulises Carbó–,[82] Waldo Arteaga, Salvador Aldereguía; Luis Bueno, quien había sido Coordinador Provincial de Oriente; Roberto De Varona; Ambrosio González del Valle, quien –como la mayoría de los militantes del MRR-mantiene estrecha identificación en el Movimiento Demócrata Cristiano del que llegará a ser meses después miembro distinguido de su Comité Ejecutivo; Antonio González Mora, Manuel Comellas; Manolín Hernández, luego Delegado Alterno de Artime en las reuniones del Comité Ejecutivo del FRD; Hildebrando Díaz; Manuel Guillot, miembro fundador del MDC; Alejandro Porte; Rafael Rivas Vázquez, de la célula inicial del MRR en Cuba; Jorge Rodríguez Fleites, Dulce Torres; Pepita Riera, que pronto estaría a cargo de la Comisión de Asistencia Social del FRD; Jorge Rodríguez Bezos, y otros.

En la Organización Montecristi, que dirigía el Dr. Justo Carrillo, prestaban distintas funciones, Eric Agüero, Arístides Agüero, Ignacio Bustillo, Angel del Cerro; Mario Girbau, Enrique Huertas, éstos dos últimos pronto mantendrán una posición independiente; Augusto Martín, Martín Sánchez, José Salazar, Jorge Salazar, Augusto Valdés Miranda, y otros militantes. Francisco (Pancho) Carrillo, que desde Cuba había mantenido estrecho contacto con Rufo López Fresquet y Humberto Sorí Marín, se había trasladado a Nueva York donde mantiene relaciones de trabajo con las Delegaciones de las demás organizaciones.

---

[81] Orlando García Vázquez, varios meses después impugnará, junto a Aureliano, Pepe Utrera y otras figuras ajenas a la Triple A, la creación del Consejo Revolucionario. Años más tarde estaría vinculado a la policía secreta venezolana (DISIP), al servicio de Carlos Andrés Pérez.

[82] José Arriola era administrador de Prensa Libre.

DELEGACIONES DEL MDC EN LOS ESTADOS UNIDOS.

El MDC se preocupó de llevar el mensaje de la causa cubana a las más diversas regiones de este país. A ese efecto creó gran número de delegaciones como las siguientes:

Delegación de Nueva York: Enrique Abascal; Carlos A. Abello; Ernesto Fernández Dalmán; Gustavo Godoy, entonces estudiando publicidad; Fermín de Goicochea; Jorge A. Morales; Luis de la Veletta, Manuel R. Sánchez y otros.

La Delegación de Tampa la componían Gustavo Cotayo; Daniel Burruezo, que pasaría después a los campamentos; Armando García Jerez; Israel García Martínez; Ester Prida; Raimundo Quindiello; Roberto Rodríguez; Juan Gómez, que luego pasaría a los campamentos; José Antonio Rosell; Emilio Silva Fernández y algunos más.

La Delegación de Indiana estaba compuesta por los estudiantes Luis E. Machado; Jaime Berenthal; Luis Lazo Pedrera y su hermano Winston. Labora allí también Alfredo Paredes.

La Delegación de Chicago la atendía Serapio Montejo junto con varios colaboradores. En Baton Rouge se encontraba Francisco Uriarte Díaz. La de New Orleans es atendida por Rarcacha. En Connecticut está Genaro Call.

Luis Manrara, que tan destacada función realizó en la etapa inicial del clandestinaje, es designado Coordinador General de Actividades Anticomunistas. Después se hará cargo de la traducción del «Ideario del MDC» al inglés.

En ausencia de Juan Paula, el *Comptroller* del FRD que se encuentra en México, a Enrique Ros y Mario Girbau se les asigna la responsabilidad de atender las finanzas del FRD en Miami. En esos momentos se pone en vigor un estricto control que exige, entre otros puntos, los siguientes:

1) Todos los fondos recibidos por cualquier concepto por el Frente Revolucionario Democrático deben ser ingresados en una cuenta matriz.
2) Todos los cheques estarán firmados por dos miembros autorizados del Frente Revolucionario Democrático
3) La obligación de justificar sus gastos se extiende a todos los miembros, sin excepción, del FRD. Aquellos gastos que por su índole no puedan ser justificados mediante comprobante deben ser autorizados por una persona responsable designada por el FRD.
4) Se exige la confección de un presupuesto.
5) El comptroller será responsable de lo siguiente:

a) Recibo y desembolso de todos los fondos.

b) Certificar como técnicamente correcto y legítimo todas las cuentas recibidas antes de su pago.

c) Preparar, bajo la dirección del Comité Ejecutivo, un presupuesto para las operaciones del FRD.

DELEGACIONES Y COMISIONES DE TRABAJO DEL FRD.

Agosto es un mes de estructuración de las Delegaciones del Frente y de sus Comisiones de Trabajo. Funcionan ya delegaciones en muchas naciones de Latinoamérica y en las principales ciudades de los Estados Unidos. Entre las Comisiones de Trabajo se encuentran: Planificación, Propaganda, Finanzas, Militar, Organización, Asistencia Social, Transporte, Información e Inteligencia y otras. Igualmente funcionan la Sección Obrera y la Sección Estudiantil. Preside la Comisión de Planificación el Dr. Pedro Martínez Fraga; Propaganda, Angel del Cerro; Finanzas, Cárdenas; Asistencia Social, Pepita Riera. Y se designa a José Sosa como enlace entre las Comisiones y el Comité Ejecutivo del FRD.

A fines de Agosto se reciben relaciones de gastos de las distintas organizaciones. Con esa fecha se presentan las del MDC, MRR, Rescate, Montecristi, Triple A, y la de Pepita Riera que tiene a su cargo la asistencia a familias de hombres que ya están en el campamento. La última semana de Agosto es presentado, bajo la firma de Jorge Más como Secretario General, el Presupuesto de Gastos de la oficina para el FRD Estudiantil cuyo importe es abonado en Septiembre 12.

Meses después ya están funcionando Manuel Braña, Ignacio Bustillo, Alberto Espinosa Bravo y Juan Collada en la delegación del FRD de Argentina, mientras Jesús Marina se encuentra realizando la misma función en La Paz, Bolivia. En Chile estarán primero Jesús Valdés Crespo y Pelayo García del Valle, teniendo como representantes de prensa a Alfonso Amenabar; más tarde, el primero será sustituido por Max Azicri, quien antes había ocupado la delegación del Frente en Urugüay.

Además de los delegados que funcionaron en los países que componen el Cono Sur del continente se encontraban laborando Angel Aparicio Laurencio en Brasil, Eduardo Leal, Mario Castellanos y Roberto Ruiz León en Colombia; al tanto que en Ecuador ocupaba la posición de delegado Raúl de Juan, y en Perú funcionaba Frank Díaz Silveira que habría de desempeñar un señaladísimo papel al poner en descubierto la penetración castrista en determinadas esferas del gobierno peruano, y a cuyo hecho nos referiremos más adelante. En Venezuela ocupó interinamente la delegación Manuel Quesada, en su condición de delegado obrero, hasta la designación de Pedro Oyarzun. Horacio Ledón sustituyó en la delegación de Ecuador a Raúl de Juan que pasó a ocupar la misma posición en Perú donde reemplazaba a Díaz Silveira.

Las relaciones del Comité Ejecutivo del FRD con las delegaciones se realizaban a través de una comisión de trabajo presidida por Luis Botifoll pero, desde su incorporación al Frente en Octubre de 1960, fue Tomás Gamba, conocido abogado de La Habana –que luego sustituirá a José (Pepito) Sosa como Jefe de Despacho del Frente– quien asumió esta responsabilidad.

En Centro América funcionaban activamente estas delegaciones cuyos representantes mantenían estrecho contacto con las más altas personalidades del país en el que funcionaban y con dirigentes sindicales, empresariales, políticos, estudiantiles. Antonio Losada Montes ocupaba la delegación de Honduras, mientras que la de Guatemala la desempeñaba Orlando Núñez Pérez con la asistencia de José Luis Valdés Martínez quien se ocupaba de la labor de propaganda. En El Salvador estaba Fermín Pérez Cross. Por largo tiempo la delegación de Puerto Rico fue desempeñada por Manolo Fernández.

Tomás Gamba, que estaba a cargo de las delegaciones de trabajo del FRD, aparece en la foto con Frank Díaz Silveira y Máximo Sorondo, delegados del Frente en Perú y Colombia, junto a un grupo de cubanos recién asilados en Jamaica en 1961.

SÉPTIMA CONFERENCIA DE CANCILLERES EN COSTA RICA.

Serán, en realidad, dos reuniones distintas: La Sexta Reunión de Consulta de los Ministros de Relaciones Exteriores que estaba convocada sólo para tratar la denuncia de Venezuela al gobierno de la República Dominicana. Y la Séptima Reunión convocada para discutir la protección y seguridad del hemisferio.

Existía en la OEA mucho más entusiasmo para sancionar al régimen de Trujillo por el atentado a la vida del Presidente Betancourt que por condenar la dictadura de Castro por sus continuadas violaciones de los derechos humanos y su condición de país satélite de la Unión Soviética que ponía en peligro la seguridad del continente.

Cuba había batallado durante el mes anterior para llevar a un debate en el Consejo de Seguridad «la grave situación creada por las reiteradas amenazas, hostigamientos, maniobras, represalias y agresiones que viene sufriendo (Cuba) por parte de los Estados Unidos.» Un grupo de naciones latinoamericanas realizó esfuerzos para llevar la discusión del tema a una reunión de emergencia de Ministros de Relaciones Exteriores con el compromiso de evitar la queja formal de los Estados Unidos en la OEA de que Cuba se estaba convirtiendo en un país satélite del comunismo. El Embajador de Perú, Juan Bautista de La Valle pidió la convocatoria que fue aprobada.

Raúl Roa representó a Cuba. Como asesores asistieron su esposa Ada Kouri; Oscar Pino, Carlos Olivares, Carlos Lechuga y una docena más. Por el exilio cubano se encontraban Manuel Antonio de Varona, José Ignacio Rasco, Enrique Llaca O.

La delegación norteamericana la preside Christiam Herter, Secretario de Estado, quien denunció sin ambigüedades las continuas violaciones del régimen de Castro de los derechos humanos y de los principios de la democracia representativa.

Los delegados castristas arribaron a San José el 14 de Agosto dispuestos a montar un espectáculo con los 200 agitadores costarricenses que con pancartas y altoparlantes los esperaban en el aeropuerto. El escándalo se les frustró al ser obligados Roa y su comitiva a abordar los automóviles oficiales que aguardaban por la Delegación. En el Hotel «Costa Rica,» sede de la delegación cubana, los agentes de orden se vieron obligados a desarmar a los acompañantes de Roa que hacían pública ostentación de las armas que portaban. Esta decisión del gobierno de Costa Rica «determinó que la delegación se retirara del hotel y tomara como sede la Embajada Cubana.»[83] Bajo ese ambiente de tensión se celebraron las sesiones de la Sexta Conferencia cuyo propósito era el de sancionar al gobierno de Rafael L. Trujillo. No fue difícil lograr esa condena. Otra cosa sería la Séptima Conferencia convocada para el lunes 22, y a la que los Cancilleres procuraban no referirse ni siquiera informalmente durante el transcurso de la Reunión anterior.

El primero en hacer uso de la palabra fue el Canciller del Perú, Raúl Porras Barrenechea de quien se esperaba un enérgico discurso por haber sido el gobierno peruano el promotor de la Conferencia por sus denuncias a las agresiones de que había sido objeto por el régimen de Castro. Para sorpresa general, apunta Llaca en su informe, «el Canciller Porras, en un discurso extenso y vago, se limitó a condenar, muy ligeramente, la ingerencia extracontinental en los asuntos internos del hemisferio.»

En los círculos diplomáticos se rumoraba que la Delegación del Perú confrontaba dificultades internas. «Se decía que el Perú había hecho la convocatoria en virtud de instrucciones directas del Presidente Prado a su delegado ante la Organización de Estados Americanos, sin contar con el Canciller Porras.»

Al final, Porras se negó a firmar la «Declaración de San José,» haciéndolo por Perú, el Embajador Juan Bautista de Lavalle. No fue Porras el único canciller desautorizado por su presidente por obstruir la aprobación de la resolución «contra la intromisión chino-soviética en el hemisferio.» El Presidente Rómulo Betancourt ordenó la retirada de la Conferencia de Ignacio Luis Arcaya, Ministro de Relaciones Exteriores, sustituyéndolo –como presidente de la delegación venezolana– por el Embajador Marcos Falcón Briceño. La sustitución se produjo por haber votado Arcaya en favor de la posición de Castro en el primer artículo puesto a discusión. Con su voto Arcaya pretendía fortalecer dentro de su partido Unión Revolucionaria Democrática su aspiración a la candidatura presidencial. Las razones del canciller peruano eran, aparentemente, de distinta naturaleza.

No conocían Llaca ni los demás miembros de la Delegación del FRD cuan profundamente habían penetrado los agentes castristas en el andamiaje burocrático e institucional del Perú. Esto iba a revelarse en pocas semanas con el asalto a la Embajada de Cuba en Lima realizado por Frank Díaz Silveira y un grupo de jóvenes por él dirigidos, y a lo que luego nos referiremos con mayor amplitud. Baste señalar ahora que la ingerencia del gobierno de Castro en los asuntos internos del Perú, puesta en evidencia con los documentos sustraídos de su Embajada, forzó al gobierno del Presidente Prado a romper relaciones con el gobierno cubano

[83] Relato de Enrique Llaca Orbiz a su regreso.

al comprobarse «la consecuente y comprobada ingerencia disociadora de la Embajada de Cuba en la vida del país.» El Canciller Porras, seguramente de forma inconsciente, estaba influido por esos agentes.[84]

Esta Séptima Reunión produjo la conocida pero inefectiva «Declaración de San José» que condena la intervención o amenaza de una potencia extracontinental en asuntos de las Repúblicas Americanas. Mención alguna se hizo a Cuba en esta inocua Declaración. No obstante, Roa se retiró de la Conferencia protestando la aprobación de la Resolución.

A pesar de la ambigüa redacción de la Declaración de San José, Castro en forma teatral respondió con la «Declaración de La Habana» tras una intensa movilización nacional. De inmediato reconoció oficialmente a la China Continental y condenó la ayuda económica norteamericana a la América Latina.

Cuando en San José se está celebrando la Séptima Conferencia de Cancilleres el Directorio del FRD Estudiantil bajo la dirección de Alberto Muller, tras denunciar a Raúl Roa y a la delegación cubana como representantes de un régimen de terror, recibe el respaldo de la Federación de Estudiantes Universitarios de Costa Rica. Los universitarios costarricenses, con la firma de su presidente Julio Girón, dan su apoyo «al Frente Revolucionario Democrático de Cuba en su lucha contra el régimen despótico de Fidel Castro.»

Los estudiantes cubanos habían denunciado reiteradamente durante la Reunión de Cancilleres que «el gobierno de Cuba no deriva su mandato o autoridad de elecciones libres y ejerce el poder sin término fijo... y ha impuesto contra la voluntad del pueblo de Cuba un régimen comunista que resulte totalmente extraño a las raíces históricas y los valores esenciales, espirituales y eternos de nuestro país y del Continente Americano.» Y pedían la expulsión de Roa y de los demás representantes del gobierno de Castro.

En ese mes, el Frente Revolucionario Democrático (FRD) envía instrucciones generales a las distintas delegaciones constituidas en varios países, y ciudades de los Estados Unidos.

---

[84] En el memorandum del Gral. Andrew Goodpaster, Asistente del Presidente Eisenhower, de agosto 30 —en que resume la conversación del Secretario de Estado, Herter, con el Presidente— el Gral. Goodpaster expresa que en la Séptima Conferencia «el Canciller de Honduras estaba colaborando con los cubanos, con el respaldo de su Presidente.» Fuente: Foreing Relations 1958-1960. Volumen VI. El memorandum fue desclasificado en 1981. (No hubo indicios en el desarrollo de la Séptima Conferencia que sustenten esta afirmación. Además, el Presidente Villeda Morales manifestó siempre, abiertamente, su respaldo a las fuerzas que se oponían a Castro).

A mediados de Agosto, Rogelio González Corso (Francisco) hace un sorpresivo viaje a Miami y se analiza con él la situación del movimiento clandestino. Una de las reuniones se celebra en la casa de Juan Mesa.

El MRR había estado sufriendo problemas con la entrega de armas que era –según relata Bebo Acosta– la principal tarea encomendada a Artime. Por ese motivo envían a Miami a Kikío Llansó, Rolando Martínez y Santiago Babún. Poco después, Babún alquila una nave en Cayo Hueso y comienzan a transportar en sus pequeñas embarcaciones, el *Reefer* y el *Wasp*, las armas suministradas por los conductos de todos conocidos. Las armas y pertrechos se dejan caer a siete pies de profundidad en un punto frente al Náutico de Marianao de donde pescadores submarinos las recogen y trasladan.[85] Al mismo tiempo el MRR compensa aquella deficiencia con la creación de una fuerte red clandestina. En Matanzas recae esa responsabilidad en Agosto, en Ernestino Abreu que constituye células en todos los términos municipales de la provincia. En pocas semanas aparecen distintos focos guerrilleros.

ACTIVIDADES EN CUBA Y EN EL EXILIO.

Mientras tanto, en La Habana continúa en aumento la confrontación entre los estudiantes que funcionan en las distintas secciones estudiantiles que constituyen el FRD estudiantil y el grupo controlado por Cubela, Quevedo, Rebellón y demás líderes castristas. Se producen choques como consecuencia de la no aceptación por los claustros de la Facultad de Ingeniería, Derecho, Medicina, Ciencias Comerciales y Ciencias Sociales de la «Junta Superior de Gobierno» integrada por cuatro profesores y por igual número de estudiantes y que había sido constituida –con la abierta oposición del estudiantado y de la mayoría de los profesores– el 15 de Junio.

La celebración en La Habana, días atrás, del Primer Congreso Latinoamericano de Juventud había irritado enormemente a los estudiantes cubanos que no respondían al régimen. El evento coincidió con la Pastoral firmada por el Cardenal Arteaga y los Obispos del Episcopado cuya lectura produjo la violenta agresión a los cientos de feligreses que se habían congregado en la Catedral para escucharla. Estas confrontaciones fuerzan la salida de Muller, Salvat y Fernández Travieso. En esos días se sustraen de la fábrica de cemento de Mariel dos sacos de dinamita que se depositan en la casa del Nuevo Vedado donde operaba el cuartel general del MDC clandestino.

---

[85] Relato de Orlando (Bebo) Acosta a Ros.

Después del Congreso de la Juventud un gran número de visitantes permaneció en Cuba durante varios meses en lo que «fue el inicio de un programa de entrenamiento para la subversión,»[86] que a las técnicas de la lucha clandestina y guerrillera unió –apunta el propio Tad Szulc– un indoctrinamiento marxista-leninista.

Hasta los escritores liberales (como este biógrafo de Castro) reconocen que estos jóvenes «regresarían a sus respectivos países para convertirse en líderes e instructores de nuevos movimientos revolucionarios.»

La extrema izquierda continental fue ese año huésped del régimen cubano: Lázaro Cárdenas, Lombardo Toledano, Salvador Allende, Jacobo Arbenz, Cheddie Jagan, Janio Quadros, Francisco Juliâo (dirigente de las Ligas Campesinas del Noreste del Brasil), entre otros. Era, para Castro, una forma descarnada de impedir que los gobiernos de esos países respaldaran cualquier acción colectiva contra el dictador cubano, por temor a ver desencadenadas, en sus territorios, acciones subversivas dirigidas por los que en Cuba estaban siendo entrenados. (Así, Castro pudo posponer hasta 1962 la decisión de la OEA de excluir a Cuba del sistema interamericano, a cuya separación se oponían Argentina, Bolivia, Brasil, Chile, Haití, México y Urugüay).

Ya luchaban en El Escambray distintos grupos. Sinesio Walsh en las montañas cerca de Manicaragua operaba con las pocas armas que había conseguido y las que Orlando Bosch le había entregado. Se incorpora Vicente Méndez que luego vendrá a los Estados Unidos y al regresar en una expedición para organizar otro grupo guerrillero morirá en combate en 1970. Joaquín (Quino) Membibre, en Camajuani había sido de los primeros en alzarse. Se equipa con armas que tiene de la lucha anterior y de las que les toma al enemigo. Pocas armas reciben del clandestinaje. Casi ninguna del exterior. El Comandante Diego (Víctor Paneque) viene clandestinamente a los Estados Unidos en busca de armas para producir otro frente guerrillero que puede quitarle la creciente presión al Escambray. De acuerdo a Eliecer Grave de Peralta[87] el Comandante Diego y él se entrevistaron en el Pentágono con oficiales de inteligencia. Los funcionarios norteamericanos le «ofrecen trabajar sólo en operaciones de inteligencia

[86] Tad Szulc «Exportando la Revolución Cubana,» publicado en «Cuba y los Estados Unidos. Perspectivas de Largo Alcance.» The Brookings Institution 1967.

[87] Eliecer Grave de Peralta, oficial del Ejército Rebelde, sirvió en la Columna Dos bajo las órdenes de Camilo Cienfuegos, primero en Oriente y luego en Las Villas, participando en la batalla de Santa Clara. Desengañado de la Revolución conspiró con el Comandante Víctor Paneque y lo acompañó en su viaje a los Estados Unidos.

bajo los auspicios norteamericanos....sin trabajar con ningún grupo anticastrista.»[88] La oferta fue rechazada. Armando Zaldívar, joven médico que, había pertenecido al Ejército Rebelde, sirve de enlace entre el MRR y el grupo que, en el Escambray, comanda Sinesio Walsh para coordinar el lanzamiento de armas.[89]

El Comandante Raúl Chibás, que había desistido días antes de venir en el barco que había traído a Orestes Guerra, al Comandante Camino y a otros, se decide por fin a salir del territorio nacional y llega a Miami la primera semana de Agosto. Días después llega el estudiante Pedro Roig quien de inmediato hace contacto con el MDC. Como se ha expresado, en esos días pasan a los campamentos muchos de los jóvenes que habían venido durante el mes de Junio. Entre ellos, Juan López de la Cruz, Maximino Casals, Ramón Cubeña, Rafael Candia.

ASISTENCIA ECONOMICA A FAMILIARES DE COMBATIENTES.

El 25 de Agosto, Ros, en su condición de Miembro Alterno del FRD, solicita de Pepita Riera, quien está al frente de la Comisión de Asistencia Social, la confirmación de que los familiares que residan en Cuba de compañeros que pasan a los campamentos militares recibirán ayuda económica por parte del Frente. Con fecha Agosto 28 Pepita Riera le responde.

> «Si los compañeros que salen para el campo de entrenamiento tienen familiares en Cuba a los que ayudaban económicamente, la Comisión de Asistencia Social del FRD, continuará ayudándolos, pero con la condición de que los compañeros dejen aquí, en Miami a algún familiar responsable a quien se le pueda entregar el dinero. Teniendo bien claro que la ayuda se prestará tan sólo a los padres, esposa e hijos.»[90]

La petición había sido formulada por Ros pero su implementación quedaría en manos del comptroller Paula quien le asignaría a la Comisión de Asistencia Social los fondos necesarios y le señalaría el mecanismo con que funcionaría. Apenas si son poco más de 180 hombres los que había en los campamentos cuando, dos días después, llega Erneido Oliva a la finca

---

[88] E. Grave de Peralta. «Cuba. The Unfinished Revolution,» de Enrique G. Encinosa.

[89] Enrique G. Encinosa. Escambray: La Guerra Olvidada.

[90] Enrique Ros. Archivo Privado.

Helvetia para trasladarse el primero de Septiembre a iniciar la construcción de la Base Trax que esperan terminar en tres semanas.

El 6 de Septiembre llega a Retalhuleu un nuevo contingente de jóvenes cubanos. José Almeida, Diego Borges, Francisco Cañizares, Ladislao Fernández, Carlos López-Oña, Inocencio Troadio Moré, Paulino Sosa Valdés y otros. Cuando comienzan a familiarizarse con la composición del campamento los sorprende una trágica noticia. Ha muerto en un accidente uno de los más queridos integrantes de ese extraordinario grupo de pioneros: Carlos Rodríguez Santana (Carlyle). Era el 8 de Septiembre, Día de la Caridad del Cobre.

En Cuba se va estrechando la vigilancia. El 29 de Septiembre en uno de sus acostumbrados discursos Castro ordena la creación de «Comités de Vigilancia» en cada barrio, en cada manzana, en cada cuadra para denunciar a los desafectos al régimen. «Vamos a implantar, en vista de las agresiones del imperialismo, un sistema de vigilancia colectiva revolucionaria en que cada uno podrá saber quien vive en la cuadra y qué relaciones tiene con la tiranía.»

En Miami, Rubén Darío Rumbaut ofrece un amplio informe sobre la labor realizada en la Conferencia Interamericana de Periodistas celebrada en Lima y en el Congreso de la Organización Demócrata Cristiana de América (ODCA). Días después, el 12 de Septiembre, rinde José Ignacio Rasco un detallado informe sobre la campaña de divulgación de la realidad cubana desarrollada por la Delegación del FRD en la Conferencia de Cancilleres efectuada en Costa Rica.

El 16 de Septiembre se produce una nota discordante en la unidad del Movimiento: Enrique Villarreal, Miembro del Ejecutivo en el Exilio y antiguo Secretario General de la organización pública, presenta su renuncia por lo que «se designa una comisión para conocer de esa renuncia e informar al Comité Ejecutivo para que éste decida sobre su aceptación o no; debiendo la comisión informar al Comité Ejecutivo el día 21 en la mañana.» Recayó el nombramiento de los comisionados en Fritz Appel, Rubén Darío Rumbaut y Jorge Más Canosa.

En la fecha señalada, a las 9:00 A.M., los miembros del directorio del Movimiento Demócrata Cristiano en el Exilio se reunieron para conocer el informe que la comisión designada rendiría sobre la renuncia de Villarreal. Participaron de dicha reunión José Ignacio Rasco, Enrique Ros, Segundo Miranda, Jorge Más, Ana Villarreal, Rubén Darío Rumbaut, Fernando Trespalacios, Pedro Abascal, Antonio Alonso Avila y otros. Laureano Batista se encontraba en ese momento en Nueva York y Angel de Jesús Piñera estaba en la Argentina cumpliendo ambos responsabilidades del movimiento.

Escuchado el informe rendido por la comisión designada y a propuesta de Jorge Más, se aprobó por unanimidad aceptar la renuncia presentada por Villarreal a su cargo en el Comité Ejecutivo del MDC.[91]

Fue la renuncia de Villarreal y la obligación de aceptarla, por no haberla querido retirar, un hecho profundamente doloroso para todos los que durante tantos meses fueron sus compañeros de labor en Cuba y en el exilio. Enrique Villarreal fue uno de los miembros fundadores del movimiento público, supo enfrentarse allá a la presión que desde su inscripción como organismo cívico sufrió la organización democristiana; y en el exilio había mantenido siempre entusiasmo en su trabajo y gran desinterés personal. Su separación del movimiento no quebró la amistad personal que muchos sentían por tan valioso compañero.[92]

En Septiembre está funcionando la Comisión de Propaganda bajo la dirección de Angel del Cerro que elaboraría la revista quincenal «Frente» y atendería programas de radio y documentales. Con la Triple A comienza a funcionar en Agosto Pascasio Lineras, líder obrero que por un tiempo radicará en Nueva York.

En Septiembre 19 arriba a los campamentos el sexto grupo de lo que pronto habrá de ser la Brigada de Asalto. Aún no lo es. Se ha entrenado a los hombres para lucha de guerrillas. Entre los que llegan se encuentra, como siempre, un número apreciable procedente de Nueva York: Pedro González Fernández, Jesús Hernández G., Niz Juárez Fernández, Miguel López Pérez, Milton López Hidalgo, Luis Morse de la Barrera, Delfín Martínez Viqueira y muchos más. Algo más llega ese día a la base. Arriban las armas para iniciar con ellas un entrenamiento más formal. Días después otros hombres aparecen también en la Base Trax. Son los instructores. Tienen diversa nacionalidad y poco tiempo permanecerán en Guatemala. En cinco semanas, en Noviembre 4, comenzará a estructurarse el nuevo

---

[91] Enrique Ros. Archivo Privado.

[92] En Julio de 1962 Enrique Villarreal vuelve a integrarse al MDC formando parte del Comité Representativo de las distintas tendencias existentes dentro del movimiento. Participó activamente en esta nueva etapa junto al José Ignacio Rasco, Melchor Gastón, José Angel Ortega, Guillermo Martínez, Laureano Batista, Enrique Ros, Benigno Galnares, Jesús Angulo, Ambrosio González del Valle, Alberto del Junco, José Ceñal, Ernesto Rodríguez, Jorge Escala, Ignacio Fleitas, Pedro García, July Hernández, Laureano Garrote, José R. Núñez, Dionisio Fajardo, Nicolás Gutiérrez, Jorge Mantilla, Héctor Castellón y otros militantes.

«concepto.» El grupo se convertirá en ese momento en la Brigada de Asalto 2506.[93]

EL FRD EN MEXICO.

El FRD fue ideado en Maracay, gestado en Nueva York, y alumbrado en México, después de un suspendido parto en Costa Rica. Cuando México (luego de la negativa de José Figueres) autorizó dar a conocer, desde aquel país, la constitución del FRD (Junio 22), se trazaron planes para que el Frente funcionara desde ciudad México. Todo fue fácil en ese primer viaje. Entusiasmados con la idea de poder funcionar desde un país hispano los cinco miembros del Comité Ejecutivo se dispusieron a trasladarse, con sus respectivas familias, a México. Los primeros en ir fueron Artime y Tony[94] que partieron en avión. Luego, en los primeros días de agosto seguirían los demás.

De inmediato surgieron las dificultades con las autoridades mexicanas que se oponían a que se realizaran actividades anticastristas en su territorio. Al salir de México hacia Detroit[95] para ofrecer una conferencia que sería televisada nacionalmente sobre temas latinoamericanos en la Convención Nacional de Veteranos, Artime tuvo serias dificultades para conseguir la visa de reingreso a México. Una nueva disposición exigía que si el solicitante era cubano el permiso sólo podía concederlo el Ministerio de Estado Mexicano. Iguales dificultades encontraron los demás dirigentes del Frente.

---

[93] Fue el Comandante José P. San Román quien seleccionó —con la aprobación de todos— el número 2506, que le había correspondido a Carlyle, como el que identificaría a partir de ese momento a la Brigada.

[94] Declaraciones de M. Artime— Marzo 1962.

[95] Tony Varona y Justo Carrillo se habían opuesto al viaje de Artime pero se aprobó por mayoría.

CAPÍTULO IV

RELOCALIZACION EN MIAMI DEL COMITÉ EJECUTIVO DEL FRD. DESIGNACION DEL COORDINADOR GENERAL DEL FRENTE. SE DIVIDE LA TRIPLE A.

En Septiembre 9 sólo permanecen dos ejecutivos del FRD en México; unas semanas después, en Septiembre 15, todos los dirigentes del FRD están fuera de aquel país. No ha sido posible –por determinación del gobierno mexicano– funcionar desde allí. Se hacía imperativo el regreso a Miami de los dirigentes del Frente.

El FRD se había constituido en el exterior sobre bases similares a las adoptadas por el Frente en Cuba: Cinco miembros ejecutivos –uno por cada una de las organizaciones que la componían– sin mayor jerarquía uno sobre otro. No resultó operante este tipo de pentarquía por lo que a los 3 meses de un anómalo funcionamiento los cinco miembros acordaron designar por votación mayoritaria un Coordinador General, luego de admitir a un nuevo miembro (Ricardo Rafael Sardiña) en el Comité Ejecutivo.

Los tres ejecutivos de mayor edad y de más extensa vida revolucionaria (Varona, Carrillo y Sánchez Arango) aspiraban a esa posición. Para alcanzarla tendrían que contar con los votos de los tres miembros más jóvenes (Artime, Rasco y Sardiña). Durante varios días cada uno de los aspirantes sostuvo largas conversaciones con los que tenían en sus manos la decisión.[96] La reunión para la elección del Coordinador General se realizó en un motel cerca del Congress Building donde, en aquel momento, aún funcionaban oficinas del FRD próxima ya a trasladarse a Biscayne y 17 Street donde permanecerían hasta fines de 1962.

Cada uno de los tres aspirantes confiaba tener los votos decisivos. Cuando se efectuó la elección (en Septiembre 27)fue Tony Varona el escogido. Justo Carrillo aceptó el resultado; no así Aureliano que de inmediato acusó al FRD de estar sometido a los intereses de los Estados Unidos.

A partir de ese momento Sánchez Arango no volvió a concurrir a las reuniones del Comité Ejecutivo. Días después designó a Leopoldo Morffi, su antiguo y fiel compañero, como miembro suplente pero no llegó a ser reconocido. Morffi en esos momentos estaba al frente de la Delegación de

---

[96] En su obra póstuma «A Cuba Le Tocó Perder,» Justo Carrillo afirma haber recibido informalmente el respaldo previo de Rasco y Artime quienes «sorprendentemente» votaron luego por Varona.

Miami de la Triple A, a cuyo cargo renunció[97] el 29 de Septiembre, designando en su lugar a Armando Pérez Torron.

Curiosamente días atrás, cuando Castro declaró nulo y sin efecto alguno el Convenio Bilateral de Ayuda Mutua firmado el 8 de Marzo de 1952 entre Cuba y Estados Unidos, Sánchez Arango salía en airada defensa del Convenio afirmando que «Las fuerzas están bien deslindadas. Los comunistas, los filo-comunistas, los compañeros de viaje y cierta clase de demogogos se vinculan con el bloque soviético. Los demócratas tenemos nuestro propio ámbito de relaciones en el campo democrático.» Como vemos, poco antes de conocerse la elección del Coordinador General del FRD era necesario «el entendimiento (con los Estados Unidos)....para los objetivos de libertad.»

El distanciamiento, y luego renuncia, de Aureliano produce gran tensión en las filas de la Triple A pues muchos de sus miembros, que se identificaban con el FRD y habían creado estrechos lazos de cooperación con militantes de las otras organizaciones del Frente, resentían la inconsulta decisión de Sánchez Arango.

El FRD había acordado el 15 de Septiembre ampliarse dándole ingreso en el Comité Ejecutivo a Ricardo Rafael Sardiña en representación del Movimiento Institucional Democrático (MID), Movimiento Acción Recuperadora (MAR), Bloque de Organizaciones Anticomunistas (BOAC) y del Comité de Liberación de Cuba (CLC).[98]

Esta decisión se tomó luego de una reunión en Agosto de Varona y Rasco con Sardiña que se encontraba en compañía de Juan Antonio Rubio Padilla.[99]

En esos momentos el FRD quedaría integrado por los siguientes 6 miembros:

Organización	Miembro Ejecutivo	Miembro Alterno
Agrupación Montecristi	Justo Carrillo	Francisco Carrillo

---

[97] Carta de renuncia de Leopoldo Morffi, de fecha Septiembre 29, 1960.

[98] Meses después dos de estas cuatro organizaciones le retirarían a Sardiña su representación afectando aún más negativamente la crisis de enero-febrero de 1961 que culminaría en la disolución del FRD y la creación del Consejo Revolucionario Cubano que presidiría José Miró Cardona.

[99] Voto particular de José Ignacio Rasco, en el FRD, Marzo 13, 1961.

Rescate Revolucionario	Manuel Antonio de Varona	Mario del Cañal
MRR	Manuel Artime	José Manuel Hernández
MDC	José Ignacio Rasco	Enrique Ros
ARD(Independiente)	Manuel Cobo Sausa	
MID,MAR,BOAC,CLC	Ricardo Rafael Sardiña	Antonio Maceo

Con fecha Septiembre 12, Mario Girbau y Ros, son designados Contadores-Auditores de las Comisiones de Trabajo que operan desde las oficinas centrales del FRD en Miami.

Por continuar aún el comptroller Juan Paula en México, Girbau y Ros tramitan las peticiones presentadas por distintos dirigentes y sectores del Frente Revolucionario Democrático.

No ha pasado un día sin que una organización presentase su presupuesto. En Septiembre 9 se tramita el presupuesto del FRD Estudiantil presentado por Carlos Fernández Trujillo. En Septiembre 29 la Comisión de Propaganda, firmado por Angel del Cerro, entrega el presupuesto con dos partidas para su oficina que funcionará en Aragón 161.

En Septiembre 27 la CTC Revolucionaria Democrática, presenta también su presupuesto firmado por José Bello y Antonio Ferré. Igualmente lo hacen las demás Comisiones de Trabajo.

La designación de Tony Varona como Coordinador del FRD disgustó extraordinariamente a Aureliano Sánchez Arango quien, como hemos dicho, desde esa fecha no asistió más a las reuniones del Comité Ejecutivo del Frente.

Los campos dentro del Frente Nacional Democrático Triple A se fueron delimitando. Los dirigentes y la membresía se dividieron en dos grupos antagónicos. Junto a Aureliano quedaron, Leopoldo Morffi, Orlando García, Agustín Capó, Julio A. More, Cristóbal Moré, Josefina Prado,[100] Armando Pérez, Jorge García Montes, Fernando Melo, Joaquín Fernádez Brito y varios más que expusieron públicamente su posición en un documento que apareció en Octubre 31. Días después se dió a conocer la constitución de un organismo formado por lo que hoy llamaríamos disidentes y que formaron la Acción Revolucionaria Democrática Independiente, que se conoció como la Triple A Independiente, y que se vertebró alrededor de Manuel Cobo Sausa como Sub-Secretario General y que contó con el respaldo del periodista Pedro Leyva, del dirigente obrero Pascasio Lineras, de Miguel Patiño y otros.

---

[100] Josefina Prado había llegado clandestinamente junto a Orestes Guerra y el Comandante Camino, capitaneando el barco de Tomás Diego.

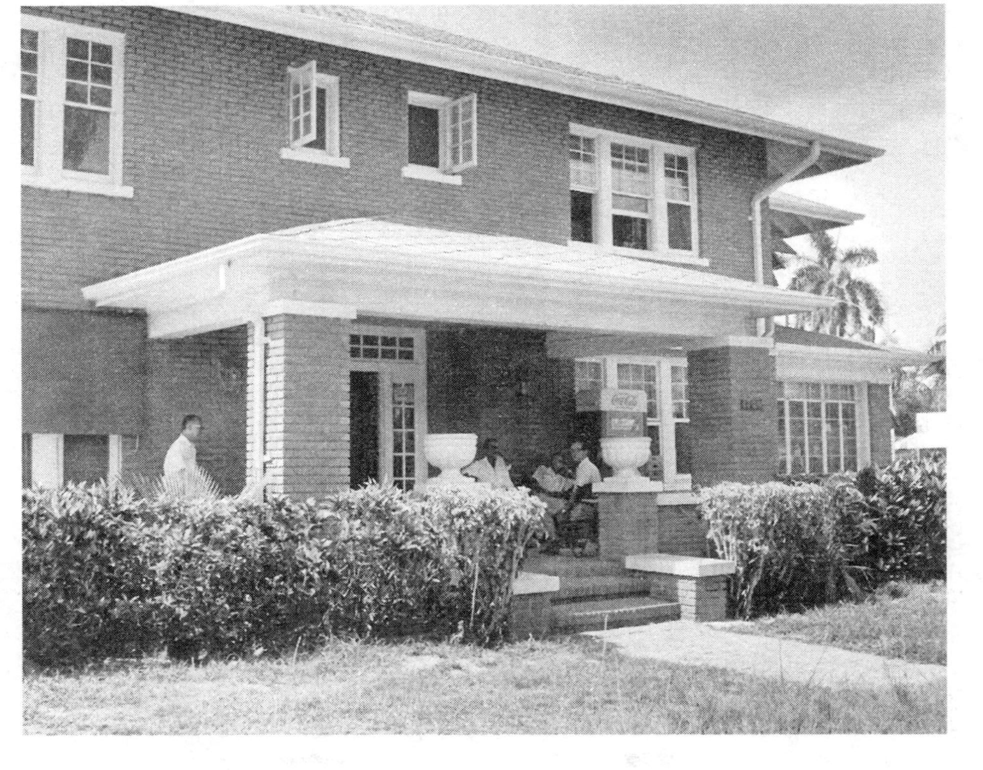

Edifico en Biscayne Blvd. y 17 Street donde radicaban las oficinas del Frente Revolucionario Democrático (FRD).

Esta escisión pública de la Triple A se produce al tiempo que llegan al exilio dos de sus más conocidos dirigentes: Pepe Utrera y Mario Villar quienes se identifican con Sánchez Arango. Su llegada a Miami coincide con la de otros militantes de la corriente Auténtica: Lomberto Díaz y César Lancís, el primero de los cuales había tenido la responsabilidad de estructurar en la isla a antiguos componentes de la Organización Auténtica (OA) bajo el nombre de Rescate, que desde el exterior dirigía Tony Varona. Junto a ellos llegaba también el hijo del antiguo Ministro de Gobernación que semanas después pasaría a los campamentos y participaría en la acción de Bahía de Cochinos. Como un ejemplo de la unidad en la acción que está presente en la actividad clandestina será Mario Escoto, Coordinador Nacional de la Triple A, quien facilita la salida de Lomberto y Lancís. Lomberto, que esperaba regresar de inmediato, deja provisionalmente la dirección del aparato clandestino de Rescate en manos de José Julio Fernández. Después, al prolongarse su estadía, será Albertico Cruz[101] quien asumirá su dirección.

ASALTO A LA EMBAJADA DEL PERU.

Para esa fecha ya se hace visible la labor del FRD en Latinoamérica. Frank Díaz Silveira, Delegado del Frente Revolucionario Democrático en Perú, junto con Armando Cruz Cobos, Jorge Chermelí, Gili Val, Miguel Silva del Solar e Iván Echeverry asaltan la Embajada de Cuba en aquella nación y sustraen numerosos documentos de carácter confidencial que conservaba el embajador castrista Luis Ricardo Alonso. Cuando estos documentos se hacen públicos se produce un verdadero escándalo internacional ya que se puso en evidencia la penetración Castro-comunista en las organizaciones sindicales, los institutos castrenses, los partidos políticos, así como en los centros superiores de estudio e instituciones aparentemente cívicas.[102]

Entre los documentos que se dan a conocer aparece la carta confidencial del Embajador Cubano Luis Ricardo Alonso Fernández dirigida al Ministro de Relaciones Exteriores de Cuba en la que hace mención al

---

[101] Alberto Cruz fue Ministro de Gobernación en el gobierno del Dr. Ramón Grau San Martín.

[102] Dos meses antes (Septiembre 4) el Ministro de Gobierno había denunciado que cada día era mayor la infiltración comunista en Perú y que circulaba mucho dinero de Moscú y Pekín para financiar costosos viajes de elementos comunistas, dirigentes universitarios, sindicales y de otras actividades, a pretendidas reuniones culturales o de índole parecida. El asalto a la Embajada Cubana en Lima aportaba las pruebas de tal afirmación.

informe sobre gastos políticos de esa embajada y detalla los fondos entregados a las organizaciones e instituciones antes mencionadas relacionando cada uno de los parlamentarios y dirigentes de partidos políticos que estaban siendo subvencionados por el gobierno de Castro.

Los fondos se distinguen, dice en su informe el Embajador Cubano, cumpliendo «al pie de la letra todas las instrucciones y todas las tareas organizativas que le fueron encomendadas antes y después del Congreso Latinoamericano de Juventudes.» Ocho personas vinculadas a la Universidad Nacional de San Marcos aparecían recibiendo, cada una, $5,000 dólares; una treintena de organizaciones sindicales reciben estipendios de $3,000 a $5,000 dólares cada una; «instituciones afines» (Instituto Mariátegui y el Comité de Defensa de la Revolución Cubana) reciben respectivamente $3 mil y $5 mil; seis diputados (congresistas) que componen el «Grupo Parlamentario de Defensa de la Revolución Cubana» reciben, en conjunto, $36 mil dólares. La relación continúa con nombres y pagos a otros parlamentarios y a funcionarios de partidos políticos.

En otro documento tomado de la Embajada Cubana aparece un informe dirigido el 10 de Febrero de 1960 al Ministro de las Fuerzas Armadas Raúl Castro, que en uno de sus párrafos dice:

> «Estoy en contacto con algunos Coroneles del Centro de Altos Estudios Militares, a los que he logrado interesar vivamente en la obra de nuestro Gobierno Revolucionario. Estimo que es en él donde existen mejores posibilidades para un trabajo de profundización revolucionaria.»[103]

Al mismo tiempo, el Frente Revolucionario Democrático envía al Secretario General de la Organización de Estados Americanos, José A. Mora un escrito para que fuese sometido a la consideración de ese organismo hemisférico.

FUGA DE LOS OFICIALES DE HUBER MATOS.

En los primeros días de Octubre se produjo un hecho que conmovió las estructuras internas de los organismos de seguridad del gobierno de Castro. Once oficiales que habían formado parte de la escolta del

[103] Manuel Braña. El Aparato.

Comandante Hubert Matos se escaparon de la cárcel junto con cinco custodios y otro capitán del Ejército Rebelde.[104]

La fuga la había organizado el Sargento Antonio Hernández junto al Padre Testé quien había pedido colaboración a varios miembros del movimiento clandestino. Se escapan saltando un muro que da a Casa Blanca. De allí pasarán a una casa en la Calle Reina.

Siete de los oficiales fueron luego escondidos por Manuela Calvo en una casa de Guanabo. Miembros de distintas organizaciones actúan para viabilizar la salida del país de los fugados del Morro y el 13 de Octubre parten en un pequeño barco de dos motores desde una playa de la costa norte de la provincia de La Habana. Llegarán, ya sin combustible, a Cayo Hueso.

Manuela días después caería presa por otra causa aunque en el juicio a que fue sometida fue acusada, también, de haberle dado protección a estos oficiales pero no tuvieron pruebas suficientes para mantener ese cargo. Otros cargos que le presentaron la involucraban en actividades subversivas con las células de Acción y Sabotaje de la Federación de Plantas Eléctricas, sin que pudieran probarlo. Finalmente fue sometida a juicio al encontrársele documentos que denunciaban el propósito del régimen de negarles a los padres la patria potestad. Fueron encausados 13 hombres y 2 mujeres. Las mujeres recibieron una condena de 6 años, 7 hombres fueron condenados a 9 años y 6 a 15 años. Saldrá Manuela de la Cárcel el 25 de Octubre de 1966.

Altas figuras del gobierno salen también de la isla en ese mes de Octubre. Unos, por conductos diplomáticos. Como Angel Aparicio –antiguo Secretario del Presidente Osvaldo Dorticós– que parte hacia Bogotá acogido al asilo político. Otros, por medios más riesgosos. En una pequeña lancha llega a Miami Rufo López Fresquet, el primer Ministro de Hacienda del gobierno revolucionario; lo acompaña Hugo Olazábal, que será luego uno de los pocos militantes del MRP en los campamentos de Guatemala. Llega también, en una embarcación, Julio Duarte, Presidente del Tribunal de Cuentas.

---

[104] Los oficiales eran Napoleón Bécquer, Gustavo Sague, José López Legón, Raúl Barandela, Carlos Alvarez, Roberto Cobos, Eduardo Bonet, Robosbaldo Llaurado, José Pérez Alamo, Jesús Torres, Elvio Rivera, Vicente R. Rodríguez, Dionisio Suárez y Manuel Nieto. Antonio Hernández, Sargento de la Marina de Guerra Revolucionaria, fue quien coordinó con el padre Testé la fuga de estos oficiales que llegaron en barco a Cayo Hueso. Los marineros Fidel Soto, Félix Soler, Eguido González y Héctor Moreno formaron parte del grupo.

LUCHA EN EL ESCAMBRAY Y OTRAS REGIONES. ORLANDO BOSCH DELEGADO GENERAL DEL MIRR. GERARDO FUNDORA. SINESIO WALSH. PORFIRIO RAMÍREZ Y OTROS COMBATIENTES.

En los primeros meses de 1960 Osvaldo Ramírez, que aún mantenía su grado de capitán del Ejército Rebelde, comenzó a recoger y llevar a distintos puntos de El Escambray armas y pertrechos preparándose para el levantamiento que él sabía era inevitable. Junto a él se alzarán campesinos y desilusionados miembros del Ejército Rebelde. El primer combate, como lo recuerda Guillermo Pérez Calzada,[105] se libró en una área llamada Sitio de Juana cuando el grupo de Osvaldo Ramírez apenas lo componían 18 hombres. En pocos meses se estaba luchando en todo el macizo montañoso central.

Se había intensificado la lucha en el Escambray. En un acto público celebrado en Nueva York la Alianza por la Liberación Cubana[106] presenta al Comandante Diego (Vicente M. Paneque) como el Coordinador del movimiento insurrecccional revolucionario que acababa de abrir un frente rebelde en la Sierra del Escambray.

El Movimiento Insurreccional de Recuperación Revolucionaria (MIRR) designa a Orlando Bosch como su Delegado General en los Estados Unidos. Su misión es la de lograr armas y equipos para los alzados en El Escambray. Para darle más solidez al nombramiento lo firman el 31 de Agosto en la «Comandancia General de la República de Cuba en Armas, en la Sierra del Escambray,» Sinesio Walsh Ríos[107] como Comandante en Jefe del MIRR y Víctor M. Paneque como Coordinador Nacional Militar. Junto a ellos está Giordano Hernández que meses después, apresado junto a Aroldo Hernández y Salvador Muñiz en Guamayara, será condenado a 30 años en la causa 829 de 1960 en la que serán también procesados Plinio Prieto, Porfirio Ramírez, Sinesio y otros.

---

[105] Guillermo Pérez Calzada había formado parte del Segundo Frente del Escambray en la lucha contra Batista. Conspira, desde fines de 1959, con Osvaldo Ramírez y es de los primeros en alzarse en El Escambray. Sus declaraciones a Enrique G. Encinosa están recogidas en la obra «Cuba. The Unfinished Revolution.»

[106] La Alianza por la Liberación Cubana había sido constituida el 7 de Agosto por cuatro organizaciones anticastristas: El MRR (I), la Organización Auténtica (O.A.), Cruzada Constitucional y el Frente Anticomunista Cubano.

[107] Sinesio Walsh, campesino de la zona tabacalera de Manicaragua. Peleó junto a Víctor Borbón en 1957 y, más tarde, a las órdenes del Ché Guevara cuando éste pasó a Las Villas en 1958.

A la llegada a Miami de Bosch se producen distintas e infructuosas conversaciones entre éste y Tony Varona, Coordinador General del FRD. Habla también Bosch con «los norteamericanos responsables de la Agencia Central de Inteligencia (CIA) en el caso Cuba y con diplomáticos del Departamento de Estado, con el propósito de convencerles a todos que la mejor, más fácil y más digna solución del caso cubano, era derrotar al tirano por el esfuerzo armado e interno de los propios revolucionarios, los cuales ya estaban atrincherados y organizados en las montañas y ciudades en toda la isla.»[108] No tuvo éxito en estos esfuerzos.

Ya antes, cerca de Camajuaní, se había levantado Joaquín Membibre. En el Naranjal, en Las Villas, pelean Edel Montiel, Zacarías López y los hermanos Tardio (Camilo, Blas y Benjamín que mueren fusilados, y Lupe que muere en acción). De estos hermanos sólo sobrevivirá Genaro.[109] Luchan también Plinio Prieto y Osvaldo Ramírez, quien fue de los primeros en subir al Escambray a luchar contra el gobierno de Castro. Alzados se encuentran Evelio Duque, Vicente Méndez, José Berberena y Diosdado Mesa.

El Comandante Félix Torres va dejando un largo reguero de sangre y una extensa lista de detenciones a su paso por Las Villas. Las mujeres no van a ser exceptuadas. En Mataguá, el sanguinario Torres detiene, en Octubre de 1960, a Gloria Argudín,[110] la amenazan con fusilarla para amedrentarla, sin éxito, a que hablara y denunciara a sus compañeros. Recorrerá después, Gloria Argudín de Moreno, el largo y doloroso peregrinaje de tantas presas políticas cubanas: Topes de Collantes, el G-2, Guanajay, Baracoa. Heroico camino verídicamente descrito por Pilar Mora Morales en «El Presidio Político de Mujeres.»

Continúan produciéndose alzamientos en distintas zonas del interior del país. Para ese momento se había debilitado la fluida comunicación que en los meses anteriores existió entre la dirección del movimiento clandestino del MDC y la presidencia de ese organismo en el exilio.

Para subsanar esta seria deficiencia Laureano Batista, que había asumido la responsabilidad del contacto con el aparato clandestino, envió

---

[108] Según expone a Ros en reciente conversación, y expuso en una publicación «Denuncia Cubana», de los años 60.

[109] Juan Rodríguez Mesa. «Cuba. The Unfinished Revolution» de Enrique G. Encinosa.

[110] El de Gloria S. Argudín de Moreno es uno de los varios testimonios relatados por las presos políticas cubanas y recogidos en la obra «El Presidio Político de Mujeres en la Cuba Castrista» de Pilar Mora Morales.

a Cuba a Juan Mesa[111] para entrevistarse con Fernández Badué (Lucas) quien desde Agosto primero era el Coordinador Nacional del MDC.

Dentro de Cuba, la natural vinculación que siempre mantuvo el MDC con el MRR fue sustituida por lazos más estrechos con la representación de Rescate Revolucionario que, en aquel momento, la ostentaba Ramón Ruisánchez conocido como Comandante Augusto, quien por sus relaciones personales y partidistas con Tony Varona funcionaba como si fuese el Coordinador del FRD cuando, realmente, sólo lo era de Rescate.

Los que estaban estrechamente vinculados a la organización clandestina conocían que en los últimos meses de 1960 habían llegado armas directamente a Rescate y no a través del FRD; es decir, no a través de Francisco.

Cuando se constituyó en Cuba, en Mayo 31, el Frente Revolucionario Democrático se había acordado constituir un Ejecutivo Nacional no jerarquizado sino dividido por funciones, correspondiéndole a cada dirigente de una organización una determinada responsabilidad en los trabajo del Frente pero no la representación del FRD en todas y cada una de las actividades que se realizaban. En la estructuración inicial correspondió a Francisco (Coordinador Nacional del MRR)la Coordinación Militar del FRD, y los demás dirigentes nacionales a su vez se hicieron cargo de otras tareas: Acción, Organización, Propaganda. En estos momentos Francisco continuaba como el Coordinador Militar del FRD y, por tanto, la aparente autodesignación del Comandante Augusto como Coordinador Nacional del FRD, propendía a la desunión y era fuente de potenciales serios conflictos.

Esta dualidad de mandos puede haber sido, en parte, responsable del trágico fracaso de los alzamientos en el Escambray, en Pinar del Río, en Madruga y en la zona de Oriente.

Duarte Oropesa[112] considera que la actuación del *Comandante Augusto* como «representante del FRD en el clandestinaje» tuvo efectos negativos en el desarrollo de la lucha guerrillera. Por caminos y enfoques distintos Duarte Oropesa parece llegar a la misma conclusión sobre la dualidad de mandos que antes se señalaba. Sólo que para el historiólogo cubano la CIA mantenía relaciones al mismo tiempo con «Augusto» y con el MRP. No hay evidencia de que en la etapa que ahora se analiza –Agosto

---

[111] Juan Mesa, cubano, residía en los Estados Unidos desde mucho antes de la llegada al poder de Fidel Castro. Mantenía estrechas relaciones con funcionarios norteamericanos y gozó de la confianza de dirigentes anticastristas.

[112] José Duarte Oropesa, hombre de pensamiento y acción, ha ofrecido en sus cuatro tomos de «Historiología Cubana,» una honesta, pero apasionada interpretación del proceso histórico del que muchos cubanos, en una forma u otra, han sido actores.

a Noviembre de 1960– el MRP mantuviese algún tipo de relación con los alzados en El Escambray.

Es conocido que Augusto residía en el Reparto Siboney, en La Habana, donde tenía una planta de radio transmisora para comunicarse *directamente* con la CIA en los Estados Unidos.[113] Dentro del Frente, como se ve, actuaba por la libre. Ruisánchez, «Augusto,» sólo tenía contacto con los alzados a través de mensajeros, y los recados tomaban semanas en ser transmitidos a las personas adecuadas,» señala Enrique Encinosa en su más reciente obra que estaba aún en la imprenta en el verano de 1994.

Gerardo Fundora[114] se alzó en la lomas de Madruga el 10 de octubre de 1960 en nombre del Frente Revolucionario Democrático. Cercado por gruesas columnas de tropas es hecho prisionero el 20 de octubre y trasladado a la ciudad de Matanzas donde fue sometido a un Tribunal Revolucionario y sentenciado a pena de muerte por fusilamiento que se cumplió esa misma noche, en el campo de tiro de Limonar, Matanzas. En la misma causa fueron condenados a 20 años Jesús Díaz Díaz, Heriberto Bacallao Acosta, Rolando López, Julio Muñoz y Alberto Lazo Pastrana.

Es evidente que tanto Gerardo Fundora en Madruga, como Osvaldo Ramírez,[115] Sinesio Walsh, Porfirio Ramírez, Evelio Duque y los demás alzados en Las Villas, así como aquéllos que lo hicieron en Oriente en esa época, carecieron del avituallamiento necesario.

En honor de Gerardo Fundora Núñez mencionaremos aquí varios de los párrafos del manifiesto que publicó poco antes de tomar esa determinación:

> «En Matanzas, la Atenas de Cuba, un grupo de cubanos nos proponemos –en nombre del Frente Revolucionario Democrático– abrir un Tercer Frente de Batalla, contra la horda de comunistas y traidores que se han apoderado del Gobierno de nuestra nación en el rejuego de la estafa política y revolucionaria más grande de nuestra historia.»
>
> «Al tomar esta decisión, la única que ciertamente habrá de liberar a nuestro pueblo de la ignominia que lo oprime queremos expresar a los matanceros y a nuestros compañeros de trabajo,

---

[113] Enrique G. Encinosa. «Escambray. La Guerra Olvidada.»

[114] Gerardo Fundora nació el 1o. de Abril de 1924 e hizo sus primeros estudios en la escuela «Asilo Casals» en la ciudad de Matanzas. Dirigente textilero, se incorpora a las filas clandestinas del MDC.

[115] Osvaldo Ramírez pudo evadir los distintos cercos organizados por Castro para sofocar los alzamientos en esa zona. Sobrevivió la Gran Ofensiva de 1961. Murió combatiendo en Abril 16, 1962.

que estamos seguros de rendir con nuestro ejemplo, el mejor homenaje a la memoria de nuestros inolvidables líderes henequeneros Alemán y Verdalle...»

«Luchamos... porque no queremos ser ateos, ni esclavos, ni vivir amordazados. Queremos disfrutar de la libertad y la democracia que nos lograron nuestros libertadores en la gloriosa Manigua. Queremos que se respete la DIGNIDAD HUMANA y que Cuba sea de los cubanos.»

«Confiamos en la noble idea de redención y libertad que nos inspiran. Esa y nuestra fe en Dios, serán las fuentes más poderosas en que contamos. Nuestra devoción en la causa, nos garantiza el triunfo final...»

La actividad guerrillera de mayor envergadura en esta etapa se desarrolló en El Escambray culminando con lo que se ha llamado La Primera Limpia del Escambray, o la Gran Ofensiva.

El mismo día en que se alza en Madruga Gerardo Fundora, caen presos en Manicaragua Plinio Prieto, Sinesio Walsh,[116] Porfirio Ramírez, José Palomino, Angel Rodríguez del Sol, Vivian Fernández y Gloria Argudín, quienes se habían mantenido peleando en las Lomas del Escambray. Los cinco hombres fueron condenados a pena de muerte por fusilamiento, sentencia que fue ejecutada el 12 de octubre.

Habían sido sometidos al juicio 829 por «Delitos Contra los Poderes del Estado» los antes mencionados, junto con Giordano Hernández, Aroldo José Borges, Andrés Betancourt Sánchez, Elio Escandón, Armando Zaldívar, Diógenes Blanco, Carlos Manuel Marrero y otros, condenados a 30 años; Alejandro Crespo, Rafael Gerada Iser, Rodolfo Quirós Medina, y otros, a 15 años; Salvador Esteva Lora, Lauro Blanco, Jorge Caos y otra veintena de revolucionarios fueron condenados a 20 años de reclusión en el presidio de Isla de Pinos. Del centenar de cubanos procesados en esta causa sólo siete fueron absueltos.

Deja el Capitán Porfirio Ramírez, Presidente de la Federación Estudiantil Universitaria de la Universidad de Las Villas, una conmovedora carta dirigida a sus compañeros de lucha: «Quiero aprovechar estos postreros instantes de mi vida para hacer un llamamiento a todos mis compañeros de la Universidad Central de Las Villas, de la Universidad de Villanueva, a todos

---

[116] El 31 de Agosto, desde la misma Sierra Escambray, Víctor M. Paneque (Comandante Diego) y Sinesio Walsh, como Coordinador Nacional y Jefe del Ejército Revolucionario del MIRR, respectivamente, habían designado a Orlando Bosch como Delegado del Gobierno Revolucionario en Armas del MIRR para que asumiera su máxima representación en el extranjero.

los estudiantes de las Escuelas de Comercio de donde procedo, de todos los institutos, normales; en fin, a todos los estudiantes de Cuba y de la América para que estrechen filas en contra del «monstruo rojo» del Caribe, que habrá de traer mucho dolor y luto, sangre, miseria y esclavitud al pueblo de Cuba...» «sé que voy a morir dentro de pocas horas, no tengo miedo... Sé que mi muerte no ha sido en vano... Adelante, compañeros estudiantes y pueblo de cuba, la Patria necesita de ustedes hoy más que nunca: la América también.»

Los pilotos que se encontraban en los campamentos realizaron diversas misiones para tratar de hacer llegar a los alzados en distintas regiones el material que tan desesperadamente necesitaban. El Capitán Eduardo Ferrer, en su obra «Operación Puma» hace mención a estos esfuerzos: «Se volaron un total de 68 misiones entre los meses de Septiembre de 1960 y Marzo de 1961. De éstas solamente siete llegaron a manos de las guerrillas... Este número constituye un raquítico 10% de efectividad que ha dado pie a las quejas de los guerrilleros de que la aviación no rendía la labor de abastecimiento en forma adecuada... Me parece justo comentar algo al respecto: Muchos de los vuelos que se efectuaron no establecieron contacto con las guerrillas y los capitanes optaron por regresar con el cargamento. En otros vuelos se decidió lanzar el material bélico con la esperanza de que las guerrillas que operaban en la zona los encontrasen más adelante. La mayoría de las veces, al llegar el avión a la zona de lanzamiento no encontraba señales. Me imagino que se debía a la falta de coordinación que existía entre las guerrillas y la aviación. Aunque parezca muy elemental y casi absurdo es totalmente cierto: No había contacto directo entre las guerrillas y nosotros. La aviación recibía información por la vía que actuaba de intermediaria y que tenía la función de comunicar a ambos grupos la fecha y lugar de lanzamiento para sincronizar las misiones. En el error de esta agencia radica el fallo de las misiones, y no en la aviación como se han quejado los guerrilleros, ni en los guerrilleros como se han quejado algunos pilotos.»[117]

Luego de la muerte, en una emboscada, del Comandante Manuel (Piti) Fajardo –que había participado como testigo incriminatorio en el juicio de Sinesio Walsh, Plinio Prieto y los demás alzados en el Escambray– el Comandante William Galvez se dedicó a fusilar, sin someterlos siquiera a un proceso de apariencia legal, a toda persona acusada de haberle dado muerte a un miliciano o a un miembro del ejército.

[117] Capitán Eduardo Ferrer, Operación Puma. Open Road Press 4ta. Edición 3/17/93.

CLANDESTINIDAD, EXILIO, CAMPAMENTOS.

En Cuba los estudiantes continúan su lucha en la universidad aunque ya la fiera oposición que había existido meses atrás ha sido violentamente sofocada por el régimen.

Para ello, la Junta Superior de Gobierno de la Universidad de La Habana utiliza las milicias revolucionarias en plena y total violación de la ya no existente autonomía universitaria. En la primera semana de diciembre «frente a la serie reiterada de atentados dinamiteros ocurridos en el interior de la Universidad» la Junta solicita del Ejército Rebelde que destine «una compañía de milicias revolucionarias» para que cooperen con las «milicias universitarias y el cuerpo de seguridad» del plantel en la custodia del recinto universitario.

Por un muchacho que venía para el campamento un agente encubierto dió con la dirección de Antonino (pero no con su verdadero nombre). Fue a la casa simulando ser otro joven que quería salir hacia los campamentos diciéndole a la señora de Bergolla: «Dígale a Antonino que yo vengo a las ocho de la noche porque quiero irme para allá también.» Pero el primer joven que sí venía para los campamentos y que llegaba en esos momentos a casa de Antonino se percató de que era un agente y cuando ése se retiró avisó de inmediato a Antonino. En horas de la noche agentes del G-2 llegaron buscándolo infructuosamente. Después de permanecer en distintas residencias continuó, no obstante, su labor clandestina.

En esta situación se ve varias veces con Lucas, que ya está a cargo de la coordinación nacional, y con Cucho Fleites y Ramiro.[118] Con estos dos últimos trata de entregarle su automóvil –que ya no le es útil en La Habana– para que se trasladara a Oriente. Cuando se acercaba a la casa donde había quedado estacionado el carro éste se encontraba rodeado de agentes del G-2. Se aleja. Luego realiza Antonino varias actividades con creciente peligro para su seguridad y la de la organización. Finalmente acepta asilarse en la Embajada de Ecuador, donde es recibido por el nuevo Embajador Don Miguel López Sáa.

Se traslada a Haití. Tan pronto llega Bergolla a Haití se le tramita la visa para su entrada en los Estados Unidos[119] y de inmediato se le envía asistencia económica. Envíos que se repiten semanalmente hasta su llegada

---

[118] Guillermo Martínez Alayón (Ramiro) fue primero Coordinador Municipal de Santiago de Cuba y luego pasó a la Coordinación Provincial. Posteriormente llegó a ser Presidente del Movimiento Demócrata Cristiano en el Exilio.

[119] Memo de Enero 16, 1961 solicitando la visa para Bergolla y dos compañeros más. Enrique Ros, Archivo personal.

a Miami luego de un forzado traslado a Jamaica. La misma atención económica reciben los otros miembros de la organización democristiana que se ven forzados a salir al exilio. Semanas antes (enero 9, 1961) Fernández Badué (Lucas) se ve obligado a enviar a Miami, para seguir a Puerto Rico, a sus menores hijos. Se atiende con la prontitud necesaria esta petición, se adquieren los pasajes, y Amanda Ros acompaña a los menores a San Juan.[120]

La actividad clandestina se hace más intensa. En Oriente Neil Núñez (Enrique)[121] se ve obligado a salir de Tunas. Poco después vendrá en un pequeño barco Tony Calatayud, y luego llega a Miami Pedro Roig. En Diciembre sale de la isla Cucho Fleites.

La anunciada visita de Castro a Nueva York para asistir a la Asamblea General de las Naciones Unidas puso en movimiento al exilio cubano. El quince de Septiembre parte de Miami hacia New York un grupo de estudiantes: Carlos Varona, Julio Moré, Oscar Saroyo, Edgar Sopo, Ernesto Fernández Travieso, Carlos Duquesne, Nolis Mesa, Abel de Varona y otros. Son miembros del FRD Estudiantil procedentes de las filas del MRR, el MDC, la Triple A y otras organizaciones. Al día siguiente salen también para participan en demostraciones públicas de protesta un centenar de mujeres vinculadas a la Sección Femenina del FRD. La posterior decisión de Castro de abandonar el Hotel Shelbourne y trasladarse al modesto hotel Theresa en Harlem mueve al periodista René Viera a sugerirle irónicamente que a su regreso a la Habana se trasladase también del Habana Hilton a Pogolotti.

Llega a Bogotá una delegación del Frente presidida por Enrique Llaca que denuncia al régimen de Castro ante una gran concentración de jóvenes muchos de los cuales inicialmente se habían opuesto a que se celebrase la conferencia. En aquella ciudad, y con carácter permanente, labora la

---

[120] Tickets 0261-1934718-19-20-21 y 0262-561257.

[121] Mantendrá Núñez en La Habana su incansable labor que lo lleva a ser designado Coordinador Provincial. El 18 de Abril de 1961 espera junto a Javier Cervera en el Hotel Senado armas cuya entrega ha coordinado el abogado Nené León. La rastra tiene un accidente y Cervera y Núñez se ven obligados a asilarse en la Embajada de Paragüay. Días después Núñez renuncia al asilo político y vuelve a la clandestinidad. En Octubre de 1962 cae preso al intentar salir del territorio cumpliendo instrucciones de la dirección del movimiento. Cumplirá 10 años de prisión.

Delegación del FRD bajo la dirección de Máximo Sorondo.[122] Funcionan con él en aquel momento en esa Delegación Angel Aparicio[123] y Roberto Ruiz García. Posteriormente se incorporarán Alberto Gascón, Rafael Hudd Horencia y Eddi Silva, entre otros.

Coinciden los pasos iniciales de la Delegación en Colombia del Frente con dos acontecimientos históricos de distinta naturaleza. El primero, la reunión de la Sociedad Interamericana de Prensa (SIP) y su Comité Sobre Libertad de Prensa, presidido por Jules Dubois, que denuncia la falta de libertad de expresión en Cuba. El segundo, la llegada en forma clandestina, y bajo el nombre de José Blanco, de Favio Grobart[124] para el indoctrinamiento de guerrillas.

Las organizaciones procuran conseguir el respaldo de instituciones afines. Así la sección sindical del Movimiento Demócrata Cristiano invita a Emilio Máspero, líder continental de la Confederación Latinoamericana de Sindicalistas Cristianos a la constitución del Movimiento Sindicalista Cristiano de Cuba. José Antonio Hernández, dirigente metalúrgico, Raúl Amieva, Romilio Cepero, del sindicalismo cristiano cubano, junto a Pascasio Lineras y Enrique Ros, organizan las sesiones de trabajo.

Semanas después el Frente Obrero Revolucionario Democrático (FORD) celebra un masivo acto del que participarán, junto a los dirigentes sindicales, los ejecutivos del FRD. Hablan en el fogoso mitín obrero Lineras, Secretario General de la FORD; Antonio Collado, del ramo de la construcción; Elsa Leantaud, del sector eléctrico; José A. Hernández, metalúrgico; Alberto Muller, Manuel Artime, Pepita Riera, Tony Varona y otros. El FRD lucía sólido, vibrante. Pero ya comenzaba a agrietarse.

Al finalizar el mes de Julio ya era conocida la división que se había producido en el Movimiento de Recuperación Revolucionaria (MRR). En el mes de Septiembre un MRR, distinto al grupo que seguía a Artime, da a conocer su Plataforma **Inicial**, pero como Miembro de la Alianza de Liberación. Ya antes, en un acto celebrado el 14 de Septiembre en Nueva York, se había informado la constitución en Agosto en Miami de la Alianza

---

[122] Había llegado Sorondo a Bogotá en Septiembre 12, procedente de Miami, con visa de 10 días. Por las relaciones que pronto pudo forjar logró la extensión de la misma por tiempo indefinido.

[123] Angel Aparicio Laurencio, era asesor legal de Osvaldo Dorticós cuando éste fue nombrado Presidente de Cuba.

[124] Fabio Grobart había nacido en Europa. Llegó a Cuba durante el gobierno de Gerardo Machado, desempeñando siempre una posición de dirigencia desde la constitución del partido comunista cubano.

para la Liberación Cubana, formada por el MRR, la Organización Auténtica, la Cruzada Constitucional y el Frente Anticomunista Cubano.

Los firmantes, y el orden en que éstos aparecían, hacían recordar la novela de Carlos Loveira «Generales y Doctores.» A la izquierda, y por el Comité de Ponencia, firmaban los «doctores:» el Dr. Laureano Gutiérrez Falla, el Dr. Luis Aguilar León y el Dr. Lucas Morán Arce. A la derecha, y por el Comité Ejecutivo, firmaban los «generales:» el Comandante Antonio Michel Yabor, el Comandante Ricardo Lorié Valls y el Comandante Higinio Díaz Ane junto con Enrique Fernández Silva.

Afirmando que «no basta enarbolar la nebulosa bandera del anticomunismo el MRR da a conocer su plataforma inicial» fijando su posición sobre los tribunales revolucionarios, sobre los delitos cometidos por los «funcionarios de los regímenes Batistiano y Castrista-comunista,» sobre las confiscaciones, la derogación de las Leyes Revolucionarias, el desempleo, la legislación laboral, la religión, la política fiscal y otras. Para esta fecha muy poca fuerza mostraba esta disidencia del MRR.

La Organización Montecristi, revitalizada con el regreso a Miami de su Secretario General, Pancho Carrillo, va asumiendo más peso dentro del FRD. Se van estrechando en la base, las relaciones de trabajo entre los dirigentes intermedios del MRR, el MDC, la Triple A y Montecristi.

El Frente recibe multitud de ataques y críticas pero sigue siendo la organización activa en la lucha contra Castro. El último ataque le llega de la extrema derecha, un movimiento presidido por el empresario Francisco Cajigas, quien, «convertido ahora en dirigente político,» pide a Thomas Mann, Subsecretario de Estado para Asuntos Interamericanos que «el gobierno de Estados Unidos no continúe respaldando al Frente Revolucionario Democrático (FRD) por ser un grupo **influenciado por los comunistas**, y le dé su respaldo a la Unidad de Cubana de Liberación» dirigida por Cajigas.[125] El informe del Subsecretario Mann no calorizó la petición.

En esos momentos hace acto de presencia otra organización dirigida por conocidos combatientes: el Movimiento Democrático de Liberación (MDL). Al frente del MDL se encuentra Raúl Martínez Arará, uno de los organizadores del ataque al Cuartel Moncada y Jefe del Asalto al Cuartel de Bayamo el 26 de Julio de 1953, y Mario Fernández López, Miembro Fundador del Movimiento 26 de Julio. Define Martínez Arará el origen, naturaleza y fines del MDL como una organización que surge el mismo 26 de Julio de 1953 «frente a las organizaciones de comité que han proliferado

[125] Memorandum de Thomas Mann, Octubre 28, 1960. Foreign Relations of the United States, 1958-1960. Volumen VI.

en el destierro, rechazando los vetos y exclusiones arbitrarias, y convocando a la acción armada contra el comunismo.»

En Octubre y Noviembre pasan a los campamentos distintos compañeros democristianos muchos de los cuales han permanecido en las casas militares de la organización: Pedro Subirat, Raúl de la Torre, Luis del Valle Junco, Carlos Zayas Cruz, José Valdés Espinosa, Daniel Burruezo, Marcos Antonio Torres.

Antes de partir a los campamentos Luis del Valle es acusado de lanzar piedras a la oficina Castrista de la Cía. Cubana de Aviación. Gustosamente se paga en Octubre 24 la multa de $25.00.

Más tarde iran Raúl Abreu, Arturo Rodríguez, Evelio Vera y otros. Hombres de distintas vertientes ideológicas continúan marchando hacia los Campamentos. En Octubre 14 salen Fulgencio Castro, Edgar Sopo, Julio Falla, Elpidio Felizola, Juan Felipe Bringuier, Dagoberto Darias y una veintena más, junto a un numeroso grupo procedente de Nueva York (Pedro Avila, Bernardo Boch, Fermín Goicochea, Ernesto Fernández Dalmois, y otros). Ya antes, en Septiembre, había llegado a Guatemala el grupo del que formará parte Celso Pérez Rodríguez que, de regreso de Girón, irá a luchar contra el comunismo en Vietnam donde morirá en combate con el rango de capitán de las Fuerzas Armadas Norteamericanas. (Morirá también en Vietnam otro brigadista, el Capitán Irenaldo Padrón Hernández que había llegado a los Campamentos de Guatemala el 26 de Enero de 1961). Junto a Celso Pérez llegarán a la Base Trax Abel Pérez Martín y Ramón Conte quien será el último de los prisioneros de guerra liberado por Castro luego de 25 años de cautiverio.

Por tercera vez Juan Antonio Rubio Padilla, polémico médico y revolucionario, rechaza la invitación a integrarse en el Frente Revolucionario Democrático. Esta vez lo hace por escrito en memorandum de fecha Octubre 7, 1960, dirigido a uno de «los funcionarios que intervenían en estos asuntos de Cuba.» Aboga, sin cortapisas, por la abierta intervención norteamericana. «La no intervención favorece sólo a Rusia,» afirma sin sonrojo Rubio Padilla. «Vista objetivamente la no intervención le es útil sólo a Rusia, que puede apoderarse de un país latinoamericano, a un grado tal, que sólo puede ser rescatado de sus garras por la acción de los Estados Unidos, y como éstos no pueden intervenir el país estará definitivamente perdido, y la situación de los Estados Unidos se habrá agravado con la no-intervención.»

Consideraba Rubio Padilla que el anti-intervencionismo consagrado en Montevideo en la VII Conferencia de 1933 fue la culminación de un ciclo histórico que se cerró ese año. Va más lejos el polémico revolucionario. «Al ser obligados a hacer la guerra abierta, lo mejor sería ir derechamente a deshacer de una vez y para siempre, el viejo prejuicio anti-intervencionista, mostrando cuanto antes y de la manera más clara y contundente, la verdad en toda su grandeza de la intención real de los Estados Unidos al intervenir en Cuba: Ayudar a Cuba a liberarse del comunismo,....ayudar a Cuba a restablecer su vida democrática, civilizada y pacífica.»

Posición diametralmente opuesta presentarán Lomberto Díaz, César Lancís y otros dirigentes de Rescate Democrático Revolucionario en documento dirigido al FRD en diciembre 8: «El gobierno provisional cuidará que la soberanía cubana no esté sometida a ningún imperialismo;....cualquier otro objetivo que se le señale al Frente y al gobierno provisional....será cuestión polémica.»

Mientras en el destierro se hacen declaraciones, en Cuba se realizan acciones. Frente al Palacio Presidencial –cuando Castro pronunciaba un discurso ante más de 185,000 personas–[126] estallan dos bombas. Para controlar el desorden que se produjo Castro ordena que se comience a cantar el Himno Nacional... «éstas son las bombas del imperialismo» expresa. A través de las estaciones de radio que transmitían el acto las explosiones se oyen en toda la isla.

Aumenta en Miami el interés en inscribirse para pasar a los campamentos. Es de todos conocida la existencia de estos campos de entrenamiento pero no su ubicación. Se abren 3 ó 4 oficinas de reclutamiento donde se toman los datos iniciales de los que se inscriben antes de pasar el examen médico. Posteriormente se remite toda la información a lo que se llamó el Estado Mayor.

[126] La concentración se celebró el 29 de Septiembre para escuchar el informe de Castro sobre su viaje a New York y su comparecencia ante la XV Asamblea General de las Naciones Unidas.

CAPÍTULO V

EL ESTADO MAYOR DEL FRD. CORONEL EDUARDO MARTIN ELENA.

Varios altos oficiales habían sido seleccionados para integrar el Estado Mayor Conjunto de las Fuerzas Armadas de Liberación de la República de Cuba,[127] una larga denominación que todos conocían sencillamente como el «Estado Mayor.» Su figura central era el Coronel Eduardo Martín Elena que se supuso funcionaría, también, como Jefe del Ejército. Más que su selección, su posterior comportamiento resultó altamente polémico.

En Septiembre, recién regresados los dirigentes de México, el FRD a propuesta de Justo Carrillo, aprueba la designación de Martín Elena para esa posición. Inmediatamente se va integrando el Estado Mayor con sus demás miembros, y con fecha Septiembre 30 de 1960 por la Orden General Número Uno quedan designados todos sus integrantes. Es éste el texto de dicha Orden General:[128]

1. Para general conocimiento, se hace saber que han sido designados por el Comité Ejecutivo del Frente Revolucionario Democrático, para integrar el Estado Mayor Conjunto de las Fuerzas de Liberación de la República de Cuba, los siguientes oficiales:

   Coronel Eduardo Martín Elena, como Jefe del Estado Mayor Conjunto y, además, como Jefe del Ejército.

   Teniente Coronel Oscar Díaz y Martínez, como Director de Personal del Estado Mayor Conjunto y del Estado Mayor del Ejército.

   Comandante Tomás Cabaña y Batista, como Director de Inteligencia del Estado Mayor Conjunto y del Estado Mayor del Ejército.

   Capitán Benjamín Camino y Garmendía, como Director de Operaciones del Estado Mayor Conjunto y del Estado Mayor del Ejército.

---

[127] El Estado Mayor del FRD se encontraba localizado en 2811 S. Bayshore Drive, en Coconut Grove. Una de las oficinas de los primeros reclutamientos funcionó en 914 N.W. 1 Street, en Miami.

[128] Enrique Ros. Archivo personal. Cortesía del Teniente Coronel Oscar Díaz.

Miami, 4 Feb 1961.

Al Coordinador General del FRD,
Ciudad.

S e ñ o r:

Confirmando nuestra conversación anterior al respecto, y por las circunstancias ajenas a nuestra voluntad expresadas en la misma, por la presente hago llegar a Ud. mi renuncia al cargo de Jefe del Estado Mayor Conjunto de las Fuerzas de Liberación del FRD, con cuya designación fuí honrado por el Comité Ejecutivo de ese Frente.

Esperando que en definitiva, por encima de todo interés personal o partidarista, con la ayuda de Dios triunfe la buena causa de Cuba, quedo de Ud.

Atentamente,

Eduardo Martín Elena,

Reproducción de la copia oficial.

2. Se destinan a la Dirección de Personal del Estado Mayor Conjunto, a los siguientes oficiales:
   Capitán Manuel González y Alvarez, Primer Tte. Santiago Díaz y Martínez, Primer Tte. Felipe Rodríguez y de la Torre.

3. Se destinan a la Dirección de Inteligencia del Estado Mayor Conjunto, a los siguients oficiales:
   Primer Tte. José López Rodríguez-Sampedro,
   Primer Tte. Jesús Saa y González,
   Segundo Tte. Inocente R García y Fonseca

4. Se destinan a la Dirección de Operaciones del Estado Mayor Conjunto, a los siguientes oficiales:
   Segundo Tte. (TecComu) Nicolás Vián Ruiz,
   Segundo Tte. Armando Guerra Iglesias.

5. Se destina a la Jefatura del Estado Mayor Conjunto al Sub-Tte Conrado Santana y Lima.

Eduardo Martín Elena,
Jefe Estado Mayor Conjunto.

Funciona junto al Estado Mayor, pero sin llegar a formar parte del mismo, el Coronel Vicente León que mantenía antiguas y estrechas relaciones con el Coordinador General del Frente, Tony Varona.

Los altos oficiales que componen el Estado Mayor tienen distinta extracción militar.

El Coronel Martín Elena estaba al frente del Regimiento de la Provincia de Matanzas cuando el Golpe del Diez de Marzo. Se mantuvo fiel al Gobierno Constitucional de Prío y cuando se consolidó el golpe militar renunció al ejército. Su vinculación fue siempre mucho más estrecha con Prío que con Tony Varona aunque lo unía a ellos su antibatistianismo.

El Teniente Coronel Oscar Díaz había alcanzado este alto rango militar durante el gobierno del Presidente Grau y, al igual que el Coronel Martín Elena, no sirvió durante el gobierno de Batista (1952-1958) aunque había recibido su grado de Segundo Teniente en 1933 bajo un decreto de igual fecha que ascendía al entonces Sargento Batista al grado de Coronel.[129]

---

[129] Por el Decreto 1552 del 8 de Septiembre de 1933, Sergio Carbó asciende al Cabo de Infantería, del Pelotón de Ametralladoras del Batallón Número Uno de Infantería, Oscar D. Díaz y Martínez al grado de Segundo Teniente del Ejército, «por mérito de guerra y por excepcionales servicios prestados a la patria.»

En 1945 el Coronel Oscar Díaz había sido designado por el Presidente Grau para recibir en los Estados Unidos un entrenamiento especial en el Ejército Norteamericano. A su regreso estuvo al frente de la Academia Militar de Managua (Cuba) donde recibían entrenamiento los clases y reclutas del Ejército Cubano.

El Coronel Vicente León –rechazado por Martín Elena en su aspiración a formar parte del Estado Mayor por diferencias personales originadas en Cuba –permaneció por un tiempo en Nueva York hasta su regreso a Miami. Formó parte de la Brigada 2506. Se suicidó en Cuba al ver fracasada la invasión.

IMPUGNACIONES A MILITARES Y LEY ORGANICA DE LAS FUERZAS ARMADAS.

Contrario a lo que se esperaba, el Estado Mayor no trazó planes militares ni funcionó con los campamentos en Guatemala. Tampoco mantuvo estrechas relaciones de trabajo con los dirigentes civiles del FRD.

Su principal ocupación pareció limitada a evitar que personas que pudieran ser consideradas «batistianas» pasaran a formar parte de las fuerzas de liberación.

Eran impugnados militares que habían servido en el ejército durante los gobiernos de Grau y Prío por el solo hecho de haber permanecido en la institución militar durante el régimen de Batista. Oficiales hubo que habían sido compañeros de academia de Martín Elena y que juntos habían servido en las administraciones Auténticas pero fueron rechazados por el ahora Jefe del Estado Mayor por haber servido también durante el gobierno instituido el 10 de Marzo.

En diversas ocasiones el Secretario de Organización del MDC se reunió, separadamente, con miembros del ejército que se encontraban en esta situación, y con los integrantes del Estado Mayor en busca de una avenencia.

Los militares con los que más contacto mantuvo eran los miembros de una organización denominada Unidad de las Fuerzas Armadas (U.F.A.). Finalmente el Comité Ejecutivo del FRD aceptó que Ros gestionara la incorporación a las fuerzas de liberación de los miembros de la U.F.A. aceptando estos militares disolver su organización y presentar su planilla de incorporación al FRD como ciudadanos sometiéndose a las investigacio-

---

El Comandante Benjamín Camino, designado Director de Operaciones del Estado Mayor Conjunto, había servido en el Ejército Rebelde y había salido clandestinamente por Guanabo en Julio en una de las operaciones organizadas por el MDC descritas anteriormente.

nes que sobre su conducta personal se les hiciera. Nada pidieron, solamente aceptaron la invitación del FRD. Pero el Estado Mayor intervino y se negó a la incorporación de estos militares.

Correspondió, por mandato del Comité Ejecutivo del FRD a Enrique Ros –con el asesoramiento de Antonio Alonso Avila, Elio Alvarez y otros abogados– la elaboración de la Ley Orgánica del Ejército de Liberación que habría de aplicarse durante la etapa revolucionaria y donde se estructuraba nuestro Ejército de Liberación en forma similar a los ejércitos regulares. Era propósito de esta Ley Orgánica regular las relaciones entre el Comité Ejecutivo y el Estado Mayor y entre ambos y los campamentos, eliminándose con la proposición que eleva al Comité Ejecutivo el cargo de Coordinador Militar que había sido un elemento de perturbación constante.

Nuevamente el Estado Mayor opuso reparos a este propósito de estructurar y regular las relaciones entre el poder civil y el militar.

FONDO DE HÉROES Y MARTIRES.

Menos de dos meses después, en Noviembre 15 de 1960, Ros, como Delegado Alterno del MDC en el FRD «ante la angustiosa situación económica que atravesaban los familiares de los compañeros que se encontraban en Cuba, y especialmente aquellos que guardaban prisión,» solicitó del Comité Ejecutivo del FRD se destinasen fondos para atender esas necesidades.

Respondiendo a esa petición, el 25 de Noviembre de 1960 el Frente Revolucionario Democrático aprobó un crédito que se llamaría «Fondo de Héroes y Mártires» para atender las necesidades de los familiares inmediatos de aquellos que cayesen en la lucha o estuviesen presos. Situación en que se encontraban en esos momentos, entre otros, Gualdino Vázquez y Manuela Calvo.

El Secretario de Organización del MDC y Delegado Alterno en el FRD, dió tratamiento prioritario a la situación de los familiares de los compañeros que guardaban prisión en Cuba o se encontraban en los campamentos. Desde Rafael Candia que fue el primer compañero del MDC que pasó a los campamentos del Frente, todos los miembros del Movimiento Demócrata Cristiano que fueron a recibir entrenamiento: Luis del Valle, Raúl de la Torre, Daniel Hueso, Erneido Oliva, Sergio García, Gilberto Cascante, Pedro Valdés Chao y tantos otros, y aquéllos mencionados con anterioridad en este trabajo, vieron atendidas sus inquietudes y necesidades.

PRIMER PLENO DE LOS ESTUDIANTES EN EL EXILIO.

Los estudiantes cubanos en el destierro dan un ejemplo de unidad al celebrar su primer pleno en el exilio constituyendo el Directorio Revolucionario Estudiantil del Frente Revolucionario Democrático.

Son varios los acuerdos que se toman: Iniciar la lucha armada; reiterar su denuncia del aplastamiento de la autonomía universitaria; hacer un llamado a todos los estudiantes para que se organicen revolucionariamente bajo la consigna de la organización recién creada; condenar la postura entreguista de la FEU plegada a Castro y denunciar el militarismo introducido en la Colina Universitaria; desenmascarar el contenido comunista, totalitario y esclavizante de la Reforma Agraria; repudiar la cobarde y anticubana política instaurada por la CTC, y recabar el apoyo de todos los estudiantes de los países latinoamericanos.

Firman este documento estudiantes que militan en las distintas organizaciones del Frente: Alberto Muller, Secretario General; Abel de Varona, Secretario de Relaciones Exteriores; Jorge Más, Secretario de Organización; Oscar Serallo, Secretario de Inteligencia; Alejandro Portes, Secretario de Actas; Tulio Díaz, Secretario de Finanzas; Carlos de Varona, Secretario de Asuntos Pre-Universitarios; J. Manuel Salvat, Secretario de Propaganda. Por el Clandestinaje firma Alejandro.

En Noviembre 8, lo que aún es ignorado en el exilio y en Cuba, sale hacia la isla en forma clandestina Alberto Muller. Será en un acto que habrá de celebrarse en el Auditorium del Condado Dade para conmemorar el 27 de Noviembre que se oirá su voz en un mensaje que había dejado grabado antes de marcharse.[130] Precisamente el día anterior, 26 de Noviembre, había llegado a Miami July Hernández que había tenido a su cargo la organización estudiantil democristiana de la Universidad de La Habana y quien había redactado el documento por el que se daba a conocer la constitución del Frente Revolucionario Democrático Estudiantil (FRD Estudiantil) el 25 de Junio, donde habían quedado unidos los grupos estudiantiles que luchaban en las universidades de La Habana y Villanueva. Será July Hernández uno de los oradores del acto conque este 27 de Noviembre de 1960 se iba a conmemorar el Día de los Estudiantes.

Decía en parte la vibrante exhortación de Alberto Muller: «Hermanos de mi patria, desde este heroico clandestinaje reciban hoy estas palabras de un hermano que se dirige a ustedes con la firme esperanza de que muy

---

[130] «Ni siquiera mi padre sabía que yo me había ido para Cuba. Lo supo esa noche» dijo Muller años después.

pronto, sobre los cielos de nuestra Cuba y sobre nuestro heroico suelo, volverá a reinar la inmensa dicha de la libertad.»

La Secretaría General del Directorio Estudiantil recayó sobre Manolo Salvat.

Muller había partido, con un radioperador, llevando varias cajas con armas y material. Los bultos van cuidadosamente empacados porque serán dejados, frente al Náutico de Marianao, a unos 7 u 8 pies de profundidad. Recogen a Muller y al radioperador, José Enrique Dausá y Bebo Acosta quienes, luego de dejar a los recién llegados en manos de Jesús Permuy y otros miembros de la Seguridad del MRR, se ocuparán, con pescadores submarinos, de sacar los bultos de armas y explosivos.

Semanas después, serán Manolo Salvat, Manolito Guillot y Miguelón García Armengol, los que zarpan de Miami, hacia el mismo punto, en otra exitosa operación de infiltración.

El Frente sigue tocando en todas las puertas. Bajo la firma de Tony Varona como su Coordinador General eleva a la OEA un extenso y documentado informe denunciando –una vez más– la filiación marxista del régimen de Castro, la supresión de los derechos individuales, el terror como método de gobierno, la persecución religiosa, la regimentación del trabajo y, en el campo internacional, la burla y desacato del régimen a la Organización de Estados Americanos. Concluye el documento pidiendo a la Organización de Estados Americanos que se le apliquen al régimen comunista de Castro todas las sanciones previstas en el Artículo 8 del Tratado Interamericano de Asistencia Recíproca.

En La Habana el escritor Waldo Frank, Presidente del Comité Pro-Trato Justo para Cuba, sostiene con Castro una larga entrevista. Asociados, presentes y pasados, de este Comité ejercerán en los meses venideros marcada influencia en decisiones que altos funcionarios tomarán en Washington sobre el problema cubano. Mientras, actúa en Miami el Frente Obrero Revolucionario Democrático (FORD) bajo la dirección de Pascasio Lineras, José A. Hernández, Felipe Alonso, José Revilla, Antonio Collada, Raúl Amieva, Enrique Oviedo y otros.

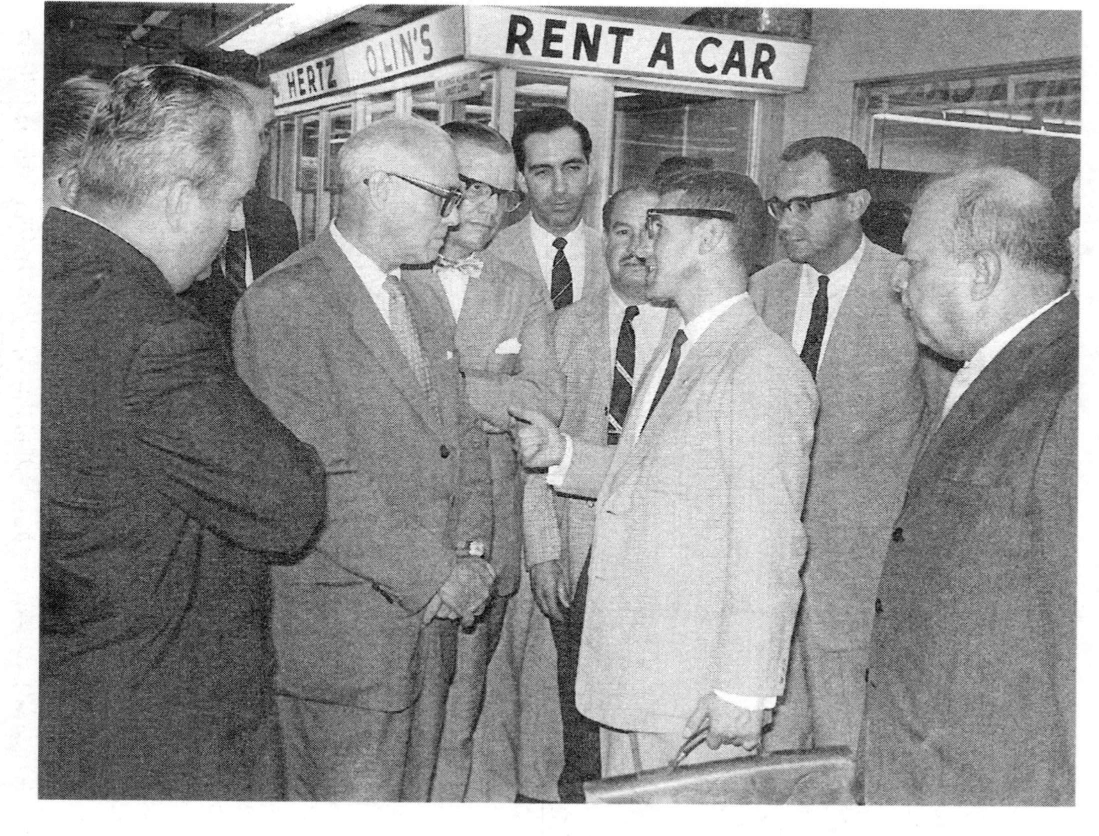

Manuel Antonio de Varona conversa con el alcalde de Quito, Ecuador. A su izquierda, Manuel Braña, Néstor Carbonell Cortina y el periodista Mario Rodríguez.

Simultáneamente magistrados y jueces cubanos en el exilio acusan en la prensa al gobierno de Castro de violar la Constitución e imponer de hecho una dictadura comunista. Semanas después, en Diciembre 20 crean la Asociación del Poder Judicial de Cuba que será dirigida por Francisco Alabau Trelles, Elio Alvarez, Rafael Herrera Tellez (recién llegado de Cuba), Manuel Navas Aguilar, Gustavo Rebeaux, Rafael Blanco y otros.

El andamiaje militar del MDC que se había ido formando bajo la dirección de Laureano Batista recibe dos valiosos aportes. Clemente (Mente) Inclán y Alfonsito Gómez Mena que acaban de llegar en una pequeña embarcación, junto a Tony Calatayud[131] y otros. La coordinación de la salida estuvo a cargo de Alfonsito. La embarcación, el «Voodoo,» una lancha de 30 pies, de dos motores, que a su llegada a Miami el 7 de Diciembre, seguirá siendo utilizada en operaciones de infiltraciones y exfiltraciones, sale desde Miramar, con mar picado, a las 7 de la noche. Ya a unas 20 millas de las costas es detectada por un S.V. (barco patrullero cubano de Servicio de Vigilancia) equipado con radar y ametralladora 50, que por el fuerte oleaje no le representan al guardafrontera ventaja alguna. Pueden Mente, Gómez Mena, Calatayud y sus compañeros, evadir la persecución. (No tuvo igual suerte otra embarcación en la que salían clandestinamente varios obreros eléctricos. Detenidos en alta mar son regresados a Cuba).

Para esa fecha ya era evidente, para los que en alguna forma participaban de las actividades del FRD, las tensiones y distanciamientos existentes entre el Estado Mayor, el Aparato Civil del Frente y los Campamentos. Situación agravada dentro del MDC por la carencia de una fluida información entre el aparato clandestino y el Directorio Ejecutivo en el Exilio. Coincidentemente, el régimen de Castro había incrementado su campaña antirreligiosa.

CARTA PASTORAL DE PÉREZ SERANTES Y CARTA ABIERTA DEL EPISCOPADO.

La FEU, controlada férreamente por los Comandantes Cubela y Quevedo, denuncia a la Universidad Católica de Villanueva por haber expulsado a 17 estudiantes «revolucionarios» y por haber suspendido las clases como protesta por el fusilamiento de Porfirio Ramírez, antiguo alumno de Villanueva.

---

[131] Tony Calatayud fue de los primeros estudiantes orientales en enfrentarse al régimen. Formó parte del MDC Estudiantil y, luego, de su aparato clandestino.

Agitadores castristas interrumpen las distintas misas ofrecidas en la Catedral de Santiago de Cuba cuando se leía la Carta Pastoral del Arzobispo Enrique Pérez Serantes titulada «Roma o Moscú,» que era un llamado a todos los cristianos a formar un frente unido para combatir el comunismo. Dijo Monseñor Pérez Serantes: «Las cartas pastorales son el único medio que tiene la iglesia para difundir su verdad porque la radio, la prensa y la televisión están controladas por los enemigos de la iglesia.»

Había comenzado, expresaba Pérez Serantes, una descarnada batalla contra la religión, y «querían librar esa batalla en nombre de la libertad y de la cultura.» Castro aumenta su presión. En noviembre 14 al tiempo que el Arzobispo Pérez Serantes denuncia las agresiones de las turbas extremistas, el gobierno dirige su ataque a la Universidad Católica de Villanueva. Al Obispo Boza Masvidal y al Reverendo Edward Mc Carthy, rector y vicerector de Villanueva, se les acusa –como ya lo había hecho la FEU controlada por Cubela– de realizar actividades contrarrevolucionarias.

El 4 de Diciembre circula de mano en mano por toda la nación la «Carta Abierta del Episcopado al Primer Ministro Dr. Fidel Castro» en la que el Cardenal Manuel Arteaga, los Arzobispos Enrique Pérez Serantes y Evelio Díaz Cía, y los Obispos Carlos Riu Angles, Manuel Rodríguez Rosas, Alfredo Muller, Eduardo Boza Masvidal, y el Vicario Capitular de la Diócesis de Matanzas, denunciaban la «Campaña Antirreligiosa de Dimensiones Nacionales que cada día se ha ido haciendo más virulenta.»

Los pastores de la iglesia le señalaban a Castro agresiones concretas: «Se detuvo a sacerdotes por el delito de haberle dado lectura en las iglesias a una Carta Circular Colectiva que señalaba el peligro que representaba para nuestra Patria el auge de la ideología comunista...» «agentes provocadores han interrumpido en muchas ocasiones los actos religiosos,...» «han sido clausuradas las horas católicas de radio y televisión...»

LLEGA A MIAMI JOSÉ MIRO CARDONA.

José Miró Cardona, en Miami desde Octubre, se mantenía en un discreto aislamiento. No concurría –probablemente porque no era invitado– a los distintos actos que con frecuencia se celebraran.

Cuando Miró pasó por Miami en tránsito a la Argentina para formalizar su asilo político, Justo y Pancho Carrillo estuvieron junto a él. Nada concreto se derivó de la breve entrevista. Miró siguió hacia el Cono Sur; Justo, irritado por la desginación de Tony Varona, partió hacia Europa dejando la dirección y representación de Montecristi en manos de Pancho Carrillo. Ricardo Rafael Sardiña, por razones distintas, emprende un recorrido por Sur América para exponer a figuras públicas, círculos profesionales y empresariales, la verdadera situación de Cuba.

Al llegar a Miami, Miró fue objeto de las más severas críticas de comentaristas y organizaciones de lucha que lo hacían responsable de las arbitrarias medidas tomadas por el régimen castrista desde su instauración. El silencio que mantuvo ante estos ataques sólo lo interrumpió para responder a un editorial del Diario de La Marina que en aquellos momentos se editaba en Miami Beach. «El editorial -dijo Miró Cardona– me hace un juicio de residencia,....examina, con acuciosidad de pesquisador, mi pasado cercano.» Explicaba el ex Primer Ministro del gobierno de Castro las conversaciones y proyectos discutidos en el exilio de 1958 por el Frente Cívico Revolucionario para sentar las bases de un gobierno provisional. Rechaza Miró «de modo enfático y de modo terminante la paternidad de las leyes que el Diario me atribuye.» Dice haberse opuesto –en Miami y en el Consejo de Ministros– a la restauración de la pena de muerte y a darle efecto retroactivo a las leyes de carácter penal. «Luché por mantener la invocación a Dios en el texto de la Ley Fundamental.»

Afirmaba Miró que no se retiraba de la lucha; «como tantos otros náufragos he llegado a estas playas para aportar mis esfuerzos en la tarea de conducir a Cuba a un clima de democracia, como forma esencial de vida.» Fueron éstas las únicas extensas declaraciones formuladas por el antiguo profesor de Derecho de la Universidad de La Habana. Se sentía sólo. Estaba solo.

Miró era un proscrito. En diciembre una organización se atrevió a romper la conspiración de silencio que se había tejido sobre el que había sido Primer Ministro durante los largos primeros meses de la Revolución.

Para conmemorar el Aniversario de la Muerte de Antonio Maceo, el Movimiento Demócrata Cristiano invitó al Dr. Miró Cardona a compartir la presidencia del acto que habría de celebrarse en los salones de los Caballeros de Colón en la 27 Avenida y la Calle 34 del North West, en Miami.

Gran aprensión mostraba Miró cuando Ros pasó a recogerlo en su modesto apartamento de Miami Beach porque temía que se produjesen manifestaciones de rechazo hacia él. Las palabras del Secretario de Organización del MDC le infundieron confianza y disiparon sus preocupaciones.

La velada –desarrollada en perfecto orden– estuvo presidida por el Dr. Antonio Maceo, nieto del Titán de Bronce; Manuel Artime; Justo Carrillo; Ernesto Fernández Travieso, del Directorio Revolucionario Estudiantil (en sustitución de Alberto Muller que días antes se había infiltrado en Cuba); Alberto Blanco, Profesor de Derecho de la Universidad de La Habana; y, en ausencia de José Ignacio Rasco, presidente del MDC– que se encontraba enfermo–, el Secretario de Organización.

Acto conmemorativo de la muerte del Gral. Antonio Maceo. De izquierda a derecha Ernesto Fernández Travieso, Enrique Ros, José Miró Cardona, Justo Carrillo y Alberto Blanco.

Otro aspecto de la presidencia del acto. Pepita Riera, Manuel Artime, Antonio Maceo, Enrique Ros, José Miró Cardona, Justo Carrillo y Alberto Blanco.

MRP, FRD ESTUDIANTIL, FRD OBRERO (FORD), UNIDAD REVOLUCIONARIA. JORGE FUNDORA.

Otra prueba de unidad la ofrece en el exilio el Frente Obrero Revolucionario Democrático (FORD) que en conmemoración de la fecha luctuosa del 7 de Diciembre celebra un acto público presidido por Cesár Lancís, Pascasio Lineras, Mario Massip, Elsa Leantaud, Rogelio Roig y Manuel Antonio de Varona, como Coordinador General del FRD. El resumen estuvo a cargo del Secretario del Frente Revolucionario Democrático, Ricardo Rafael Sardiñas.

El MRP, que tan ayuno de fuerzas se encontraba, recibe en los primeros días de diciembre la incorporación a sus filas de los oficiales del Ejército Rebelde que se habían fugado del Morro. En Noviembre, cuando llegaron los oficiales a Miami, Miró había visitado a Rasco y Ros con varios de ellos en una de las poquísimas gestiones públicas realizadas, hasta ese momento, por el antiguo Primer Ministro.

Unos pocos días después, el 15 de diciembre, lo que había sido el Frente Revolucionario Democrático Estudiantil se convierte en Directorio Revolucionario Estudiantil en el Exilio cuyo ejecutivo lo componían Alberto Muller, Abel de Varona, Jorge Más, Ernesto Fernández Travieso y otros. July Hernández, que días atrás había llegado luego de una efectiva labor entre los estudiantes universitarios de La Habana, es enviado al Congreso Estudiantil Latinoamericano que se celebra en Brasil y al que el Comandante Cubela se niega a asistir. Se celebra allá el Congreso dejando vacía –como testimonio de su ausencia– la silla asignada a Cubela. Los estudiantes brasileños se unen a la causa de la Cuba democrática repudiando públicamente a la FEU de Cubela.

Mientras, Muller que se había infiltrado en la Isla el 6 de Noviembre, va organizando en Cuba el Directorio Revolucionario Estudiantil utilizando los contactos que ya tenía de su activa y agitada vida universitaria.

También se vincula con otros jóvenes con los que comienza a trabajar. Allí conoce a los Orizondo en Sancti Spiritu; a Pintado, en Oriente; a Gustavo Caballero, en Camagüey. Resultarán muy útiles los contactos adquiridos en la formación de los Comandos Rurales[132] junto a Artime y otros jóvenes de la Agrupación Católica. Esto le permitirá ir situando en la Sierra Maestra a jóvenes, muchos de ellos campesinos, con los que posteriormente se alzará.

---

[132] Los Comandos Rurales, compuestos principalmente por jóvenes universitarios y organizados por Manuel Artime, fueron constituidos en los primeros días del triunfo de la Revolución. Su propósito era mejorar el nivel de vida del campesino. Trabajaron en las regiones más aisladas de la Sierra Maestra.

Va a recorrer dos veces la isla, de Pinar del Río a Guantánamo, nombrando jefes provinciales y responsables de actividades.

No todo es armonía en diciembre de 1960. Mario del Cañal y Lomberto Díaz, que fueron de los primeros organizadores de Rescate en Cuba, hacen una pública crítica a la forma en que Tony Varona conduce el Frente. Se unen al «Memorial de Agravios,» César Lancís, Manolo Rivero Setién y José Nápoles. Demandaban, –entre otros puntos– que se mantuviese la norma democrática de representación mayoritaria.

Jorge Fundora, uno de los principales dirigentes de la clandestinidad. Fusilado el 12 de octubre de 1961.

En diciembre Jorge Fundora que, como muchos jóvenes anticomunistas de formación cristiana, forma parte del Movimiento Demócrata Cristiano (MDC) y del Movimiento de Recuperación Revolucionaria (MRR), es designado como Delegado del Frente Revolucionario Democrático en Tampa,[133] en sustitución de Gustavo Cotayo que iba a realizar otras funciones. La posición sólo la puede desempeñar muy pocos días pues partirá, casi de inmediato, para Cuba a realizar las más delicadas actividades clandestinas.[134]

José Enrique Dausá,[135] recién llegado de Cuba, hace contacto con Jorge Fundora –que era amigo de Francisco– y le transmite la petición de este último de que Jorge se traslade a Cuba para establecer puntos precisos de recepción de material. La reunión, a la que concurren también Santiago Babún y Rolando (Musculito) Martínez, se celebra en casa de la hermana de Jorge (Raquel, esposa de Roberto Rodríguez Aragón).

Parte Fundora hacia Matanzas el 6 de Enero. Al llegar, hace contacto con Ernestino Abreu que es el Coordinador del MRR de la provincia. A los diez días ya empiezan a recibir armas.

Jorge Fundora pronto establece, también, efectivos contactos con Rafael Díaz Hanscom y otros hombres que integran Unidad Revolucionaria, organización que ya realiza continuos viajes de infiltración y exfiltración. Trabajan aquí con Jorge, Bebo Acosta y Kikío Llansó y utilizan, como lugar

---

[133] Enrique Ros. Archivo privado.

[134] Bajo el nombre de guerra de «Patricio,» Jorge Fundora, como militante del MRR, desempeña riesgosas labores subversivas hasta que es apresado el 25 de Abril de 1961, días después del fracaso de Playa Girón. Procesado en la Causa 1108 es condenado a muerte por fusilamiento, sentencia que es cumplida el 12 de Octubre de ese año. En la misma causa son procesados y condenados a 30 años de prisión José Enrique Balceiro, Juan Arguelles, Juan Antonio Montes de Oca, Elvidio Santana, Rigoberto Salazar, Claudio Lázaro Rivero, Rubén Fernández, Oziel Ramírez, José León, Plutarco Armenteros, Víctor Piloto, Alberto Tenreiro, Abigail Alfonso y José Valdez Hernández. Otros fueron sancionados a distintas condenas de cárcel. Un tercer grupo formado por Ernestino Abreu, Jorge López Oña, Erasmo Martínez y Erelio Peña, calificados de «espías y agentes de la CIA,» fue considerado como «prófugos,» y, junto con Juventino Pérez, Enrique Casado, Luis Fernández, Oscar Ruiz, José Arias, Alfredo Caicedo y Marcos Naranjo, fueron «procesados en rebeldía.»

[135] José Enrique Dausá Alvarez se había integrado al MRR, en La Habana, a fines de 1959. Era miembro de la Junta de Gobierno del Colegio de Abogados. Trabajó en el movimiento clandestino junto a Francisco, Alfredo Quesada (Malacara), Jesús Permuy, Bebo Acosta, Kikío Llansó y otros. Llegó a Miami el 30 de Diciembre. Pasó a los campamentos el 10 de Febrero.

de desembarco, el Punto Fundora. Unidad Revolucionaria –recuerda en reciente conversación Alberto Fernández Hechavarría– funcionaba en un sitio al otro lado del Punto Fundora. Lo llamaban Punto Unidad.

El Punto Fundora operaba con barcos pequeños que, por su tamaño, transportaban poco material en cada viaje. Para febrero Alberto Fernández[136] llegó a un acuerdo, en contra del criterio de los que operaban la Seguridad de Unidad, para transportar todo con el Tejana, llevando detrás a los barcos pequeños del MRR; luego, el Tejana llamaría por radio a los barcos pequeños. Cuando éstos ya habían descargado, podían volver de nuevo a la costa a bajar más carga. Por el radar, el Tejana siempre podía detectar a los pequeños barcos del MRR.

A Cuba, con permanente dificultad, se hacen envíos de armas. Muchas por mar; algunas por «droppings» realizados por aire. Algunos de éstos se hacen sobre la finca Majana de Pepe Alemán, enclavada en la zona históricamente conocida como la «Trocha de Mariel a Majana.» Se recogen las armas, se sitúan en cuevas cercanas y se abastecen con ellas al MRR, al MDC y otras organizaciones. En uno de estos «droppings» la operación es detectada y detenidos algunos de sus participantes, entre ellos Bebo Acosta que luego, tras espectacular fuga del G-2, llega a Miami.

PROGRAMA DE ACCION ENCUBIERTA. SUS ORIGENES. DE LUCHA DE GUERRILLA A GUERRA CONVENCIONAL.

«El Programa de Acción Encubierta contra el Régimen de Castro,»[137] autorizado el 17 de Marzo de 1960, sigue desarrollándose. Cada día es más evidente la influencia desestabilizadora de Castro en Latino América y la oposición del pueblo cubano a las arbitrariedades del régimen.

---

[136] Alberto Fernández Hechavarría había iniciado sus contactos con elementos desafectos a Castro desde mediados de Enero de 1959 luego de su primer viaje de regreso a Oriente. Después, vino a los Estados Unidos para comenzar lo que era necesario: Llevar pertrechos a Cuba. Para el otoño de 1960 ya estaba organizado. De «hombre excepcional» califica Alberto Fernández a Jorge Fundora. Luis Fernández Caubí lo llama «el Agramonte de esta gesta.»

[137] El Programa se basaba en la Resolución NSC5412 descrita por Allen Dulles, Director del CIA, como «uno de los documentos más secretos del gobierno de los Estados Unidos.» (Memorandum de Abril 23, 1961 de la Comisión Taylor detallando la primera reunión de dicha Comisión en la que participaron el Gral. M.D. Taylor; el Secretario de Justicia, Bob Kennedy; Almirante Arleigh Burke, A. Dulles; Mayor Gral. David Gray; Coronel C.W. Shuler; Comandante Mitchell; Gral. C.P. Cabell; C. Tracy Barnes, CIA y otros).

En efecto, los motivos que llevaron al Presidente Eisenhower a trazar y poner en marcha este plan de acción contra Castro podemos encontrarlos en la situación que enfrentó el presidente norteamericano en su extenso viaje al Cono Sur y al área del Caribe.

Acompañado de altos funcionarios de su administración responsables de la política hemisférica, diplomáticos, académicos y dirigentes empresariales y laborales[138] el Presidente realizó a fines de febrero y primeros días de marzo un amplio recorrido por cuatro países de América del Sur y Puerto Rico. Inició su viaje en febrero 22 con grandes esperanzas «de aprender más sobre nuestros vecinos del sur, de asegurarles que los Estados Unidos desea cooperar con ellos.» Era «un viaje de paz y amistad.» Aprendió algo muy distinto a lo que esperaba. Pudo observar, de primera mano, cuán nociva y peligrosamente profunda se extendía la perturbadora influencia del régimen castrista en el hemisferio.

Luego de una breve y protocolar visita a Brasilia (su primer destino) Eisenhower fue recibido en Río de Janeiro por más de 500,000 personas. La lenta marcha de la caravana que recorrió más de 9 millas le permitió escuchar las bandas oficiales tocar «God Bless America» y observar los numerosos carteles de respaldo a Castro. La visita coincide con información de la posibilidad de la firma de un tratado de ayuda mutua entre la Unión Soviética y Cuba.

Entre explosiones de bombas que estremecieron toda la ciudad y demostraciones antinorteamericanas llega el Presidente a Buenos Aires. A las pocas horas se encontraba en el tranquilo, y mejor custodiado, balneario de Mar del Plata pasando luego al bello centro turístico, lejano y seguro, de Bariloche donde firma con el Presidente Arturo Frondizi la inocua «Declaración de Bariloche» por la que ambos gobiernos «se comprometen a trabajar para mejorar las condiciones de vida de los pueblos de América.» El tercer día Frondizi y las autoridades civiles y militares organizan para el presidente norteamericano una pesca de truchas en apartado rincón de las pampas argentinas. Bien lejos de la agitada Buenos Aires.

Llega a Santiago de Chile el 29 de febrero donde es recibido por el Presidente Jorge Alessandri y una gran multitud cuyo genuino entusiasmo se ve opacado por algunos enfrentamientos de la policía con agitadores

---

[138] Además de los miembros de su personal acompañaban al Presidente Eisenhower el Secretario de Estado Christian Herter, el Subsecretario de Estado para Asuntos Latinoamericano Richard Rubottom, miembros del Comité Asesor en Asuntos Interamericanos, entre ellos, su hermano Milton; el antiguo embajador en Venezuela Walter J. Donnely; el Presidente del Instituto de Educación Internacional Dr. G. Kenneth Holland; el dirigente laboral O.A. Knight y otros.

extremistas. Una gigantesca foto en rojo y negro de Fidel Castro sosteniendo una ametralladora es enarbolada en los balcones de un edificio al pasar la caravana presidencial. La policía llega al balcón y desaloja a los provocadores. Al día siguiente, temprano en la mañana, Eisenhower recibe de manos del Presidente de la Federación de Estudiantes chilenos una extensa y bien redactada carta.[139] «Si los Estados Unidos se ha convertido en una nación satisfecha que sólo le interesa mantener el orden prevaleciente en esa nación y en la América Latina, nada tiene que ofrecer a las jóvenes generaciones ni a las masas de hombres pobres que componen el 90 por ciento de la población de la América Latina. Y nada podemos esperar de Norte América.» La carta impresionó tan grandemente al Presidente Eisenhower que la comentó públicamente en un discurso que esa misma mañana pronunció.

Distintos, muy distintos, los incidentes que se produjeron en Montevideo donde gases lacrimógenos –que alcanzaron al propio presidente– fueron necesarios para dispersar demostraciones hostiles. Al paso de la caravana estudiantes cerrando sus puños gritaban su respaldo a la revolución cubana. En la Escuela de Arquitectura colgaba un gigantesco costal «Viva la Revolución Cubana.» En la Universidad de Montevideo celebraron una manifestación antinorteamericana y pro Castro; cuando trataron de salir a la calle la policía, con sables y gases, pudieron impedirlo. Era el 2 de Marzo.

Mientras esto sucedía en los países visitados, la prensa de La Habana calificaba con los peores epítetos al presidente norteamericano. Por tres días consecutivos el periódico Revolución dedicó su editorial a atacar la política norteamericana. Al siguiente día, Castro responsabilizaba al gobierno de Eisenhower de haber producido, como sabotaje, la explosión del vapor La Coubre.

El Presidente Eisenhower había constatado personalmente la nefasta influencia de Castro en el hemisferio.

A su regreso a Washington actuó de inmediato.[140] En menos de 10

---

[139] En páginas anteriores aparecen otros párrafos de la carta.

[140] Una comunicación del Almirante Arleigh Burke, Jefe de las Operaciones Navales, al Subsecretario de Estado para Asuntos Políticos, de fecha Febrero 26, 1960 delineando cursos de «Acción de Cuba» contempla en su punto C) la «acción unilateral encubierta de los Estados Unidos» como una fórmula para prevenir el establecimiento de un estado comunista en Cuba y restaurar un gobierno estable y amistoso.» Esta comunicación, y una subsiguiente de Marzo 2 dirigida al Secretario de Defensa, a nombre del Estado Mayor Conjunto, preceden en pocos días la Resolución del Presidente Eisenhower. Pero no hay evidencia de que sirviesen de base o de referencia a la decisión tomada por el mandatario

días autoriza con su firma la puesta en marcha de una operación que libraría al continente de la creciente amenaza extremista. No pudo prever el viejo militar norteamericano que su Plan de Acción Encubierta sería criminalmente debilitado por quien lo sustituiría en la presidencia.

El 17 de Marzo el Presidente Eisenhower se reune con el Vicepresidente Nixon; el Secretario de Estado, C. Herter, Subsecretario de Estado para Asuntos Políticos Livingston Merchant; Subsecretario R.R. Rubottom; Robert Anderson, del Tesoro y John Irwin, Subsecretario de Defensa; el Almirante Burke; el Director de la CIA, Allen Dulles; Richard Bissell, Jefe de Operaciones Encubiertas de la Agencia Central; y el Coronel J.C. King, también de la CIA; el Representante del Presidente ante el CNS, Gordon Gray, y el General Andrew Goodpaster,[141] Jefe de Despacho de la Casa Blanca.

Luego que el Secretario Herter discute sobre la participación de la OEA que pudiera lograrse para buscar una solución a la situación cubana, Allen Dulles informa al Presidente el Plan de Acción Encubierta. Se mencionan varios lugares desde donde pudiera funcionar «el grupo moderado de oposición en el exilio.» Se mencionan Puerto Rico, México, Venezuela, Costa Rica. Se decide que se debe «limitar los contactos norteamericanos con los grupos envueltos a sólo dos o tres funcionarios del gobierno.» El Presidente autoriza a Allen Dulles a poner en efecto el plan.

En su aspecto paramilitar el Plan expresaba que «ya se habían iniciado la preparación para desarrollar una fuerza paramilitar fuera de Cuba, junto con el necesario respaldo logístico en operaciones militares en la Isla.» Inicialmente, dicen las instrucciones, «se reclutará a un número de líderes que serán preparados como entrenadores paramilitares.» Luego,en una segunda fase, algunos paramilitares «serán entrenados en una localización segura fuera de los Estados Unidos» con el objeto de «ser introducidos en Cuba para organizar y entrenar fuerzas de resistencia.»

Se conoce por éste y otros documentos, que los planes iniciales considerados por este «Grupo Especial» habían sido primeramente los de llevar a cabo una operación de guerrilla pero fue, después de Agosto, que dichos planes fueron cambiados por los de una invasión.

---

norteamericano, aunque, en la comunicación al Secretario de Defensa, el Almirante Burke recomienda que su carta se envíe al Consejo Nacional de Seguridad para su recomendación. (Fuente: Foreign Relations of the United States 1958-1960, Volumen VI, 1991).

[141] Andrew Goodpaster, graduado de West Point, con un doctorado en relaciones internacionales de la Universidad de Princeton, era el hombre de mayor confianza para Eisenhower. Mantuvo datos precisos de todas las reuniones celebradas en la Casa Blanca. (Stepehn E. Ambrose. «Eisenhower. The President.»)

El cambio de planes indudablemente se produjo aunque, aparentemente, el concepto de la invasión se había considerado antes de Junio de 1960 como una muy probable alternativa. Fue en ese mes que el movimiento clandestino integrado en el FRD recibió instrucciones de reclutar hombres hábiles para un entrenamiento militar encaminado a una invasión. Erneido Oliva le expresa a Haynes Johnson[142] al referirse a la conversación sostenida con Ros en Junio de 1960: «Fue esta la primera vez que oí hablar de una invasión.»

En efecto, estudios realizados con posterioridad al desastre de Girón muestran que los oficiales del CIA comenzaron a considerar la formación de una pequeña fuerza de infantería (200 a 300 hombres) para emplearla en conjunción con otras operaciones paramilitares,[143] y en junio comenzaron a formar una pequeña fuerza táctica aérea cubana.

«Los líderes en la Fuerza de Trabajo de la CIA, organizada en enero de 1960, fueron los primeros en considerar la creación de una fuerza cubana para desembarcar en las costas cubanas como suplemento de la acción guerrillera contemplada bajo el documento de Marzo 17, 1960» (Punto 5 del memorandum 1 de la Comisión Taylor de Junio 13, 1961).

Muy probablemente, los planes iniciales consideraban las dos alternativas, y fue después del fracaso de los alzamientos guerrilleros de octubre (realizados independientemente del FRD) que la operación guerrillera fue totalmente desechada. Esta asunción coincide con las instrucciones que en Noviembre 4, cuatro días antes de la elección presidencial de los Estados Unidos, envía el CIA a su base en Guatemala, con la decisión que en tal sentido se ha tomado.

Fue en noviembre que todo se organiza en los campamentos para crear la Brigada de Asalto y sólo un pequeño grupo de 60 hombres continuará recibiendo entrenamiento de guerrilla, pero ya desde Junio se había considerado la creación de una fuerza invasora.

El Departamento de Estado recién había dado a conocer la ayuda militar que el bloque soviético le ofrecía a Castro:

a) Las fuerzas armadas de Castro eran diez veces superiores en tamaño al ejército que había servido durante el gobierno de Batista.

---

[142] H. Johnson. Obra citada.

[143] Memorandum #1 de Junio 13, 1961 al Presidente Kennedy redactado por el General Maxwell D. Taylor.

b) De enero de 1959 a mediados de noviembre de 1960 más de 28,000 toneladas de suministros militares habían sido enviadas a Cuba.

Para enfrentar este poderío militar se hacía necesario aumentar las fuerzas de liberación que se entrenaban en los campamentos. Una semana después que Erneido Oliva llegara a los campamentos (Agosto 1960), apenas eran 160. A mediados de Noviembre sólo ascendían a unos 450 hombres y como consecuencia del resultado de las elecciones presidenciales en que había salido electo John F. Kennedy se había suspendido el reclutamiento y se habían cerrado algunas oficinas de inscripción, pendientes de la posición que sobre la proyectada invasión habría de tomar la nueva Administración.

A pesar de esta temporal suspensión de los reclutamientos es hoy sabido que el 29 de Noviembre, a las tres semanas de haber sido electo, Kennedy aprobó el proyecto, con las modificaciones mencionadas, y pidió que éste se agilizara.[144] Desde Noviembre 18 el presidente electo conocía del nuevo proyecto.[145]

Es importante destacar que el Presidente Kennedy aún antes de tomar posesión, conoció en detalle y dió su aprobación al «nuevo concepto del desembarco anfibio» que descartaba el anterior plan de descansar la operación en el desarrollo de grupos guerrilleros. Existe la creencia de que el presidente electo recibió de la Administración de Eisenhower un plan al que tuvo que adherirse y que la aceptación de un plan, creado y desarrollado antes de que él lo conociera al tomar posesión en enero, fue la causa de su posterior fracaso. No es así. Los hechos hoy conocidos desvirtúan tal afirmación.

Cuando en Octubre 20, 1960 Richard Nixon, entonces Vice-Presidente y candidato presidencial, leyó en la prensa que Kennedy afirmaba que «los combatientes por la libertad (de Cuba) no han tenido prácticamente ayuda de nuestro gobierno,» llamó de inmediato a la Casa Blanca para conocer si Kennedy –como candidato Demócrata– había sido informado sobre la operación. La respuesta fue afirmativa. En dos ocasiones distintas había recibido la información directamente de Allen Dulles, Director de la Agencia Central Inteligencia. (Más tarde, Dulles afirmó que su informe a Kennedy

---

[144] Memorandum #1, Junio 13, 1961. Comisión Taylor.

[145] Allen Dulles y Bissell le informaron por su condición de presidente electo.

incluyó el tema de Cuba, pero no el programa de entrenamiento a exiliados cubanos).[146]

En noviembre de 1960 el presidente electo no solo conocía del **nuevo** plan sino que «el Director de la Agencia Central de Inteligencia ... recibió la indicación de que el Presidente electo deseaba que el proyecto se agilizara.»[147]

Tad Szulc va más lejos al afirmar que en el verano de 1960 «ni el V-P Nixon ni el Senador Kennedy estaban totalmente ignorantes de lo que realizaba la Agencia Central de Inteligencia en relación a Cuba.» El primer «briefing» de la CIA a Kennedy se produjo en Hyannis Park en Julio 23, 1960. Los informes de prensa confirmaron el hecho en aquel momento. El New York Times reporta en su edición de Julio 24 que «será un secreto toda la información que se le dió al Senador.» Y agrega visionariamente: «Le dará base para discutir con Nixon durante la campaña sobre temas de política internacional. Lo colocaba con igual conocimiento que el V-P Nixon.»

El 8 de diciembre el Grupo Especial (el Comité Secreto Interdepartamental a cargo de la supervisión de operaciones encubiertas) conoció detalles del nuevo concepto consistente en un desembarco anfibio en las costas cubanas de 600 a 750 hombres equipados con armamentos de extraordinario poder de fuego. El desembarco sería precedido con bombardeos aéreos a objetivos militares. Los bombardeos aéreos y los vuelos de suministros continuarían después del desembarco. Se consideraba que de 60 a 80 hombres se infiltrarían antes del desembarco anfibio. El sitio escogido en aquel momento era Trinidad.[148]

A fines de Diciembre llegó a Miami una comisión de cinco brigadistas para agilizar las inscripciones. José (Pepe) Andreu era uno de sus miembros.

---

[146] Richard M. Nixon: «Cuba, Castro and John F. Kennedy,» The Reader's Digest, November 1964.

[147] Memorandum #1. Comisión Taylor. Junio 13, 1961.

[148] Fue en la mañana de marzo 14, 1961 que el grupo paramilitar del CIA presentó al grupo de Trabajo del Estado Mayor Conjunto para su consideración tres alternativas para el desembarco: a) el área de Preston en la costa norte de Oriente; b) Un érea entre Trinidad y Cienfuegos, y c) al este de la península de Zapata, cerca de Bahía de Cochinos.

De inmediato aumenta el número de voluntarios que parten hacia los campamentos. En enero 6 salen Alberto Martínez Echenique.[149] Mario Martínez-Malo, Rodolfo Nodal Tarafa, Oscar Darias y otros para un total de 37, doce de ellos procedentes de Nueva York. Antes de que transcurra una semana sigue un contingente aún mayor entre los que se encuentran un padre y dos de sus hijos (Fidel y Ramón Fuentes Rosario y su padre Fidel Fuentes). Va otro grupo familiar, Julio y Oscar Díaz-Arguelles, a quienes seguirán la siguiente semana Raúl y Ernesto Díaz-Arguelles. Marchan en esa fecha también Gilberto Cascante y René Luis Pelli, que habían trabajado intensamente en el MDC, y José Sosa que había estado a cargo de las oficinas del Frente como Jefe de Despacho de Tony Varona, su Coordinador General.

Un importante objetivo del «Programa de Acción Encubierta contra el Régimen de Castro» era la creación y utilización de una poderosa estación de radio de onda corta fuera de los límites continentales de los Estados Unidos. Se establecía en las instrucciones que ahora son conocidas, que la planta debía construirse en 60 días.

Existía un antecedente. En 1954 el entonces Coronel Edward Landsdale[150] había construido una potente estación de radio en la Isla Swan[151] como parte de la operación encaminada al derrocamiento del gobierno de Jacobo Arbenz en Guatemala. Al frente de aquella planta estuvo David Phillips, de la Agencia Central de Inteligencia (CIA). La operación fue un éxito.

Enfrentados en 1960 a una situación similar no resultó sorprendente que se volviera a escoger las Islas Swan como el sitio más apropiado. La Marina de los Estados Unidos ofrecería todo su respaldo a la CIA y en 60 días se

---

[149] Alberto Martínez Echenique, junto con Juanito Pérez Franco, Nildo Acevedo, Orlando Urra y otros, había sido víctima de la política de vetos que predominó en el Frente. Tildados de «batistianos,» su ingreso a los Campamentos sufrió demoras. La enérgica intervención de Ricardo Rafael Sardiña venció los obstáculos presentados. A su regreso fue a Fort Benning junto con Oliva y otros oficiales de la Brigada. Presidió en dos períodos distintos la Asociación de Combatientes de Bahía de Cochinos (Brigada de Asalto 2506).

[150] Edward G. Lansdale ascendió hasta el grado de Brigadier General actuando como oficial de enlace de la CIA con el Secretario de Defensa, Robert S. McNamara.

[151] Las Island Swan, o Islas del Cisne, son dos pequeños islotes frente a las costas de Honduras y sobre los cuales Estados Unidos al igual que Honduras habían reclamado soberanía. Las islas fueron entregadas a Honduras en 1971.

había reconstruido la pista, instalado todo el equipo y la estación puesta en el aire el 17 de Mayo. Exactamente a los 60 días.

Originalmente se había planeado que Radio Swan fuese una estación clandestina. Pero, antes de su inauguración –según aparece en el Estudio Paramilitar del Informe Taylor– se decidió que fuese comercial a petición de la Marina que no quería responsabilizarse con la construcción de una planta ilegal. Basándose en la ficción de una empresa comercial, Radio Swan «vendía» tiempo de programación a grupos cubanos: estudiantes, trabajadores, mujeres y organizaciones de lucha.

Dave Phillips,[152] que con Bissell había actuado como Jefe de Propaganda, tuvo a su cargo coordinar la programación. Tenía amplia experiencia ya que estuvo al frente de Radio Liberación, la estación que aparecía funcionando «desde Guatemala» contra Arbenz. (Phillips había trabajado 4 años en Cuba en «relaciones públicas» para distintas empresas norteamericanas).

Bajo la dirección de Enrique Huertas,[153] un grupo de cubanos, con ideas no siempre coincidentes, atendían los programas. Angel del Cerro, Luis Aguilar León y Luis Conte Agüero, entre otros. Las voces, Eduardo Luján y Nelson Alba.

Radio Swan llegaba no sólo a Cuba sino a todo el área del Caribe. Castro trató de interferirla pero sólo tuvo algún éxito en la Ciudad de La Habana. En sus primeros meses se convirtió en el símbolo del sentimiento anticastrista dentro y fuera de Cuba. En diciembre su credibilidad decayó y con ello su efectividad.

GUATEMALA (EISENHOWER) 1954– CUBA (KENNEDY) 1961.

Muchos puntos en común tuvo la acción «encubierta» de 1954 para derrocar al gobierno de Jacobo Arbenz, en Guatemala, y la acción –también pobremente encubierta– de 1961, contra el régimen de Castro. Varias son las similitudes. Una sola será la gran diferencia.

Ambas operaciones descansaron, fundamentalmente, sobre las mismas bases. Sólo existió una profunda y fatal diferencia: Las decisiones recayeron sobre dos diametralmente distintos presidentes. Uno, decide y actúa con

---

[152] David A. Phillips, intermitentemente vinculado a la CIA, dirigió por corto tiempo un periódico en Chile antes de hacerse cargo de la propaganda de Radio Liberación (en la Isla Swan) en 1954. Hablaba español y tenía una agradable personalidad.

[153] Enrique Huertas había sido dirigente estudiantil, junto con Orlando Bosch, en el Instituto de Santa Clara; y, luego, en la FEU en los años en que Castro aspiraba a presidir esa organización.

el coraje que distingue a un militar de carrera que ha comandado, en el campo de batalla, al mayor ejército que recoge la historia. El otro, vacila y responde con el temor de un político que pocos meses atrás llegó al poder por el más pequeño margen en la historia política de los Estados Unidos.

Al comenzar Castillo Armas la invasión el 18 de Junio, desde Honduras, necesitaba con urgencia más aviones que sustituyeran a los F47 y P47 dañados por el fuego antiaéreo de las fuerzas del gobierno.

El Subsecretario de Estado (Henry Holland) –como en 1961, Rusk– se opuso al envío «porque toda Latino América sabría que los Estados Unidos» está detrás de la operación.

Allen Dulles explica al Presidente que, sin los aviones que solicita las posibilidades de éxito de Castillo de Armas son mínimas. Eisenhower no vaciló. Autorizó el empleo de más aviones. La invasión tuvo éxito.[154]

Eisenhower había reunido a Dulles y otros altos funcionarios y les dijo: «Estoy decidido a tomar los pasos que sean necesarios para que esta operación tenga éxito; porque si vencemos, será el pueblo de Guatemala liberándose del comunismo. Si la operación falla, la bandera de los Estados Unidos habrá fallado.[155] Cuando uno compromete la bandera, la compromete para ganar.»

Enfrentado a la oposición de Francia e Inglaterra (sus naturales aliados en la OTAN), Eisenhower instruyó a John Foster Dulles, su Secretario de Estado, a ejercer, si era necesario, el poder de veto en las Naciones Unidas para impedir que el tema de Guatemala fuese planteado en ese organismo. Los Estados Unidos jamás había utilizado el veto.

El mensaje de Eisenhower, un presidente con coraje y determinación, a Francia e Inglaterra, a través de Henry Cabot Lodge, Embajador de los Estados Unidos ante la ONU, fue claro: «Si Gran Bretaña y Francia quieren mantener una línea independiente respaldando al gobierno de Guatemala, nosotros nos sentiremos libres de tomar la misma línea de independencia en los asuntos de Egipto y Africa del Norte.»[156] Los Estados Unidos no tuvieron que usar el veto y el tema de Guatemala no fue puesto en la agenda de las Naciones Unidas.

Dicho en otras palabras, Bahía de Cochinos fracasa por la falta de «determinación de tener éxito» del Presidente Kennedy. Esta es la

---

[154] Los P-51 fueron suministrados por el gobierno de Luis Somoza. Stephen E. Ambrose. «Eisenhower. The President.»

[155] David Wise. The Invisible Government.

[156] Richard H. Immermen. The CIA in Guatemala.

conclusión a que llega Allen Dulles en sus notas manuscritas que se encuentran en la Biblioteca J.F. Kennedy y que no se han publicado.

ACCIÓN DE PUERTO BARRIOS.

Los Campamentos se vieron conmovidos en la segunda semana de noviembre por un hecho que puso en crisis la estabilidad del gobierno del Presidente Miguel Idígoras Fuentes. Un grupo de oficiales del ejército, dirigido por el Coronel Eduardo Llerena Muller, el Capitán Rafael Sessan Pereira, Mario Méndez Montenegro, Luis Turcios Lima y el Teniente Marco Antonio Yon Sosa se levantó en armas y tomó Puerto Barrios y Zacapa. De estos militares uno de ellos respondía al Partido Comunista Guatemalteco: Yon Soza. El Cuerpo de Aviación de la Brigada participó en los fuertes bombardeos a Puerto Barrios.

No hay datos concretos sobre el nivel de esta participación. Para el capitán Eduardo Ferrer el levantamiento sólo «ocasionó que en nuestra Base se tomaran las medidas de seguridad como el aumento de guardias y se cavaran trincheras en torno a la Base.» Mientras que, según Carlos Rivero Collado, renegado brigadista, «los mismos aviones B-26 que serían utilizados unos meses más tarde en Girón, bombardearon y ametrallaron los reductos rebeldes en Puerto Barrios...»[157]

Félix Rodríguez[158] se refiere a este episodio en los siguientes términos: «apenas a los tres meses de haber llegado al campamento nuestra unidad participó en combate por primera vez. Pero no contra Castro. Fuimos llamados para ayudar a dominar un intento de golpe en Puerto Barrios, cerca de la frontera de Honduras, contra el gobierno del Presidente Miguel Idígoras. Éramos cerca de 600 en Trax; casi todos se ofrecieron voluntariamente para ayudar al presidente guatemalteco, y 200 de nosotros fuimos seleccionados... El plan era que cerca de un centenar de nosotros volásemos a Puerto Barrios –en 3 C-46, cerca de 33 en cada avión– para tomar el aeropuerto después que éste hubiese sido ablandado por nuestra fuerza aérea de cubanos libres que utilizarían pequeños bombarderos DC-26, y sostener el aeropuerto hasta que llegase el resto de las fuerzas.»

---

[157] «La Contrarrevolución Cubana» Akal Editor, Madrid 1977.

[158] Félix Rodríguez fue el Brigadista #2718. Llegó a la Base Trax el 19 de Septiembre de 1960. Fue del grupo entrenado como Team de Infiltración. A fines de diciembre pasó a Panamá para su entrenamiento. Luego de un mes de entrenamiento en el área de Homestead, en Miami, se infiltró en Cuba en febrero 28 de 1961, donde hizo inmediato contacto con Rogelio González Corzo (Francisco). Su equipo de infiltración lo componían Javier Souto, Segundo Borges, José González Castro y Edgar Sopo.

Con la intervención del ejército leal al Presidente Idígoras la rebelión fue prontamente sofocada.

Fue un momento crítico en Centro América. Días atrás en Nicaragua tropas rebeldes habían tomado Jinotepe y la pequeña población de Diriamba, que fueron recapturadas en 48 horas. Y en Costa Rica soldados con uniformes cubanos atacaban poblaciones en la frontera norte matando al Coronel de la Guardia Civil, José Monge. El presidente Mario Echandi pudo aplastar prontamente al grupo invasor. Un mes antes había sido depuesto el presidente José María Lemus de El Salvador. En Honduras el Presidente Ramón Villeda Morales se enfrentaba a continuos ataques de grupos subversivos.

En la cárcel de Isla de Pinos circulan en febrero rumores sobre una inminente invasión. El Comandante William Galvez, nombrado recientemente jefe territorial de Isla de Pinos, da a conocer a los que guardan prisión que ha minado las circulares y que éstas serán voladas si la isla es invadida.

Curiosamente, en la reunión de enero 27 que el Grupo de Trabajo sobre Cuba celebra en la Casa Blanca, el Secretario de Estado Dean Rusk «había planteado la posiblidad de utilizar Isla de Pinos como sitio de desembarco de la invasión.» (Comisión Taylor, Tercera Reunión, Página 7).

EL COORDINADOR MILITAR.

Al regreso del primer viaje a México (Junio 22-1960) para dar a conocer la creación del FRD, los dirigentes del Frente se reunieron en Nueva York para acordar detalles de su estructuración. Decidieron que para tratar los asuntos militares se nombraría a un civil que actuaría como intermediario entre el Estado Mayor (Martín Elena) y el Comité Ejecutivo del Frente, y entre el Estado Mayor y los sectores «aliados,» personalizados en esta específica actividad por el norteamericano «Jimmy.»[159] Este intermediario, que recibió el título de Coordinador Militar, era Freddie Gaudie.[160]

---

[159] La posición de Jimmy dentro del sector «aliado» era la de Jefe de Operaciones Paramilitares en Miami.

[160] Federico (Freddie) Gaudi, de origen cubano, se había graduado en 1931 en la Escuela de Cadetes del Ejército Nacional. Gaudie era el arrendatario de la isla Useppa donde comenzó el entrenamiento del primer núcleo de la Brigrada. «Gaudie tenía el contacto inicial desde La Habana. Cuando en Abril comenté con Justo (Carrillo) el disgusto que ya yo sentía con la Revolución, me mostró una foto: ¿Sabes quién es este hombre? NO. Este es el individuo que tiene en sus manos las cosas nuestras.» «Era Gaudie,» le expresó Paula —el comptroller del Frente— a Ros.

Jimmy era el contacto con Bender en Miami y, como se expresa en el párrafo anterior, sus comunicaciones en el aspecto militar las realizaría través de Gaudie que era , en palabras de uno de los integrantes del Frente, una especie de Ministro de Defensa.

Así, cuando se quiso acelerar el reclutamiento de pilotos la petición es formulada por Jimmy a Gaudie y no al Estado Mayor ni, mucho menos, al aparato civil del Frente.

El Coordinador Militar fue desde un inicio un factor de perturbación desde el punto de vista orgánico. Persona estrechamente relacionada con Justo Carrillo nunca se colocó en la posición de colaborador del Comité Ejecutivo sino, al contrario, fue un forjador de vínculos que pudieron llegar a ser muy peligrosos en el futuro entre el Estado Mayor y uno de los miembros del Frente, con detrimento de lo que en este caso representaba el Comité Ejecutivo en pleno.

Para superar esta situación y regular las relaciones entre el Comité Ejecutivo y el Estado Mayor y entre ambos y los campamentos fue designado el Secretario de Organización del MDC, que era a su vez –como se ha dicho– Miembro Alterno del FRD, para la elaboración de la Ley Orgánica del Ejército de Liberación y donde se estructuraba el ejército de liberación en forma similar a los ejércitos regulares. La proposición presentada por Ros al Comité Ejecutivo del FRD eliminaba el cargo de Coordinador Militar.

Nuevamente el Estado Mayor opuso reparo a ese propósito de estructurar y regular las relaciones entre el poder civil y el militar por lo que, en un erróneo gesto de conciliación, el Comité Ejecutivo del FRD decidió que permaneciese el mencionado cargo de Coordinador Militar.

Los dirigentes de las distintas organizaciones que constituían el Frente Revolucionario Democrático habían establecido también contacto personal con Jimmy pero las peticiones se tramitaban a través de Gaudie. Cuando de Cuba llegaban peticiones de armas y explosivos hablaban con el Coordinador Militar Gaudie quien transmitía la solicitud a Jimmy. Otras veces la petición del movimiento clandestino llegaba directamente al agente norteamericano quien, por medio del mencionado Coordinador Militar, informaba o no a los dirigentes civiles. El Coordinador militar y, sobre todo, Jimmy tenían más fácil comunicación con el Frente en Cuba que el Ejecutivo del FRD. Era una estructuración que menoscababa la jerarquía de los miembros del Frente e incitaba al caos.

Tan caótica era la situación que Francisco (Rogelio González Corso) quien –como se expresó antes– había venido clandestinamente en Agosto regresó nuevamente a fines de Octubre para discutir con el mencionado

Jimmy los serios problemas de abastecimiento de armas y explosivos.[161] Pocas semanas separan el viaje de Francisco del que realizarán los 5 brigadistas que llegan del campamento para estimular el reclutamiento. El aparato civil se mantiene ajeno a ambas inquietudes.

Las tensiones diplomáticas entre Cuba y los Estados Unidos se agudizan. Ya en Julio, el Presidente Eisenhower en carta al Primer Ministro de Inglaterra, Harold MacMillan, le da a conocer, informalmente, los crecientes problemas que confronta en sus relaciones con Castro. En Octubre los Estados Unidos comienza conversaciones con Inglaterra estudiando la posibilidad de que sea Gran Bretaña quien pueda representar en La Habana los intereses de los Estados Unidos si Castro produce un rompimiento diplomático.[162]

Al romperse las relaciones diplomáticas con Cuba, en enero 2 de 1961, llega a Miami un importante funcionario de la CIA: James Noel (Jim), que había ocupado en La Habana la posición de «Responsable de Asuntos Militares en Relación a Cuba.»

En el Escambray hay fricciones. Evelio Duque tiene diferencia con «Augusto» quien pretende, desde un lugar tranquilo y seguro, destituir al guerrillero alzado. Le quita el mando a Duque[163] y se lo ofrece a Osvaldo Ramírez. Pero los jefes guerrilleros estaban más preocupados –apunta Encinosa– en romper cercos y sobrevivir a las lluvias de metralla, que en estructurarse bajo una nueva jefatura. Era enero de 1961. Mes de las crisis en el aparato político del Frente, en los campamentos, en el movimiendo clandestino y en el Escambray. Mes en que una nueva Administración norteamericana llegaba al poder. El mes en que el Presidente Kennedy toma para sí la responsabilidad de aprobar los planes paramilitares. Decisión que habrá de tener tan graves consecuencias.

Aumenta el número de jóvenes que marchan a los campamentos. El 26 de enero parten para la Base Trax, Oscar Felipe Rodón (Felipito), miembro de la JUDEC, respetado y querido por todos sus compañeros, que habrá de morir en Playa Girón. Van en ese grupo Carlos Ariza, Alfredo Cervantes

---

[161] El 28 de Octubre, en medio de las ceremonias oficiales para conmemorar el primer aniversario de la desaparición de Camilo Cienfuegos, sale Francisco, desde un punto en Miramar, en una pequeña lancha, junto Kikío Llansó, Musculito Martínez y Tin, el Mecánico. Francisco regresará a los pocos días.

[162] Foreign Relations. Volumen VI. Obra citada.

[163] Enrique G. Encinosa. Escambray: La Guerra Olvidada.

Lago, Ernesto Hernández Cosío y Moisés Santana González, que también perderán sus vidas en la invasión traicionada.

JIM Y EDUARDO: DOS AGENTES CON POSICIONES DISTINTAS.

Tal vez haya sido E. Howard Hunt (Eduardo) el miembro del sector «aliado» que por más tiempo y más íntimamente estuvo envuelto en las complejas, extrañas y siempre desalentadoras relaciones entre el Frente Revolucionario Democrático (FRD) y los «amigos.»

Hunt se había incorporado en Viena a la CIA cuando ésta era dirigida por el Almirante Roscoe Hilleboelter. Fue primero asignado al equipo de guerra política y psicológica. Años después pasó al Departamento de Estado, como funcionario del Servicio Exterior pero aún adscrito a la Agencia.

Luego, en 1954, había sido designado Jefe de Acción Política de la CIA en Guatemala y participó activamente en las operaciones que condujeron al golpe militar que derrocó al Presidente Jacobo Arbenz, aunque personalmente prefería la aspiración del jurista Juan Cordova Cerra (a quien había conocido en México) sobre la del Coronel Carlos Castillo Armas. (Poco antes del golpe de estado Córdova Cerra fue ingresado en un hospital de New Orleans para ser sometido a una urgente operación de cáncer. Castillo Armas quedó sin rival).

Evidentemente, el proyecto Guatemala contaba con las mismas características de la operación «Cuba:» Dirección de la CIA, con Tracy Barnes al frente; organización de una fuerza invasora en Centro América (en ese caso, Honduras); traslado de esa fuerza desde el Aeropuerto de Opa Locka; una potente estación de radio en la Isla Swan.

Desde fines de marzo de 1960 ya está asignado Eduardo al proyecto, que se va a iniciar, de aunar el esfuerzo de prestigiosos cubanos dentro de una organización que tendría el respaldo de la administración norteamericana en un serio esfuerzo de restablecer en la isla un régimen democrático. Su posición sería la de Jefe de Acción Política del nuevo proyecto. En pocos días la presencia de Eduardo se hará visible para los que iban a constituir el Frente Revolucionario Democrático. Operaría –como se había planeado que lo haría el FRD– desde Costa Rica.

Los planes para funcionar desde Costa Rica fueron de muy corta duración. El próximo destino fue México desde donde tampoco se pudo operar.

Su diario contacto con estos dirigentes y con otros activistas de pensamiento político similar fue acercando a Howard Hunt a la posición centrista del Frente aunque tuvo, en distintas ocasiones, serias, violentas y profundas diferencias con varios de sus integrantes. Su aparente o real identificación con los propósitos que alentaban los miembros del FRD no impidió que exteriorizara, después del fracaso de Playa Girón, lamentables comentarios derogatorios para la dignidad del cubano.[164] Mantuvo consigo mismo una constante lucha entre el respeto que llegó a sentir por algunos de estos dirigentes y su lealtad para la institución para la que él, durante tantos años, estaba trabajando.

Tracy Barnes era el superior jerárquico de Hunt y quien trajo a éste a trabajar con Droller (Bender). Eduardo reportaba a Gerry Droller[165] sobre las actividades del grupo cubano y ambos enfrentaron el recelo, la suspicacia y la enemistad de muchos altos funcionarios que respond[ian al Departamento de Estado.

Distinta era la posición de otro miembro de esa misma institución que también participó prominentemente en toda la aventura del Frente, primero desde La Habana y, luego, en Miami y a quien ya mencionamos. Su cargo era el de Responsable de los Asuntos Militares en Relación a Cuba: Havana Station Chief. Era conocido por Jim.[166]

Jim había ocupado ese mismo cargo en La Habana durante el gobierno de Batista y había establecido estrechas relaciones con los miembros del 26 de Julio y demás grupos revolucionarios que combatían a Batista, al igual que Eduardo los había establecido ahora con los que combatían a Castro.

Por razones que no han sido aún claramente despejadas Noel no quiso admitir que existía vinculación alguna de Castro con elementos comunistas. Informó al Embajador Smith que, «al igual que lo había repetido en distintas ocasiones, un agente (de la CIA) que había estado en la Sierra por largo tiempo le reportó que Castro no tenía estrecho contacto con comunistas»[167] y que él (Noel) no tenía mayor información sobre la posición

---

[164] E. Howard Hunt. Obra citada.

[165] Gerry Droller, conocido como Frank Bender o Mr. B. fue incorporado a la Operación de Cuba por Tracy Barnes, Jefe de Servicios Clandestinos de la CIA. Droller había trabajado para la OSS en Francia durante la Segunda Guerra. Ultimamente le tenían asignados los asuntos relacionados con Suiza. Era figura autoritaria, detestada por muchos por su arrogancia.

[166] James Noel (Jim) mantenía en La Habana contactos principalmente a través del Club Americano y la Legión Americana. J. Duarte Oropesa. Historiología Cubana. Tomo IV.

[167] Roberto Fabricio y John Dorschner. «The Winds of December.»

política del Che Guevara. Mantuvo Jim una posición antagónica con el Embajador Earl Smith.

Jim Noel había sido nombrado Jefe de Estación de la CIA en La Habana poco antes de las elecciones de 1958. Participó, entre otras, de las distintas reuniones con William Pawley sobre la sustitución de Batista por una Junta Militar encabezada por el Coronel Ramón Barquín, el Comandante Enrique Borbonet, el Gral. Martín Díaz Tamayo y Pepín Bosch.[168]

En enero 2 de 1961 cuando se rompen las relaciones diplomáticas entre Estados Unidos y Cuba Jim es uno de los funcionarios expulsados y, días después, es asignado a la Base de Miami. Tan liberales son sus ideas que para él, según lo refiere Hunt, Manuel Ray tiene el mismo pensamiento que un «Republicano Conservador.» Durante su larga permanencia en La Habana había cultivado durante los regímenes de Batista y Castro estrechas relaciones con los elementos más liberales. Y consecuente con sus ideas se esforzó en facilitar la entrada en el Frente de Manolo Ray, Felipe Pazos, Ramón Barquín, José Miró Cardona y otras figuras de igual pensamiento.

Debido a lo que pudiera ser una hábil división de trabajo o por afinidades ideológicas, Hunt (Eduardo) se mantuvo estrechamente ligado a los miembros del Frente –a pesar, repetimos, de las desavenencias que surgían–, mientras que Jim estaba más cerca de grupos y personalidades ajenas al FRD con el propósito de incorporarlas a este organismo o, como ocurrió, crear otra estructura de más amplia base donde ellos pudieran caber.

En su obra «Give Us This Day,» Hunt describe una tempestuosa discusión entre él, Richard M. Bissell, Director de Planificación y Jefe de Servicio Clandestino, de la CIA y Tracy Barnes, Director Asistente, cuando –repetimos, según versión de Hunt– trataba éste de impedir la incorporación de Ray al FRD o dentro de una nueva estructura.

Pero no todos los huevos se colocan en la misma canasta. Los sectores «aliados» respaldan también otras actividades ajenas al Frente.

JUECES CUBANOS EN SUR-AMÉRICA.

Así, en los primeros días de Enero un grupo de prestigiosos jueces y magistrados cubanos exiliados viaja a Urugüay, Argentina, Chile y Panamá para denunciar la situación cubana. Manuel Hernández, antiguo Presidente de Corte de Apelaciones de la Audiencia de la Habana, y José Morel-Romero, Miembro de Corte Suprema de Justicia de Cuba, y, luego, Antonio Silió, Francisco Alabau Trelles, José Portuondo, Cayetano Socarrás y Luis

---

[168] John Dorsechner y Roberto Fabricio. Obra citada.

Espíndola recibieron el mismo tratamiento que, apenas un año antes, sufriera el Presidente Eisenhower.

En Montevideo, elementos extremistas pretendieron sabotear los actos organizados por los jueces cubanos agrediendo a los ciudadanos que se habían congregado para escuchar la palabra serena de los magistrados. Más de 30 personas resultaron heridas, pero los agitadores no pudieron impedir que en la Plaza de la Independencia se reunieran más de 10 mil personas. Las piedras, los disparos y los gases lacrimógenos hicieron recordar los «actos de repudio» organizados en marzo de 1960 con motivo de la visita de Eisenhower.

A los pocos días, en la primera semana de febrero de 1961, en visita relacionada con la XII Conferencia Interamericana de Abogados efectuada en Bogotá, otro grupo de jueces y magistrados cubanos exiliados recorre distintas ciudades de Colombia celebrando conferencias, muchas de las cuales son saboteadas por elementos extremistas. Antonio Silio y Luis Espíndola, que habían sido víctimas de los actos agresivos de Montevideo, regresan a Miami, mientras Francisco Alabau, Gustavo Rebeaux y Enrique Lamar prosiguen sus charlas, declaraciones e intervenciones en universidades y medios de prensa. La hostilidad en los centros universitarios es evidente.

Los factores «aliados» siguen –sin sentido práctico alguno– moviendo todos los resortes. Sólo consiguen con ello crear desconcierto en las filas amigas.

Mientras, en Cuba continúa el trabajo del movimiento clandestino y se realizan continuos actos de sabotage. El 31 de diciembre de 1960 se produce en La Habana el incendio de La Época y, con o sin pruebas, se detiene a muchos de sus empleados. Entre ellos, Esther Ferro.[169] Para tratar de impedir estos sabotages el gobierno prohibe, en enero 2, la entrada en las tiendas por departamentos a los empleados, *de esos lugares de trabajo*, que *no fueran milicianos.*

[169] *El Presidio Político de Mujeres*, Pilar Mora Morales.

CAPÍTULO VI

EL COMANDANTE JAIME VARELA CANOSA. JEFE DE LA SECCIÓN NAVAL DE LAS FUERZAS DE LIBERACIÓN. CAPITÁN MANUEL VILLAFAÑA, JEFE DE LA AVIACIÓN.

Cuando se hizo necesaria la designación de un técnico naval surgió el nombre del Comandante Jaime Varela Canosa que había llegado a Miami luego de haber ocupado la posición de Attache Naval de Cuba en México. Varela Canosa organizó el Sector Naval, formó parte de la Comisión Naval del Frente y posteriormente fue designado por el Comité Ejecutivo como Representante del Sector Naval en el Estado Mayor, lo que equivalía a su designación como Jefe del Sector Naval de las fuerzas de liberación.[170]

Después, por petición y demanda del Jefe del Estado Mayor, el Comité Ejecutivo designó un nuevo Jefe del Sector Naval quedando fuera el Comandante Varela Canosa. A esa reunión del Comité Ejecutivo asistieron cinco miembros. El acuerdo fue adoptado con los votos favorables de Varona, Carrillo y Sardiña y los votos en contra de Rasco y Manolín Hernández (en sustitución de Artime). Es decir, sólo el MDC y el MRR respaldaron la permanencia del Comandante Varela Canosa en el cargo.

La destitución, en enero de 1961, de este pundonoroso militar produjo una gran intranquilidad en los Campamentos, muchos de cuyos miembros acusaron abiertamente al Estado Mayor de estar totalmente desligado de ellos y de tratar de minar la autoridad de José Pérez San Román, Jefe Militar de la Brigada de Asalto 2506.

Cuando Varela Canosa era Agregado Naval de Cuba en México, el Capitán Manuel Villafaña había desempeñado el cargo de Agregado Aéreo en la Embajada Cubana en aquella nación hasta su deserción, en abril de 1960, luego de denunciar la labor subversiva realizada en los países del continente por agentes rusos y checoslovacos provistos con pasaportes cubanos. Será luego Villafaña de los primeros en ir a los Campamentos donde ocupará la posición de Jefe de la Aviación de la Brigada.

---

[170] El Comandante Jaime Varela Canosa, militar intachable, pertenecía a la Marina de Guerra Cubana el 31 de diciembre de 1958, y en atención a su actitud correcta fue ratificado de su cargo primero y ascendido poco después, por el Gobierno Revolucionario. Posteriormente fue designado Attaché Naval de Cuba en México, en cuyo lugar dimitió a su cargo, en marzo de 1960 —junto a sus asistentes José Antonio Darias y Benjamín Granados— por no aceptar el cambio de rumbo dado por la Revolución y se incorporó en el acto a los trabajos del Frente. Sólo pidió un puesto en el combate que se iba librar.

Al Estado Mayor, y al Frente en general, se les acusaba de mantener una política de vetos que excluía de los Campamentos y de la participación en actividades del FRD a personas tildadas o reconocidas como «batistianas.»

De acuerdo a los parámetros que, se decía, quería establecer el Estado Mayor, los más distinguidos militares que tan digna y destacadamente participaron en la frustrada invasión del 17 de Abril no hubieran podido formar parte del Ejército de Liberación. El Comandante José Pérez San Román, Jefe Militar de la Brigada de Asalto 2506, se había graduado en la Escuela de Cadetes en Cuba, y ascendido a Segundo Teniente de Infantería en 1953, un año después del golpe militar del 10 de Marzo. Desde 1954 a 1958 fue instructor del Curso de Ingeniería de Combate, del Cuerpo de Ingenieros del Ejército de Cuba. En 1956 es ascendido a Primer Teniente y colocado al mando de una Compañía; en 1957 es asignado como Oficial de Planeamiento al G-3 y en 1958 es ascendido a capitán y asignado con cargo equivalente a Teniente Coronel como G-3 de la División de Infantería.[171]

La reacción de los campamentos cuando conocieron de la destitución de Varela Canosa ha sido considerada por algunos de los que han escrito sobre ese crucial capítulo de nuestra historia como «un golpe de estado» perpetrado por el MRR de Artime y agentes del CIA (que culminó con la renuncia del Cnel. Martín Elena). Es esa la versión que ofrecen Tad Szulc y Karl E. Meyer en su obra «La Invasión Cubana,» tan llena de erróneas interpretaciones.

Meyer y Szulc, y algunos otros escritores, han querido ver en el desarrollo de los acontecimientos previos a Girón una lucha entre fuerzas reaccionarias –predominantemente batistianas– y fuerzas progresistas representadas por Manolo Ray. Nada más lejos de la verdad.

Manolo Ray no había sido un factor en la lucha que, hasta esos momentos, se libraba contra el régimen de Castro. Era una figura reconocida –haya sido o no efectivo en aquel momento– en la oposición a Batista. Pero en el período anterior a Enero de 1961 cuando se producen primero la crisis del Estado Mayor del Frente y, después, la del aparato civil del FRD, Ray nada había aportado a la lucha contra Castro. Defendían a Manolo Ray los elementos liberales del Departamento de Estado, influidos por Rufo López Fresquet, Felipe Pazos, y otras figuras que habían confiado por largo tiempo en Castro, y tenía Ray el apoyo de figuras simpáticas al

---

[171] RESPUESTA:
La verdad sobre Girón por el Comandante José Pérez San Román. Imprenta Carlos Miami 3, Miami, 1979.

Departamento de Estado como José Figueres, Muñoz Marín y Rómulo Betancourt.

Precisamente, porque Manolo Ray y su organización MRP poco habían aportado a la lucha contra Castro, existía una fuerte oposición en la militancia y en la dirigencia de las organizaciones que componían el FRD a aceptar su incorporación al Frente Revolucionario Democrático.

Identificar la oposición a Ray, por las razones que recién se han mencionado, con la irreal e inexistente vinculación batistiana de los grupos que formaban el FRD y de los hombres que estaban en los Campamentos, constituye una tergiversación grosera de la historia.

Sin duda, los combatientes anticastristas en Cuba y en los campamentos contaban con el respaldo de lo que en aquella época se llamaban «los amigos» y que hoy todos identifican como el CIA; mientras que Manolo Ray descansaba en el apoyo del Departamento de Estado. Se ha afirmado por muchos autores que el triunfo electoral de Kennedy en las elecciones de Noviembre de 1960 y su toma de posesión en los primeros días de enero de 1961 produjo la crisis del FRD, estructura gestada durante la administración republicana de Eisenhower; y que el resultado de aquella contienda electoral había producido la creación del Consejo Revolucionario Cubano (CRC) que presidió el Dr. José Miró Cardona. Tal afirmación, repetida hasta el cansancio, carece de base.

DISTANCIAMIENTO CON EL ESTADO MAYOR DEL FRENTE.

Ya en esa fecha se había hecho evidente el distanciamiento entre el Estado Mayor y los Campamentos y entre el Comité Ejecutivo del FRD y los campamentos y el Estado Mayor. Eran tres organismos que en la práctica estaban desvinculados los unos de los otros.

Independientemente de quien hubiese triunfado en las elecciones de Noviembre, y qué presidente hubiese asumido el cargo en enero de 1961, el FRD estaba herido de muerte si no superaba los vicios que iban minando aquel organismo que se había creado no para que fuese un aparato burocrático donde privase el favoritismo personal o sectario sino como un instrumento de lucha apto para respaldar la actividad clandestina en Cuba, a la que pocos recursos había sido capaz de ofrecer.

Wayne S. Smith, quien en 1959 dentro de la Embajada de los Estados Unidos había ascendido de la Sección de Visas a la de Política, informó –junto con Daniel Braddock, Harvey Wellman y Bill Boddler– a sus superiores dentro del Departamento de Estado a fines de 1960 que «la percepción entre la minoría de cubanos anticastristas era que la oposición a Castro en la isla se consideraba progresista y democrática, mientras que la oposición en el exilio estaba compuesta, en gran parte, de antiguos partidarios de Batista y controlada por el CIA.» Es decir, que para Wayne S. Smith –siempre inclinado a expresar comentarios y realizar actividades favorables a Castro– Miró Cardona, Tony Varona, Justo Carrillo, José Ignacio Rasco, Manuel Artime, Ricardo Lorié, Pedro Luis Díaz-Lanz, Sánchez Arango, y tantos otros dirigentes de la oposición en el exilio, no eran más que «antiguos partidarios de Batista.»

De regreso a los Estados Unidos, luego del rompimiento de relaciones diplomáticas entre Estados Unidos y Cuba y con posterioridad al desastre de Playa Girón, Wayne Smith fue designado asistente de Adolf Berle que tan directa participación tuvo en las cruciales conversaciones y decisiones tomadas en Washington durante las semanas anteriores al 17 de Abril.

El funcionamiento del Frente Revolucionario Democrático adolecía de muchas deficiencias, pero esta organización representaba en aquellos momentos el movimiento revolucionario de mayor caudal popular dentro de Cuba y en el exilio y a su labor se había debido en forma determinante la creación de un estado de opinión mundial en contra de la tiranía comunista.

El *Comité Ejecutivo del Frente* era su máxima autoridad orgánica y, por tanto, teóricamente, pesaba sobre él la responsabilidad de la dirección de ese organismo a la vez que ostentaba –ante los ojos de muchos–, la representación en el exilio de las aspiraciones democráticas del pueblo cubano. Sin embargo la parcialización y el favoritismo practicado por algunos de sus miembros impidió que el Frente avanzara como una fuerza unida.

El *Estado Mayor* se estructuraba en cumplimiento de acuerdos libremente adoptados, por votación normal, democráticamente, por el Comité Ejecutivo del Frente. Teóricamente era un mando militar que nacía supuestamente subordinado al poder civil representado, en este caso, por el mencionado Comité Ejecutivo del FRD.

El Estado Mayor, por su origen y por tratarse de un organismo revolucionario y no de un organismo castrense en la total interpretación del vocablo, no funcionó de acuerdo con las normas regulares para este tipo de organización militar. Todo Estado Mayor debe integrarse por cuatro Miembros, uno de los mismos como Jefe del Estado Mayor Conjunto, y los otros tres, como Jefes de los Cuerpos del Ejército, Naval y Aéreo. Nunca el Estado Mayor del Frente respondió plenamente a ese tipo de organización. Contó con un Jefe del Estado Mayor Conjunto y, en cuanto al ejército, con tres oficiales de superior graduación, pero sin una completa y clara determinación de la División de Funciones y Responsabilidades.

En el Sector Naval, primero se designó una Comisión Naval; posteriormente, para darle sentido orgánico a ese cuerpo, se designó a uno de sus miembros como Responsable del Sector Naval en el Estado Mayor, que se le suponía Jefe del Estado Mayor del Sector Naval, pero que fue luego sustituido arbitrariamente.

Como dijimos anteriormente, las funciones del Estado Mayor se suponía que fueran las normales que asume este tipo de organismo, pero en la práctica solamente operó como Comisión de Reclutamiento y Admisión, marginado de todo tipo de trabajo técnico de planificación estratégica y estuvo ausente en la fase de la operación bélica el 17 de Abril.

El Campamento operó como algo separado del resto del engranaje del Frente. El Comité Ejecutivo careció en absoluto de jurisdicción sobre el mismo. El Estado Mayor se suponía, en un principio, que ejercía un mando relativo sobre los campamentos pero luego se hizo patente que los campamentos operaban con mandos propios emanados de su misma actividad y organización.

La Clandestinidad funcionaba con una coordinación interna dada por los propios dirigentes de las organizaciones que se encontraban representadas en el Comité Ejecutivo, como fuerza real de la lucha revolucionaria contra la tiranía comunista.

Esta anómala estructuración del Frente fue objeto de crítica interna por varios de sus más jóvenes miembros y, también, por Justo Carrillo que objetaba la falta de autoridad del Comité Ejecutivo y la ignorancia en que éste se encontraba sobre lo que acontecía.

Pese a estas críticas la situación no era corregida.

Más grave aún era el creciente control que los «sectores aliados» (de hecho, el CIA) ejercían sobre el Frente impidiendo que sus miembros ejecutivos visitasen los campamentos.

Enero y Febrero de 1961 son meses cruciales para poder juzgar correcta y desapasionadamente los hechos que condujeron al desastre de Playa Girón.

En los primeros días de enero, el Estado Mayor Conjunto de los Estados Unidos (EMC) recomendó la creación de un grupo interdeparmental para estudiar varios cursos de acción en el grado de participación de los Estados Unidos. El informe que abogaba por la participación norteamericana en las operaciones militares fue remitido al Secretario de Defensa pero «en la confusión del cambio de administración fue traspapelado.»[172] (Ver memorandum #1 de la Comisión Taylor). Semanas después, en enero 28, Kennedy convocó al Consejo Nacional de Seguridad para su primera audiencia *–como presidente en funciones–* sobre el desarrollo del plan de invasión al que, repetimos, había dado su aprobación en Noviembre 18 y

---

[172] Memorandum #1 de la Comisión Taylor; también mencionado por A. Schlesinger, sin ofrecer la fuente.

del que había recibido, en persona, un detallado informe de Allen Dulles, Director del CIA en Noviembre 29. En esas dos oportunidades, el entonces Presidente electo manifestó su aprobación y pidió que siguieran avanzando con el plan.

En esta nueva reunión de enero 28, el Presidente Kennedy volvió a dar su aprobación con las siguientes instrucciones:

A) *Continuar* y *aumentar* las actividades que el CIA estaba desarrollando en esos momentos incluyendo: a) mayor propaganda, b) mayor actividad política y c) aumento del sabotaje.

B) Que el Departamento de Defensa revisase las proposiciones de la CIA sobre la utilización de las fuerzas anticastristas en territorio cubano.

C) Que el Departamento de Estado preparase un concreto plan de acción con otros países latinoamericanos, para aislar al régimen de Castro.

Como puede verse, nada se decía en los días finales de enero de negarle respaldo militar o aéreo a la fuerza expedicionaria que continuaba aumentando en los campos de entrenamiento de Guatemala.[173]

«La Invasión Cubana» es la primera obra que se edita sobre esta materia. Es ésta, por tanto, una versión que va a ejercer gran influencia sobre muchos escritores posteriores. La escriben Tad Szulc y Karl E. Meyer,[174] periodistas del New York Times y del Washington Post; y se publica en 1962 cuando los brigadistas aún permanecen presos en las cárceles de Castro y no pueden desvirtuar ninguna de las afirmaciones que allí se hacen.

¿Cuáles son las fuentes de estos periodistas del New York Times y del Washington Post? Ellos las dan a conocer: «Como periodistas ...(hemos) seguido la Revolución Cubana desde sus primeros días y conocemos a la mayor parte de los dirigentes cuyas decisiones jugaron un papel importante en la historia. Además de nuestra experiencia de primera mano, hemos tomado del vasto material publicado sobre Cuba y la Invasión de Abril.»

Entre los trabajos consultados por ellos se encuentran: «La Lección del Desastre Cubano» de Stewart Alsop; «Cuba y la Política de Estados

[173] Memorandum #1. Junio 13, 1961, Punto 16. Comisión Taylor.

[174] Meyer, editorialista del Washington Post en 1958, estuvo con Castro en la Sierra Maestra durante 3 días y cubrió la acción de La Plata. Szulc, corresponsal en Washington del New York Times, había viajado a Cuba al triunfo de la Revolución. Posteriormente ha escrito varios libros; el más reciente, una elogiosa biografía de Castro.

Unidos» de Theodore Draper; y «Cuba: Dando una Información Correcta» de Charles J. B. Murphy,[175] aunque piden, defensivamente, que el material de Murphy sea consultado con precaución porque los hechos del escritor y la interpretación que de los mismos hace son muy discutibles. ¿Por qué esta prevención con el trabajo de Murphy?

Szulc no lo dice, pero podemos encontrar el motivo en una admisión de Murphy, no recogida por ningún otro de los articulistas que escribieron en 1961 y 1962, sobre la prometida cobertura aérea de la invasión: «En todo momento un portaaviones norteamericano estará cerca y uno o dos de sus jets podrá ofrecer la pronta y pequeña ayuda que pudiera requerirse en una emergencia.» En el mismo artículo, publicado en Septiembre de 1961, Murphy informa que los planes incluían preparar «una fuerza invasora, lo suficientemente grande para establecer una cabeza de playa y proclamar un gobierno provisional.» Szulc, Schlesinger y los demás panegiristas de la administración de Kennedy silencian estos compromisos.

Más adelante analizaremos éstas y las demás fuentes mencionadas por Szculc y Meyer. Por el momento debe ser conveniente exponer las conclusiones a que estos autores llegan sobre puntos esenciales de la historia que condujo a Playa Girón, teniendo en cuenta la evidente parcialización de Szulc en favor de los que enarbolaban la tesis de la *revolución traicionada.*

Szulc considera, por ejemplo, que cuando el Comandante Pedro Luis Díaz Lanz testificó en Julio de 1959 ante un Sub-Comité del Senado que los comunistas estaban tomando el control de Cuba «las acusaciones del Comandante Díaz Lanz, y las circunstancias de su testimonio, beneficiaron a Castro...» porque le permitió a Castro pronunciar su «primer violento discurso anti-americano.» Consideró Szulc que «las declaraciones de Díaz Lanz golpearon duramente a los moderados en el régimen revolucionario!!!» Estos autores, Szulc y Meyer, tan frecuentemente mencionados por otros escritores –y a veces copiados sin siquiera darles crédito– consideran que «la incapacidad de comprender la Revolución continuó siendo el contrapunto de toda la historia de las relaciones de Washington con la Cuba de Castro!!!»

---

[175] El artículo de Murphy publicado en Fortune (Septiembre 1961) enfureció a Kennedy. Murphy era un periodista respetado, con excelentes fuentes en el Pentágono y en la CIA. Kennedy criticó el artículo de Murphy, que luego fue condensado en Time, en una rueda de prensa diciendo que era lo más inexacto que él había leído jamás. Tan irritado se encontraba JFK con el artículo que envió al Gral. Maxwell Taylor, entonces asesor militar de la Casa Blanca, con un memorial de 16 puntos a entrevistarse con Duncan Norton T., editor de Fortune, Murphy y Hedley Donovan, editor en jefe de Time. No hubo rectificación. («De Roosevelt a Reagan,» Hedley Donovan).

CRISIS EN LOS CAMPAMENTOS. VERSIONES.

Al referirse a los Campamentos de Guatemala ninguno de estos autores hace mención del Capitán Oscar Alfonso Carol primer cubano en ocupar la Jefatura de la Base Trax. La explicación es obvia. Tendrían que admitir que Carol había exigido lo que otros dirigentes –civiles y militares –demandaban por igual: Que los cubanos tuviesen una participación decorosa en la dirección del esfuerzo libertador. El Comandante José P. San Román, digno sucesor de Carol, lo expresa con mayor claridad: «¿Es o no cierto que el Capitán Oscar Alfonso Carol, primer cubano Jefe de la Base de Trax en Guatemala, fue removido de participar por demandar que los líderes cubanos tuviesen algo que decir sobre la conducción de las operaciones y el futuro de la lucha en nuestro país? La respuesta es SI! yo lo sé. Yo estaba allí.»[176]

Fueron Szulc y Meyer los primeros en hablar de «un golpe de estado» en los campos de entrenamiento. «En enero 18, las tropas rebeldes en los Campamentos fueron llamados por los agentes de CIA que estaban a cargo y fueron informadas que la nueva lideratura militar del ejército anticastrista quedaba en manos de oficiales que disfrutaban de la confianza especial de los Estados Unidos.» «Estos oficiales, se les informó a las tropas –y seguimos copiando a Szulc y Meyer– son el Capitán Artime, el Capitán José San Román y el Capitán Manuel Villafaña!!!»[177] Szulc describe a San Román como «un antiguo oficial... visto por muchos cubanos... como estrechamente identificado con la antigua dictadura.» Villafaña «tenía reputación derechista.» Y continúa la descripción: «A otros oficiales... incluyendo batistianos, se les dió posiciones de mando en distintas unidades, incluyendo 5 batallones de la brigada.» Al tiempo que esto ocurría, siguen expresando estos autores, el CIA y «sus asociados cubanos decidían en Miami despedir al Jefe de Estado Mayor, Coronel Martín Elena.» Los autores afirman –con lamentable desconocimiento de la realidad en la isla– que en las críticas semanas antes de la invasión «la organización

---

[176] Com. José P. San Román. Respuesta. La Verdad sobre Girón.

[177] El Capitán Manuel Villafaña Martínez renuncia, el 12 de Abril de 1960, como Agregado de la Aviación en la Embajada Cubana de México. En 1956, siendo Teniente, formó parte de los oficiales que, dirigidos por el Coronel Ramón Barquín, organizaron el abortado golpe del 3 de Abril contra el gobierno de Batista. (En los planes elaborados antes del fallido golpe, Villafaña asumiría la Jefatura de Aviación; según menciona Justo Carrillo en su obra póstuma). En la base aérea de Guatemala es designado Jefe de la Aviación, en sustitución de Michel Yabor. El Gral. George (Reid) Doster, cuyo rango militar nadie conocía en aquel momento, es quien está al frente de las operaciones aéreas.

clandestina principal (?) en Cuba (MRP de Manolo Ray) fue ignorada por las mismas personas (CIA) que planearon el asalto.»

Dicho aún con más claridad: Para Szulc, el CIA «impuso en los Campamentos a los "batistianos" y "derechistas" Artime, San Román y Villafaña,» al tiempo que «sus asociados cubanos» en Miami despedían a Martín Elena. Todo, una conspiración para no darle participación a la «organización principal en Cuba, (el MRP, de Manolo Ray.»)[178] «Principal» tan sólo en la imaginación de los primeros propagandistas del nuevo Camelot.

En términos igualmente irreales y fantasiosos escribe otro heraldo de la Nueva Frontera. Según Schlesinger cuando Bender le pidió a Manolo Ray que uniese al MRP con el Frente, Ray se negó: «Su personalidad, su política y su defensa de la tesis del clandestinaje representaba una amenaza tanto para los exiliados más conservadores del Frente como para el control de la operación por el CIA. Por eso, los exiliados más viejos y la CIA estaban dispuestos a desacreditarlo.»

Szulc sigue tejiendo su novela. Para él «el favoritismo de los grupos probatistianos continuó aún después que el Presidente Kennedy públicamente había asegurado que no habría batistianos en el ejército de liberación cubana (The Cuban freedom fighters.»)

Esto motivó que «más de 200 brigadistas que se habían opuesto al golpe de estado en Enero fueran arrestados y los más de ellos fueron regresados a Miami. Un grupo pequeño quedó en Petén acusados de insubordinación por rechazar servir bajo oficiales militares batistianos.» Según estas observaciones fantasiosas o distorsionadas de Szulc, un miembro del Frente –Justo Carrillo– «se rebeló contra la influencia batistiana.» Aunque no hizo declaraciones públicas, «Carrillo se negó a ir a los campos de Guatemala... pero sus colegas continuaron sus *periódicos viajes* de inspección para levantar la moral de los campamentos.»

Mil quinientos brigadistas pueden dar fe de la falsedad de muchas de estas afirmaciones. Desafortunadamente, no existieron los «periódicos viajes de inspección de los dirigentes del Frente» (sólo hubo dos viajes: el de Tony Varona, Maceo y Artime en los primeros días de Febrero, y el de Miró, Tony, y Maceo en Marzo). Estos dos viajes, los únicos que hicieron los dirigentes civiles del Frente, se realizaron *después* que, según Szulc, Justo Carrillo rechazó *«continuar* sus viajes periódicos» al Campamento.

Incorrecto también, además de ofensivo, que agentes del CIA informaran a los brigadistas que a partir de aquel momento, (Enero 18), la jefatura militar del ejército de liberación quedaba colocada en manos de oficiales

---

[178] Karl Meyer escribía editoriales sobre América Latina para el Washington Post. Era amigo de Goodwin. Era también amigo de Ernesto Betancourt, dirigente del MRP.

que disfrutaban de una confianza especial de los Estados Unidos y, mucho menos, que la mayor parte de los cubanos viesen en San Román a un «batistiano.»[179] Estos dos periodistas, discípulos de Hebert Mathews, ofenden a los brigadistas –que estaban por encima de las antiguas diferencias que antes habían separado a los cubanos– cuando así califican a los Comandantes de los cinco batallones que componían la Brigada 2506.

Haynes Johnson[180] da la versión opuesta que es compartida por muchos de aquellos brigadistas que en enero de 1961 se encontraban en los campamentos, al referirse a la carta escrita por Manuel Villafaña, Jefe de la Fuerza Aérea de la Brigada en la Base de Retalhuleu, en la que se acusaba al Estado Mayor en Miami de conspirar contra el Comandante de la Brigada.

Cuando la carta de Villafaña se leyó en la Brigada hubo acusaciones de golpe de estado, pero en sentido totalmente contrario al mencionado por Szulc. Para muchos brigadistas el golpe de estado querían dárselo, desde Miami, a San Román. Más de 230 brigadistas (de un total de cerca de 500) se declararon en huelga. Renunció la totalidad de los que componían el segundo y tercer batallón. Se les habló y 130 se reincorporaron de inmediato a los ejercicios. Sólo quedaron 100 que demandaban una entrevista con *los miembros* del Frente. Cuando se les aseguró que los dirigentes del Frente vendrían a Guatemala para oírles sus quejas todos, menos cuarenta, reasumieron también su entrenamiento. Diez y siete fueron enviados al Petén.[181] Eran un fiel reflejo de la composición de la Brigada: jóvenes de firmes convicciones ideológicas como Rodolfo Nodal Tarafa; de activa vida revolucionaria como Julio Moré; algunos, de los primeros en enrolarse como Fernando Trespalacios García (2529) y René Chávez Pérez (2544); otros, de los recién llegados en ese momento como Omar

---

[179] No era novedoso el ataque. Dice el Comandante San Román: «ya desde Julio de 1960, durante nuestro entrenamiento en la Zona del Canal de Panamá, este oficial (el que tuvo a su cargo el entrenamiento) no se había cohibido en expresar a todos que los Capitanes Carol, Ferrer, Blanco, Roberto Pérez San Román, Sueiro, del Valle, Chiqui García y yo...habíamos sido batistianos.» J.P. San Román. Respuesta.

[180] Haynes Johnson. «The Bay of Pigs.»

[181] Estos 17 brigadistas fueron: Rodolfo A. Barthelemy Dominicis, Omar Castañeda Cifuentes, René I. Chávez Pérez, Manuel F. Chávez Pérez, Adalberto A. Delgado Calero, Antonio S. Frontela Gómez, Cecilio Fuentes Rico, Rolando Fuentes Rico, Epifanio González Horresti, Armando Guerra Iglesias, Ricardo Martínez de la Cruz, Julio Moré Hidalgo, Rodolfo Nodal Tarafa, Humberto F. Olivera Pérez, Luis A. Olivera González, Martín Torres Forte, Fernando C. Trespalacios García.

Castañeda, cuyo grupo había arribado el 16 de enero; los más, con familias en Miami; algunos, procedentes de Nueva York como Cecilio y Rolando Fuentes Rico, y Rodolfo Barthelamy.

Las demandas, aún de muchos de los que cruel e injustamente fueron remitidos a Petén,[182] eran legítimas. Exigían una mayor participación cubana en la toma de decisiones en todos los niveles.

Justo Carrillo, cuya Organización Montecristi carecía de sólida base tanto en los Campamentos como en la clandestinidad, ofrece otra novedosa versión de estos acontecimientos:

> «En el curso del mes de febrero, Bender y Hunt organizan un viaje de los miembros del FRD a los campamentos de Guatemala, habiéndole advertido Hunt a Varona que Carrillo no debía concurrir por su posición hostil al golpe allí ocurrido. Sin embargo, Varona insistió con Hunt –que residía permanentemente en Coconut Grove, junto a Miami– y cuando Hunt accedió y Varona me lo comunicó, yo le informé que no iría a los campamentos, porque, 1)sólo lo haría si iba a destituir a los golpistas, y 2)no aceptaba que Hunt fuera el que decidiera si yo podía ir o no a los campamentos.
>
> En ese viaje Manuel Antonio de Varona pronunció dos discursos ante la tropa. En el primero repudió el golpe ocurrido y en el segundo, y posterior, le dió su respaldo.»[183]

Manuel Penabaz[184] describe en forma ligeramente distinta el episodio, que califica de «conspiración contra el FRD,» en su libro «La Trampa.» Según Penabaz, todo indicaba que San Román, como Jefe de la Brigada, apoyaba la actitud de Villafaña que se negaba a obedecer las órdenes del Estado Mayor radicado en Miami mientras los funcionarios civiles del FRD no vinieran a los campamentos a aclarar los motivos de los traslados de oficiales. A la posición de Villafaña se opuso Omar Castañeda. El Jefe del Batallón 2, Paquito Montiel, y el Jefe del Batallón 3, Hugo Sueiro, no respaldaron en aquel momento la posición de la jefatura de la Brigada.

---

[182] Petén, enclavado en una inaccesible selva en el extremo norte de Guatemala.

[183] Justo Carrillo. «A Cuba Le Tocó Perder.»

[184] Manuel Penabaz formó parte del Batallón de Armas Pesadas y luego de la Jefatura de la Brigada. Sale de Playa Girón en una de las balsas con motor fuera de borda que habían sido utilizadas por los hombres ranas para marcarles la ruta a los barcos. Eran 6 hombres y 3 remos: Penabaz recuerda a René Salviá y José (Pepín) Casal. Estuvieron cinco días a la deriva.

Roberto San Román, Jefe del Batallón de Armas Pesadas, Erneido Oliva, Jefe del «Bomblene» Batallón Blindado, y Alejandro del Valle, Jefe del Primer Batallón de Paracaidistas apoyaron a la jefatura. Luego de la formal promesa de que la situación sería consultada con las autoridades civiles del FRD todos los batallones se fueron incorporando al entrenamiento. Sólo permanecieron en rebeldía quince hombres. Se creó un nuevo batallón, el Quinto, bajo el comando de Hugo Sueiro.

El entonces Capitán Matías Farías,[185] que fue el único piloto preso en la Base en este incidente, («La aviación no estuvo envuelta. Villafaña ordenó mi detención –y se me retuvo preso en la Base Aérea– porque yo defendía al entonces Capitán Olivera[186] del injusto cargo de sedicioso que se le imputaba») lo asocia, como los demás, a las diferencias surgidas en relación al Estado Mayor del Frente en Miami.

«Fue una reacción a los problemas que habían surgido con el Estado Mayor de Miami. En aquel momento Villafaña era el Comandante Supremo de toda la Brigada. El máximo poder. Todo el incidente fue producto de fricciones» recuerda Matías Farías.

Una versión similar a la de Johnson, pero igualmente parcializada, la ofrece Howard Hunt.[187] En Enero, dice Hunt sin precisar la fecha exacta, estando él en Washington en las oficinas del CIA encargadas del proyecto de Cuba, uno de los jefes en Guatemala (Bob Davis) le informó que había amenaza de una revuelta de los brigadistas «que estaban convencidos de que Tony Varona planeaba dar un golpe de estado.» Davis –según relata

---

[185] El Coronel Matías Farías, graduado como oficial de academia, en Texas en enero de 1959, regresa a Cuba donde sirve en el Escuadrón de Bombarderos de B-26 de la Fuerza Aérea Rebelde en la que asciende a Capitán en Septiembre de ese año. Tres meses después se lleva un avión de fumigación del INRA y llega a Tampa. En Agosto pasa a los Campamentos de Guatemala. Realiza 7 vuelos sobre Cuba antes de la invasión. El 17 de Abril su avión es derribado (su copiloto Eddy González muerto, y Farías herido). Recogido al día siguiente, realiza la última misión aérea de la Brigada sobre Baracoa, Oriente, el 18 de Abril al considerarse que habían desembarcado allí otros expedicionarios.

[186] Coronel Humberto F. Olivera Pérez, compañero de curso de M. Farías, fue de los primeros en pasar a los Campamentos (Agosto 1, 1960). Detenido en Petén, no pudo participar en la invasión.

[187] Howard Hunt. Obra citada.

Hunt– le pidió a Hunt que fuera a Trax con *miembros* del Frente.[188] Pidió que el Frente «seleccionara una delegación» y pasó un cable a Panamá –donde se encontraba Artime– para que viniese a Miami y seguir juntos a los campamentos. Supo Hunt –y seguimos citando sus palabras– que los representantes del FRD serían Tony y el Dr. Maceo, ya que Justo Carrillo había declinado *votar* sobre la base de que la crisis había sino manufacturada para permitirle a Artime tomar el control de la brigada.» **¿Votar?**

Se abren aquí varias interrogantes: ¿Quién convocó a la reunión del Ejecutivo del Frente? ¿Quiénes concurrieron a esa reunión? ¿Sobre qué proposición «votó» Justo Carrillo? ¿Participaron Rasco, Cobo y Sardiña de esta importantísima reunión?

El Dr. Antonio Maceo –cuyo prestigio, honorabilidad y cubanía están por encima de toda duda– era aún, en enero y febrero de 1961, el Miembro Alterno en el Frente de Ricardo Rafael Sardiña. Será el 13 de Marzo de 1961 que el FRD toma el acuerdo de declarar vacante la representación de Sardiña hasta que las organizaciones, que antes éste representaba, decidieran si sería sustituido por el Dr. Maceo.

VISITA DE VARONA, MACEO Y ARTIME.

Horas después de Hunt recibir el cable, no «los miembros del Frente» sino sólo Tony Varona, Manolo Artime y Antonio Maceo están en los Campamentos. Es conveniente destacar que en Enero el Frente estaba compuesto de seis miembros: Manuel Antonio de Varona, Justo Carrillo, Manuel Artime, José Ignacio Rasco, Manuel Cobo, y Ricardo Rafael Sardiña. Antonio Maceo, repetimos, distinguidísimo, prestigiosísimo y muy respetada personalidad en el exilio, no era –en enero– miembro del FRD. Era sólo el Miembro Alterno de Ricardo Rafael Sardiña.

Justo Carrillo se había opuesto a venir a los campamentos. Los demás miembros no tenían objeción alguna; al contrario, todos deseaban tener la oportunidad de compartir con los brigadistas.

---

[188] Son recibidos en Guatemala por Robert K. Davis quien ocupaba oficialmente la posición de Primer Secretario de la Embajada Norteamericana en Guatemala. Era, realmente, el Jefe de la Oficina del CIA en aquel país. Dominaba perfectamente el español, tenía amplia experiencia y participó en las operaciones que cristalizaron en el derrocamiento del Presidente Jacobo Arbenz. Junto a él había trabajado durante varios años Jake Engler. Ambos mantenían estrechas relaciones con los hermanos Roberto y Carlos Alejos; el primero, propietario de la finca Helvetia, donde se instaló el primer campamento en Guatemala; Carlos era el Embajador de Guatemala en los Estados Unidos.

Arthur A. Schlesinger,[189] Consejero del Presidente Kennedy y que gozó de gran prestigio en los años subsiguientes a esa administración, admite este hecho. «Las solicitudes de miembros del Frente de visitar los campamentos en Guatemala eran rechazadas.» Y más adelante confirma que «el control arbitrario del CIA comenzaba a causar resentimiento dentro del propio Frente.»[190] La situación existente colocaba a los miembros del Frente en una posición bochornosa. O se aceptaban las disposiciones arbitrarias de Bender o el ejecutivo inconforme era condenado al ostracismo. «El liderazgo nominal cubano del Frente –expone Schlesinger– estaba cada vez más consciente de que carecía de autoridad; que aceptar así instrucciones y dinero de Bender y sus asociados era indigno.» En su favor debe decirse que siendo cubanos ansiosos de ver libre a su patria estaban dispuestos a aceptar las condiciones impuestas si era ésta la *única* forma de contar con nuestro **único** aliado. Además de la humillante situación descrita, los miembros del Frente ignoraban los planes generales de una operación ya en marcha.

El Estado Mayor estaba en crisis. Los militares que lo componían estaban conscientes de su precaria situación. El aparato civil del Frente estaba, igualmente, en crisis; pero, a diferencia de los militares, algunos de los miembros civiles no querían admitir la inoperante posición en que se encontraban. Martín Elena estaba altamente preocupado. Propicia a través de un amigo común, Alberto (Cocó) de Armas, antiguo propietario del Central Rita, una entrevista con uno de los miembros del Frente. La reunión se prolongó por cerca de 8 horas. Martín Elena la resumió así: «No tenemos la más mínima autoridad en los planes militares.»[191]

Precisamente, en reunión del Comité Ejecutivo del FRD celebrada en casa de Freddie Gaudie (el Coordinador Militar), Sardiña había propuesto que el Comité Ejecutivo del Frente comenzase ya a funcionar desde los campamentos para establecer una relación más personal con los que formaban el ejército de liberación. Fue aquélla una reunión conjunta del Comité Ejecutivo del Frente y el Estado Mayor. No se tomó acuerdo alguno. Rasco había expresado, en forma reiterada, su interés en ir a los Campamentos ya que entre los miembros del Ejército de Liberación había

---

[189] Arthur Schlesinger fue Profesor Asociado en Harvard (1954-62). Trabajó en las campañas presidenciales de Adlai Stevenson de 1952 y 1956. Miembro fundador de Americanos por Acción Democrática (ADA) y Ejecutivo de la Unión Americana de Libertades Civiles (ACLU).

[190] A. Schlesinger. «One Thousand Days.»

[191] Según le informa Sardiña a Ros.

un gran número de militantes democristianos. Ni a Rasco, ni a Sardiña, ni a Cobo se les quiso llevar a los campamentos. Malas razones había para esto.

Por qué quedan excluidos Rasco, Sardiña y Cobos de la visita a los campamentos?

Muchos de los miembros del Frente habían expresado reiteradamente su inconformidad con la manera en que el Coordinador General del Frente desempeñaba sus funciones. Manolín Hernández –en sustitución de Artime que se encontraba en un entrenamiento especial en Panamá –Sardiña, Cobos y Rasco, y en muchas ocasiones el propio Justo Carrillo, manifestaban su malestar por la subordinación a que se veían sometidos los miembros del Comité Ejecutivo del Frente.

TESIS GENERACIONAL.

Esta inconformidad reiteradamente expresada –sin lograr cambio alguno– en las últimas reuniones del Comité Ejecutivo se manifestó, luego, públicamente en la desafortunadamente llamada «Tesis Generacional.»

Debido a la escasa información que existía sobre la situación interna del FRD, que antes se ha explicado, el planteamiento público del «Acta de Unidad Generacional,» en enero 28 produjo gran conmoción en la opinión pública del exilio. Muchos consideraron que tal planteamiento ponía en peligro al Frente y que se debía haber tratado de conseguir dentro del mismo la solución a los problemas que se denunciaban.

Pero antes de la firma del Acta de Unidad Generacional no se había podido constituir en el FRD un bloque mayoritario. Así, por ejemplo, Justo Carrillo que estaba comprometido con el MDC, el MRR, el Dr. Sardiña y la Triple A Independiente a impugnar medidas arbitrarias del Coordinador General, votó junto a éste por la sustitución del Comandante Varela Canosa, cuya separación produjo la seria crisis en los Campamentos antes referida.

El Frente no era la organización eficiente que podía conducir la guerra contra Castro, por carecer de:

1) Autoridad sobre el Estado Mayor,
2) Jurisdicción sobre los Campamentos;
3) Contactos eficientes con la Clandestinidad y,
4) Transporte (aviones, barcos) adecuados.

Luego, lo que la Tesis Generacional «ponía en peligro» era algo accesorio. Algo que carecía de efectividad, y lo que pretendía la infelizmente llamada Tesis Generacional[192] era convertir al Frente en algo esencial, en algo efectivo.

Lo que sí hizo peligrar al Frente, y en definitiva dió al traste con el propósito que perseguían los firmantes de la «Tesis Generacional,» fue la actitud asumida por su Coordinador General desconociendo a los cuatro miembros del Frente y no convocando más a su Ejecutivo, mientras se agilizaban los contactos con otras organizaciones, con el Ing. Manolo Ray en Nueva York y con los sectores aliados en Washington para –aceptando la voluntad del Departamento de Estado y de algunos personeros del CIA– ampliar la base del FRD. Hasta que surge la crisis política de enero 28 Tony Varona había ofrecido una gran resistencia a facilitar la ampliación del Frente y, en particular, a la admisión del MRP. Ahora, la posición del Coordinador General cambia bruscamente. Tiene interés en aumentar el número de miembros del FRD para poder convertir en minoría la presente mayoría del Frente.[193]

Ray, afirma correctamente Duarte Oropesa,[194] «había hecho creer a la CIA que poeseía una fuerza clandestina capaz de inclinar la balanza contra Fidel Castro si se coordinaba con la invasión.»

En los primeros días de febrero se reunieron en Washington Richard Bissell, Director de Planificación y Jefe de los Servicios Clandestinos; Tracy Barnes, Asistente de Bissell; Frank Bender, Jefe de Acción Política del Proyecto Cuba; el Jefe del Proyecto Cuba, el Jefe de las Operaciones Aéreas y otros. El primer punto a tratar fue el de ampliar la base política del Frente con la inclusión de Manolo Ray y otras figuras del exilio «con la excepción de batistianos.»[195] A pesar de los reparos expuestos por uno de los participantes que explicaba la manifiesta oposición de la Brigada a la presencia de Ray en el aparato civil, se decidió su aceptación y se extendió una invitación también a Miró Cardona. Esto condujo a la liquidación del FRD y la creación del Consejo Revolucionario.

---

[192] «Una generación no se fabrica a capricho» expresó Justo Carrillo al responder al planteamiento de la tesis.

[193] Cuatro organizaciones habían acordado darle un cambio a la orientación y a la política del FRD: el MDC, el MRR, la Triple A Independiente y las organizaciones que en ese momento representaba Sardiña. Opuestos a esos cambios estaban Rescate y la Agrupación Montecristi. (Más, el propio Justo Carrillo que la organización).

[194] José Duarte Oropesa. *Historiología Cubana*. Tomo IV.

[195] Howard Hunt, obra citada.

Los que asistieron por la CIA a esta reunión tenían amplia experiencia en actividades clandestinas pero poco conocimiento sobre el caso cubano. Bissell, que había estado envuelto en 1954 en la operación contra el gobierno de Arbenz, en Guatemala, se había incorporado al equipo íntimo del Presidente Kennedy a través de un común amigo: el periodista Joseph Alsop. Tracy Barnes, impetuoso y poco popular, era quien había designado a Frank Bender (Gerry Droller) para hacerse cargo del reclutamiento en el proyecto sobre Cuba; Bender, ayuno de tacto y maneras, era repudiado por prácticamente todos los que lo trataban.

Dentro de la democracia cristiana, la posición que el MDC había asumido de crítica a la inoperancia del FRD era conocida ya, no solamente por varias entrevistas en periódicos de su Presidente Rasco, sino por sus palabras en el Acto del 17 de Enero de 1961 en local del Frente Obrero Revolucionario Democrático (FORD) organizado por la Triple A Independiente. Iguales manifestaciones se expresaron en el Acto del Sector Aéreo de Cuba celebrado en las oficinas del MDC.[196] Igualmente el MRR, a través de Manolín Hernández que sustituía a Artime en el Frente como su delegado alterno, conocía la inoperante posición en que era colocado el aparato civil del FRD.

La creación del Frente Revolucionario Democrático había sido un paso positivo en la lucha contra el régimen comunista cubano. Su mantenimiento y fortalecimiento en aquel momento era deber de todas las organizaciones, pero debía ser cumplido con el conocimiento cabal de lo que en realidad representaba y significaba esa institución. Si se continuaba ocultando la inoperante estructura del Frente y las causas que originaban que el FRD funcionase en forma ineficiente y, por ese silencio, se permitía que siguiera operando bajo las condiciones en que se encontraba, se caería, inevitablemente, en costosos errores de valoración.

La crisis estaba latente en el Frente aunque no era de dominio público. Szulc no hace mención sustancial a ello, y los demás autores –que toman mucho de Szulc hasta para rebatirlo, pero sin darle crédito– hablan de la breve –en tiempo– ampliación de la base del FRD y de la creación del Consejo Revolucionario cubano sin, apenas, hacer referencia a esta crisis.

Las razones para el enjuiciamiento eran válidas. El procedimiento, totalmente incorrecto. La tesis generacional condenaba, correctamente, la

---

[196] Interesados en formar parte de la fuerza invasora que se estaba organizando pero rechazados, hasta ese momento, por el excesivo celo del Estado Mayor, los capitanes William Alexander, Teddy Whitehouse y otros antiguos pilotos de líneas comerciales cubanas, se acercaron al MDC —como miembro del Frente— para expresar su interés en participar del esfuerzo libertario que estaba en marcha y recabar el apoyo de la organización democristiana para conseguir el ingreso de estos pilotos a los campamentos.

política de vetos que ahondaba la división del exilio. Pero la tesis era en sí tan excluyente, tan divisionista, como la política que enjuiciaba e impugnaba.

De hecho, hay que distinguir dos pasos y documentos distintos. El 25 de enero el FRD «asumiendo la representación del pueblo de Cuba en el ejercicio del derecho a la resistencia que le otorga la Constitución de la República» da a conocer «el programa mínimo de realizaciones... a las cuales se compromete.» El Programa del FRD (Acta #36) es aprobado por Varona, Justo Carrillo, Rasco, Cobo, Sardiña y Manolín Hernández (en sustitución de Artime). Consta de un Preámbulo, Política de Reconstrucción Moral; Política de Reconstrucción y Desarrollo Económico; Régimen Agrario; Régimen Laboral; Restitución de Bienes Legítimos; Educación y Cultura; Fuerzas Armadas; Libertad de Presos Políticos; Erradicación del Comunismo, y Relaciones Internacionales.

Al dar a conocer este Programa, cuatro de los seis miembros del Frente hacen público, también, la ya mencionada Tesis Generacional. Este planteamiento originó una profunda crisis.

La crítica a la política del Coordinador General del Frente no creaba dificultades a los hombres que se encontraban en los Campamentos ni, tampoco, a quienes libraban la batalla en la clandestinidad. Unos y otros, lo que necesitaban del Frente, eran los suministros necesarios para la guerra. Esos suministros no fueron puestos en peligro ni un solo instante. Su procedencia real era muy bien conocida y en nada la crisis la afectaba. Al contrario, al procurar darle una tónica revolucionaria a la actuación del Frente, se le quería dar mayor efectividad en favor de los combatientes. La crisis solamente puso en riesgo al aparato burocrático del Frente Revolucionario Democrático.

La tesis no creó la inseguridad. Demostró que estaban engañados los que vivían seguros. Fue un llamamiento a la sensatez y a la seriedad. Nada se resuelve con creer que se está seguro si no hay razón para estarlo. El desastre de Girón demostró el alto precio que hubo que pagar por la falsa seguridad en que se quería envolver una operación sobre la que los líderes civiles poco o ningún conocimiento tenían.

Para resolver la crisis presentada en el aparato civil o político del Frente, los «sectores aliados» recurren al mismo procedimiento que habían utilizado para solventar la revuelta producida en los Campamentos. Para sofocar aquella situación habían traído a Artime de Panamá. Para superar la crisis política traen de Cuba a Fernández Badué (Lucas). Apenas a las dos semanas de hacerse pública la denuncia de que los cubanos no tenían poder de decisión sobre su propio destino ya están funcionando todos los resortes para deponer al presidente del MDC.

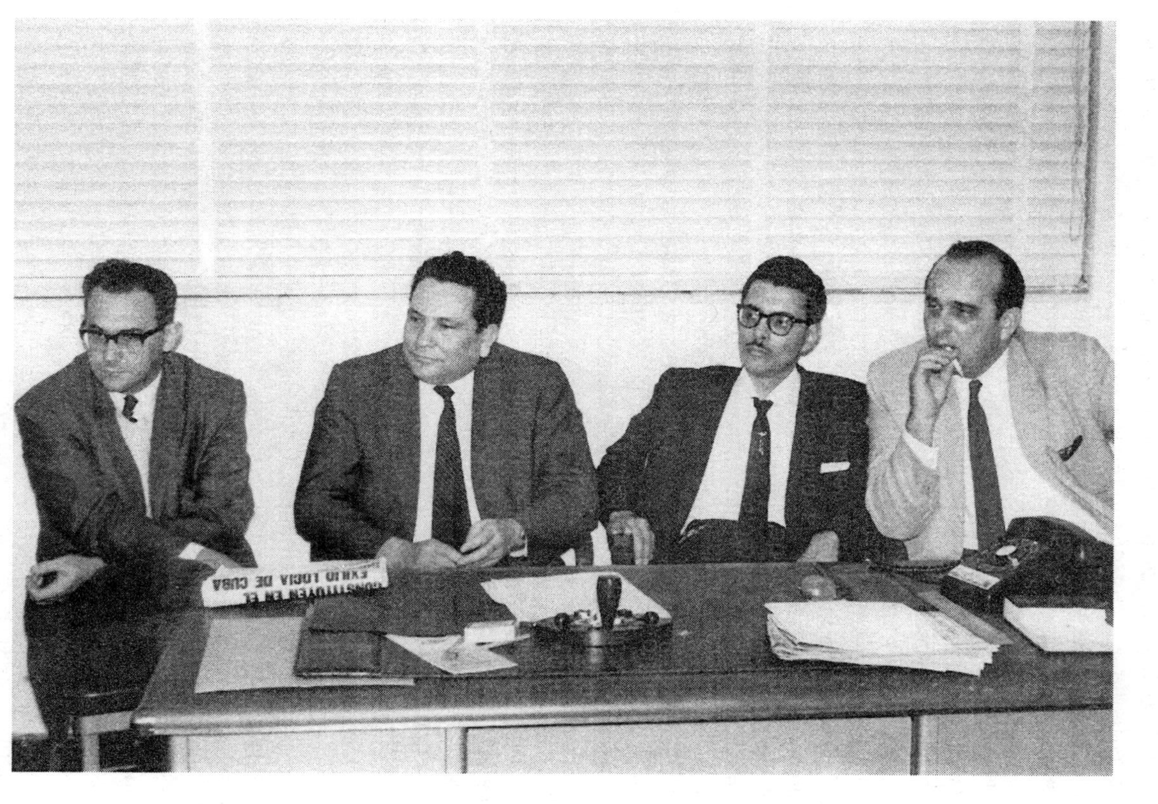

En la conferencia de prensa en que se hizo el planteamiento público de la llamada Tesis Generacional aparecen de izquierda a derecha, José Ignacio Rasco (MDC), Ricardo Rafael Sardiña (BOAC, MID, MAR y CLC), Manuel Cobo (Triple A) y Manolín Hernández (MRR).

El 18 de febrero el Coordinador Nacional *clandestino* del MDC de Cuba está ya en Miami. Viene Lucas en vuelo comercial vía Venezuela. Es alojado, con todos los gastos pagos, en el Hotel Dankers bajo el nombre de Dr. L. Sánchez.

Le han hecho creer que la sacrosanta institución del Frente está en peligro en las manos herejes de algunos de sus díscolos miembros. La misión que se le había encomendado al recién llegado era clara: hacerle conocer a los «amigos,» léase CIA, que «Cuba» estaba insatisfecha con la denuncia que se había formulado el 28 de enero. El que en Cuba nadie supiera una palabra de esta crisis no tenía la menor importancia. Había que colocar en su sitio a uno de los instigadores del cisma.

En extensa conversación con Ros, el propio Fernández Badué confirma la directa participación de la CIA en su viaje a Miami «para arreglar todo ese pastel,» al tiempo que expresa sus profundas diferencias con Rasco. «La CIA en La Habana me facilitó los pasajes vía Venezuela, y los americanos arreglaron mi entrada en los Estados Unidos avisando a la Embajada en Venezuela,» dice Lucas, quien relata su posterior entrevista con Tony Varona, Miró Cardona, Manuel Artime, Antonio Maceo, Sergio Carbó y otros «en casa, dice Fernández Badué, de Alberto Fernández.»

Lucas se muestra orgulloso de su papel en la formación del Consejo Revolucionario, probablemente identificando incorrectamente una reunión que dió origen a la ampliación del Frente (Marzo 15) con la posterior realizada en el Skyways Motel, (Marzo 21) en la que –como siempre, por instruciones emanadas en Washington– se constituyó el Consejo Revolucionario, presidido por Miró Cardona. Cumplida su misión, Lucas regresa, también en vuelo comercial, vía Venezuela.

Días antes había hecho contacto con Unidad Revolucionaria para que lo llevaran a Cuba. «Vino con otros, recuerda Alberto Fernández de Hechavarría, en dos carros, cargado con muchos paquetes nítidamente envueltos. Había mal tiempo y no pudimos salir por dos o tres días. Cuando ya íbamos a zarpar, no quiso hacer el viaje. Se marchó. Los oficiales del Tejana decidieron abrir los paquetes. Contenían sólo manifiestos...... *Ni una bala, ni un rifle, ni un pedazo de plástico!* Ahí mismo los tiramos al mar!»

Los hilos norteamericanos son cada vez más visibles. Las condiciones, más onerosas. Otro cubano toma un camino diametralmente opuesto. Convencido, luego de un breve viaje a Washington, de que las decisiones en la operación militar no estarían en manos cubanas, el Coronel Martín

Elena, presenta la renuncia a su posición –de hecho, nominal– de Jefe del Estado Mayor del Frente Revolucionario.[197]

La renuncia del Coronel Martín Elena le fue presentada al Coordinador General del FRD el 4 de Febrero. Sobre la renuncia de este honorable militar dijo José (Pepe) San Román:

> «De qué pueden acusar a otro líder cubano, el Coronel Martín Elena, Jefe "nominal" de las Fuerzas Armadas Invasoras? Aquí están sus palabras.... –No veo como puedo aparentar que mando, cuando en realidad no tengo mando alguno. .....Entonces debo renunciar. Pero, a pesar de esto, como patriota cubano, todavía quiero hacer lo que pueda. Dígale a Rod[198] que cuente conmigo.»[199]

VIAJES CLANDESTINOS DE FRANCISCO Y SORÍ MARÍN.

Mientras, en Cuba se fragua la coordinación de esfuerzos entre Unidad Revolucionaria (dirigida por Rafael Díaz Hanscom y Humberto Sorí Marín) y el MRR cuya dirección ostenta Rogelio González Corso (Francisco), aunque los contactos se realizan más fácilmente con Jorge Fundora (Patricio) que está al frente de la recepción de armas por el sitio que había de conocerse como Punto Fundora, en la playa, cercana, como hemos dicho, al Punto Unidad que es el utilizado por Díaz Hanscom.

No todos los dirigentes de la clandestinidad vienen a Miami por razones políticas. Algunos llegan «para llevar pertrechos a los que en Cuba están organizados» explica Alberto Fernández.[200] Sorí Marín y González Corso vienen, por separado, clandestinamente a los Estados Unidos. Sorí Marín

---

[197] Copia original de la renuncia la recibió Juan Paula, Comptroller del FRD y amigo personal de Martín Elena y quien, un mes después, recibe del propio Coronel una carta manuscrita ratificando su renuncia. (Archivo personal de Enrique Ros).

[198] Rod: «Coronel Rodrick,» Oficial Superior del CIA en Miami a cargo de las operaciones paramilitares.

[199] José Pérez San Román. «Respuesta.» (Obra citada).

[200] Alberto Fernández Hechavarría había sido Director del Instituto del Azúcar. Como hemos explicado, compartía con Sorí Marín y Rafael Díaz Hanscom la dirección de Unidad Revolucionaria. En su barco Tejana realiza varios viajes a Cuba llevando armas e infiltrando y sacando combatientes.

es recibido por Joaquín Powell, el Capitán José Pérez (Bayo), Alfredo Mir y Luis Centin.[201] Lo ha ido a buscar, en el Tejana, Tony Cuesta. Llegará a Cayo Hueso el 3 de marzo. En el barco viene, para quedarse después de una intensa actividad clandestina, Hilda Barrios.

Unidad se ha convertido en una poderosa fuerza revolucionaria, no por su mayor o menor membresía sino por su trabajo organizado, serio, constante. Abnegado. Llegó a ser una sombrilla que cubría a distintas organizaciones. En el Tejana hacían los hombres de Unidad viajes casi semanales a Paredón Grande (en Camagüey) y Puerto Padre.

Díaz Hanscom había sido Secretario de Inteligencia del MRR, bajo la Coordinación Nacional de González Corso. Distanciado de éste, Díaz Hanscom crea, con otros, Unidad Revolucionaria y recibe de los «sectores aliados» el avituallamiento necesario. En este momento, Marzo de 1961, aunque militan en grupos distintos, González Corso y Díaz Hanscom se mantienen unidos en la acción. Lo muestra así la carta manuscrita que el 17 de Marzo, tan solo 24 horas antes de ser apresado, le envía Francisco a Bebo Acosta: «En estos días hablé con Rafael, que me estaba buscando....los amigos lo mandaron para Cuba, después de un curso allí... y le han ofrecido material... Otro que se le unió es Sorí Marín con el que estoy en conversaciones... En estos días aclararé todo con ellos... Lo del embarque de armas es lo vital... Recuerda que mientras más material entre, más fuertes somos.» Lo esencial, para Francisco, era el suministro de armas. Por el Frente, por Unidad o por el MRR.

Llega Sori Marín en éste, su último viaje, a bordo del barco de Alberto Fernández. Se entrevista con Pedro Luis Díaz Lanz, Jorge Sotús y otros combatientes. Alberto Fernández, que salía en esos días de viaje y no estaría presente en esas conversaciones, le concertó entrevistas con Miró, Tony Varona y sectores norteamericanos. «Oye y no hables,» recuerda Alberto que le dijo a Sorí. «Cuando regresé, me encontré a Sorí espantado.» «Qué razón tenías, me dijo.»

Luego de varios días regresa por la costa norte de La Habana, con gran alijo de armas.

Sorí Marín, como otros muchos revolucionarios, abrigaba serios temores sobre la conveniencia de realizar la invasión en la fecha que –sin conocerse con exactitud– se consideraba inminente. Deseaba una mejor coordinación. Ignoraba que ya en Washingtron funcionarios de alto rango se fijaban una fecha tope para realizar la invasión.

---

[201] Manuel J. Mariñas. «Cuba Insurreccional y Playa Girón.» Diario Las Américas, Abril 1991.

El 17 de febrero, Dick Bissell, en un memorandum de 8 extensas páginas, había presentado los posibles cursos de acción, desde la intensificación de las presiones económicas y políticas, a los cursos de acción intermedia, la utilización de la «fuerza paramilitar que se asumiría respaldada por los Estados Unidos,» considerando como última alternativa la disolución de la fuerza paramilitar. Bissell expresaba que «su disolución será seguramente la única alternativa si esa fuerza paramilitar (la Brigada) no se usa en las próximas cuatro a seis semanas.» Todo hace indicar que para evitar su «disolución, que sería un golpe para el prestigio de los Estados Unidos y será interpretado en muchos países Latino-Americanos, y en todas partes, como evidencia de la incapacidad de los Estados Unidos para tomar una acción decisiva en relación a Castro,» se «usa,» a las 8 semanas exactas, «a las fuerzas paramilitares.»

El concepto de utilizar la Brigada como una necesidad y no, necesariamente, como el vehículo idóneo para liberar al pueblo cubano de un régimen ignominioso, volverá a aparecer pocos días después en la Casa Blanca.

Como la Administración quería escribir su propia historia, ese memorandum del 17 de febrero se mantuvo por más de 30 años como un Secreto Sensitivo. Fue desclasificado en Junio 28 de 1991. Puede ser leído y estudiado en la Biblioteca John F. Kennedy, en Boston.

En los campamentos se mantiene una actividad febril. Varias decenas de brigadistas han pasado a la Zona del Canal de Panamá para recibir entrenamiento en tácticas de infiltración. Su número es impreciso. Félix Rodríguez afirma que son 35, divididos en 7 células de 5 hombres cada una. Miguel Alvarez[202] da un número mayor. «Llegamos a ser unos 82. Inicialmente nos formaron en células de 6 que funcionarían en 3 áreas distintas: montaña, ciudad-campo y ciudad. Luego fueron grupos de 5 hombres, pero hubo momentos en que los equipos de infiltración los componían sólo 2 ó 3 hombres» recuerda Miguel Alvarez en reciente conversación. Entre los que se infiltran habrá un traidor: Benigno Pérez,[203] antiguo teniente del Ejército Rebelde quien –pudo luego determinarse– era espía de Castro y es en Cuba alto oficial de la D.G.I. De los 35

---

[202] Miguel Alvarez formó parte del núcleo inicial que llegó a la isla Useppa junto con los San Román, los Blanco Navarro, Carol, Orozco y otros ya mencionados. Pasa de allí como Cadre a Fort Gullick en la Zona del Canal de Panamá, de allí a Guatemala y en diciembre 11 regresa de nuevo al mismo campamento de Panamá.

[203] Benigno Pérez Vivanco. Ingresó en los Campamentos en Agosto 1, 1960. Lo menciona Félix I. Rodríguez en «Guerrero de las Sombras,» y Javier Souto en un artículo sobre Jorge Rojas publicado en la Revista Girón.

hombres que se infiltraron en Cuba sólo 15 sobrevivieron, narra Félix Rodríguez en la obra citada.

En Miami se intensifican las tensiones. No estaban solos los dirigentes disidentes, o discrepantes del Frente. Sobresalientes figuras de esa organización habían expresado reiteradamente su oposición a las conversaciones que, desde principios de año Tony Varona y Justo Carrillo y, posteriormente, Manolo Artime estaban sosteniendo en New York y Washington con personeros del MRP para que esta organización se integrase en el FRD. La Comisión de Contacto del MRP la integraban Manolo Ray, Felipe Pazos y Raúl Chibás. Los elementos liberales del Departamento de Estado alientan estas conversaciones.

17-3-61

Querido Hermano:

En estos días hablé con Rafael que me estaba buscando, él ha formado un movimiento que se llama Unidad que agrupa a todos los movimientos [illegible] y les cogió la firma a todos ellos. [illegible] y le dijo a los amigos [illegible] a todo el mundo. Roberto de Varona y Luis Bueno. Creo me pueda ayudar en lo militar [illegible] Luis puede ayudar mucho en la estructura del MRR.

Espero esto no les perjudique a Uds en lo de embarque de armas ya que esto es lo vital. Recuerda que necesito ya material entre mis fuertes armas.

Recuerdos a todos de mi parte y tú recibe un abrazo de tu hermano

Francisco

Fragmento de carta de «Francisco» (Rogelio González Corso).

Rogelio González Corso «Francisco»

CAPÍTULO VII

LA NUEVA FRONTERA Y LOS NUEVOS CONTACTOS.

En Noviembre 25, 1960. Ted Sorensen había solicitado de Adolf Berle que encabezara un pequeño grupo de trabajo que informase al presidente electo Kennedy sobre asuntos latinoamericanos. Los otros miembros serían Robert Alexander, Lincoln Gordon y Ted Moscoso (del grupo de Muñoz Marín). Después, fue incorporado el profesor Arturo Morales Carrión y Richard Goodwin (Asistente de Sorensen).

Tan pronto se estructura este equipo de trabajo, comienza a ser asediado por dirigentes cubanos en el exilio. El 19 de diciembre Sánchez Arango almuerza con Berle y le expone que nada quiere saber del FRD. En los primeros días de Enero de 1961 son Felipe Pazos y Manolo Ray los que se entrevistan con Berle. (Comenta Berle en su diario que Pazos había sido miembro del grupo de estudiantes que en La Habana lo habían sometido a juicio a Sumner Welles y a él, una noche en 1933, durante la lucha contra Machado).

El primer informe del Grupo de Trabajo se le dió a conocer de inmediato al Presidente Electo Kennedy en Enero 6.

No hay tiempo que perder. En el mismo mes de Enero, –alentados por el espíritu liberal de la Nueva Frontera de la recién estrenada administración de John F. Kennedy– dirigentes del MRP que se encontraban dispersos en distintas ciudades de los Estados Unidos comenzaron a reagruparse. A fines de ese mes se reunieron en Miami Manuel Ray, ex-ministro de Obras Públicas; Rufo López Fresquet, ex-ministro de Hacienda; Felipe Pazos, ex-presidente del Banco Nacional; Julio Duarte, ex-presidente del Tribunal de Cuentas; Andrés Valdespino, ex-subsecretario de Hacienda; el Coronel Ramón Barquín, ex-oficial del Ejército Rebelde, Ernesto Betancourt, ex-Delegado del 26 de Julio en Washington y ex-Presidente del Banco de Comercio Exterior de Cuba; José M. (Pepe) Illán, ex-Subsecretario de Hacienda; Jorge Beruff, Emilio Guedes, Napoleón Bécquer y José Estévez. Se proponían coordinar esfuerzos para hacer sentir su voz en las altas esferas del gobierno norteamericano y redactar un programa que sirviera como fórmula de unidad con el Frente Democrático Revolucionario. «Esta fórmula de unidad es una solución puramente cubana,» dijo con toda seriedad uno de los participantes en la reunión.

El MRP, y cito nuevamente a «Ricardo,» distinguido miembro de esa organización, «padeció una gran carencia de combatientes callejeros.» Como su incorporación al FRD, por tanto, no le aportaría a este último fuerza alguna es necesario buscarle otra explicación a la nueva disposición en que se encontraba el Coordinador General del Frente a aceptar la inclusión del MRP.

La intención de incorporar al MRP al Frente respondía a dos claros propósitos: a) Satisfacer la creciente presión de funcionarios del Departamento de Estado que exigían una efectiva participación de Movimiento Revolucionario del Pueblo (MRP) en la fuerza que estaba siendo organizada para producir un cambio en Cuba y b) Darle –a través del MRP y de otras instituciones y personalidades que también se integrarían al Frente –una base más amplia al Coordinador General del FRD, que había perdido el respaldo mayoritario de los integrantes del Frente como consecuencia del planteamiento público de la Tesis Generacional.

El 6 de febrero regresa Miró Cardona de Bogotá donde había participado en la XII Conferencia Interamericana de Abogados allí celebrada. De inmediato vuelve a tomar parte en las cada vez más frecuentes conversaciones que sostiene Varona con el MRP, organización que, luego de un prolongado período de inactividad en Miami, comienza a celebrar reuniones con militantes y simpatizantes.

Los funcionarios –civiles y militares– que se reunen frecuentemente en la Casa Blanca para «estudiar el problema cubano» se mantienen aislados de los dirigentes cubanos anticastristas. Discuten los destinos de Cuba de espaldas a los que podrían orientarlos. Comenta Berle sobre una de las múltiples reuniones: «Se celebró (en febrero 8) una reunión en la Casa Blanca y todo el mundo estaba interesado en el problema de Cuba. La discusión cubrió muchos puntos y no fue nada agradable. Estábamos de acuerdo que debíamos respaldar a los grupos más jóvenes y más idealistas; y nuestra esperanza era que la revolución del 26 de julio, absorbida por los comunistas, debía regresar a sus ideales originales.»

Tocan todas las puertas, menos las correctas. En febrero, Berle fue a Caracas y Bogotá y encontró que los presidentes Rómulo Betancourt y Lleras Camargo estaban de acuerdo con él sobre la amenaza que Castro representaba, pero ninguno deseaba dirigir un movimiento hemisférico contra Cuba. En la mente de Berle la amenaza de Castro a Latinoamérica exigía una pronta acción norteamericana. Se reunió en Marzo con Kennedy cuando el presidente consideraba o seguir adelante o cancelar la invasión. Berle, después de la reunión, pensó que «más tarde o más temprano tenemos que enfrentarnos al problema cubano y éste dejará de ser un problema de diplomacia y se está convirtiendo rápidamente en un problema de fuerza. Yo creo que debemos precipitarnos.»[204]

---

204 Adolf A. Berle. «Navigating the Rapids.»

EL FRENTE UNIDO DE LIBERACION NACIONAL Y LA AMPLIACION DEL FRD.

Para contrarrestar las ya públicas negociaciones entre Varona y el MRP, Aureliano Sánchez Arango, a nombre del Frente Unido de Liberación Nacional,[205] ofrece una «Fórmula Institucional» que produzca «Unidad para la Guerra y Garantía para la Paz.» La fórmula es bien sencilla: El cargo de Presidente Provisional de la República será cubierto necesariamente por un Magistrado del Tribunal Supremo. El propósito es aún más sencillo: enviarle a los personeros del FRD y del MRP, y a los «sectores aliados,» un claro mensaje de que había que contar con las organizaciones agrupadas dentro del Frente Unido si de verdad se busca una fórmula de avenencia. El mensaje no fue atendido.

Amanecía el 13 de Marzo. El Frente no se reunía desde el 25 de enero. Sardiña recuerda con emoción cuando Artime, en uniforme militar, llega a su casa a las 2 de la madrugada: «Sardi, vengo a votar en contra de tí. Vas a quedar fuera del Frente. Nada podemos hacer para impedirlo. La causa de Cuba, a la que tú y yo nos debemos, me obliga a dar este paso.»[206] A media mañana es convocada una nueva reunión del Comité Ejecutivo del FRD. Concurren Varona, Artime, Rasco, Cobo y, en sustitución de Justo, Pancho Carrillo. Sardiña no fue citado «por los problemas surgidos en relación con la representación que ostenta en este organismo.» Invocando formas de procedimiento Cobo manifiesta que debe escucharse la opinión de Sardiña. Se le localiza y concurre éste a la reunión. Defiende el representante de los colonos su derecho a asistir pero se retira de la reunión para dejar al Comité Ejecutivo en libertad de decidir. Por votación de tres a dos «se declara vacante... el cargo de Delegado (de las organizaciones B.O.A.C. y C.N.C.) que venía ostentando el Dr. Ricardo Rafael Sardiña.» Votan que no Rasco y Cobo que hacen constar sus votos particulares. Es una muy precaria mayoría.

Las conversaciones con los dirigentes del MRP se prolongaban sin que cristalizasen aún en un acuerdo formal. Pero ya otras figuras e instituciones habían aceptado su integración al FRD dándole así, a su Coordinador

---

[205] Las organizaciones que en febrero forman parte del Frente Unido de Liberación Nacional son: el MRR (I), el Frente Nacional Democrático (Triple A), la Organización Auténtica (O.A.), y el Movimiento Democrático de Liberación. En diciembre en documento firmado por Sánchez Arango, Felipe Vidal Santiago, Humberto Núñez, Raúl Martínez Ararás y Pelayo Cuervo Galano el nuevo Frente Unido había «convocado a la unidad dinámica y beligerante.»

[206] Relato de Sardiña a Enrique Ros.

General, la mayoría necesaria para salvar la apariencia democrática de ese aparato.

El 15 de marzo el Coordinador General del Frente volvió a tener la necesaria mayoría que públicamente había perdido el 28 de enero. La Unión Democrática 20 de Mayo, el Movimiento Revolucionario 30 de Noviembre, el Frente Obrero Revolucionario Democrático y el Directorio Revolucionario Estudiantil se unen al FRD, junto con José Alvarez Díaz, Pepín Bosch, Sergio Carbó, Carlos Hevia, Goar Mestre y José Miró Cardona.

De inmediato se aprobó el primer punto de la Orden del Día: Ratificar en el cargo de Coordinador General al Dr. Manuel Antonio de Varona.

Era éste, un compás de espera, un paso previo para dar a conocer en pocos días que ya se había concretado la integración del FRD y el MRP que tanta oposición encontraba en el exilio y dentro de Cuba.

El núcleo que creó el aparato clandestino de Rescate en Cuba, y que ahora se encontraba en el exilio, hizo saber su oposición a los acuerdos que se estaban fraguando. Expresaba que no podía avenirse de ningún modo a ser encuadrados dentro de los compromisos contraídos y dejaba «la discusión sobre la procedencia de la actitud que hoy adoptaban para cuando, una vez establecido en nuestra patria las condiciones precisas, quede abierto el debate esclarecedor.» Lomberto Díaz, César Lancís, Tony Santiago, José Rodríguez, Emilio Cosculluela y otros expresaban en el documento el «imprescindible regreso a los principios institucionales consagrados en la Constitución de 1940,» su rechazo a los vetos y tachas que impidan el cumplimiento del deber a cada cual y dejaban constancia de su denuncia fidedigna «desde los primeros instantes de su gestión.» Es la segunda vez que los antiguos militantes de la Organización Auténtica se dirigen al Frente en documento público para fijar su posición. Ya en diciembre 8 Lomberto Díaz, César Lancís y otros habían propuesto y demandado del Ejecutivo del Frente en el Exilio que se convocase a todas las organizaciones, sectores y personalidades relacionadas con la lucha en Cuba a que se unan en la tarea de hacer la guerra necesaria.

El Frente Unido de Liberación –dirigido por Aureliano Sánchez Arango y que agrupa a las organizaciones mencionadas en páginas anteriores– denuncia «las conversaciones que a puertas cerradas están llevando a cabo en Washington un pequeño número de cubanos sobre problemas que afectan a los destinos y al pueblo de Cuba.»[207] Consideran impropio las organizaciones del Frente Unido que estas personas «se encierren en un conciliábulo, a espaldas de los grandes movimientos de opinión.» Con el

[207] Carta de Aureliano Sánchez Arango. DIARIO LAS AMÉRICAS, Marzo 14, 1961.

Frente Unido –dice Aureliano en su carta de Marzo 11– han estado «los cubanos interesados en abrir los caminos para la solución de nuestra crisis sin interferencias extrañas indebidas.»

Gran número de agrupaciones expresan su respaldo a la «Fórmula Institucional y Cubana;» entre ellas la Organización Auténtica (O.A.), Movimiento Democrático de Liberación, Partido Revolucionario Cubano (Auténtico), Movimiento Cristiano de Liberación y otros muchos de escasa significación.

ENTRA EN ESCENA EL MRP.

Las objeciones a la incorporación del MRP provenían del rechazo al «fidelismo sin Fidel» que aparentaban representar muchos de los dirigentes de esa organización que abogaban por la radicalización de la ley de reforma agraria, control a la libre expresión del pensamiento, nacionalización de la banca, abolición de la autonomía universitaria, socialización de la medicina y otras medidas a las que reiteradamente se había opuesto el FRD.[208]

Estas objeciones habían sido expresadas al Comité Ejecutivo del Frente por prestigiosos miembros de esa organización como Pedro Martínez Fraga, Tulio Díaz Rivera, Agustín Goytisolo, Elio Alvarez, Arsenio Roa, Carlos M. Peláez, Armando León Sotolongo, José Julio Fernández y otros, quienes el 13 de marzo hicieron pública su oposición a las negociaciones con el MRP.

La «denuncia ante Cuba, la Revolución y la Opinión Pública, ante el propio Comité Ejecutivo del FRD y ante América,» de las personalidades antes mencionadas se dio a conocer en un documento en el que se hacía mención a los propósitos que habían animado a los fundadores del Frente Revolucionario Democrático cuando éste fue constituido en Mayo de 1960. En su exposición al Comité Ejecutivo del FRD los firmantes de ese documento «ejercitando el derecho que les confiere su condición de cubanos revolucionarios y afiliados a las agrupaciones que componen el Frente Revolucionario Democrático, de la que es personero y mandatario el Comité Ejecutivo del mismo, denuncian... el proyectado pacto, inteligencia o acuerdo con el MRP.» Consideran los firmantes de la denuncia que «la naturaleza, las tácticas y los fines fidelo-comunistas representados por los lineamientos sometidos al FRD por los personeros del MRP interponen entre ambas organizaciones insalvables distancias» y enumeran dichos

---

208 Denuncia ante el Comité Ejecutivo del FRD, DIARIO LAS AMÉRICAS, Marzo 14, 1961.

lineamientos comparándolos con los del FRD que están fundamentados «en los puros principios cristianos, republicanos y democrático-representativos firmemente enraizados en los programáticos de la Carta de 1940.»

Afirmaban los distinguidos miembros del FRD en su denuncia al Comité Ejecutivo que lo que distanciaba al MRP del FRD era el respeto del Frente a la Constitución de 1940 «promulgadora y reguladora de la soberanía popular, los derechos del hombre y el ciudadano, el señorío e intangibilidad de la dignidad de la persona humana, del trabajo, la propiedad privada, la cultura y enseñanza libre, la familia, el sufragio, la división de los poderes del estado.» Consideraba que un régimen «para ser verdaderamente democrático, no necesita ni tolera mitificaciones importadas de sistemas totalitarios, ateos e inhumanos ni admite otra fuente de poder público que la de la suprema voluntad ciudadana libremente formulada en la preceptiva constitucional.» Pedían al FRD rechazar «definitivamente todo proyecto de acuerdo, inteligencia o pacto con el MRP porque a esta agrupación fidelo-comunista y al Frente nada los une y todo los separa.»

El MRP responde de inmediato para negar estas afirmaciones. Manifestando que «ha sido objeto de una reciente e implacable campaña de difamaciones e injurias,» el MRP formula su Declaración de Principios repudiando los compromisos políticos y militares contraídos con países del bloque chino-soviético, abogando por la ilegalización del partido y las organizaciones comunistas en Cuba, el establecimiento de un gobierno provisional que restablezca la concordia nacional a través de un reordenamiento institucional inspirado en la Constitución de 1940, la abolición de todos los Tribunales Revolucionarios y de Excepción y la completa independencia del Poder Judicial. En marzo 21 firman esa Declaración de Principios por el MRP Manuel Ray como Coordinador General, Antonio Fernández Nuevo, Juan Adler, Orlando Alvarez Barquín, Napoleón Bécquer, Ramón Barquín, Raúl Chibás, José Manuel Illán, Carlos López Lay, Felipe Pazos, Andrés Valdespino y otros.[209]

¿A qué se debe esta mesurada posición de los, hasta ayer, radicales voceros del MRP? Las razones vienen expresadas en inglés; y las encontramos en Washington, no en Cuba.

De acuerdo a lo expuesto por Tad Szulc[210] asesores de la Casa Blanca «irritados por el favoritismo de la CIA con los derechistas de Miami, de lo que ya estaban conscientes, enviaron un ultimátum: O incluyen a la

---

[209] Ya en enero 26 el MRP había presentado a la consideración de distintos sectores una fórmula de unidad para la Revolución. Las otras organizaciones no tomaron nota del planteamiento.

[210] Karl Meyer y Tad Szulc. Obra citada.

organización centro izquiera MRP en la coalición o queda eliminada totalmente toda la operación.» Al día siguiente los voceros del Frente le ofrecían a los dirigentes del MRP «los mismos términos que la semana anterior habían sido rechazados en las negociaciones de unidad.»[211] Estas condiciones eran: a) Todas las operaciones militares estarían bajo control cubano, b) Se le daría prioridad a ayudar al movimiento clandestino en Cuba y c) Todos los «batistianos» serían eliminados de los Campamentos. Son las conclusiones, repetimos, expresadas por Szulc. Por supuesto, no se cumplen estas condiciones.

Es un hecho que una semana antes se había pretendido solventar la crisis que enfrentaba el Frente Revolucionario Democrático (FRD) con la ampliación de su base, dándole entrada –como ya antes se expresó– a la Unión Democrática 20 de Mayo, al 30 de Noviembre, al FORD y al Directorio Revolucionario Estudiantil, más Mestre, Bosch, Alvarez Díaz, Miró Cardona, Hevia y Carbó, pero no con Ray y su MRP. Evidentemente, las conversaciones con esta última organización no habían cristalizado por la abierta oposición que –dentro del propio Frente– encontraban Tony Varona y Miró, este último unido a Varona en las negociaciones conducidas durante el mes de Marzo. Las objeciones habían sido diáfanamente expuestas por Pedro Martínez Fraga, Presidente de la Comisión de Planificación del FRD y demás firmantes de la denuncia formulada el 13 de Marzo.

Marcó esta breve e inocua ampliación del FRD la última participación de Howard Hunt (Eduardo) en la composición o estructuración del Frente.

EL PRESIDENTE SERÁ SU PROPIO SECRETARIO DE ESTADO.

En política exterior, aún antes de ser electo presidente, Kennedy estaba resuelto a tomar por sí mismo todas las decisiones. «Es sólo el Presidente quien debe tomar las principales decisiones en nuestra política exterior» había expresado el entonces candidato en discurso pronunciado en enero de 1960, ante el Club Nacional de Prensa. Este criterio lo confirma su hermano Bob al analizar las razones por las que Bob descartó la posible designación de William Fulbright y David Bruce como Secretario de Estado. «Jack (JFK) va a ser su propio Secretario de Estado. Esta es una posición

[211] Peter Wyden en «Bay of Pigs» se hace eco también del ultimátum. Theodore Draper en su «Cuba and the United States» (New Leader) publica el texto del acuerdo entre el FRD y el MRP que dió origen al Consejo Revolucionario.

en que él tomará sus propias decisiones.»[212] Basándose en esta premisa, Dean Rusk fue seleccionado para esa posición.

EL «DISPOSAL PROBLEM» QUÉ HACER...

Los cubanos, en el tambaleante aparato civil del Frente, en los Campamentos y en el clandestinaje, desconocían de una trascendental reunión que en esos momentos se celebraba en Washington.

El Presidente reune en Marzo 11 al Secretario de Estado, al Secretario de Defensa, al Director del CIA, tres jefes del Estado Mayor Conjunto, al Secretario de Estado para Asuntos Interamericanos y otros. También asiste Schlesinger. Fue en esta crucial reunión que Allen Dulles expresó: «Don't forget that we have a disposal problem.»[213] Se refería a lo que se podría hacer con los hombres que se encontraban en los Campamentos.

> «Si tenemos que sacar a estos hombres de Guatemala, tendremos que traerlos a los Estados Unidos, y nosotros no podemos permitir tenerlos transitando por el país diciéndole a todo el mundo lo que ellos habían estado haciendo» expresa Dulles. «¿Qué podríamos hacer con «esto» si no lo enviamos a Cuba?» Si traerlos a los Estados Unidos queda descartado, desmovilizarlos en aquel sitio crearía aún mayores dificultades. Los cubanos están determinados a regresar a su patria y puede que resistan por la fuerza nuestros esfuerzos de quitarles sus armas y equipo. Aún más, si pudiéramos desbandar con éxito la Brigada, sus miembros se dispersarían, desencantados y resentidos por toda Latinoamérica. Ellos dirían dónde han estado y qué estaban haciendo y, por tanto, pondrían al descubierto las operaciones del CIA. Y dirían cómo los Estados Unidos, habiendo preparado una expedición contra Castro, se habían acobardado.»
> «Esto sólo resultaría, siguió Dulles enfatizando, en desacreditar a Washington, descorazonar a los oponentes latinoamericanos de Castro y alentaría a los fidelistas en sus ataques a regímenes democráticos. La desmovilización produciría revoluciones

---

[212] Memorandum de Robert F. Kennedy de febrero 9, 1961 delineando las bases para la selección de los miembros del gabinete.

[213] Tad Szulc también hace referencia a esta frase de Dulles calificándola como «el eufemismo que el Director del CIA usó para describir el problema» que el Presidente Kennedy había heredado de la Administración Eisenhower.

procastristas en todo el Caribe. Por estas razones, argumentaba el CIA, en lugar de desbandar a los cubanos debemos encontrar medios para ponerlos en Cuba «a su propio riesgo.»

Así describe Schlesinger, testigo de la reunión y panegirista de Kennedy, las palabras de Dulles.

La contingencia, sigue diciendo Schlesinger, se ha convertido en una realidad. Se había creado la Brigada como una opción, ahora la CIA presentaba su uso como una necesidad.

EL PRESIDENTE KENNEDY ASUME LA RESPONSABILIDAD DE APROBAR LOS PLANES.

Mucho ha cambiado para entonces el pensamiento de Kennedy. Cuando el director del CIA, Allen Dulles, le presenta el 29 de Noviembre de 1960 el nuevo concepto paramilitar, el Presidente electo le pidió que acelerase el proyecto, y la siguiente semana fue formalmente presentado al Grupo Especial. Continuaba impregnado del belicismo anticastrista desplegado en su campaña electoral.

Poco después se inicia el cambio de actitud. En enero de 1961, a los pocos días de haber tomado posesión, el Presidente Kennedy asume la responsabilidad de aprobar los planes.[214] Consecuentemente, el 11 de febrero –como ya habíamos apuntado– disuelve dos importantes organismos del Consejo Nacional de Seguridad: la Junta de Planeación y la Junta Coordinadora de Operaciones alegando que su control sobre actividades de la Guerra Fría *representan indebida influencia militar.*[215]

La medida, que debilita al aparato militar norteamericano, había sido sugerida por McGeorge Bundy (Asesor del Presidente)[216] y Walter

[214] Comisión Taylor. Memorandum No. 1. Junio 13, 1961.

[215] En febrero 20, Dean Rusk expresó que «la reciente Orden Ejecutiva que abolió la Junta Coordinadora de Operaciones... es una demostración de que tenemos un Presidente con gran interés en política internacional» (Boletín del Departamento de Estado, marzo 20, 1961).

[216] McGeorge Bundy fue, por dos cursos, alumno de Bissell en la Facultad de Economía en la Universidad de Yale. Bissell había ocupado la cátedra al terminar su doctorado en 1932. Walt Rostow era asistente de Bissell en la universidad.

Rostow[217] (del Departamento de Estado). Eisenhower calificó de gran error esta decisión que haría descansar en instrucciones telefónicas lo que debía ser objeto de estudio formal por el Consejo Nacional de Seguridad. El propio Secretario del Tesoro de Kennedy, Douglas Dillon, afirmó más tarde que este cambio de procedimiento fue la principal causa que condujo al fracaso de Playa Girón.[218]

A partir de ese instante, el Consejo Nacional de Seguridad se reunió pocas veces dejándose en manos del Departamento de Estado la responsabilidad de dirigir y coordinar la política exterior con la estrategia militar. La reunión de marzo 11, que recién comentamos es una de las últimas. Se produjo al día siguiente que el EMC había aprobado el Plan de Trinidad que contemplaba la toma de una cabeza de playa donde desembacaría de inmediato el gobierno provisional.

Hasta el momento en que se produce esta lamentable reunión los planes que han sido aprobados se basan en continuos ataques aéreos, desembarcos diurnos con la imprescindible cobertura aérea y desembarco del gobierno provisional tan pronto como se estableciera una cabeza de playa.

---

[217] Walt W. Rostow, ocupaba en esos momentos la posición de Diputado de McGeorge Bundy en el Consejo Nacional de Seguridad. Años atrás había sido, como Bundy, auxiliar de Richard Bissell cuando éste ocupaba la cátedra de Economía en la Universidad de Yale.

[218] Trumbull Higgins. «The Perfect Failure.»

CAPÍTULO VIII

EL NUEVO CONCEPTO PARAMILITAR. EVALUACION DEL PLAN DE TRINIDAD.

El nuevo concepto paramilitar presentado por Dulles en Noviembre 29 al entonces presidente electo consistía en un desembarco anfibio en la costa cubana de «hombres equipados con armas de extraordinario poder de fuego,» y «cuyo desembarco sería precedido por ataques aéreos originados en Nicaragua» que continuarían después del desembarco.

El detallado plan de operaciones analizado y aprobado tenía a Trinidad (cerca de las montañas del Escambray) como punto de desembarco. Luego del informe favorable de los tres altos oficiales de las Fuerzas Armadas de los Estados Unidos que en su viaje de febrero 24 al 27 evaluara en Guatemala a la Brigada todo indicaba que el Plan TRINIDAD sería exitosamente implementado.

En las últimas semanas se venían desarrollando los planes militares a un ritmo razonable.

En Enero 22 el Gral. Lemnitzer presenta el concepto del Estado Mayor Conjunto a miembros de la nueva administración. Temprano en Enero el EMC había elaborado el plan JCSM-44-61 recomendando varios cursos de acción en grado ascendente de participación norteamericana.

Apenas una semana después, en Enero 28, el Presidente Kennedy se reunía con el Vice Presidente Johnson, el Secretario de Estado, el Secretario de Defensa, el Director de la CIA, el Jefe del EMC; Tracy Barnes, McGeorge Bundy; Sub-Secretario de Estado Thomas Mann y Sub-Secretario de Defensa Paul Nitze. El Estado Mayor Conjunto evaluó el Plan TRINIDAD y, luego de un análisis sobre la situación cubana en que no se expresaron criterios disidentes, el Presidente autorizó «continuar y acentuar las actividades de la Agencia Central de Inteligencia que se están desarrollando,» que el Departamento de Defensa –con la CIA– revise las proposiciones sobre el empleo en Cuba de las fuerzas anticastristas, y que el Departamento de Estado prepare una proposición concreta para –con el concurso de otras naciones latinoamericanas– aislar al régimen de Castro.

En ésta, su primera reunión con el Presidente en la Casa Blanca en la que participaron Dulles, Bissel, McNamara, General Lemnitzer y otros, Berle sugirió que los Estados Unidos en lugar de actuar en una operación encubierta debía actuar como una gran potencia. «Como el gobierno de Castro no formaba ya parte de la OEA, Lleras Camargo consideraba que Castro no podía reclamar los beneficios e inmunidades de los Acuerdos Interamericanos contra la Intervención cuando, al mismo tiempo, él denunciaba el sistema y violaba todos sus principios y obligaciones. Los derechos de estos tratados se cancelan automáticamente bajo esas condiciones. De mayor importancia era el hecho de que el dejar de actuar en estas circunstancias implicaría la aceptación de la dictadura de Castro.

Mi sugerencia no volvió a discutirse. Hubo otras reuniones en las que se tomó una decisión final pero a las que yo no asistí.»[219]

Luego de esta reunión el EMC procedió a evaluar el Plan TRINIDAD «en la forma desarrollada por la CIA,» aprobándolo y enviándolo al Secretario de Defensa en Febrero 3 bajo el Memorandum JCSM-57-61 en cuyas 39 páginas se señalaban entre otros, las siguientes observaciones:

a) Trinidad es la mejor área para el desembarco,La reunión de Marzo 11, en la que los más altos jefes militares de los Estados Unidos aceptaron en silencio que se descartasen los planes por ellos elaborados, marcó el inicio de una etapa de desaciertos que, inevitablemente, iban a conducir al trágico desenlace de Bahía de Cochinos.
b) Sin interferencia desde el aire «las fuerzas del gobierno de Cuba podrán mover fácilmente fuerzas substanciales hacia el área.»
c) Una decisión para la ejecución de este plan debe estar tomada 21 días antes de la operación.

El siguiente paso fue el envío a los campamentos de Guatemala, a fines de Febrero, de los tres altos oficiales de las fuerzas armadas norteamericanas. Con su dictamen favorable los Jefes del Estado Mayor Conjunto aprobaron el informe y lo remitieron al Secretario de Defensa.

Pero ya el Presidente Kennedy está decidido a prescindir del asesoramiento militar y, luego de oir los argumentos del EMC y de la CIA a favor del Plan Trinidad, lo califica de «espectacular,» y pide la elaboración de otro plan de desembarco «más tranquilo» que no recuerde los ataques anfibios de la Segunda Guerra Mundial.

Días después, en marzo 16, el Presidente aprueba la creación de un nuevo Grupo de Trabajo Interdepartamental para llevar adelante el concepto de un desembarco anfibio que ya, antes, le había sido presentado y que él fue modificando.

---

[219] Adolf Berle. «Navigating the Rapids.»

EL CONSEJO REVOLUCIONARIO CUBANO.

El martes 21 de Marzo de 1961 fue una fecha crucial en la lucha contra Castro. En esa fecha, todo cambia. Con esa fecha se pierde toda posibilidad de que los cubanos pudieran tener en sus manos su propio destino.

Ese día queda constituido el Consejo Revolucionario Cubano, integrado por el FRD y el MRP, bajo la presidencia de Miró Cardona quien le pondrá un ropaje distinto: el Consejo Revolucionario no estará formado por organizaciones, sino por «personalidades.» Todo está orquestado: Tony Varona declina su aspiración a presidir el Consejo recién creado, y el MRP acuerda «sacrificar en aras de la unidad para la guerra contra el fidelo-comunismo» la candidatura de Felipe Pazos como Presidente Provisional de la República en Armas. Miró Cardona será el Presidente del Consejo y del próximo gobierno, y Tony Varona será el Primer Ministro de ese Gobierno en Armas.

Se ha producido la unidad del FRD y del MRP no por decisión cubana sino por imposición norteamericana. La reunión conminatoria, como de costumbre, se había realizado, tres días antes, en un motel. Esta vez en el Skyways Motel de Miami. La representación del MRP la ostentan Manolo Ray, Felipe Pazos y Raúl Chibás.[220] Se les dijo que los dos grupos tenían que unirse o, de lo contrario, todo el proyecto sería eliminado. No hay alternativa. Lo toman o lo dejan.

Sobre la imposición final de unir al MRP con el Frente, Peter Wyden ofrece otra versión con ligeros distintos detalles pero mencionando los mismos personajes y las mismas decisiones.

Bissell instruyó a Jim Noel, que había sido el último jefe del CIA en La Habana, para que viajase a Miami en sustitución de Howard Hunt, y pusiese de acuerdo a las dos facciones. Jim y Will Carr[221] volaron a Miami a un modesto hotel. Carr era conocido por Justo Carrillo. En los últimos días de diciembre de 1958, por recomendación de un amigo común, Carrillo lo había contactado en Nueva York para coordinar el envío clandestino a Cuba de un avión C-47 y armas de distinto calibre. La operación no cristalizó y Carrillo asumió en aquel momento que los hombres enviados por Carr para inspeccionar las armas eran de la CIA. (Roberto Fabricio. The Winds of December).

---

[220] Justo Carrillo. «A Cuba Le Tocó Perder.»

[221] Willard Carr, ingeniero de Nueva York, vivió durante años en México y dominaba perfectamente el español.

De inmediato, al llegar a Miami, Jim comunicó a Hunt que éste quedaba desligado de esas actividades y lo instruyó a que regresase a Washington. Luego habló con Tony Varona, Artime y particularmente, «con el popular (?) Manolo Ray,» a quien Jim había conocido en el clandestinaje en La Habana y había ayudado a salir de Cuba. El sábado 18 de marzo, los dirigentes cubanos fueron convocados al Skyways Motel e informados que si de la reunión no salían unidos en un solo Comité la operación sería cancelada. Horas después, en una conferencia de prensa en el Hotel Commodore de Nueva York, se daba a conocer la constitución del Consejo Revolucionario Cubano.

El Departamento de Estado y la CIA, los titiriteros que mueven los hilos de esta trama, han logrado un triunfo en el campo político.

Aceptada la rendición, los actores se trasladan nuevamente a New York. Para constituir oficialmente el Consejo Revolucionario Cubano, se firman antes las bases confidenciales de unidad entre el FRD y el MRP,[222] que establecen que el Consejo Revolucionario asumirá las funciones del Gobierno Provisional tan pronto se traslade a Cuba. Es en el Hotel Biltmore, en aquella ciudad, que se da a conocer la formación del «Gobierno en Armas.»

El domingo 19 los dirigentes en el exilio del Movimiento Revolucionario del Pueblo habían aceptado proclamar a Miró como Presidente del régimen de tránsito constitucional que deberá quedar establecido en Cuba. Luego, se trasladaron a la residencia de Justo Carrillo para informarle la proclamación de Miró Cardona. Visita innecesaria porque Justo conocía ya la decisión –tomada en Washington– de la imperativa designación de Miró. Hunt la había conocido de labios de Bender en Washington y, a su llegada a Miami, se la había notificado, confidencialmente, a Juan Paula quien le pidió autorización –que le fue concedida– para informarle a Carrillo.[223]

Atrás quedaban las grandielocuentes declaraciones de Ray a Szulc de que «el MRP rehusaría siempre someterse a la dominación política del CIA.»[224]

Es necesario calmar la inquietud que en el exilio del 60 produce la posición ideológica de los más señeros puntales del grupo de Ray. En la misma fecha Marzo 21, los voceros del MRP exponen su «Declaración de Principios,» que en nada difiere de la base programática del FRD que antes

---

[222] Theodore Draper. «Cuba and United States Policy.»

[223] Según relató Juan Paula a Ros.

[224] Tad Szulc. The Cuban Invasion.

tanto habían combatido. Afirmaban la necesidad de ilegalizar el partido y las organizaciones comunistas existentes a la caída del régimen de Castro. Pedían la ruptura de relaciones con la China Comunista, la Unión Soviética y sus satélites. Consideraban indispensable la abolición de la llamada Ley de Reforma Urbana que «sólo ha constituido un despojo.» Respaldaban la restitución a sus legítimos propietarios de los bienes y derechos intervenidos, confiscados, ocupados o afectados por el régimen comunista.

En los días finales de marzo se produce la breve visita de Miró a los campos de entrenamiento de Guatemala. Junto a Miró no se encuentra Ray.

DESARTICULACIÓN DEL MOVIMIENTO CLANDESTINO. LA QUINCENA TRÁGICA.

Mientras en Nueva York y Washington continúan las conversaciones y las presiones, en Cuba se producen alarmantes acontecimientos. En marzo 23 llegan informes –en esos momentos aún no confirmados– de que Humberto Sorí Marín–[225] que había sido comandante del Ejército Rebelde y primer Ministro de Agricultura en el el Gobierno de Fidel Castro– había sido detenido, después de regresar subrepticiamente de los Estados Unidos. Al día siguiente se confirmó la noticia, que era aún mucho más trágica para la lucha contra el régimen castrista. No era sólo Sori Marín.

El 18 de Marzo habían sido apresados, también, Rogelio González Corso (Francisco), que en un principio había sido encarcelado como Harold Bove Castillo; Gaspar Domingo (Mingo) Trueba, Manuel Lorenzo (Ñongo) Puig,[226] Nemesio Rodríguez Navarrete y Rafael Díaz Hanscom,[227] que

---

[225] Humberto Sorí Marín, Comandante del Ejército Rebelde fue designado en enero de 1959 Jefe de Auditoría de las Fuerzas Armadas y Ministro de Agricultura. Presenta un proyecto de reforma agraria que —según Manuel Mariñas, su amigo y defensor— fue desestimado en el Consejo de Ministros en favor de uno presentado por Carlos Rafael Rodríguez (que ni siquiera era Ministro en aquel momento).

Renuncia a su cargo de Ministro de Agricultura y comienza a conspirar con otros oficiales del Ejército Rebelde. Sin pruebas concretas en su contra se le impone una condena de detención domiciliaria, despojándolo de su mando y grado militar. Se fuga e inicia su actividad clandestina.

[226] Manuel Lorenzo (Ñongo) Puig Miyar había partido hacia los campamentos el 2 de noviembre de 1960. Recibe entrenamiento de radioperador y forma parte de los equipos de infiltración. Parte con Sorí Marín hacia Cuba el 13 de marzo. Cinco días después son detenidos. Al mes, el Ñongo Puig, junto a los demás, es encausado, sometido a juicio, condenado, rechazada su apelación y fusilado en un proceso que durará 24 horas.

constituían la columna vertebral de la organización clandestina en Cuba.[228] Habían sido, señala Mario Lazo en su obra «Daga en el Corazón,» «traicionados por un agente castrista.»

Se menciona también la detención de Eufemio Fernández,[229] noticia que luego quedará confirmada, aunque posteriores testimonios de valiosos revolucionarios parecen demostrar que su detención se había producido tiempo atrás y que fue incluido en la Causa 152 con el propósito de poderlo condenar a muerte y vengar Castro viejos agravios. Aparecen como detenidos en la casa de Oscar y Berta Echegaray, en Miramar, cerca del Comodoro. (Una de las detenidas en esta casa –y que fue procesada y condenada a 15 años de prisión– le confirmó luego al Dr. Mariñas que Eufemio no fue detenido en ese lugar). Se había vertebrado una unidad de las más activas fuerzas del clandestinaje, y en el momento de su detención Humberto Sorí Marín iba a ser designado Coordinador Militar de Unidad Revolucionaria.

---

[227] Rafael Díaz Hanscom, había sido Secretario de Inteligencia del MRR. Se distanció de esta organización y comenzó a trabajar en Unidad Revolucionaria donde llegaría a ocupar una de las más altas posiciones. Detenido junto a sus compañeros aquí mencionados sufre la misma condena.

[228] Junto a ellos —que serán fusilados el 20 de Abril (Eufemio le arrebata el arma a un custodio y lo matan en el forcejeo)— son apresados Gabriel Enrique Riaño, Eduardo Lemus, Orestes Frías, Juan A. Picallo, Narciso Peralta, Felipe Dopazo, Pedro de Céspedes, Ernesto Rivero de la Torre, Orestes Frías, Eulalia de Céspedes, Dioniso Acosta, Cuba León, Margarita de León, Georgina González Pando, Iluminada Fernández Ortega, María Caridad Gutiérrez, Juan Castillo Crespo, Lester Alvarez, Yolanda Alvarez Bargaza, Berta Echegaray, Ofelia Arango, Ramón Font y Marta Godínez.

[229] Eufemio Fernández Ortega era revolucionario, respetado por muchos y temido por algunos. Entre estos últimos estaba Fidel Castro que nunca olvidó que fue abofeteado por Eufemio en la expedición de Cayo Confite. Eufemio Fernández fue amigo de Mario Salabarría, Manolo Castro y Rolando Masferrer, manteniendo cordiales relaciones con Policarpo Soler, Orlando León Lemus (el Colorado) y otros conocidas figuras de la época conocida como del «gatillo alegre.» Cuando, en el gobierno de Grau, dirigentes de la FEU (entre los que se encontraba Fidel Castro), se convirtieron en guardianes de la Campana de La Demajagua, Eufemio Fernández los puso en ridículo al «secuestrarles» la Campana. Fidel Castro no olvidó estos agravios.

Entre Eufemio Fernández, de pie en el extremo izquierdo, y Humberto Sorí Marín, sentado en el extremo derecho, aparecen Gaspar Domingo (Mingo) Trueba, Rogelio González Corso (Francisco), Rafael Díaz Hanscom, Nemesio Rodríguez Navarrete y Manuel Lorenzo (Ñongo) Puig, que serán fusilados el 19 de abril.

Fueron todos procesados en la Causa 152, acusados de estar «realizando una serie de hechos tendientes a promover un alzamiento de gente armada para derrocar por medio de la violencia al Gobierno Revolucionario.» El auto de procesamiento del Juez Instructor, Segundo Teniente Vicente Alvarez Crespo, emitido en La Cabaña el 18 de Abril (a las 24 horas de haberse producido la invasión) expresa que «Sorí Marín, en unión de algunos de los otros acusados, con fecha 13 de marzo último desembarcaron ilegalmente en una playa cercana de la ciudad de La Habana, trayendo consigo una gran cantidad de materias explosivas e inflamables, armas y parque.»

En las conclusiones provisionales formuladas el mismo día por el fiscal Fernando Flores Ibarra ya aparece identificado «Bove Castillo» como Rogelio González Corso.

En la sentencia dictada sólo horas después, se describe a Francisco como «individuo de conocida y extrema peligrosidad contrarrevolucionaria,» que ha «tomado parte activamente en distintos lugares del país en la promoción de alzamientos armados, actos de terrorismo y sabotajes.» (Datos tomados de copias originales del Archivo Personal del Dr. Manuel G. Mariñas, abogado defensor del Comandante Humberto Sorí Marín). Calixto Masó se hará cargo de la defensa de Eufemio Fernández y de su hermana Iluminada; Enrique Arango (el padre de Eddy Arango) se ocupa de la defensa de su hija Ofelia Arango y del Ñongo Puig al no poder llegar desde Las Villas –por estar interrumpidas las carreteras con motivo del desembarco en Girón– su abogado López Deusá. Enrique Hernández Millares asume la defensa de Francisco; Antonio Cebreco, la de Rodríguez Navarrete. A Rafael Díaz Hanscom lo defenderá Jorge Luis Carro (Hoy Decano de la Facultad de Derecho de la Universidad de Cincinati).

Días después quedan detenidos Virgilio Campanería, Alberto Tapia Ruano, Ramón Puig[230] y Tomy Fernández Travieso. «Una fábrica de bombas y un arsenal de armas» les fueron ocupadas a los jóvenes revolucionarios el 28 de marzo. «Bombas, granadas, dinamita, mechas, rifles, ametralladoras, pistolas, peines, espoletas, fulminantes, cananas... y abundante parque.» Se hace pública la noticia de su detención y de la gigantesca ocupación de armas y pertrechos. Virgilio, «Tapita» y Tommy son del Directorio Revolucionario Estudiantil. En la cárcel se encontrarán con Efrén Rodríguez López y Carlos Calvo, que militaban en Rescate Revolucionario.

---

[230] Serán fusilados el 18 de Abril junto a Carlos Rodríguez Cabo, Efrén Rodríguez López, Filiberto Rodríguez Ravelo, Lázaro Reyes Benítez y Carlos Calvo Martínez. En Camagüey son apresados Rafael Iglesias R. y Rafael Lorenzo Reyes Ramírez por posesión de material inflamable. (Serán fusilados, también, el 20 de Abril).

La defensa de Virgilio ante los tribunales revolucionarios la asumirá Luis Fernández Caubí, que se había impuesto a sí mismo la difícil tarea de defender a los miembros del Directorio Estudiantil, del MRR, del MDC y de otras organizaciones afines.

Días antes, el 21 de marzo, los guardafronteras capturan en «Herraduras,» Cabañas, a cuatro expedicionarios. Les ocupan garands, rifles M-1, una planta de transmisión y otros pertrechos. Se hace, también, pública la detención y ocupación de armas. Nadie puede llamarse a engaño, mucho menos las agencias de «inteligencia» de los Estados Unidos. Castro (por cómplices que algún día otros investigadores habrán de descubrir y exponer) ha penetrado profundamente el movimiento clandestino y va destruyéndolo.

Antes de terminar marzo, hombres de distintas organizaciones habrán de caer. El 29, Alfredo Sánchez Echevarría (el hijo de Aureliano Sánchez Arango) es apresado, junto con Pedro Fuentes Cid, y acusado de haber realizados «distintos hechos de sabotaje y terrorismo y de promover alzamientos armados, y planear atentados personales a figuras del gobierno Revolucionario.» Les ocupan ametralladoras, carabinas, escopetas, y parque.

Las detenciones continúan. Les corresponden ahora a «mercenarios acaudillados por Tony Varona.» El propio día (marzo 29) agentes del G2 sorprenden, en la calle San Rafael 966, a Carlos Antonio Rodríguez Cabo, a Roberto Herrera Rial; Efrén Rodríguez López y José Solís Marín. Junto a ellos, caen presos Roberto Cantera Fernández, Carlos Mendigutia Regalado, Joaquín Chanquin González, Clara Alonso y Nivia Ruiz. A Rodríguez Cabo (El Gallego) lo acusan «de ser miembro de la Agencia Central de Inteligencia de Washington.» A todos se les imputa «reclutar contrarrevolucionarios y realizar atentados dinamiteros,... planear atentados personales contra miembros de las Milicias Revolucionarias... y ayudar a los alzados en El Escambray que habían sido capturados.»

Inmutables, en Washington, los planeadores –de espaldas a lo que en Cuba estaba ocurriendo– continuaban sus planes. El 23 de marzo, como hemos visto, estudia el Presidente las distintas opciones paramilitares preparadas por el Estado Mayor Conjunto. Dos días antes habían apresado a los de «Herradura;» ese día, detienen a Sorí Marín, Díaz Hanscom (de Unidad Revolucionaria), González Corso (del MRR), y los demás. Nada cambia. El 29 de marzo se decide en la Casa Blanca que la invasión, «que contará con un levantamiento popular,» se realice el 17 de abril. Es el 29 que caen presos los de San Rafael 966, de Rescate Revolucionario; y el hijo de Aureliano, de la Triple A. El día anterior eran los del Directorio los que habían caído.

VIRGILIO CAMPANERIA ANGEL

Nació en La Habana el 5 de agosto de 1938. Cursó primera enseñanza en el Colegio de Belén y la segunda enseñanza en el Colegio Baldor y en la Habana Military Academy.

Luchó contra la dictadura de Batista y sufrió prisión. Estudió en la Escuela de Derecho de la Universidad de La Salle y luego en la Universidad de la Habana.

Comenzó a combatir contra el sistema totalitario implantado por Castro formando parte de la organización SALVAR A CUBA (SAC) y luego en el DIRECTORIO REVOLUCIONARIO ESTUDIANTIL (DRE) como Coordinador Nacional de Suministros.

Es detenido el 27 de marzo de 1961 y fusilado en las primeras horas de la madrugada del 18 de abril de 1961 en los fosos de la Fortaleza de la Cabaña.

En la Cabaña escribe su carta de despedida:

La Cabaña, abril 17 de 1961

A mis compañeros estudiantes y al pueblo de Cuba en general:

En estos momentos me encuentro esperando la sentencia del tribunal que me juzgó.

La muerte no me preocupa, porque tengo fe en Dios y en los destinos de mi Patria. Mi muerte será otro paso atrás de los que creen que pueden ahogar con sangre las ansias de libertad del pueblo cubano.

No le temo, que venga la muerte; yo voy feliz porque ya veo libre a mi Patria, ya veo cómo suben jubilosos mis hermanos la gloriosa Colina, ya no habrá más odio entre hermanos, ya no habrá gargantas que pidan paredón. Todo será amor entre cubanos, amor de hermanos, amor de cristianos.

Pobre Cuba, cuánto has sufrido, pero la Cuba nueva surge del odio para sembrar el amor, de la injusticia para sembrar la justicia, justicia social, no demagogia engañadora de pueblo; una Cuba madura porque ya conoce todos los engaños y a todos los farsantes; una Cuba para los cubanos y "con todos y para el bien de todos".

A ti, estudiante, te cabe esta gloria de liberar a la Patria y de levantar esa Cuba nueva.

¡VIVA CRISTO REY! ¡VIVA CUBA LIBRE!

¡VIVA EL DIRECTORIO REVOLUCIONARIO ESTUDIANTIL!

Virgilio Campanería Angel

ALBERTO TAPIA RUANO

Nació en La Habana en 1939. Cursó sus estudios de primera y segunda enseñanza en el Colegio de La Salle del Vedado. Continúa sus estudios en la Escuela de Arquitectura de la Universidad de Villanueva.

Comienza sus luchas por la libertad de Cuba en el movimiento SALVAR A CUBA (SAC) y luego en el DIRECTORIO REVOLUCIONARIO ESTUDIANTIL.

Es detenido el 27 de marzo y fusilado el 18 de abril de 1961 en los fosos de la fortaleza de la Cabaña.

Sus ideales se expresan en la carta de despedida a sus padres:

La Cabaña, 17 de abril

Queridos viejos:

Acabo de recibir hace unos momentos la ratificación de la Pena de Muerte y es por eso, ahora que ya estoy en el final, que les escribo estas líneas. No me creerán pero puedo asegurarles que nunca he tenido tanta tranquilidad espiritual como en este momento; me siento con sinceridad muy contento presintiendo que dentro de poco estaré con Dios, esperando y rezando por Uds.

Hoy en el juicio vi a mis hermanos y padrinos llorando. ¿Y eso por qué? No y mil veces No. Sé que lo de hoy es doloroso para Uds., pero quiero que se sobrepongan y piensen que Dios en su infinita bondad me ha dado esta gracia de ponerme a bien con El, y todos deben agradecérselo.

Adiós viejucos, tengan mucha fe en la Vida Eterna que yo intercederé por todos Uds.

Viva Cristo Rey

Besos y abrazos, no lágrimas, a todos.
Adiós hermanos, padrinos y familia.

Fe en Dios.

Alberto

El sábado primero de abril continúa el aniquilamiento del aparato clandestino. Mario Escoto –que en representación de la Triple A había sido fundador en Cuba del Frente Revolucionario Democrático– es detenido junto con cinco compañeros, acusados de «actos de sabotaje y terrorismo en la capital.» Lo identifican como jefe del grupo «dirigido desde el extranjero por el traidor Aureliano Sánchez Arango, al amparo del imperialismo y de la Agencia Central de Inteligencia.» Presos están, Ernesto F. Botifoll Venture (David); Carolina Peña Albizu (Lula); Nidia Rosa Armada Cabrera (Teresita); Elier Rodríguez Amaro (el negrito Elier) y Esther García Lorenzo. Los acusan del incencio de la Colchonería O.K.; del sabotaje a las torres de electricidad de Altahabana, de intentar sabotear el servicio telefónico de Cojimar, de trasiego de armas y materiales explosivos. A los dos días, el G-2 arresta a Filiberto Rodríguez Ravelo y a Lázaro Reyes Benítez, junto con Alberto Hernández Otero; los dos primeros serán fusilados por tenencia de bombas gelatinosas, fulminantes, balas, fósforo vivo y «proclamas contrarrevolucionarias.»

Casi simultáneamente, parte del equipo de infiltración dirigido por Jorge Rojas y compuesto por Jorge Gutiérrez, como radioperador; Abel Pérez Martin, Jorge Recarey y José Regalado, es emboscado el 19 de marzo en la finca Manuelita de Prendes, en Calimete, Matanzas.

Ha sido una quincena trágica. Del 18 de marzo al 3 de abril el movimiento clandestino ha quedado descabezado, aplastado. En los meses anteriores, de intensa labor clandestina, pocas operaciones habían sido detectadas. El Tejana, el Dolores II, el Sábalo y las distintas embarcaciones utilizadas en el trasiego de armas realizaban sus misiones con relativa seguridad. Algo ha sucedido, después de marzo 15, que ha hecho vulnerable la labor de infiltración y la actividad clandestina. Castro sabe que ha quebrado, en esta quincena trágica, la espina dorsal del clandestinaje. Por eso, va a la televisión nacional el viernes 7 de abril y pregona ostentosamente: **«Las bandas están aniquiladas.»**

Sólo quedan pequeños grupos que serán pronto apresados. Días después, el 13 de abril, ocho toneladas de armamentos son ocupados por el G-2 del MINFAR en la costa norte de Pinar del Río. Es detenido con ellas Howard Anderson, que vivía en el Reparto Siboney, en Miramar, a quien de inmediato se le acusa de ser agente del Servicio de Inteligencia de los Estados Unidos. Junto a Anderson son apresados 14 cubanos. El grupo, comandado por el Teniente Joaquín del Cueto, está formado por Sergio Manuel Valdés, Luis Rodríguez Ochoa, Manuel Villanueva Barroto, Marcos Díaz Menéndez, Juan Ramón Leal, Aris Lara Marques, Jesús Borges Guerra, Angel Aramis Lara, Valerio Ordaz, Alejandro Goznaga, Manuel Rivero, Marco Antonio Santos y Maximino Díaz Hernández.

Quedaba así desarticulado el aparato clandestino en Cuba en los momentos en que se daban los pasos finales para la Invasión.

Pocas horas antes, en la primaveral mañana del 12 de abril, el Presidente aprueba el plan que él mismo ha ideado: Se harán ataques aéreos el sábado 15 simulando que han sido efectuados por pilotos castristas desertores. En Nueva York, Berle, Schlesinger y Plank transmiten a Miró, en forma poco convincente, el mensaje de Kennedy de que los Estados Unidos no estarán envueltos en la operación cuya fecha, medios y forma de realizarla, Miró totalmente ignora. En Puerto Cabezas, donde pocas horas antes han llegado, los pilotos cubanos, ignorantes aún de los cambios de planes y, por supuesto, de la desarticulación del aparato clandestino, esperan por las instrucciones finales que les llegarán en horas de la tarde. En los muelles de Puerto Cabezas, Pepe San Román y Oliva ven, por primera vez, los herrumbrosos y viejos barcos que transportarán a la Brigada al sitio de desembarco todavía para ellos desconocido.

El movimiento clandestino había sido desvertebrado con la detención de sus principales dirigentes. No obstante, la Casa Blanca y sus asesores continúan con un plan que considera «el levantamiento popular esencial para el éxito de la operación»[231] Una semana antes del duro golpe sufrido en Cuba por el clandestinaje, nada menos que los Jefes del Estado Mayor Conjunto de las Fuerzas Armadas en los Estados Unidos aprobaban el plan de invasión con esta observación al Secretario de Defensa: «El éxito final dependerá de que el asalto inicial sirva como catalizador de acciones de los elementos anti-castristas dentro de Cuba.»[232] Estimaba el CIA en abril 3 que de «2500 a 3000 personas respaldadas por 20,000 simpatizantes estaban activamente trabajando en la resistencia en Cuba»

La criminal decisión la sintetiza así Manuel G. Mariñas: «A pesar del apresamiento de la dirección de Unidad Revolucionaria (y otras organizaciones), los barcos de la invasión fueron enviados cruelmente, sin el conocimiento de las jefaturas de relevo del clandestinaje.»[233]

El 12 de Abril mandos intermedios de la CIA le piden a Bebo Acosta que se traslade a Washington para una importante conferencia. Quieren que

---

[231] Declaraciones de Dean Rusk en Mayo 4, 1961 ante miembros del Comité Investigador presidido por el Gral. Maxwell Taylor.

[232] Palabras de Allen Dulles y Richard Bissell respondiendo en Abril 3, 1961, preguntas formuladas en una de las reuniones del Grupo Especial. A Schlesinger. Obra citada.

[233] Manuel G. Mariñas. «Cuba Insurreccional y Playa Girón,» Diario Las Américas, Abril 1991.

vaya a Cuba, recuerda Bebo, para hacerse cargo de la coordinación del movimiento clandestino. No le ofrecen información precisa ni muestran prisa en esporádicas y breves conversaciones entre las que se deja transcurrir invaluable tiempo. El sábado 15 lo sorprende el ataque aéreo a los aeropuertos cubanos. Desconectado de sus interlocutores regresa ese día a Miami. Le espera una desagradable e increíble sorpresa.

Miembros de los Guardacostas de Estados Unidos han requisado el barco P.C. con el que contaba la organización, detienen a la tripulación y destruyen o inutilizan con antorchas de acetileno todas las armas. A unas pocas horas del desembarco, se había apagado, sin que los inminentes invasores ni el clandestinaje aún lo supieran, la luz verde conque hasta ese momento se había operado. Claro signo del fracaso que se avecinaba.

La antorcha de acetileno inutilizando el cañón de proa.

El PC 1140, con su impresionante cañón de 3 pulgadas. El barco de guerra de 450 toneladas, equipado con radar y ametralladoras antiaéreas, no pudo zarpar de la Bahía de Biscayne para participar de la invasión. Por instrucciones superiores, la patrullas marítima de la Policía de Miami y personal de la Guardia Costanera desmantelaron con antorchas de gas todos sus armamentos.

Una a una se destruyeron las armas del barco que, totalmente equipado, había permanecido por dos semanas esperando la orden que nunca llegó. De izquierda a derecha, Santiago Babún, Carlos Álvarez, Rodolfo Pérez y Bebo Acosta. (Foto cortesía de Bebo Acosta)

ANDRÉS VARGAS GOMEZ EN CUBA.

Inmutables, los funcionarios que en Washington se sientan en el «Buró Cubano» siguen moviendo todos sus resortes. Dentro del Consejo Revolucionario o fuera del Consejo. Con el movimiento clandestino –ya desvertebrado– o a espaldas del mismo. Insensibilidad lo llamaron muchos. Otros lo consideraron como una política racional de una potencia mundial. Es la forma en que éstas se mueven, afirman los que tienen larga experiencia diplomática.

Así, en los primeros días de Abril de 1961, en una decisión que al conocerse días después sorprende aún a sus amigos más allegados, Andrés Vargas Gómez se infiltra en Cuba. Vargas Gómez había laborado dentro del FRD en comisiones de trabajo y fue luego –en el brevísimo intervalo de la ampliación del Frente Revolucionario Democrático (Marzo 15 a Marzo 21)– miembro de su Comité Ejecutivo.

Lo traslada a Cuba Miguel Díaz,[234] activo militante que había realizado docenas de viajes de infiltración y exfiltración.

Participante en algunas de las primeras conversaciones celebradas en Nueva York que dieron origen al Frente Revolucionario Cubano, el antiguo diplomático cubano al momento de infiltrarse era el Director del Programa Por Cuba y Para Cuba que transmitía el FRD por onda corta por la WRLUL (New York) y se retransmitía hacia Cuba por Radio Swan.

«El 10 de Abril fui, como individuo, para Cuba clandestinamente, con dos toneladas de armas en una operación de respaldo a la Brigada. Desembarcamos cerca de unos canalizos por la costa norte de Matanzas. Luego pasé a La Habana» recuerda Vargas Gómez en reciente conversación con Ros. Las armas, por supuesto, suministradas por «Jimmy.»

Hasta La Habana llega, junto a su esposa María Teresa de la Campa, acompañado por Miguel Díaz y por Bebo Orozco, Capitán del Ejército Rebelde, que tiempo después morirá fusilado. Aunque Vargas Gómez, por discreción, no lo menciona en la charla con Ros, es conocido que los sectores «aliados» le han facilitado su infiltración para propiciar y consolidar contactos con altos funcionarios del régimen, y de la comunidad diplomática establecida en La Habana, que habían tenido estrechas relaciones con

---

[234] Miguel Díaz desde muy joven toma parte en actividades revolucionarias. Casi adolescente participa, en 1954, en la fundación de Acción Libertadora, junto a Rufo López Fresquet y Raúl del Mazo. En el Gobierno Revolucionario está con Pepín Naranjo en el Gobierno Provincial de La Habana y, luego, en el Ministerio de Gobernación. Decepcionado, se asila y comienza a realizar viajes de infiltración.

Vargas Gómez durante sus muchos años de vida pública.[235] Los sorprende en La Habana el 17 de Abril.

Vargas Gómez y su esposa son detenidos sin ser identificados. Al quedar libres se asilan en la Embajada de Ecuador. Su esposa María Teresa saldrá en 1961 con salvoconducto diplomático. Al salir Andrés de la embajada para reintegrarse a la actividad clandestina, cae preso. (Esperaba en unos manglares pantanosos la llegada del barco Dolores II, cuando fue denunciado por un campesino). Habrá de cumplir 18 años de cárcel.

FUERZA DIVERSIONARIA. DÍAZ LANZ, JORGE SOTÚS, LAUREANO BATISTA.

En Washington, los planes cambian a diario. De una acción guerrillera se pasa a preparativos para una guerra convencional. Decidida ésta, el punto de desembarco (que había sido concienzudamente estudiado) se sustituye, de la noche a la mañana, por otro lugar sobre el que los planeadores tenían total ignorancia

Se descarta, siempre por exigencia presidencial, el desembarco anfibio en pleno día por uno «menos espectacular»[236] a media noche, pero para este primer desembarco nocturno en la historia militar de los Estados Unidos se desecha Trinidad –con amplios y estratégicos muelles en el puerto colindante de Casilda– por la inhóspita Ciénaga de Zapata que carece de muelles. Se suspenden, «en forma reprensible, casi criminal,» ataques aéreos antes aprobados. Se reduce con censurable ligereza, también a última hora, el número de aviones que habrán de participar en los ataques aéreos. Se cambia, también, repetidamente, la fecha del desembarco.

Todo cambia. Lo que no varía es la insensibilidad hacia la vida de los hombres que han confiado en esos planeadores que se aislan en las frías oficinas de la capital.

---

[235] El Dr. Andrés Vargas Gómez había ocupado altas posiciones diplomáticas. En Abril de 1960 —exactamente doce meses antes— había renunciado como Embajador de Cuba ante las Oficinas Europeas de las Naciones Unidas.

[236] Luego de haber seleccionado y estudiado por largo tiempo a TRINIDAD como unto de desembarco, se desestima éste —a petición del Presidente Kennedy— y se escoge en marzo 16 a la Ciénaga de Zapata porque «la pista del aeropuerto permitiría mostrar que los ataques aéreos se originaban en Cuba.» (T. Mann). Hasta en esto erraron: La pista tenía sólo 4100 pies de largo en vez de los 4900 calculados (Segunda Reunión de la Comisión Taylor).

La fecha en que se realizaría la invasión no podía ser excepción a esta interminable secuencia de cambios impensados. Hoy se conoce que la invasión estuvo planeada para realizarse el 5 de Abril; luego, cualquier mañana en la Casa Blanca, se pospuso para el 10 del propio mes, y, finalmente, se autorizó para el lunes 17. Siempre contaron los planeadores de Washington con utilizar primero una fuerza diversionaria, que desembarcara poco antes de la fuerza principal, para inducir a Castro a movilizar tropas y equipos hacia el lugar de ese primer desembarco.

Quien fuera el primer Jefe de la Fuerza Aérea Rebelde y denunciara al régimen en el verano de 1959, lleva meses enfrascado en infructuosas conversaciones con dirigentes cubanos y con personeros de la Agencia Central de Inteligencia. Pedro Luis Díaz Lans advierte el manifiesto deterioro que se está produciendo en los planes militares. Como penúltimo recurso envía una detallada carta al Senador George Smather (D-Fla) quien lo cita a su oficina para analizar las inquietudes en ella planteadas. Alarmado por lo que escucha, el senador floridano llama por teléfono a Allen Dulles, Director de la CIA, pero éste le explica que nada puede hacer él en esos momentos «porque el Presidente personalmente está haciendo los cambios en los planes militares.» Vetado en su deseo de incorporarse como simple piloto en la fuerza aérea que se entrena en Guatemala, desoídas sus sugerencias a los planes, pero deseoso de participar en alguna forma en la acción que sabe se avecina, Pedro Luis se enrola, junto a Jorge Sotús y a otros, para participar en un último intento de ser útil.

Fue en la mañana de marzo 29 que el Presidente aplazó el desembarco para el 10 de abril.

A fines de Marzo, cuando la invasión se había programado para el día 10, mandos inferiores de la Agencia Central de Inteligencia facilitaron la preparación de una pequeña fuerza diversionaria que desembarcaría en Moa en la costa norte de oriente el 8 de Abril. Se le ofreció a la expedición toda la cooperación que antes le habían negado a muchos de sus participantes. Se les facilitó armas y pertrechos. ¿Quiénes formaban esta fuerza de la que nada se ha escrito? ¿Qué motivó a agentes de la CIA a ofrecer tan «generosa ayuda?» ¿Qué posibilidades de éxito tenía esta operación? ¿Existía una intención siniestra? Veamos los hechos.

El plan, aunque probablemente no fue consultado con sus superiores, contaría con la aprobación de éstos ya que se basaba en la idea desarrollada por Dick Bissell, en su informe de Marzo 11, de producir un desembarco diversionario. Bissell tenía en mente lo que sería la fuerza que comandaría Nino Díaz. Los subalternos del Director de Planes de la CIA crearon su propia versión. Muy probablemente, se aprovecharon de ese plan para armar por su cuenta otra fuerza diversionaria que, al mismo tiempo, les permitiría salir de algunos elementos que habían resultado indeseables para la Agencia. Todo ahora se hace fácil. Aparecen en abundancia armas, pertrechos, equipos, municiones. Nada ni nadie estorba los preparativos que se realizan. Llega el día de la partida.

El 4 de Abril, cerca de la desembocadura del Río Miami, están atracados dos barcos, el Patoño y el Marna. En otro punto, se encuentran ese martes otras dos embarcaciones: el Phillys y el Cacique.

El Patoño es el más grande de los barcos. Tiene 65 pies de largo. Era una P.C., lo que en la Segunda Guerra llamaban «Crash Boat» utilizada para rescatar a los aviadores que caían al mar. Años atrás, cuando estaba equipada con motores de gasolina podía alcanzar una velocidad de 40 nudos, pero había sido convertida en dos motores de petróleo y fue necesario someterla a distintas reparaciones.[237] Al Patoño se le había montado un cañón de 20mm., otro de mayor calibre, varias ametralladoras .30, y un mortero. El piso está lleno de armas; en cajas y sueltas.

El Phillys era un Cris Craft de 48 pies, muy rápido; hacía 40 nudos y era el único equipado con radar. El Marna tenía 36 pies y, como el Phillys, podía hacer 40 nudos. El Cacique serviría para el abastecimiento de combustible de los otros barcos y transporte de armas y municiones.

Va cayendo la noche del 4 de Abril. Hay movimiento en los alrededores, en el muelle y a bordo. Se va a salir por el mismo Río Miami. Se espera por la última carga que llega a las once. Eran los detonadores. Zarpa primero el Patoño con Alfonso Gómez Mena de piloto y Mente Inclán de navegante.[238] Luego el Marna y, después, desde otros puntos, el Phillys y el Cacique. No se conoce aún el sitio de desembarco ni ha habido, hasta ese momento, una mayor identificación entre los hombres que van en las distintas embarcaciones.

Al dejar atrás el río se va conociendo quienes vienen a bordo. Se encuentran en el Patoño, Jorge Sotús,[239] Pepín López.[240] Rafael Can-

---

[237] «El fondo estaba podrido —recuerda Mente Inclán— y 13 de las cuadernas estaban partidas.»

[238] Clemente (Mente) Inclán Werner y Alfonso (Alfonsito) Gómez Mena habían salido clandestinamente de Cuba el 7 de diciembre de 1960. Durante 3 años, antes y después de Playa Girón, dedicaron su reconocida capacidad de piloto y navegante para realizar distintas operaciones de infiltración y exfiltración. Era ésta de Abril 4 la segunda que realizaban. Luego efectuarían varias más hasta ser apresado Mente en Cuba en Noviembre de 1963.

[239] Jorge Sotús, antiguo capitán del Ejército Rebelde reconocido al inicio del proceso revolucionario como el héroe de la batalla del Uvero, fue uno de los primeros oficiales del Ejército Rebelde en cumplir condena, como preso político, en Isla de Pinos. Llegó a

dia, que había formado parte de la juventud democristiana. Viene también Marcos (Marquitos), que había luchado en la Columna Dos de la Sierra Maestra y se había licenciado como teniente del Ejército Rebelde meses después del triunfo de la Revolución; está también Manolo Pérez, que había peleado en el Escambray (Manolo meses después, fue herido de dos balazos en un enfrentamiento con Marquitos por asuntos ajenos a la lucha). Está en el Patoño Juan Mesa, hombre de «los amigos;» Jorge Mantilla, que tanto había participado en las actividades del MDC en el exilio. Juan Carlos, el Portugués.[241] Se encuentra a bordo Cuéllar, que había venido de Chicago, y ahora funciona como radioperador. También Tito Mesa, Dake Ruiz y el güajiro Ruiz Guevara quienes, meses atrás, habían sacado por Caibarién a distintos militantes del movimiento clandestino. Está José Ignacio Rasco a quien los planeadores no le habían permitido acceso a los campamentos de Guatemala. Se encuentra Nelson y Rafael Curbelo (Bulldog) que luego permanecerá casi todo el tiempo en el Marna junto a Laureano Batista que había mantenido los contactos iniciales con los agentes que ahora propiciaban esta expedición.

En el Phillys van Pedro Luis Díaz Lanz[242] su hermano Marcos, Dámaso Pasalodos, Lundy Aguilar[243] y otros. Lomberto Díaz[244] y Tony San-

---

Miami luego de escapar de la prisión 9 meses después de ser encarcelado.

[240] Pepín López, había peleado en el Segundo Frente. En Junio de 1960, había recibido en la Isla de Vieques entrenamiento en radiocomunicación, pero en esta expedición formaba parte del grupo de desembarco.

[241] Juan Carlos Jimenez, joven cubano de descendencia portuguesa, se había incorporado desde agosto del pasado año al MDC en el Exilio. Su vocación militar lo identificó con Laureano Batista y Juan Mesa que estuvieron al frente en las operaciones de infiltración y exfiltración junto a Candia, Marquitos, Mente, Alfonsito y otros compañeros. En un desembarco posterior a Girón cayó preso, fue sometido a juicio y fusilado.

[242] Pedro Luis Lanz reiteradamente había expresado críticas a la dirección que el FRD le impartía a la lucha contra Castro. Lo habían vetado cuando quiso inscribirse como piloto para ir a los Campamentos. Antes —según le explica a Ros en extensa entrevista— le habían ofrecido la Jefatura de la Aviación de la Brigada, posición que no aceptó cuando —respondiendo a sus preguntas— Bender le manifestó que no tendría acceso a conocer y participar en la elaboración de los planes militares.

[243] Luis Aguilar León, junto a Ricardo Lorie, Michael Yabor y Nino Díaz, había representado el grupo disidente del MRR.

tiago vienen en el Cacique que era conocido como «el barco del Jamaiquino.» En un principio, algunos de los expedicionarios lo consideraron como el único de los barcos suministrado por «los amigos.» No era así. El «Jamaiquino,» viejo revolucionario vinculado a la OA y a la Triple A, era propietario del barco. La embarcación había sido sometida a extensas reparaciones que habían sido costeadas por Lomberto Díaz. Cuando se organizó esta salida los sectores «aliados» pretendieron usar el «Cacique» pero sin su propietario. Lomberto y el Jamaiquino se negaron y, con el asesoramiento legal del abogado Oscar White, forzaron que el barco fuese utilizado con el Jamaiquino y, por supuesto, Lomberto.

Laureano Batista[245] responsable de las actividades clandestinas del MDC, era quien había establecido relaciones de trabajo con Pedro Luis Lanz y Jorge Sotús. Por primera vez funcionaba como equipo este grupo que ahora zarpaba hacia Cuba.

En la mañana del 5 de Abril el Patoño, el Marna, el Phillys y, más lejos, el Cacique, se encuentran en el punto indicado: Cayo Rock. Un norteamericano (de la CIA?) que venía autoinvitado a bordo del Cacique se trasborda en el cayo a otro que, tripulado por otros tres norteamericanos, lo esperaban. Saludan y desaparecen.

El día amanece con un mar sereno. El Cris Craft se acerca y se aleja del Patoño que trae a remolque al Marna. Se abren las instrucciones que vienen selladas, y se conoce el punto de desembarco. El sitio que habían escogido asombró a Mente Inclán: «Contra, es prácticamente imposible llegar a ese punto y entrar ahí,» es un arrecife de coral de millas y millas de largo, explica a varios que estaban a su alrededor. «Tendríamos que ir paralelo a la costa, pegado al arrecife, hasta encontrar el punto. De día es posible, pero de noche es casi imposible.» No es sólo Mente Inclán quien muestra su asombro –y su indignación– por el punto que los «sectores aliados» han escogido para el desembarco. Pedro Luis Díaz Lanz, que había sido piloto aéreo de la Moa Bay Mining Company y, por ello, estaba perfectamente familiarizado con el área, no puede esconder su estupor al conocer las instrucciones... «Vamos a desembarcar en una costa llena de

---

[244] Lomberto Díaz, Ministro de Gobernación durante el gobierno de Prío Socarrás y fundador de la Organización Auténtica, demandaba que el Frente Revolucionario Democrático (FRD) se resistiera al indebido tutelaje que la CIA ejercía sobre esa organización.

[245] Laureano Batista Falla, fundador del MDC, era una voz independiente en el mosaico de las fuerzas anticomunistas. Rechazaba el tutelaje de la CIA sobre el FRD pero, al mismo tiempo, para su activa fuerza paramilitar dentro del MDC recababa, de otros oficiales de la Agencia, suministros bélicos y luz verde.

calibres 50! Es un disparate. Tendremos que llegar a la orilla en los botes de goma» explica a los que lo rodean.

Cae la noche. Se ve una luz a babor. El Jueves 6 amanece con mar picado. Se encuentran también Blacamán, que estuvo en el segundo frente y en Panamá. Amador, que había ayudado a sacar de la cárcel a Jorge Sotús. Hay bromas, gran camaradería y muchos intercambian anécdotas y episodios de la lucha pasada. A las dos de la madrugada se fondea en un Cayo de las Bahamas (Ragged Island) el más cercano a Cuba. Se traslada al Phillys un radio para la comunicación con las demás embarcaciones.

Parten las cuatro embarcaciones hacia Cayo Verde donde se reabastecen de combustible. Se reagrupan los hombres en los distintos barcos. Era el 7 de Abril. A las 4:00 P.M. parte el Marna hacia las costas de Cuba con Jorge Sotús, Pepín López, Candia, Nelson, Laureano Batista, Mente Inclán, Alfonsito y dos o tres más. Es la vanguardia. Cinco minutos después, sigue el Cris Craft (Phillys) con Rasco, Díaz Lanz y otros. Se quedan en Cayo Verde Dake, Tito con dos o trés. Avanza la noche sin noticias. Se acercan el Marna y el Phillys a la Bahía de Moa. Se ve la luz del faro. Ya se está cerca de los arrecifes de coral.

Mente instruye al Phillys a que se adelante porque era el único que tenía radar para entrar e indicar cuando había que cambiar el rumbo. Díaz Lanz iba en el Cris Craft delante. Mente iba tomando marcaciones. Cuando de acuerdo a ellas ya estaba próximo al arrecife pregunta a Díaz Lanz si él había tomado también marcaciones. La respuesta es negativa. «Mira, tómalas porque a mí me está dando que ya hay que cambiar el rumbo.» Los barcos de la vanguardia se separan.

A la una de la madrugada del sábado 8 llega un radiograma del Phillys: «Estamos siendo perseguidos; necesitamos ayuda urgente.» Se pasó a la base esta comunicación. Se recibió esta respuesta: «Concéntrense en el Cayo. No pierdan contacto entre ustedes. Permanezcan fuera de las aguas territoriales a no ser que sean objeto de fuego enemigo.» Nueva comunicación del Phillys a las 6:00 A.M.: «Estamos fuera de peligro.» Pocos minutos después aparecen en el horizonte el Phillys y el Marna.

¿Qué había pasado?: A las 11:00 P.M. del día anterior (Abril 7) el Marna y el Phyllis habían perdido contacto entre sí. Comenzaron a localizarse. El Phyllis cree que el Marna no los oye y viceversa. Cuando se da la alerta de estar perseguidos por una fragata, el Phyllis está a 7 millas de la costa; el Marna está a media milla. Pepín López (en el Marna) cree que deben saltar a tierra e internarse. Laureano y Jorge Sotus (también en el Marna) no están de acuerdo. Están frente a Moa.

«Le dije a Sotús, recuerda Díaz Lanz en reciente entrevista, que no podíamos desembarcar. Nos estaban esperando. La expedición iba a desembarcar en un punto de la región que producía cobalto y otros minerales esenciales para Castro. El área estaba sumamente protegida.»

La fragata puede haber detectado al Phyllis por radar, aunque no con gran precisión porque la fragata cubana está equipada con viejos radares de la Segunda Guerra. El Phyllis puede ver con claridad a la fragata castrista por la alta calidad de su radar. Se oye el tableteo de ametralladoras y se ve, en la oscuridad de la noche, el destello de las balas trazadoras. La operación ha sido detectada; había desaparecido el elemento sorpresa. La fragata cubana en mar abierto hace cómodamente 20 nudos, pero el Chris Craft (Phyllis) –cargado como iba– no podía avanzar con suficiente rapidez. El Phyllis era un fácil blanco para la fragata que tiene un cañon 50. La distancia se acorta. Pedro Luis dió la orden de botar las armas más pesadas comenzando con el C-4. El Phyllis comienza a echar al mar su cargamento.

«Al levantar por un extremo la lona que cubría las armas, la lona se levantó como una vela y aguantó la velocidad del Phillys. Se pasó gran trabajo para cortar las otras amarras de la lona y botarla» recuerda Marcos Díaz Lanz. El Marna regresa.

A las 10:00 A.M. está agrupados el Phyllis y el Marna, con el Patoño y el Cacique, y, luego de enterrar en el cayo parte del equipo[246] se da la orden de partir de Cayo Verde. Hay desaliento y mutuas inculpaciones.

La tarde llega con gran marejada. Entre esa noche y la madrugada se rompen cinco veces las amarras del Marna que viene a remolque del Patoño. El Cacique, que es el barco del Jamaiquino, se adelanta y los otros no lo ven más.[247]

9 de Abril. Luego de una madrugada encrespada se presenta una mañana y tarde tranquilas. Se acuerda conferenciar por la noche en Andros Island. Los barcos avanzan con lentitud.

10 de Abril. Se reunen en el Patoño, Pedro Luis, Sotús, Rasco, Laureano, Pepín López y otros. La conferencia se realiza entre las 3:00 A.M. y las 6:00 A.M. Una sola versión a los sectores aliados: Que fuimos perseguidos. Rasco anuncia que él irá a Cuba inmediatamente sin regresar a Miami. Se funde el clutch del Patoño porque, aparentemente, Alfonsito Gómez Mena había olvidado ponerle aceite. A las 9:30 A.M. trabaja un solo motor. Mantilla había enredado el cable del Marna en la propela del

---

[246] El equipo enterrado en Cayo Verde fue luego recogido por miembros de Rescate (antiguos militantes de la OA) según comentó posteriormente Lomberto Díaz al autor.

[247] Aparentemente, según versión de Lomberto Díaz que se encontraba a bordo del barco, el Cacique recibió instrucciones de dirigirse hacia un punto de la costa norte de Camagüey.

Patoño que sólo avanza ahora a 4 nudos. Se pierden 45 minutos en el Marna tratando de comunicarse con el Patoño y el Phillys. Al llegar a Cayo Williams el Marna se adelanta. A las 11:00 P.M. la más lenta de las embarcaciones se acerca a la costa. Desembarca por el Río Miami.

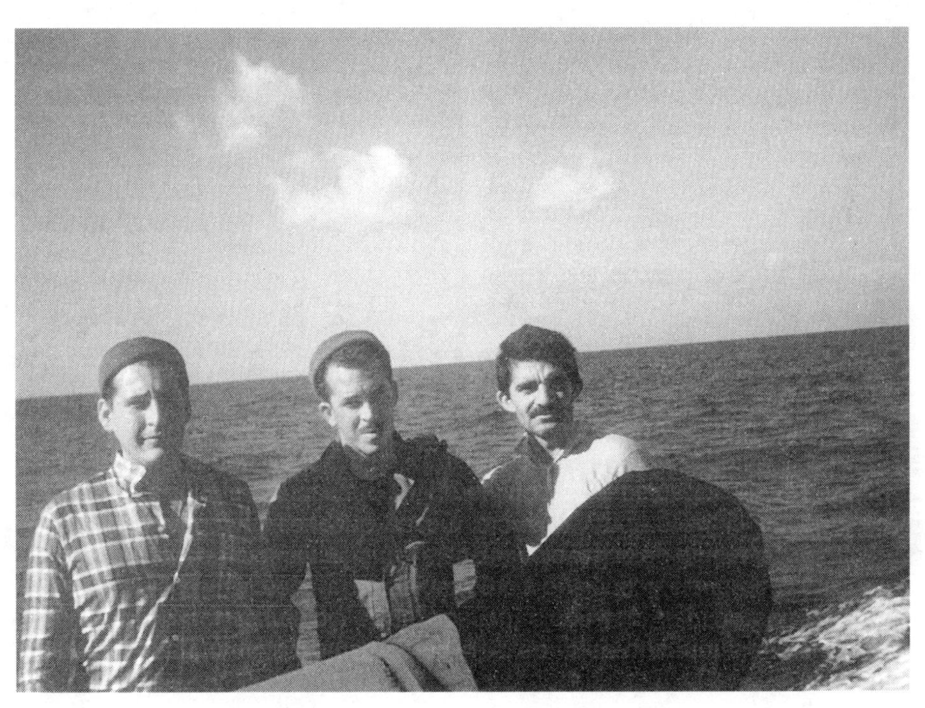

ɔrge Sotús, Pepín López y otro expedicionario, a bordo del Patoño con destino a Moa.

El Capitán Jorge Sotús en la expedición en que participarían también Pedro Luis Día Lans, Laureano Batista, Tony Santiago, Lomberto Díaz, Mente Inclán y otros.

tros miembros: Juan Carlos Jiménez, el Portugués, y el telegrafista Cuéllar, que en xpediciones posteriores serán apresados y morirán fusilados.

LA EXPEDICION DE NINO DIAZ.

Luego de las hostiles conversaciones de Nino Díaz con los funcionarios de la CIA en Panamá, cuando en el verano de 1960 aquél puso condiciones que no le fueron aceptadas, el comandante rebelde fue abandonado en Miami por «los sectores aliados.» Hasta marzo de 1961.

En ese momento, el marginado combatiente recibe la visita de un funcionario norteamericano «para crear una fuerza especial que desembarcaría por Oriente y, entonces, me aceptaron todas las condiciones que antes me habían rechazado. Condiciones que, luego, jamás cumplieron y tuvimos tremenda crisis en el Campamento de Louisiana donde fuimos entrenados» recuerda Nino. «Cuando llegamos había un pequeño grupo de hombres ranas y comenzamos a preparar el campamento. Era una base militar abandonada, de la Segunda Guerra Mundial, pegada al Mississippi. Allí recibimos el entrenamiento pero tuvimos fuertes «agarradas» de tipo político con un tal Clarence que era el contacto con nosotros porque todas las cosas que me había prometido en Miami comenzaron a cambiarlas. Nosotros prácticamente estábamos en sus manos.»

También hubo confrontaciones ideológicas o partidistas entre los miembros de la expedición que tan precipitadamente se estaba organizando en territorio norteamericano. De Miami habían partido, desde el ya mencionado aeropuerto de Opa Locka, dos aviones llenos de futuros expedicionarios con destino, creían ellos, a los campamentos que en esos momentos –gracias a las muy publicitadas fotos tomadas por la propia CIA– ya todos sabían que estaban en Guatemala. No fue ese el sitio al que llegaron. Los pequeños aviones de transporte aterrizaron en New Orleans. Era el 26 de enero de 1961.

«Al llegar allí a las 8 de la noche, recuerda Osvaldo Soto[248] se creó de inmediato un problema porque muchos de los que venían en los dos aviones se negaban a permanecer con los que ya se encontraban en la vieja base naval (que eran los únicos que originalmente irían con Nino) y algunos del grupo de Huber Matos. Muchos de los que llegaban habían pertenecido al Ejército Constitucional y a los cuerpos de policía durante el gobierno de Batista.» Para calmar la situación Soto, que venía en uno de los aviones, les habló conminándoles a que, como él, aceptaran quedarse y no seguir a Guatemala. Todos aceptaron, menos cinco que exigieron ir

---

[248] Osvaldo Soto, abogado, fue compañero de curso de Fidel Castro. En 1960 se une a Andrés Vargas Gómez en la fundación de Unión Nacional Democrática 20 de de Mayo. Pasa al campamento de New Orleans como dirigente de esa organización.

a Guatemala (Dos de éstos fueron fusilados por Castro al caer prisioneros en la invasión).

«Una mañana –narra Nino Díaz– nos dijeron que nos preparáramos, que íbamos a desembarcar en Cuba. Había hombres que tenían menos de una semana de entrenamiento! Nos trasladaron a todos (158) en avión hasta Cayo Hueso. Allí abordamos un viejo barco que hacía 8 nudos, que tenía una grúa con dientes rotos que hacía un ruido tremendo para levantar un bote de goma. El desembarco lo habían planeado para hacerlo en botes de goma. Los fusiles tenían cerrados los clips y se encasquillaban; pude verificar esto porque –imponiéndome a la oposición del asesor americano– ordené que en alta mar se probaran las armas» recuerda el comandante Nino Díaz con creciente indignación.

«No había recepción en la playa porque los hombres de la recepción que se suponía íbamos a tener estaban heridos en la Base Naval de Guantánamo porque les habían explotado 250 fulminantes. Pero a nosotros, jamás, se nos dijo esto. Realmente había una recepción: 350 soldados de Castro que los detectamos con los radios de campaña que llevábamos –creo que eran PRG-7–; les cogimos las comunicaciones a las tropas que estaban allí al mando del Comandante Casillas (sobrino de los Casillas Lumpuy, de la época de Batista). Mandé una patrulla de reconocimiento a la Playa y nos percatamos que el área estaba tomada por una gran fuerza. Nos retiramos. Le pedimos a los americanos un punto alterno para desembarcar. No lo tenían porque nos habían enviado al cadalso. No necesitaban puntos alternos. Era una traición completa,» termina dramáticamente Nino Díaz su narración.

La CIA, dice Peter Wyden en su obra «Bay of Pigs, «deliberadamente, había dejado de equipar con radar la embarcación, «La Playa,» (Santa Ana) que transportaba a los expedicionarios cubanos.»

Luego del fallido desembarco pretendieron regresar a puerto americano. Dos torpederos norteamericanos lo impidieron. Forzaron a la tripulación del Santa Ana a abordar los dos barcos americanos y fueron transportados a la isla Vieiques, en Puerto Rico. Dos horas después de arribar, «llegó Miró Cardona, llorando. Acababa de ver a su hijo[249] en la televisión cubana» recuerda Osvaldo Soto.

---

[249] José Miró Torra había pasado a los campamentos el 26 de enero junto con el Padre Tomás Macho, Carlos Ariza, Santiago Babum, Orlando y Otto Cuervo Galano, Enrique Díaz Ane (hermano de Nino Díaz), Ernesto Freyre Rosales, Gonzalo Jorrín y otros. Cayó preso y fue forzado a testificar el viernes 21 de Abril.

El Comandante Nino Díaz y Enrique Ros cuando conversaban recientemente sobre los hechos y decisiones que condujeron al fracaso de Playa Girón.

Dr. José Miró Cardona

LIBRO BLANCO SOBRE CUBA.

Mientras se repetían a fines de marzo las conversaciones de Schlensinger, Bissell[250] y Bonsal con Miró Cardona, el primero fue designado por el Presidente Kennedy para exponer los *nuevos* objetivos políticos de la administración sobre Cuba. El presidente norteamericano tenía interés en que los pueblos del hemisferio occidental supieran que su intención no era regresar a la Cuba del pasado. «Sólo objetamos que Castro haya entregado la Revolución al comunismo.»[251]

Consecuentemente con ese propósito a los pocos días, en abril 3, el Departamento de Estado da a conocer el Libro Blanco sobre Cuba en el que se afirma que «la presente situación en Cuba enfrente al hemisferio occidental y al sistema interamericano con un grave y urgente reto. Este reto no resulta de que el gobierno de Castro se haya establecido por una Revolución... el reto viene dado por el hecho de que los dirigentes del régimen revolucionario han traicionado su propia Revolución entregando ésta en las manos de poderes extraños al hemisferio.»

El documento del Departamento de Estado resumía en pocas páginas los hechos acaecidos en Cuba en los últimos años, destacando los ataques proferidos por Castro contra distintos mandatarios latinoamericanos y en particular contra la Organización de Estados Americanos. Elogiaba la personalidad de Miró Cardona y de Manuel Urrutia, antiguos Primer Ministro y Presidente del Gobierno Revolucionario, así como a Manolo Ray, Humberto Sorí Marín, Hubert Matos, Manuel Artime, Justo Carrillo, Manuel Antonio Varona, Raúl Chibás, Felipe Pazos, Pedro Luis Díaz Lanz,[252]

---

[250] Richard M. Bisseell Jr. era el Director Diputado de Planes del CIA. En la práctica, la persona que estaba a cargo de las operaciones encubiertas de la Agencia. Estuvo a cargo de la construcción del avión de reconocimiento U@ para recoger información sobre la Unión Soviética operación que se mantuvo en secreto hasta mayo 1, 1960 cuando el piloto Gary Power fue derribado. Era el mismo tipo de avión que detectó los cohetes soviéticos en Cuba. Bissell dirigió igualmente el lanzamiento del espía satélite espacial. Estuvo dedicado al caso cubano desde 1960. Redactó el Programa de Acción Encubierta sobre Cuba en marzo 17, 1960 y recibió la encomienda de reunir los grupos cubanos en una sola organización.

[251] Palabras de John F. Kennedy a A. Schlesinger.

[252] Pedro Luis Díaz Lanz había sido el primer Jefe de la Aviación del régimen de Castro. En Julio de 1959 denunció la penetración comunista en las altas esferas del gobierno y tuvo que salir clandestinamente del país. Su vuelo sobre La Habana arrojando panfletos en distintas áreas de la ciudad fue respondido sin éxito con fuerte fuego antiaéreo. En el vuelo (Octubre 21, 1959) participaron, además, su hermano Marcos,

Ricardo Lorié, Evelio Duque y Osvaldo Ramírez. Al Dr. Manuel Antonio de Varona lo mencionaba como «líder de la *Organización Auténtica,* que fue formada para oponerse a Batista y que respaldó a su propio grupo revolucionario en las montañas del Escambray.»

El extenso informe, que nombraba también a Miguel Angel Quevedo, Luis Conte Agüero, David Salvador, José Pardo Llada y otras figuras, acusaba a Castro «haber establecido una dictadura en Cuba y haber sometido esa dictadura a un movimiento totalitario ajeno al hemisferio» y hacía un nuevo llamamiento al régimen de Castro para que rompiera sus lazos con el movimiento comunista internacional y «restaurara la integridad de la Revolución Cubana.»

No demoraron los voceros del régimen en calificar el documento de «mamotreto diplomático.» expresando que el Libro Blanco «a pesar de su nombre no representaba otra cosa que una nueva página negra en la historia del imperialismo.» Raúl Roa que se encontraba en Nueva York preparádose para el cercano debate en las Naciones lo calificó como «una formalización de la guerra no declarada contra Cuba.»[253] Por supuesto, los alabarderos de Castro no hacían mención alguna a las descarnadas acciones subsersivas perpetradas por el régimen de La Habana contra las naciones Latinoamericanas, ni a la total supresión de libertad impuesta al pueblo cubano.

Miró conversa ese mismo día en el Departamento de Estado con Berle, Bonsal y Schlesinger. Hablan sobre el Libro Blanco, la ayuda económica para la rehabilitación de Cuba, Radio Swan y otros temas.[254]

Cuatro días después, Abril 7, Miró Cardona se reune de nuevo con Adolf Berle[255] y Phillips Bonsal,[256] dos de los más altos asesores del Presi-

---

Frank Fiorini y Carlos Echegoyen.

[253] Bohemia. Abril 16, 1961.

[254] Declaraciones de Miró Cardona a la Comisión designada por el Presidente Kennedy para estudiar las razones del fracaso de la invasión. La comisión fue presidida por el Gral. M.D. Taylor, Mayo 25, 1961.

[255] Adolf A. Berle gozaba de prestigio entre los sectores liberales. Muy joven formó parte de la Administración de Woodrow Wilson en 1918, trabajando en la Comisión para Negociar la Paz con Alemania. Más tarde sirvió bajo Franklin Delano Roosevelt como Embajador en Brasil, luego como Sub-Secretario de Estado. En Diciembre de 1948 testificó en el Comité Congresional de Actividades Antinorteamericanas en el proceso que se le siguió a Alger Hiss. Posteriormente fue representante legal de empresas norteamericanas en Guatemala. Al reintegrarse a la Administración Pública defendió ante el Consejo

dente Kennedy. Berle era el Jefe de la «Fuerza Especial Latinoamericana» del Presidente Kennedy, y Bonsal había sido el último embajador norteamericano en Cuba. Así describe Berle en su diario la visita de Miró: «Yo me reuní con Miró Cardona en Washington, cuando fue recibido por el Embajador Bonsal y por mí. En esa oportunidad él sencillamente me informó de sus planes. Después se me pidió que lo viera y yo lo recibí en mi casa.»

Bonsal había sido escogido por Adolf Berle como su contacto con los cubanos exiliados. «Esto me dio un papel (en el interés de la Administración de ampliar la base del Frente). Yo ví en varias ocasiones al Dr. José Miró-Cardona, un hombre de integridad y buena voluntad,» expresa Bonsal en la obra recién citada.

Como previendo el funesto resultado que tendrían los planes elaborados en Washington sin la debida participación de los cubanos combatientes, Ricardo Rafael Sardiña da a conocer el 6 de Abril en declaraciones públicas que él es ajeno a la aceptación de la renuncia del Estado Mayor del Frente, a la ampliación del Comité Ejecutivo del FRD, a la alianza con el MRP, a la modificación del programa del Frente Revolucionario Democrático de enero 25, a la constitución del Consejo Revolucionario y a la elección de Miró como presidente de este útimo organismo.

Ya en Marzo 22, en Miami se había dado a conocer la integración del Consejo Revolucionario Cubano: José Miró Cardona, Presidente; Dr. Manuel A. de Varona; Ing. Carlos Hevia; Ing. Manuel Ray; Dr. Justo Carrillo; Dr. Antonio Maceo, y Dr. Manuel Artime. Miró será Presidente y Tony Varona Primer Ministro de la República en Armas.

EL PLAN QUE NO SE VA A CUMPLIR.

A las 24 horas de haber sido dado a la publicidad el Papel Blanco el Presidente Kennedy convocó una reunión del Consejo Nacional de Seguridad para un amplio debate sobre el plan que la Agencia Central de Inteligencia estaba llevando a cabo desde hacía prácticamente un año. Es un hecho perfectamente conocido que en la conferencia participaron Allen Dulles, Director del CIA; Richard Bissell, Director y Jefe de Servicios

---

Nacional de Seguridad el proyecto sobre Cuba. En la reunión de Abril 4 fue el que expresó la conocida frase «let'er rip» (continuemos con ella).

[256] Phillip W. Bonsal fue designado por el Presidente Kennedy Embajador en Cuba en Febrero de 1959 y ocupó la posición hasta Enero 3 de 1961. Su obra «Cuba, Castro y los Estados Unidos» cubre eventos del período en que sirvió en ese alto cargo y, también, eventos posteriores como la Crisis de Octubre de 1962.

Clandestinos de la CIA; el Gral. Lyman Lemmitzer; el Secretario de Estado Dean Rusk; el Secretario de Defensa Robert McNamara, Adolf Berle, que presidía una nueva Fuerza de Trabajo sobre Latinoamérica y que antes había servido como Sub-Secretario de Estado para Asuntos Interamericanos; Arthur Schlesinger, Asesor de la Casa Blanca; McGeorge Bundy, Asistente Especial del Presidente en los asuntos de Seguridad Nacional; Thomas Mann, Sub-Secretario de Estado; Paul Nitze, Sub-Secretario de Defensa; Douglas Dillon, Secretario del Tesoro; y el Senador William Fulbright, Presidente del Comité de Relaciones Exteriores del Senado. Todos, con excepción del Senador Fulbright, aprobaron el plan.[257]

Era ésta una de las muchas reuniones que, desde fines de enero de 1961, realizaba el Presidente Kennedy con un no muy pequeño grupo de asesores del Consejo Nacional de Seguridad para estudiar, modificar y aprobar los planes sobre Cuba que en la pasada Administración eran analizadas por el Grupo Especial (el Comité 5412) y el Grupo de Trabajo (Task Force) de la CIA.

Chester Bowles[258] el Sub-Secretario de Estado que por tan poco tiempo ocuparía esa posición, y uno de los más liberales funcionarios de la nueva Administración, le había expresado a Dean Rusk en un memorandum de Marzo 31 que el plan que se discutiría en la runión de Abril 4 era «un grave error» y exhortaba a su superior jerárquico a que «personalmente, y en forma privada comunicara esa opinión al Presidente.» En el memo Bowles expresa su oposición a la operación porque «estaríamos violando las obligaciones fundamentales asumidas en el Acta de Bogotá de la Organización de Estados Americanos» y solicitaba del Secretario Rusk que si coincidía en esta apreciación «le sugiero que usted comunique personal y privadamente al presidente su posición.»

---

[257] Stewart Alsop. En «Las Lecciones del Desastre Cubano,» Saturday Evening Post, Junio 24, 1961 fue el primer periodista o escritor en relacionar los asistentes. Una versión similar la ofreció, muy pocos días después del desastre de Bahía de Cochinos, en Mayo 1o. de 1961, la revista NEWSWEEK.

[258] Chester Bowles, fue gobernador de Connecticut, congresista por aquel estado y Sub-Secretario de Estado bajo Kennedy durante sólo 1961. Tuvo serias diferencias con Bob Kennedy por haber expresado públicamente —luego de la derrota de Bahía de Cochinos— su temprana oposición a la operación. El pacifista Bowles realizó el máximo esfuerzo para disuadir al Presidente de tomar la opción militar. Bowles era Sub-Secretario de Estado con Dean Rusk. Sólo durará en el cargo unos meses. Ya en Noviembre de 1961 fue separado de su cargo y nombrado «Consejero» del Presidente y, luego, designado embajador en la India, cargo que ya había desempeñado en 1952 cuando la guerra de Indochina.

Pocos días después Rusk le dijo que el plan había sido modificado, aunque el Secretario de Estado jamás le entregó al Presidente el amplio memorándum. «Yo no le dí el memorándum que Bowles me había entregado porque Kennedy nos había dicho que no le gustaba recibir tantos memos,» es la pobre excusa expresada por Rusk muchos años después. El Secretario Rusk admite no haber exteriorizado en ninguno de esos mitines opinión alguna: «Nunca expresé mis dudas explícitamente en las sesiones de planeación.» Nadie supo de esa «oposición» hasta el momento crucial de la operación. El mismo Rusk lo admite: «Mi oposición no era conocida ni siquiera dentro del Departamento de Estado.»[259]

Haynes Johnson[260] afirma –contrario a lo publicado– que la posición de Fulbright en esa reunión fue ambigüa, pues aunque mostró resistencia y observaciones al plan no se opuso a la invasión. El Senador de Arkansas pidió luego –y recibió– detalles más específicos sobre el plan de invasión.

Fulbright y Bissel tenían posiciones opuestas. Fulbright se oponía a la operación y Bissel la respaldaba. En la reunión no hubo oposición al plan de acción. Sólo Fulbright había presentado una opinión discrepante. Los demás, que después del desastre se convirtieron en notorios opositores, expresaron su respaldo o dieron, con su silencio, su tácita aprobación. Uno de estos últimos es el propio historiador Schlesinger que, como muchos, luego «amargamente se reprochó» no haber hablado en la reunión donde tan fríamente se decidía –sin la presencia de un solo dirigente cubano– el destino de aquel pueblo y la vida de 1,500 combatientes que habían confiado en un respaldo que no se materializaría. Otro que «profundamente sintió no oponerse vigorosamente al plan» fue el Secretario Rusk que luego habrá de llenar sus acomodaticias notas biográficas con flagrantes inexactitudes. Ni débil ni vigorosamente se opuso al plan. En sus notas autobiográficas admite Rusk que «yo *nunca* expresé mis dudas, explícitamente, en nuestras sesiones de planificación (de la invasión.») El Senador Fulbright confiesa «haberse sorprendido por la aquiesencia del Secretario Rusk. No sólo aceptó sino que justificó el plan.»

Después de la reunión de Abril 4 en que Fulbright expresó ideas contrarias al plan de acción contra Castro, Berle consideró que las palabras de Fulbright eran otra evidencia de que los políticos e intelectuales deseaban esconderse detrás de oscuras no realidades.

Cinco días antes, el Viernes 30 de Marzo, Kennedy había invitado al Senador Fulbright a acompañarlo a bordo del avión presidencial en un viaje

---

259 Dean Rusk. «As I Saw It.»

260 Haynes Johnson. Obra citada.

de descanso a la Florida. Fue esa una inesperada oportunidad que se le presentó al Senador de Arkansas para entregarle al Presidente Norteamericano un memorandum expresando sus objeciones a la planeada invasión. Por tanto, Kennedy conocía en detalle la posición del Presidente del Comité de Relaciones Exteriores del Senado cuando lo invitó a participar en la reunión de Abril 4. Fue precisamente en marzo 31, el día siguiente al viaje a la Florida en el avión presidencial, que los más altos funcionarios relacionados con la política exterior de los Estados Unidos recibieron el memorandum convocándolos a la reunión del martes Abril 4.

El plan incluía ataques aéreos, por pilotos cubanos, a las fuerzas aéreas de Castro, para destruir *completamente la fuerza aérea castrista.* El énfasis debe ponerse en la *destrucción de toda* la fuerza aérea. Ese día, 4 de Abril, en la reunión del Consejo de Seguridad, el Presidente dió su aprobación al plan presentado por el CIA. Lo confirma Schlesinger allí presente. Ya antes en enero 4, 1961, el Jefe de la División Occidental del CIA había recibido un memorandum expresando: «La fuerza aérea cubana y los barcos capaces de oponerse a *nuestro* desembarco deben ser *liquidados* (knocked out) o neutralizados antes que *nuestra* operación anfibia llegue a la playa. *Si no se hace estaremos propiciando un desastre.»*[261]

La reunión está compuesta ese día de doce hombres. Uno de ellos, un militar de alta graduación; dos son altos funcionarios de la CIA; otro, preside el Comité de Relaciones Exteriores del Senado; los ocho restantes son intelectuales destacados, carentes de experiencia militar. No es, pues, el más idóneo de los grupos para evaluar una operación militar.

Desde su toma de posesión el nuevo presidente ha introducido apreciables y desconcertantes cambios en los planes paramilitares elaborados. Sustituye el desembarco en TRINIDAD por el de ZAPATA; prohibe que éste se realice durante el día («muy espectacular») y ordena que se efectúe en horas de la noche (jamás los Estados Unidos había anteriormente intentado un nocturno desembarco anfibio); determina que los ataques aéreos aparenten haberse originado en la propia isla; elimina el «empleo del máximo número de aviones» en los bombardeos para «destruir la *totalidad* de la fuerza aérea de Castro,» niega el uso de aviones jets siquiera como cobertura aérea durante el desembarco («el alcance de los aviones jets haría obvio que se operaba desde bases controladas por los Estados Unidos.») Días después de la reunión de Abril 4 la precaria situación de las fuerzas invasoras se agravaría con los incompletos ataques

---

[261] Memorandum mencionado por el General Maxwell Taylor en su informe al Presidente Kennedy el 13 de Junio de 1961.

aéreos de Abril 15 (D-2) ordenados por razones políticas y no militares, y la posterior cancelación de los bombardeos de Abril 16 y 17.

Los cubanos que se encontraban en los campamentos y ya marchaban hacia la isla nada conocían de estos fatídicos cambios que inevitablemente conducirían al fracaso. No importaba.

Paracaidistas de la Brigada 2506 reunidos en Puerto Cabezas. Abril 16, 1961.

CAPÍTULO IX

LA FUERZA INVASORA: UN PESADO FARDO.

No mueve ya al nuevo Camelot el ansia de una victoria militar ni la justicia de una causa. La fuerza invasora se ha convertido para Kennedy no en un instrumento de liberación de un pueblo sino en un pesado fardo de responsabilidad del que necesita deshacerse.

Es evidente que ya el Presidente Kennedy ha tomado su decisión cuando expresa fríamente a los allí presentes: «Tenemos que salir de estos hombres. Es mucho mejor *botarlos en Cuba* (dump them in Cuba) que en los Estados Unidos. Especialmente si es allá donde ellos quieren ir»[262] El Presidente le ha dado solución –su solución– al «disposal problem» (el qué hacer con la Brigada) que le habían planteado en la reunión de marzo 11. Al día siguiente, Abril 5, vuelve Kennedy a reunirse para analizar nuevamente el plan. Esta vez solo son convocados Rusk, McNamara y Allen Dulles. Los militares no están presentes. Vuelve Kennedy a darle su aprobación.

El Gral. Lyman L. Lemnitzer, Jefe del Estado Mayor Conjunto y el Almirante Arleigh Burke, Jefe de Operaciones Navales habían aceptado el plan, por escrito[263] en comunicación al presidente. Ponían dos condiciones: Que el análisis de la situación política realizado por el CIA fuese correcto y que las fuerzas anticastristas pudieran controlar el aire durante el desembarco y la batalla.

Ya desde dos semanas antes se había delineado un curso de acción que más tarde no se cumpliría. El 23 de marzo de 1961 el Grupo de Trabajo comisionado para elaborar y desarrollar el plan paramilitar del CIA en Cuba, había enviado un memorandum al Secretario de Estado, al Secretario de Defensa y al Director de la Agencia Central de Inteligencia. En el documento[264] se establecía que el Departamento de Estado debería dar los pasos necesarios para, en su momento, respaldar al Consejo Revolucionario, a los objetivos y acciones de las fuerzas de voluntarios

---

[262] Schlesinger: «A Thousand Days.»

[263] Comisión Taylor.

[264] Anexo B del informe de 20 páginas de Marzo 23, 1961, del Grupo de Trabajo. El anexo B cubre dos fases dirigidas al Departamento de Estado: Fase D-Day y fase Post D-Day. Su punto b) señala la ejecución de planes para respaldar al Consejo Revolucionario o «al gobierno de Cuba Libre,» y «prestarle ayuda a los objetivos y acciones de las Fuerzas Invasoras y del Gobierno de Cuba Libre.»

cubanos y reconocer a un *Gobierno de Cuba Libre.* Era Dean Rusk el Secretario de Estado. A él iban dirigidas estas instrucciones. Fue Dean Rusk uno de los que con más vigor se opuso luego a cumplir con cualquiera de estas recomendaciones.

El documento se extiende en señalarle obligaciones al Departamento de Dean Rusk. En el Documento Adjunto «D» se instruía a los representantes del Departamento de Estado a elaborar planes encaminados al reconocimiento del Gobierno de Cuba Libre. Caso omiso hará Dean Rusk de estas recomendaciones.

La presión sobre los dirigentes cubanos aumenta. El mismo día que Fulbright trató de impedir que continuara el plan de invasión, y opuso reparos al mismo, Schlesinger, Berle, y Bonsal vuelven a reunirse con Miró Cardona. Uno de los propósitos de la reunión era pedirle a Miró que el Programa del Consejo tuviera un contenido social y económico, porque su borrador estaba lleno de apelaciones a los inversionistas extranjeros, la banca privada, los propieta– rios desposeídos de bienes, pero poco decía sobre el obrero, el campesino o el negro. «Sería tonto, dijo el Consejero Presidencial, que el Consejo estuviese a la derecha de la Nueva Frontera.» Miró se negó. Le presentaron a Miró el Segundo Punto: que el Consejo se moviese a Nueva York para alejarse de la atmósfera enfebrecida de Miami «dominada por cubanos derechistas.»[265] Miró estuvo de acuerdo. De hecho, desde su creación dos semanas atrás, funcionaba desde allí. Pero la alta fiebre no la producían los cubanos.

SECRETO A DISCRECIÓN.

De tanto repetirse las mismas historias se cree hoy que los planes de la invasión eran, antes de ésta realizarse, de dominio público. No es así. Se conoció, por reiterada indiscreción de algunos medios informativos, la localización de los campamentos en Guatemala. Pero ni siquiera altos funcionarios de la Agencia Central de Inteligencia conocían los detalles esenciales de la operación.

El Inspector General de la Agencia, Gral. Lyman Kirkpatrick no fue informado por el Director Dulles o el Director Diputado de Planes, Bissell, (que mantenía un celoso control, sobre el entrenamiento, la fortaleza y los medios conque contaba (o de los que carecía) la fuerza anticastrista). Tampoco se informó a Robert Amory, Diputado Director de Inteligencia de la propia CIA, aunque éste era el oficial coordinador de todas las actividades clandestinas de la Agencia. «Bissell, aunque era un buen amigo

[265] Arthur Schlesinger. Obra Citada.

personal mío, era un tipo difícil, y quería tener todas las riendas en sus manos.»[266]

El manejo de los planes sobre Cuba se elevó a tal nivel que ni siquiera el Comité 54-12,[267] que tenía como función la de revisar las operaciones de la CIA, fue consultado. Durante los primeros meses del desarrollo del plan, el Director de la CIA consultaba con el Comité 54-12 (Grupo Especial) para recabar su orientación y la aprobación de los planes encubiertos sobre Cuba. A fines de enero de 1961, luego del cambio de Administración, el Presidente –asistido por un restringido grupo de consejeros del Consejo Nacional de Seguridad– se hizo cargo de la aprobación de los planes. El Comité 54-12 dejó de tener esa responsabilidad.

Inclusive a Robert Hurwitch, que ostentaba la posición de Oficial a Cargo de Asuntos Cubanos en el Departamento de Estado, se le mantuvo totalmente marginado e ignorante de los pormenores de la operación. «En lo que yo conozco, ni siquiera mi superior, Robert A. Stevenson, quien era el Director Diputado del Caribe y antes había ocupado mi posición.»[268] De acuerdo a Hurwitch, el Subsecretario de Estado para Asuntos Interamericanos, Thomas C. Mann, era en ese Departamento el funcionario de más baja categoría que conocía de los planes generales en el caso cubano.

Este hermetismo que rígidamente se mantenía hacia otros funcionarios –aunque indiscretamente se quebraba con determinados editorialistas y periodistas– lo confirma el propio Secretario de Estado, Dean Rusk, cuando a los pocos días del fracaso de Bahía de Cochinos comparece ante un Comité del Senado para informar pormenores de la operación. Respondiendo a preguntas del Senador George Aiken, de Vermont, Rusk manifestó que «la maquinaria para este tipo de operación es interdepartamental y relativamente restringida... En estos momentos, los Grupos Interdepartamentales que trabajan en esta área están limitados en número... pero los funcionarios que mantienen contacto con el Departamento de Defensa y con la CIA están, por supuesto, muy envueltos en esto.»[269]

---

[266] Entrevista de Historia Oral con Robert Amory realizada en febrero 9 de 1966 por Joseph O'Connor. J.F.K. Library, Boston.

[267] El número 54-12 de este Comité vino dado por ser la Resolución #12 del Consejo Nacional de Seguridad de 1954.

[268] Robert A. Hurwitch, Historia Oral con el Profesor John Plank en 1964. J.F.K. Library, Boston.

[269] Declaración de Dean Rusk ante el Subcomité de Asuntos de Repúblicas Americanas en Mayo 1, 1961, en la sesión convocada por su presidente, el Senador Morse.

Bissell en su testimonio ante el Comité de Relaciones Exteriores del Senado explica que «las decisiones que conciernen operaciones específicas de la CIA se toman en círculos pequeños que incluyen al Secretario de Defensa o al Secretario de Estado, y un representante de la Casa Blanca. No todas nuestras operaciones son realizadas por la totalidad de los miembros del Consejo Nacional de Seguridad.» Y luego afirma que «en distintas ocasiones yo (Bissell) no respondo al Consejo Nacional de Seguridad sino, directamente, a la Casa Blanca.»[270]

El propio Consejero Legal del Presidente Kennedy, Mc George Bundy, en su memorandum de Abril 24 de 1961[271] expone en su segundo punto: «Esta operación requería necesariamente un alto grado de secreto, lo que hacía difícil las deliberaciones. Los planes no estaban a la mano para leerlos y releerlos, sino que se distribuían y recogían en cada reunión para mantenerlos secretos.»

Como puede verse, se mantenía –más, tal vez, por celos profesionales que por razones de seguridad– marginados de la operación a elevados funcionarios de los más altos organismos de seguridad, pero se dejaban filtrar a determinados medios de prensa datos comprometedores.

INTENCIONALES FILTRACIONES DE NOTICIAS.

Antes de las elecciones presidenciales la prensa norteamericana no se había hecho eco de la existencia ni, mucho menos de la localiza– ción, de los campamentos. Sólo una revista académica, el Hispanic American Report, recogió, precisamente en su número de noviembre 19 una información aparecida en el número de Octubre 30 del periódico guatemalteco La Hora sobre «un plan de invasión a Cuba organizado en nuestro territorio.»

Con la elección del candidato Demócrata, en Noviembre comenzó un peligroso intercambio de información entre funcionarios de la nueva administración y periodistas del New York Times y otras publicaciones. Para cubrir el origen de estas filtraciones que debilitaban los planes y operaciones del proyecto sobre Cuba se hizo un lugar común culpar de las mismas a los cubanos.

Había mostrado JFK gran habilidad en manejar la prensa. Concede su biógrafo y Consejero Legal Sorensen que «ningún problema de la

---

[270] Antecedentes del Programa de Acción Encubierta contra el régimen de Castro.

[271] El memorandum de Abril 24 de 1961 fue clasificado por varios años como «Top Secret.»

presidencia le concernía más que el de la comunicación» y mostraba interés en «persuadir y movilizar la opinión pública a través del uso continuado de la maquinaria política.» Kennedy, afirma Sorensen, «conocía la profesión del periodismo como muy pocos políticos»[272] «Cuando J.F.K. llegó a la presidencia, el hielo que se había creado en las relaciones entre la prensa y la Casa Blanca durante los años de Eisenhower, se derritió de inmediato. Kennedy tenía un gran número de amigos en la prensa, cultivados durante su permanencia en el senado y en la cámara y Kennedy no perdió tiempo en explotarlos» manifiesta William McGuffin en su obra «Anything But the Truth.» Los periodistas pronto encontraron que tenían acceso al círculo íntimo de la Casa Blanca. Por muchos años no habían sido tantos invitados a la Casa Blanca para almorzar o cenar. Cuando vieron lo accesible que era el presidente... encontraron razones adicionales para simpatizar con él, dice McGuffin.

Kennedy se interesaba en la política del periodismo: sus personalidades, sus internas rivalidades, los nuevos periodistas que irrumpían triunfantes, los gigantes del periodismo que declinaban, los favoritos de los editores, los que estaban excluidos. Así describe Theodore H. White[273] la importancia que Kennedy le daba al poder de los medios de comunicación. Kennedy se concentraba en las piezas importantes del juego: Los reporteros, los comentaristas, las personalidades de la noticia. White menciona que con frecuencia le daba un dato confidencial a Benjamín Bradley; otras veces a William Lawrence, quien más tarde pasó del New York Times a corresponsal en Washington de ABC.

Las convenientes filtraciones comenzaron antes de la toma de posesión. El 19 de Noviembre, Lawrence, «después de jugar golf con el Presidente electo,» informó desde Palm Beach que Robert Kennedy estaba siendo considerado como Secretario de Justicia.[274] Será el estilo de la nueva Administración. El Washington Post habrá de publicar, en grandes titulares de primera página, y adelantándose a toda la prensa, la designación de Dean Rusk como Secretario de Estado. Kennedy, molesto, increpó a Rusk quien negó haber dado la información. «Kennedy entonces llamó a Phillip Graham, editor del Washington Post, y lo recriminó por esta historia en la primera página» –cuenta Rusk en sus notas autobiográficas–. «Yo sólo podía oir una sola parte de la conversación, pero aparentemente el

---

[272] Theodore C. Sorensen. «Kennedy.»

[273] Theodore White. «In Search of History.»

[274] A. Schlesinger. «Robert Kennedy y su Tiempo.»

presidente electo la noche anterior le había informado a Graham la designación. Kennedy explotó, 'Pero yo te lo dije' off the record.[275] Típico procedimiento que habrá de mantenerse en los 1000 días de su presidencia.

En diciembre varias historias «sobre hechos misteriosos en Guatemala» aparecen en periódicos norteamericanos. El 10 de enero el N.Y.T. destacó en su primera página una información de su reportero Paul P. Kennedy con un mapa de la base de Guatemala. A mediados de febrero, autorizado y alentado por sus superiores de la CIA, Howard Hunt (Eduardo) publica las fotos tomadas en los campamentos. Días después, en la edición de marzo 24 de 1961, (20 días antes de la invasión!!) aparecerán desplegadas en la primera plana del periódico Revolución de La Habana. Turner Catledge y Tad Szulc, del N.Y.T.; Howard Handleman, del U.S. News and World Report; Karl Meyer, del New Republic y periodistas de los diarios de Washington (Post, News, Star) mantienen un intercambio de información con funcionarios de la Casa Blanca y del Departamento de Estado. Sólo el semanario Time es mantenido a distancia.

James Reston («Scotty» para sus amigos), corresponsal en Washington del NYT, era el periodista más influyente en la capital. ¿Cómo obtenía Reston la información que necesitaba?: «Llamando por el teléfono a sus viejos amigos en la nueva Administración.» Con frecuencia «recogía voces discrepantes.» Con la cosecha de datos recogidos por la generosidad de los más altos funcionarios de la Nueva Frontera, elabora sus artículos que, a su vez, mucho influirán sobre los mismos indiscretos oficiales. Así puede informar el 11 de Abril en la primera página del NYT de «la aguda disputa en la Administración sobre cuan lejos se debe ir en ayuda de los refugiados para derrocar a Castro.»

Semanas antes, al preguntarle sobre los rumores de una invasión, Kennedy le había confiado «que todas las armas estaban en manos de los que iban a combatir.»[276] Con esa información «confidencial,» «haciendo uso de su legendario acceso a los más altos funcionarios visitó en su casa a Allen Dulles.» De estas entrevistas y de otras similares, saca la información que necesita el periódico para mantener en la primera plana el tema de la inminente invasión a Cuba. Veamos:

Abril 5: «La historia detrás de la declaración sobre Cuba.» James Reston. Página Editorial.

---

[275] Dean Rusk. «As I Saw It.» Apuntes autobiográficos del Secretario de Estado.

[276] Peter Wyden. Bay of Pigs.

Abril 7: «Unidades anti-Castro se entrenan en bases de la Florida.» Tad Szulc.

Abril 10: «Los Estados Unidos ayudan a entrenar fuerzas anticastristas en bases secretas de Guatemala.» Paul P. Kennedy.

Abril 11: «Altos Consejeros Americanos discrepan en ayuda a los enemigos de Castro.» James Reston.

Abril 12: «Estados Unidos y Cuba: El Problema Moral.» James Reston (Página Editorial).

Abril 14: «Estados Unidos y Cuba: El Problema Político.» James Reston (Página Editorial).

Comenta Chester Bowles, el Subsecretario de Estado para Asuntos Interamericanos, que luego de recibir del propio Dean Rusk seguridades de que se habían modificado los planes de invasión se lo comunicó así a Reston (las filtraciones de noticias al más alto nivel!) pero que éste le sostuvo que los planes de invasión se mantenían. Días después, dice Bowles, «se hizo evidente que tenían más sólida información en el Club Nacional de Prensa que en el Departamento de Estado.»

Se ofrecen, además, recompensas adicionales para todo periodista que disfruta de una relación personal con el presidente. «William Lawrence, comentarista de ABC que cubría la Casa Blanca para el New York Times era compañero de golf de Kennedy y fue el primero con muchas noticias» en su administración. Arthur Sylvester, Jefe del Buró de Prensa en Washington de una importante publicación era otro amigo que recibía con regularidad información previa... hasta que aceptó un trabajo en la propia administración,» señala McGuffin.

Hay dos hechos ciertos, incontrovertibles; a) Son las altas esferas oficiales las que acuerdan y cambian planes de acción y fechas de operaciones, y b) Ni el Consejo Revolucionario, ni la propia Brigada, conocen de estas decisiones ni de esos cambios. A Miró se le pide que –ignorante de lo que está sucediendo– ofrezca entrevistas y conferencias de prensa. No puede ser indiscreto porque nada sabe. Pero sirve para ocultar la ligereza o indiscreciones de otros. Pierre Salinger, Secretario de Prensa, describe así una escena con el Presidente que se queja teatralmente que ni siquiera en los líderes del Consejo Revolucionario podía confiarse en materia de seguridad. «Sólo 9 días antes del desembarco el Presidente del Consejo, Dr. José Miró Cardona, le dijo a la prensa que un levantamiento contra Castro era inminente... J.F.K. estaba lívido... «No puedo creer lo que estoy leyendo,» me dijo... «Castro no necesita agentes aquí. Todo lo que tiene que hacer es leer los periódicos!!!» Y esto lo decía el Presidente que le negaba todo tipo de información a los dirigentes cubanos. El mismo Presidente que autorizó informar a Miró sobre los ataques aéreos de Abril

15 sólo cuando ya los aviones volaban sobre sus blancos. El Presidente cuyos altos asesores en la CIA habían autorizado la amplia divulgación de las fotos tomadas –por un operativo de la Agencia– en los Campamentos de Guatemala.

La falta de sinceridad del Presidente Kennedy, al quejarse histriónicamente de las militantes declaraciones de Miró, se pone luego de manifiesto en la penúltima reunión de la Comisión Taylor (Mayo 25/61), la única a que es invitado el Presidente del Consejo Revolucionario. Dice así Miró Cardona: «El 4 de abril se me pidió (por Schlesinger y Berle) que ofreciera una conferencia de prensa en la que prácticamente yo declarara la guerra contra el régimen de Castro. Yo les dije que no creía que podría declarar la guerra cuando había tan pocos hombres en la fuerza invasora...»

Como puede verse, Schlesinger y Berle –los atareados mensajeros del Presidente– transmitían al dirigente del Consejo instrucciones, muy probablemente del mandatario norteamericano, para que luego éste pudiese montar rebuscadas escenas sobre la «indiscreción de los cubanos.»

Ese mismo día, el Presidente le daba a conocer, «informalmente,» a Chalmers Roberts, del Washington Post, que la fuerza invasora no sería grande y que positivamente no participarían tropas norteamericanas.[277]

En agradecimiento a la cooperación recibida de la administración el NYT aceptó «eliminar toda referencia a la participación de la CIA en la inminente invasión,» según relata Higgins en la obra citada.

Mientras, el Comité Pro Trato Justo para Cuba, con un aparente antiguo asociado bien instalado en el Ala Oeste de la Casa Blanca, advierte al Presidente Kennedy –en las páginas amigas del New York Times– el peligro de guerra y de disensión interna que enfrentaría este país si se continuaba con la política agresiva hacia Castro.[278]

White, en más de 100 páginas dedicadas a la administración de Kennedy, en su obra «In Search of History» ignora totalmente a Cuba y a Castro y sólo en dos ocasiones menciona, sin agregar detalle alguno, Bahía de Cochinos. Es el tipo de protección que, aún calificados historiadores como White, siempre le brindaron al Presidente Kennedy. Igual omisión aparece en su otra obra «America in Search of Itself.» (Cubre la campaña de 1956 en que aspiró a ser Vicepresidente; la campaña de 1960; los debates de TV, sus conferencias de prensa, su posición en los derechos civiles, pero ignora el gran fracaso de su administración).

---

[277] Trumbull Higgins. «The Perfect Failure.»

[278] N.Y. Times. Abril 6, 1961.

Las páginas del NYT las ofrecía generosamente su Director Ejecutivo, Turner Catledge,[279] sempiterno enamorado de la revolución cubana. «Yo simpatizaba con la revolución de Castro como simpatizo con el mayor número de revoluciones... mi impresión es que si nuestro gobierno se hubiera movido rápida y hábilmente pudiéramos haberlo convertido en nuestro aliado como, sin duda, él deseaba, y Cuba podría haberse convertido en un modelo para cambios revolucionarios, no comunistas, en este hemisferio,» confiesa Catledge en su autobiografía «My Life and The Times.»

Ni siquiera en las trágicas horas posteriores al 17 de Abril se abstiene el Presidente de cometer indiscreciones. El martes, cuando con gran desventaja se luchaba aún en Girón, el Presidente Kennedy almorzaba con el periodista Reston discutiendo qué hacer con el Director de la Agencia Central de Inteligencia. «Bobby debió haber estado al frente de la CIA. He aprendido algo: Tenemos que ocuparnos de la CIA. McNamara se ha ocupado de Defensa. Rusk ha hecho mucho con el Departamento de Estado. Pero nadie ha hecho nada con la CIA,» Schlesinger, presente en el almuerzo íntimo, recoge esas palabras del Presidente en su obra «Robert Kennedy y su Tiempo.»

Cuando en Abril 18 llegaban a la Casa Blanca los cables internos informando del desastre de la invasión, el Presidente almorzaba con Scotty Reston y Schlesinger decidiendo la sustitución de Allen Dulles. «Schlesinger nunca lo había visto tan controlado y efectivo... franco y calmado,» menciona Wyden. Cuando 1500 hombres enfrentaban la muerte en Girón, Kennedy, «franco y calmado,» discutía con el corresponsal en Washington del New York Times el destino del Director de la Agencia Central de Inteligencia.

Otro ejemplo de las calculadas filtraciones de noticias, aún en temas vitales para la seguridad nacional, lo encontraremos, pocos meses después, en la conferencia que Kennedy celebró con Kruschev en Viena sobre la posible confrontación por Berlín, en la que Reston, invitado especialmente por Kennedy, esperaba en la Embajada Norteamericana el regreso de Kennedy. «Kennedy me informó a mí, tranquilamente, el ultimátum que había recibido de Kruschev si los Estados Unidos no aceptaban el control comunista del acceso a Berlín,» manifiesta el propio Reston en su obra

---

[279] Turner Catledge, Director Ejecutivo de The New York Times, fue, junto con Maxwell del Chicago Tribune, Alicia Patterson, The Newsday, y George Healy del New Orleans Time-Picayune (Presidente de la Sociedad Americana de Editores de Periódico), quien invitó a Castro como el orador en la convención de esa sociedad de periodistas que se celebraría en Washington en Abril de 1959.

«Deadline.» Era otra de las tantas filtraciones que el presidente regalaba al influyente corresponsal en Washington del New York Times.

Hasta ahora, las conversaciones de los asesores de la Casa Blanca con el Presidente del Consejo abarcan solo tópicos de política social y económica del próximo Gobierno Provisional. No han tratado –por lo que se desprende de las reseñas de Schlesinger, Szulc, Alsop, Johnson y demás autores– el aspecto militar de la inminente invasión sobre la que prácticamente poco sabe Miró Cardona.

EL COMITÉ PRO TRATO JUSTO PARA CUBA EN LA CASA BLANCA.

El Consejo movió sus operaciones al Hotel Lexington en Nueva York. Allí John Plank, que hablaba excelente español, se reunió con Miró y otros para rehacer los pronunciamientos del Consejo en líneas razonables. Plank, profesor de la Universidad de Harvard, había sido incorporado en febrero de 1961 como consultor de Bissell y Bender. Increíblemente, éstos contrataron también a otro profesor de quien luego se dijo que había tenido una anterior «asociación con el Comité Fair Play for Cuba!!» El antiguo asociado del Comité Pro Trato Justo para Cuba, aparentemente, era William Barnes, de la Facultad de Derecho de Harvard (no confundirlo con C. Tracy Barnes, Asistente Director de Planeación del CIA).

John Plank había atendido la reunión de la Asociación de Abogados Inter-Americanos celebrada en La Habana en 1960. Estaba convencido por sus contactos personales y por su estadía en la isla que la mayoría de los cubanos estaba feliz «con la atmósfera de Boy Scouts» creada por Castro, y que «el pueblo respaldaba con entusiasmo la reforma agraria y las demás leyes revolucionarias.» Había conocido en enero de 1961 por los periódicos y conversaciones que los Estados Unidos estaban alentando una revuelta en Cuba pero él quería «darle a Castro una oportunidad» porque «bajo Batista, Cuba había sido el prostíbulo de América.»

En febrero llamó Plank a Schlesinger para decirle que había discutido estas inquietudes con otro profesor (Bill Barnes). Schlesinger se reunió con ellos y los instaló en el Ala Oeste de la Casa Blanca.[280]

---

[280] P. Wyden. Obra Citada.

Tan sólo cuatro semanas atrás el Comité Pro Trato Justo para Cuba había solicitado al Congreso Federal que investigara informes que indicaban que la CIA estaba estableciendo bases secretas para una invasión.[281]

El 24 de marzo este activo comité solicita del hermano del Presidente, el Procurador General de los Estados Unidos, Robert F. Kennedy, una investigación sobre el apoyo que la CIA le «está dando a los movimientos contrarrevolucionarios.» Richard Gibson,[282] Secretario Nacional interino del comité, denunció a los medios noticiosos el apoyo de la Agencia de Inteligencia a los grupos contrarrevolucionarios.[283]

El Comité Pro Trato Justo se había dado a conocer por un anuncio en el New York Times en gran parte pagado por Raúl Roa Koury, funcionario ya del gobierno castrista.[284] A partir de ese momento (Abril 6, 1960) realizaron una intensa campaña de proselitismo efectuando al mismo tiempo, actos de calle. Un año más tarde, desde su confortable base en el Ala Oeste de la Casa Blanca, Bill Barnes –de ser cierta la antigua vinculación– podía ahora informar más acuciosamente a los dirigentes del Comité Trato Justo, tan militantes que al darse la noticia de los ataques aéreos de Abril 15 sus miembros marcharon frente al edificio de las Naciones Unidas gritando «Cuba Sí, Yankees No!»[285] En octubre pasado su presidente, el escritor Waldo Frank, había viajado a Cuba donde celebró extensa entrevista con el presidente Dorticós.

DEBILITANTES CAMBIOS EN LOS PLANES MILITARES.

A medida que el Presidente Kennedy modificaba, debilitándolos, los planes paramilitares de la CIA y de EMC los responsables de las planificaciones descartadas expresaban su inconformidad a sus superiores

---

[281] Haynes Johnson. «The Bay of Pigs.»

[282] Richard Gibson era en 1961 el Secretario Ejecutivo interino del Comité Pro Trato Justo para cuba. Luego del fracaso de Bahía de Cochinos tuvo que someterse a un intenso interrogatorio ante el Comité Judicial del Senado de los Estados Unidos. Durante las audiencias se vio obligado a responder sobre las actividades del Comité, sus reuniones, publicaciones, y los funcionarios que lo dirigen (con enorme frecuencia se acogió a la Quinta Enmienda para evadir responder).

[283] Periódico El Mundo, La Habana, Marzo 25, 1961.

[284] Audiencia del Comité del Senado (Abril 25, 1961).

[285] New York Times, Abril 17, 1961.

inmediatos. Así Jack Engler[286] y el Coronel Jack Hawkins presentaron a Dick Bissell sus renuncias. Necesitó Bissell, que se distinguía por su reconocida capacidad persuasiva, de toda su habilidad para mantener a bordo a sus dos principales colaboradores.

Ahora todo se acelera. Todo se hace –y se deshace– de prisa. Se crea un Comité de Trabajo y, antes de que éste pueda realizar labor alguna, se constituye otro que, como el anterior, pronto dará paso a un tercero. Muchos comités y pocos –y deficientes– resultados.

Así, en enero de 1961 el recién estrenado Presidente Kennedy toma dos decisiones. Asume la responsabilidad de aprobar o modificar los planes militares sobre Cuba, asistido sólo por un grupo reducido de asesores del Consejo de Seguridad Nacional. Y, dado este paso, forma –con los representantes de la CIA, del Departamento de Estado, del Departamento de Defensa y del Pentágono– un «Grupo de Trabajo» para «coordinar acciones futuras....con el propósito de derrocar a Castro.» De hecho, estos funcionarios que antes tenían responsabilidades ejecutivas cesan en esas funciones.

Unos pocos días después se crea otro comité: el Grupo Interdepartamental recomendado en el informe JCSM-44-61. Éste grupo debía considerar en el caso cubano los distintos cursos de acción, en ascendente grado de participación norteamericana. Fue éste el informe que misteriosamente «se extravió» luego de llegar a manos del Secretario de Defensa.

Pero se cree necesario crear otro comité más (el tercero en dos meses) y el Presidente Kennedy aprueba, el jueves Marzo 16, el Segundo Grupo de Trabajo Interdepartamental que tendría como función llevar a cabo el trabajo iniciado en enero: un detallado plan de operación para respaldar el nuevo concepto de un desembarco anfibio por TRINIDAD. Es en esa misma reunión que, con la vehemente oposición del Gral. Lemnitzer, Jefe del Estado Mayor Conjunto de las Fuerzas Armadas de los Estados Unidos, el Presidente decide sustituir TRINIDAD (tan cerca del Escambray) por las pantanosas tierras de la Ciénaga de ZAPATA. La razón para el cambio exigido por el mandatario norteamericano: «Lo necesitábamos para tener una fachada detrás de la cual poder negar que los ataques procedían de Estados Unidos, Guatemala o Nicaragua» según advirtió el Sub-Secretario de Estado Thomas C. Mann.

[286] Jack (Jake) Engler había sido oficial de la Embajada de Estados Unidos en Cuba. Luego ocupó la posición de Jefe de Estación de la CIA en Guatemala donde participó en el golpe militar a Jacobo Arbenz. Posteriormente mantuvo el cargo de Jefe de Estación de la CIA en Venezuela durante 1959. En los Estados Unidos participó, junto con Bissell, en las presiones que los altos jerarcas de la CIA ejercieron sobre los dirigentes civiles del FRD y del Consejo Revolucionario Cubano.

Dos días después, el sábado 18, delegados de distintas nacionalidades a la Conferencia de México que estaban de visita en Cuba «invitados por el Instituto Cubano de Amistad con los Pueblos almorzaron con el Primer Ministro doctor Fidel Castro, en la Ciénaga de Zapata.» Así destacaba, con grandes titulares de primera página, el periódico Revolución, en su edición de marzo 20, la importancia que el régimen le concedía a esta área hasta hace poco abandonada.[287]

El nuevo grupo interdepartamental de trabajo presentó su informe en marzo 23 (fue el primero en formalizar la coordinación interdepartamental que hasta ese momento había dependido de comités y reuniones a nivel presidencial), pero, por su naturaleza secreta el grupo no conservaba copias de las reuniones y no dejaba por escrito constancia de sus decisiones. Un claro signo del fracaso a que estaba abocada la operación.

Hay una completa desconexión entre los que, aislados en un cuarto de conferencia, toman decisiones y aquéllos que están más familiarizados con los acontecimientos que vertiginosamente se van produciendo. Robert A. Hurwitch, quien desde Octubre de 1960 fue designado Oficial a Cargo de Asuntos Cubanos en el Departamento de Estado, lo expone así nada menos que al Profesor John Plank: «Hubo a mi juicio, un divorcio entre las personas que diariamente, minuto a minuto, tenían acceso a información, a lo que estaba pasando, y las personas que trazaban los planes y tomaban las decisiones. Este divorcio nos costó muy caro, como la historia nos ha mostrado.»[288]

De los cambios impuestos por JFK a los planes, el que más afectó a los militares fue el de los limitados ataques aéreos dos días antes del desembarco. Ataques ordenados por razones políticas y no militares. La idea surgió de McGeorge Bundy, el Asesor del Presidente quien, junto con Schlesinger, Rusk y Goodwin, representa a lo más liberal de la Nueva Frontera.

En Marzo 15 de 1961 en memorandum confidencial dirigido al Presidente expresa Bundy: «Aún el revisado plan de desembarco depende grandemente de la pronta acción contra la fuerza aérea de Castro. La

---

[287] Días después, el 13 de abril, volvía destacarse la atención preferente de la zona al hacerse resaltar en la prensa oficial que «erradicarán en la Ciénaga de Zapata el analfabetismo y se convertirá en el primer territorio que quedará libre de analfabetos.» Que la pretensión fuese falsa, que tales campañas de alfabetización fueran un fraude, no disminuiría la atención que el régimen estaba ofreciendo, pública y estentóreamente, a la zona escogida para el desembarco.

[288] Robert A. Hurwitch, Transcription Historia Oral de Kennedy. Pt. 1. 1964 (JFK Library).

pregunta que tengo en mente es si no podemos resolver este problema realizando el ataque aéreo un poco tiempo **antes** de la invasión» y describe «su plan:» «Un grupo de aviones patriotas volando desde base en Nicaragua podrían destruir la Fuerza Aérea de Castro en un solo día sin que nadie sepa (por algún tiempo) de donde vinieron, y con nada que pruebe que no fue una rebelión interna de la Fuerza Aérea Cubana;... los pilotos serán de verdad antiguos miembros de las Fuerzas Armadas que pasaron a la oposición hace algún tiempo.»[289]

No puede el Presidente Kennedy alegar ignorancia sobre la marcha de los acontecimientos en los campamentos. En los primeros días de abril «había llegado a la base Trax un nuevo americano, experto en desembarcos anfibios,» que –de acuerdo al Coronel Frank,[290] el oficial del CIA de mayor graduación en la base– «ayudaría a trasladar las tropas desde las montañas a la base y de allí a los barcos.» Aunque la Brigada no lo sabía esta persona «actuaba como un emisario del Presidente Kennedy.»[291]

El 5 de Abril –dos días antes de la visita de Miró a Washington– John F. Kennedy había reunido a Rusk, McNamara y Allen Dulles (sin la presencia de militar alguno), informándoles de su aprobación al plan con la aclaración que, bajo ninguna circunstancia, fuerzas norteamericanas se viesen envueltas y que, seguimos citando a Stewart Alsop, los líderes cubanos fuesen claramente advertidos en antelación de estas decisiones. No hay concluyente evidencia de que esto se hiciere.

La misión de Schlesinger, Berle y Bonsal era ahora la de convencer a los dirigentes cubanos que «los Estados Unidos no enviarían tropas y que el Consejo no debía esperar un reconocimiento inmediato de los Estados Unidos;» así lo expone Schlesinger a Kennedy en su memorandum de Abril 10. No hay constancia que esto hubiese sido claramente expresado a Miró, aunque Kennedy en una Conferencia de Prensa dijo dos días después (Abril 12) que «no habrá, bajo ningunas condiciones, una intervención en Cuba de las Fuerzas Armadas Norteamericanas.»

---

[289] Este memorandum estuvo clasificado como «Secreto» por más de 20 años.

[290] Coronel Frank J. Egan, U.S. Army, Base Trax, Guatemala.

[291] Haynes Johnson. The Bays of Pigs.

La Brigada se encuentra ya en Puerto Cabezas. En apenas 12 horas comenzará a abordar los viejos barcos mercantes que llevarán a sus hombres a playas cubanas.[292]

En esos momentos (Abril 12) una importantísima reunión se celebra en la Casa Blanca. Participan el Presidente, el Secretario de Estado, el Estado Mayor Conjunto (EMC), oficiales del Consejo Nacional de Seguridad y de la Agencia Central de Inteligencia. Es Richard Bissell, Director de Planes del CIA, quien presenta los últimos cambios al plan de operaciones sugeridas por la Casa Blanca y el Departamento de Estado. Igualmente informa la fecha ya escogida para el desembarco: El 17 de Abril.

Aunque los cambios de última hora incluían ataques aéreos el día D-2 (Abril 15) que se haría pretender que eran realizados por desertores de la Fuerza Aérea de Cuba, ninguna atención se le dió a un evento de extraordinaria trascendencia. Estos funcionarios que representaban lo más selecto del aparato militar de la seguridad nacional y de la inteligencia de esta nación no valoraron que en esa fecha se celebraban las últimas

---

[292] Otro documento que merece ser estudiado cuidadosamente es el de la evaluación del elemento aéreo en la fuerza organizada por el CIA presentado por el Teniente Coronel P.W. Tarwater de la Fuerza Aérea Norteamericana. Esa evaluación, que aparece como Documento Adjunto «A,» en el dictamen de la Comisión Taylor, hace un favorable informe sobre la fuerza aérea de la Brigada insistiendo en que el éxito del ataque aéreo descansaría en el factor sorpresa y que esta posibilidad estaría en peligro con una operación anfibia, enumerando las siguientes razones:

a) La existencia de una población infiltrada de comunistas a una milla de la base aérea. {Dice en este punto el informe rendido a fines del mes de Febrero (siete semanas antes del desembarco): «El alcalde de Retalhuleu es militante del Partido Comunista y vive a una milla del aeropuerto. Muchos panfletos han sido circulados en la ciudad de Guatemala por el Partido Comunista dando muchos detalles de la actividad. Aunque hay algunas inexactitudes en el material, mucho de ello es cierto. Por esto puede presumirse que Castro sabe prácticamente todo sobre la operación **excepto** cuando, como, donde y con qué intensidad.»}
b) La cercanía de líneas de ferrocarril y carretera que permite la observación de actividades en Retalhuleu que facilitaría detectar el movimiento de las tropas hacia Puerto Cabezas. Las medidas excepcionales que se estén tomando en Puerto Cabezas alertarían a muchos de que algo poco usual está sucediendo.
c) Que los muelles desde donde las tropas embarcarán están cerca de una carretera que rodea la ciudad.
d) Por todo lo anterior resultaría fácil para los agentes de Castro informar el movimiento de tropas que se dirigen a Cuba.

Por todas estas razones el Teniente Coronel Tarwater recomendaba mover las tropas hacia Cuba por aire en lugar de la operación anfibia.

sesiones de la Asamblea de las Naciones Unidas y que este organismo tenía programado para el 17 de abril discutir «varios planes de agresión y actos de intervención.» (El debate sobre las acusaciones de Cuba a los Estados Unidos por agresiones había sido pospuesto nuevamente el lunes 10 de Abril).

CONVERSACIONES CON MIRO CARDONA.

Según Schlesinger, el 13 de abril (el día siguiente de su reunión con Georgi Kormienko, el consejero de la embajada soviética) voló a New York para reunirse en el Century Club con Miró, Berle y John Plank. Éste último actuará de intérprete. Schlesinger, siempre tan explícito al transcribir sus propias palabras y describir sus acciones, no hace referencia alguna a lo que él informó al Presidente del Consejo. Los cuatro largos párrafos en los que narra esta entrevista los dedica casi enteramente a expresar la irritación de Miró porque «el CIA lc ha marginado en lo referente a la invasión» y la incredulidad de Miró en las declaraciones del día anterior del Presidente Kennedy, atribuyéndolas a «una comprensible pieza de guerra psicológica.» (Kennedy había expresado en una conferencia de prensa que «bajo circunstancia alguna habrá intervención en Cuba de las Fuerzas Armadas de los Estados Unidos.»)

Era comprensible que Miró Cardona desestimara las declaraciones recién formuladas por el Presidente Kennedy y las considerase como un formulismo. Nadie había pedido «la intervención de las Fuerzas Armadas de los Estados Unidos.» Sólo se contaba, porque así se había ofrecido, con el respaldo necesario para que los cubanos –y sólo los cubanos– pudieran llevar a feliz término la liberación de su patria.

Schlesinger afirma que en la entrevista del día 13 de Abril Miró había dicho que 10 mil cubanos se alinearían inmediatamente con las fuerzas invasoras a lo que Berle replicó que habría suficientes armas para ello, y que esa afirmación de Berle la tomó luego el Presidente del Consejo como una promesa de respaldar la invasión con 10 mil soldados.

La versión de Miró difiere totalmente.

Según declaró Miró a la Comisión Taylor,[293] fue el 4 de Abril en una nueva entrevista con Berle, que éste le informó que una fuerza de 15 mil

[293] La Comisión Taylor, presidida por el Gral. Maxwell D. Taylor fue designada por el Presidente Kennedy en Abril de 1961 para conocer «las lecciones que pueden ser aprendidas de los recientes eventos en Cuba.» En un juicio crítico sobre la Comisión Taylor, el Comandante San Román afirmó que ese Comité Investigador, dirigido por Robert F. Kennedy tenía «afán en esconder hechos y confundir historias.» (José P. San Román, Respuesta).

hombres estaría disponible. Miró expresó sorpresa porque el Coronel Frank en la base Trax le había prometido 30,000 hombres. Berle –y repetimos las palabras del Presidente del Consejo– le dió su palabra de honor de que podría contar con 15 mil hombres. La promesa, «bajo palabra de honor,» le había sido ofrecida el día 4 cuando Berle le pidió que diera una conferencia de prensa.

De las 21 reuniones que celebró la Comisión Taylor, Bobby Kennedy sólo faltó a una: La reunión del 25 de Mayo en la que el único testigo que comparecía era el Dr. José Miró Cardona. O la opinión del Presidente del Consejo Revolucionario Cubano le resultaba al Secretario de Justicia tan indiferente ahora como antes o no quería enfrentar un testimonio que sabía resultaría incriminatorio.

En los dos meses de frecuentes entrevistas sostenidas con los más altos funcionarios de la administración nada le habían comunicado que le hubiese hecho variar su opinión –compartida por los demás dirigentes cubanos del Frente y, ahora, del Consejo –de que la operación tendría el necesario respaldo norteamericano para llevarla a feliz término.

Recordaba el presidente del Consejo las palabras del entonces candidato presidencial en los debates televisados durante su reciente campaña: «Debemos fortalecer las fuerzas democráticas anticastristas no-batistianas en el exilio y en la propia Cuba. Las fuerzas que ofrecen la esperanza de derrocar a Castro.»

La administración de Eisenhower –decía el candidato Kennedy– nada ha hecho para impedir que Castro consolide su poder.[294]

CUBA: TEMA CENTRAL EN LA CAMPAÑA PRESIDENCIAL.

Gran importancia adquirió Cuba durante la contienda presidencial de 1960. En los primeros meses de la campaña cuando, dentro del Partido Demócrata, se sucedían las muchas elecciones primarias para seleccionar al candidato presidencial del partido, el tema cubano no formó parte del debate. Fue después que Kennedy alcanzara la nominación Demócrata[295]

---

[294] Se ha afirmado que al convertirse John F. Kennedy en el candidato presidencial demócrata fue oficialmente informado en Julio 23, 1960 sobre la operación secreta. Así lo expresa Richard Nixon en su libro «Seis Crisis» publicado en 1962. En sus «Memorias» publicadas, en 1978, Nixon vuelve a afirmar que durante los debates televisados Kennedy conocía de los planes de invasión.

[295] Luego de intensas maniobras de los candidatos (J.F. Kennedy, Lyndon Johnson, Stuart Symington, Hubert Humphrey y Adlai Stevenson (que decía no ser candidato), los delegados de la Convención, presidida por el gobernador de la Florida, Le Ray Collins,

(Nixon había logrado fácilmente la de su partido), que el espectro de Castro comenzó a surgir, con creciente fuerza.

La prolongada visita de Castro a Nueva York y su comparecencia ante la Asamblea General de las Naciones Unidas tuvo, para la prensa, los efectos de una catapulta en el caso cubano. Preside Castro la Delegación Cubana, pronuncia el 20 de Septiembre un extenso discurso en la sesión inaugural del decimoquinto período de sesiones y, al día siguiente, recibe un televisado abrazo del Primer Ministro Nikita Kruschev. Se convierte Castro en personaje importante para la prensa norteamericana y Cuba en tema de la ya candente campaña presidencial.

Dos días después –tan solo a las 48 horas del espectacular abrazo– Kennedy da a conocer en Septiembre 23 su solidaridad con el pueblo cubano expresando que «las fuerzas que luchan por la libertad en el exilio y en las montañas de Cuba (las menciona en ese orden) deben ser apoyadas y ayudadas.» A partir de ese momento, Cuba va convirtiéndose en tema central de la campaña.[296]

Miró recordaba vívidamente los titulares del New York Times en la primera página: «Kennedy pide ayuda para los rebeldes cubanos en su lucha contra Castro.Urge respaldo a los exiliados combatientes por la libertad.»

No podía Miró pensar que eran falsas las declaraciones del entonces candidato Kennedy demandando «ayuda norteamericana a los combatientes cubanos.» Hasta hoy, decía Kennedy en Octubre 20, «estos combatientes por la libertad no han tenido *prácticamente* la ayuda de *nuestro gobierno.»*[297] Guarda vívidamente en su memoria estas palabras porque es éste uno de los primeros debates que puede presenciar Miró recién llegado de su asilo en Argentina.

Resonaban aún en sus oídos las militantes críticas del nuevo Camelot al recién impuesto embargo comercial a Cuba: «Es muy poco, y muy tarde... los Republicanos nada han hecho para detener la creciente penetración comunista en Cuba.»

En el debate de la semana anterior Kennedy había criticado amargamente «la pasividad Republicana» ante el creciente avance del comunismo. Ya antes, en octubre 6, –cuando están alzados en el Escambray Plinio Prieto, Sinesio Walsh, Porfirio Ramírez y otros héroes– denunciaba Kennedy la

---

votaron mayoritariamente por Kennedy.

[296] Kent M. Beck en su obra «Mentiras Necesarias, Verdades Ocultas: Cuba en la Campaña de 1960» publicada en «Diplomatic History» desarrolla extensamente este tema.

[297] Debate de Octubre 20, 1960.

presencia de Castro «a sólo 90 millas de nuestras costas» como «el más flagrante fracaso de nuestra política exterior,» afirmando que «en los próximos meses la lucha contra Castro se producirá no solo en las montañas de Cuba.»

Tal vez Miró había leído la respuesta que el entonces candidato Kennedy ofreció al periodista de la cadena Scripps-Howard cuando le preguntó cómo enfrentaría el problema cubano: «Las fuerzas que luchan por la libertad en el exilio y en las montañas de Cuba *deben ser respaldadas y ayudadas.»* En la misma entrevista el aguerrido Senador por Massachusetts culpaba a Eisenhower por «permitir que Cuba se convirtiese en la primera base comunista en el Caribe.»[298]

Sin dudas, Miró, ávido lector, recordaba y creía las palabras pronunciadas por el Presidente Kennedy tres meses antes, en su discurso inaugural: «Pagar cualquier precio, soportar cualquier peso, enfrentar toda dificultad, respaldar al amigo, combatir a cualquier enemigo, para asegurar la supervivencia de la libertad.»

¿Cómo, entonces, podía Miró concederle credibilidad a las recientes declaraciones del presidente norteamericano?

Sólo olvidaba Miró que el gladiador que en los debates presidenciales de octubre de 1960 se indignaba porque la Administración de Eisenhower «nada hacía contra el tirano que esclaviza a su pueblo a sólo 90 millas de nuestras costas,» había juzgado los hechos en forma muy distinta 12 meses atrás. En efecto, en Octubre de 1959, en su libro «La Estrategia de la Paz,» John F. Kennedy afirmaba que si la Administración de Eisenhower «le hubiese dado al brioso *joven rebelde* una bienvenida calurosa en su hora de triunfo, *especialmente en su viaje a este país,»* Castro no se hubiera volcado hacia los comunistas. Apaciguador en 1959. Guerrero en 1960.

LLEGA LA ORDEN DE MOVILIZACION.

No solo hay serias discrepancias con las afirmaciones de los hombres cercanos a la Casa Blanca y al Departamento de Estado. Las hay más evidentes con los oficiales del CIA que operan en los Campamentos y en Washington. En Abril 9 llega a los Campamentos la orden de movilización. A través de los norteamericanos de la base, Artime envía un mensaje a Miró informándole que la Brigada está saliendo y que la invasión se acerca. Recibe esta respuesta: «ADELANTE. BUENA SUERTE. MIRO.» (Miró ha

---

[298] T. Szulc... «The Cuban Invasion.»

negado haber recibido mensaje alguno de Artime y, por tanto, haber enviado esa respuesta).[299]

> «Los miembros del Consejo sabían que el clímax era inminente aunque ellos no sabían cómo, cuándo o dónde.Hombres decentes, con profundo amor por su país, estaban dispuestos a hacer cualquier cosa para liberar a su patria. Esto generó una comprensible dispo-sición para subordinar los intereses de los Estados Unidos a los de una Cuba Libre. Esto representaba un peligro para los Estados Unidos» explica Schlesinger al narrar una de sus conversaciones con Miró.

Es este Consejero Presidencial, Schlesinger, quien expone a Kennedy –bien tarde en la trama de esta tragedia– que la primera protección de los Estados Unidos «para no verse envuelto paso a paso» en el conflicto debe ser «convencer a los líderes cubanos que en no previstas circunstancias se enviarían tropas norteamericanas.» Así lo comunica al presidente en un memorandum de Abril 10. En esa fecha la Brigada había comenzado su marcha desde los campamentos de Guatemala hacia Puerto Cabezas en Nicaragua. A las 2 de la tarde San Román llamó a formación; pronto llegaron los camiones y a las 5 el último ya había partido con el Coronel Frank y el personal de la Jefatura de la Brigada. Llovía y los brigadistas cantaban el himno nacional. Así describe Oliva este momento.

Más de 10 reuniones habían tenido los jefes cubanos de la Brigada con el Coronel Frank en la Base Trax. Al hablar con Haynes Johnson[300] resume Oliva de este modo la información que recibió:

1) Las fuerzas que desembarcarán en Cuba serán mucho mayores que los 1500 hombres de la Brigada.
2) Los cubanos tendrán el completo respaldo del gobierno de los Estados Unidos, incluyendo respaldo militar y aéreo.

---

[299] Haynes Johnson. The Bay of Pigs. De acuerdo a declaraciones de Artime, el Coronel Frank (Frank Eagan) se había comprometido a servir de intermediario en las comunicaciones entre Miró y Artime. Al no recibir Artime respuesta a varias de sus comunicaciones se quejó a Frank diciéndole que si no recibía contestación inmediata de Miró, él (Artime) instruiría a la Brigada a no embarcar. Al día siguiente recibió el mensaje: «TODO BIEN. BUENA SUERTE. ADELANTE.» Vemos hoy, por las declaracines de Miró y Artime, que el Coronel Frank no transmitía los mensajes de los altos ejecutivos del Consejo Revolucionario.

[300] Haynes Johnson. Obra Citada.

3) La invasión se va a producir aún si Washington tratase de detenerla.
4) Más importante para los cubanos, la invasión tendrá éxito y ellos podrán liberar a su patria.

Al mencionar en su obra «One Thousand Days» su memo de abril 10 al Presidente Kennedy, omite Schlesinger un párrafo que no lo muestra del todo pesimista sobre las posibilidades de éxito de la invasión: «sobre todo, nosotros debemos empezar a pensar rápidamente para encontrar un hombre suficientemente astuto, agresivo e influyente que vaya a La Habana como Embajador de los Estados Unidos y se asegure que el nuevo régimen comience en un sendero socialmente progresista.» Resulta interesante la omisión de este párrafo.

DE ESPALDAS A LOS CUBANOS.

El Presidente Kennedy se esfuerza en mantener a Miró y demás dirigentes cubanos marginados en todo lo relacionado con la operación militar.

En una reunión de la Casa Blanca en Abril 6, Bissell delineó el Plan de la Defección de un piloto tres días antes del desembarco, y ataques aéreos y desembarques de guerrilla dos días antes del desembarco principal. *El Presidente Kennedy indicó que «el Consejo* (Consejo Revolucionario Cubano) *no debía ser informado de ésto.»* Sorpresivamente el Secretario de Estado, Dean Rusk, consideró que este plan era lo mejor que podía hacerse y el Presidente Kennedy dió instrucciones de que se aumentasen las conferencias de prensa ofrecidas por Miró Cardona. En otras palabras, el Presidente de los Estados Unidos deliberadamente deseaba mantener al Consejo Revolucionario ignorante de los planes y, al mismo tiempo, tener ocupado al Dr. Miró Cardona en un creciente número de entrevistas de prensa.

Días antes, cuando se discute en el Departamento de Estado la formación del Consejo Revolucionario alguien propone consultar a algunos cubanos. Berle responde de inmediato: «no tenemos tiempo para consultar a los cubanos.»[301]

Mientras altos funcionarios mantienen un intercambio de información con acreditados periodistas y les ofrecen valiosas filtraciones se procura responsabilizar a «los cubanos» por todas las historias que aparecen en la prensa. «No podemos informarle al movimiento clandestino (de nuestros

---

[301] Peter Wyden. Obra citada.

planes).... con esos estúpidos h/p todo se sabría» exclamó el Coronel Hawkins.[302]

De espaldas a los cubanos se realizan los planes de una operación que va a decidir el futuro de la patria de los que son excluidos. Los dirigentes del Consejo Revolucionario, al igual que los miembros de la Brigada, resentían el innoble tutelaje que se les imponía. Pero consideran que no tienen otra alternativa. Se repetía el triste episodio de la Enmienda Platt: Tenemos República con enmienda o no tenemos República. Dice Duarte Oropesa[303] al hablar de los miembros de la Convención Constituyente de 1902: «Es injusto dividir a los Convencionales en grupos *a favor* y *en contra* de la Enmienda Platt. Es justo calificarlos de resignados unos y recalcitrantes otros.» La misma situación se repite en Abril de 1961. Expone con notable generosidad el Comandante José Pérez San Román cómo «líderes de prestigio nacional: Dr. Miró Cardona, Tony Varona, Maceo, etc. mordieron su orgullo porque ellos tenían fe. La patria demandaba que tragaran su orgullo a cambio de la libertad de Cuba, y ellos cumplieron haciendo este doloroso sacrificio.»[304]

Resignados unos y recalcitrantes otros, los cubanos, dispuestos a pagar con su sangre y su dignidad personal el precio de la libertad de su patria, aceptaron el doloroso papel de no tener voz en los planes.

«¿De qué se puede acusar al Consejo Revolucionario Cubano a no ser de creer fervientemente y permitir ser conducidos por aquellos que ellos consideraban que sabían y podían confiar?» vuelve a exponer en su obra el Comandante San Román.

Ignorantes de los fatídicos cambios introducidos en los planes de invasión, los cubanos confían en el joven presidente que con tanta gallardía había exigido «ayuda para los rebeldes cubanos en su lucha por la libertad.» El candidato que había demandado «ayuda norteamericana a los combatientes cubanos» era ahora Presidente.

Sabe el Presidente que había sido imprudente en sus promesas. Y sólo él y un reducido grupo de allegados conocen que tales ofrecimientos no van a ser cumplidos. Las prevenciones, los escrúpulos, que desde Noviembre del pasado año debió haber expresado y calló, parecían comenzar a atormentar al presidente norteamericano –cuando ya la Brigada está en marcha, confiada en la palabra empeñada y la promesa ofrecida.

---

[302] Peter Wyden. Obra citada.

[303] José Duarte Oropesa, Historiología Cubana. Tomo II.

[304] Comandante José Pérez San Román. «Respuesta.»

Durante los 5 meses transcurridos desde que, como Presidente electo, conoció del proyecto de invasión no se había preocupado en informar a los miembros del Frente, ni a los nuevos dirigentes del Consejo, que el ofrecimiento de darle respaldo a la fuerza expedicionaria no se mantenía.

Es en las últimas horas que pide, primero a Schlesinger y luego a Bissell, que le hagan entender a Miró que no podrá contar con el respaldo norteamericano.

En abril 12 el Grupo Especial[305] se reune en la Casa Blanca. El presidente destaca la necesidad de que los Estados Unidos no se vean asociados con la operación y que terminen todas las actividades de entrenamiento que se estaban realizando dentro de los Estados Unidos.[306]

El menosprecio a la vida de los combatientes cubanos aumenta a medida que se acerca el D-Day.

El 13 de Abril, como hemos narrado, Schlesinger vuela a Nueva York bajo «una enceguecedora tormenta de lluvia» para entrevistarse con Miró y darle a conocer el mensaje del Presidente Kennedy de que «el gobierno provisional no recibirá el reconocimiento de los Estados Unidos hasta que no estuviese *completamente* establecido, y que en ningún momento habría respaldo militar.» Hemos visto que Schlesinger, brillante narrador, no menciona en ninguna del centenar de páginas que en su obra dedica al fiasco de Playa Girón que haya hecho llegar en forma diáfana este mensaje que, además de tardío, contradice las seguridades que en el Campamento han recibido los jefes cubanos de la Brigada. Es Abril 13. En esos momentos los hombres ya están abordando los 7 pequeños y herrumbrosos barcos. «Sentí una gran decepción cuando nos acercamos a los barcos» le expresó Oliva a Haynes Johnson. «Era algo que no esperábamos. No eran lo que deseábamos.» Estas mismas observaciones las hace con Ros en reciente conversación.

Para los que desde, o cerca de, la Casa Blanca tenían en sus manos el destino de estos hombres no era esto motivo de gran preocupación. Los miembros de la Brigada –y todos los cubanos que en una u otra forma estaban siendo utilizados en esta «operación encubierta»– eran desechables. *«Es mejor botarlos en Cuba, que en los Estados Unidos; especialmente si es allá donde ellos quieren ir»* fueron las frías palabras –de

[305] El Grupo Especial (COMITE 5412), era el comité secreto interdepartamental que tenía a su cargo la supervisión de operaciones especiales.

[306] Esta información viene ofrecida en la relación de reuniones de la Casa Blanca elaborada por el Mayor General David W. Gray, Jefe de la División de Actividades J-5.

acuerdo a su historiador– del presidente que en tan poco valoraba la vida y los ideales de estos hombres.

Schlesinger regresa a Washington deprimido. No ha tenido éxito en conllevar el tardío mensaje del Presidente y así se lo manifiesta a Kennedy. Es ya Abril 14, la pequeña flotilla está zarpando de Puerto Cabezas cuando el Presidente llama a Dick Bissell para que le haga comprender a Miró que no habrá de contar con respaldo militar. Pero Bissell, que por celos profesionales ha marginado de la operación cubana a Richard Helms,[307] Jefe de Operaciones de la CIA, delega en Tracy Barnes[308] la encomienda. Barnes se traslada a Nueva York para entrevistarse con Miró. Ya los barcos han partido de Puerto Cabezas.

De acuerdo a lo expresado por otro agente en el Segundo Meeting de la Comisión Taylor, Barnes y él habían informado a Miró la noche del 14 de Abril sobre los ataques aéreos del D-2. Alguien aquí falta a la verdad o no dice toda la verdad. El mensaje que llevaba Tracy Barnes (figura relevante en la CIA) era, según Schlesinger, informar a Miró que no podría contar con respaldo norteamericano. Según este otro funcionario de la CIA algo distinto se le dijo al dirigente cubano: Que en pocas horas se realizarían ataques aéreos a aeropuertos de Castro.

No hay un solo documento, ni uno solo, que muestre que el Presidente Kennedy –o funcionario alguno de su administración– se preocupase en informar a los dirigentes civiles o militares cubanos el cambio de planes que se había decidido el 11 de Marzo. El día en que, informado de los planes de una operación anfibia –en horas del día, con toda la fuerza aérea de los expedicionarios bombardeando, sin cesar, en continuas oleadas, los aeropuertos y objetivos militares de Castro –el Presidente, y sólo el Presidente, decidió que no quería algo «tan espectacular.» El mismo día en que una docena de los más altos funcionarios, civiles y militares, llegaron a la conclusión de que, con la Brigada, tenían en sus manos «un disposal problem.» El qué hacer con esta pesada y, por supuesto, indeseada

---

307 Richard M. Helms se incorporó a la CIA desde la creación de la Agencia en 1947. En 1960 era Jefe de Operaciones de la CIA, pero Dick Bissell, Director Diputado de Planes, lo mantuvo alejado de la «Operación Zapata» como en las semanas anteriores al 17 de abril denominó la Agencia Central la operación de Playa Girón. Helms fue luego Director de la Agencia Central de 1966 a 1973 durante Watergate.

308 Tracy Barnes, segundo en jerarquía dentro del DDP (Directorio de Planes) de la CIA, tenía en rango militar el grado de general. Graduado en Derecho en las Universidades de Harvard y Yale, trabajó bajo la dirección de Allen Dulles en Suiza durante la Segunda Guerra Mundial.

contingencia lo habrá de decidir, también, el Presidente y nadie más que el Presidente, en la reunión de Abril 4 en la Casa Blanca.

Que Schlesinger no era el mejor recadero para transmitir un mensaje con absoluta y diáfana claridad lo muestra la encomienda que recibió del Presidente Kennedy el viernes 7 de Abril de informar a Adlai Stevenson sobre la invasión: «La integridad y credibilidad de Stevenson constituye uno de nuestros grandes valores. Yo no quiero hacer nada que pueda dañar eso,» le recomienda el Presidente.

EL MENSAJE A STEVENSON.

Schlesinger se cita con Stevenson y funcionarios del Departamento de Estado, pero como llegaría tarde a la reunión comisiona a Bissell para hacer la exposición. Bissell, a su vez, delega el encargo en Tracy Barnes. Como vemos, no tenía una alta prioridad la obligación de informar al Embajador ante las Naciones Unidas. «Va a haber una operación en Cuba, dijo Barnes, que será un asunto estrictamente cubano. Contará con cooperación americana pero sólo en su entrenamiento y financiamiento.»[309] Barnes nada dijo sobre los campos de entrenamiento en Guatemala ni los ataques aéreos. El mensaje, con o sin premeditación, llegaba mutilado. Lo mismo que sucedería con el supuesto mensaje a Miró Cardona.

El propio Schlesinger –que antes, temprano en la mañana, se entrevista con Rusk quien vuelve a expresarle sus temores sobre el proyecto– dice haber participado junto a Tracy Barnes en «la larga conversación» con Stevenson, pero admite que «nuestra información a él (Stevenson) fue probablemente vaga y lo dejó con la impresión de que ninguna acción se realizaría durante la discusión del caso cubano en las Naciones Unidas.» Siempre el nebuloso Schlesinger dejando la impresión equivocada!

Aparentemente, contrario a la versión de Peter Wyden, lo único que Stevenson desconocía era la fecha exacta de los ataques y del desembarco. «Le hablamos –dice Martín,[310] citando textualmente a Schlesinger- sobre el grupo de exilados. Le dijimos que los estábamos entrenando, suministrándoles armas. No estoy seguro (los convenientes lapsos de memoria de Schlesinger) si le informamos que había aviones norteamericanos, pero le dijimos que no habrían tropas norteamericanas envueltas. Le informamos que los cubanos estaban armados por nosotros y que la

---

[309] Peter Wyden. Bay of Pigs.

[310] John Bartlow Martin: Adlai Stevenson and the World.

invasión se produciría. Pero hubo un fallo de comunicación. Creo que, inadvertidamente, lo dejé con la impresión de que no se produciría hasta que la Asamblea General clausurara sus sesiones.» Qué inocente inadvertencia! No obstante, se quiere dar la impresión de que se desea protegar la «integridad Stevenson.»

No tenía Kennedy muy alto concepto de Stevenson cinco años atrás cuando, en las elecciones primarias de 1956, el entonces senador por Massachusetts vio frustrado su propósito de convertirse en la segunda figura de la candidatura presidencial Demócrata encabezada por Adlai Stevenson.

Kennedy había brindado todo su apoyo a la nominación del antiguo gobernador de Illinois aunando en favor de éste los 6 estados del extremo noreste de la nación. Pero asegurada su nominación, Stevenson lejos de seleccionar a Kennedy como su vicepresidente –y preocupado ahora con el «negativo impacto» que ocasionaría un católico en el ticket presidencial –decidió dejar en manos de la Convención la selección. Tras extensas maniobras ésta recayó en Estes Kefauver, de Tennessee. No creyó Kennedy en aquella amarga Convención de Chicago que Stevenson era «uno de nuestros más preciados valores.»

Ni lo tenía cuando, cuatro meses atrás el nombre del que llegaría, por eliminación de otros aún menos confiables, a ser Embajador ante las Naciones Unidas, se barabaja como Secretario de Estado junto con el de Robert Lovet, David Bruce, William Fulbright y otros. «El único nombre que Kennedy eliminó de inmediato fue el de Adlai Stevenson. Lo rechazó sin ofrecer explicación alguna» expresa Dean Rusk en «As I Saw It.»

La explicación podría encontrarse en la caldeada campaña de 1960 cuando, poco después de las primarias de Oregon en Mayo 20, Kennedy no pudo conquistar el tan necesario respaldo de Stevenson. «Sus relaciones se habían deteriorado –dice Sorensen. Nosotros oíamos muchas cosas que Stevenson supuestamente había dicho de Kennedy.» Situación que había empeorado «luego de las recepciones ofrecidas a Stevenson en Boston y New York.»

Stewart Alsop[311] –considerado por muchos como un efectivo defensor de la política del Presidente –en extenso artículo publicado a las pocas semanas del fracaso de Girón, también se hace eco de las muy divulgadas instrucciones de Kennedy de que «nada debe hacerse que dañe la credibilidad» de Stevenson.

Evening Post, Junio 24, 1961.

---

[311] Stewart Alsop. Las Lecciones del Desastre Cubano, Saturday.

Si se tenía interés en «proteger la integridad» de Stevenson –sin tener que revelarle la fecha del desembarco– hubiera sido más apropiado (inclusive para el éxito de la operación) posponer la invasión por una semana, ya que las sesiones de la Asamblea General de las Naciones Unidas cesaban dentro de siete días. O haber informado debidamente al hombre a quien se le había ofrecido, como incentivo para que se subordinada a Rusk, que compartiría con el Secretario de Estado trazar la política exterior de los Estados Unidos.[312]

Porque, aunque parezca absurdo, los planeadores de la invasión la habían organizado para que se produjera en pleno funcionamiento de la Asamblea General, organismo que iba a recesar el 21 de Abril. El «tema cubano» ya estaba en la agenda. Cuba se había quejado, meses atrás, de los «varios planes de agresión y actos de intervención perpetrados por los Estados Unidos contra Cuba.» La discusión del tema se había pospuesto para Abril. La Misión Norteamericana había informado a las Delegaciones de Latino-América que los Estados Unidos se oponía fuertemente a cualquier resolución de la Asamblea General sobre la queja cubana.

Más absurdo aún era mantener al Embajador norteamericano ante el más alto organismo mundial ignorante de la acción que se iba a realizar y que él tendría que defender sin que se le hubiera dado la necesaria información.

Schlesinger había hablado con Stevenson el sábado 8 de Abril. Habrá sido todo lo explícito que de él se esperaba; o habrá sido más reservado de lo necesario. Pero, sin duda alguna, no pudo haberlo informado de los ataques aéreos del sábado 15 ni de la falsa defección del brigadista Zúñiga, por una sencilla razón: no fue hasta cuatro días después de esa conversación que –en una reunión en la Casa Blanca– se presentó el plan de atacar el 15 de Abril varios (en un principio iban a ser cinco) aeropuertos y simular la defección de un piloto de las Fuerzas Aéreas Rebeldes. A esa reunión, celebrada el miércoles 12, presidida por Kennedy, asistieron el Secretario de Estado, el Jefe del Estado Mayor Conjunto, el Secretario de Defensa, varios miembros del Consejo Nacional de Seguridad, el Gral. David Gray y Dick Bissell.

El ataque a los aeropuertos cubanos se produciría el sábado 15 en la mañana cuando, cuatro horas después, estaría sesionando la Asamblea General de las Naciones Unidas. Pero el Presidente Kennedy no se molestó en informar de tan trascendente acción a ese «gran valor» cuya «integridad y credibilidad» tanto le preocupaba y que se enfrentaría, a las 10 de la mañana, a la difícil tarea de defender una acción cuyo origen desconocía.

---

[312] Dean Rusk. «As I Saw It.»

Fue el triste, innecesario y perjudicial episodio del debate ante las Naciones Unidas el inicio de la liquidación política de este hombre que dos veces recibió la alta distinción de ser el candidato presidencial del partido mayoritario. El golpe final vuelve Stevenson a recibirlo en otro tema cubano.

Así describe Alsop –que en 1961 lo había defendido– la posición del Embajador norteamericano ante las Naciones Unidas durante la Crisis de los Cohetes en Octubre de 1962. «Stevenson había adoptado una posición que difería profundamente del Comité Ejecutivo del Consejo Nacional de Seguridad.....Stevenson, al revés de los miembros de ese Comité, estaba dispuesto a negociar con los comunistas la devolución de la base americana de Guantánamo en Cuba, y, asimismo, la eliminación de otras bases en el extranjero... Esas proposiciones habían sido acremente combatidas por otros consejeros presidenciales.»[313] Fue este el epílogo poco glorioso de un político norteamericano que siempre estuvo equivocado en el «tema cubano.»

Al tiempo que esto ocurría en el escenario político, se continuaban variando con preocupante frecuencia los planes militares.

En los primeros días de diciembre de 1960 un nuevo plan del CIA se presentó en forma rutinaria al Grupo Especial, el Comité Secreto Interdepartamental responsable de la supervisión de operaciones especiales. El Teniente Coronel a cargo del entrenamiento en Guatemala vino a la reunión para ofrecer su testimonio personal sobre la Brigada Cubana, cuyos 600 a 750 miembros desembarcarían en un punto aún no determinado en la costa Sur de Cuba luego que ataques aéreos desde Nicaragüa *destruyesen* la fuerza aérea de Castro. Estos ataques, junto con vuelos de suministro, continuarían durante el desembarco. La misión sería la de tomar y controlar un área suficientemente grande para atraer a activistas anticastristas e inclusive la deserción de milicianos castristas.

SUSPENSION DE LOS ATAQUES AÉREOS DE ABRIL 17.

Luego de los ataques del sábado 15 de abril se había planeado una segunda misión para el domingo 16 (no hay una conclusiva evidencia de que los ataques del día 16 habían sido aprobados) y una posterior, masiva, para el lunes 17 coincidiendo con el desembarco en Girón. Pronto llegó a Puerto Cabezas la noticia de que la segunda misión del día 16 había sido cancelada. Uno de los primeros en conocerlo fue Matías Farías.

---

[313] Stewart Alsop: «Nota para los historiadores,» The Saturday Evening Post, enero 26, 1963.

Caminando sobre un extremo de la pista en Puerto Cabezas, Reid Doster[314] y Baily, Jefe de Operaciones de los aviones B-26, conversan con Farías: «Vamos a decirle a los muchachos que se ha cancelado el segundo strike.» «Nos sentamos sobre un tronco,» recuerda Farías. Lejos estaba el joven piloto cubano de conocer la verdadera identidad y la jerarquía militar del afable instructor que sólo conocía como Reid. «Los dos me tenían gran afecto, me llamaban "Kid" (muchacho). Ambos habían volado conmigo.» Me agregaron: «Pero ésto está muy avanzado. El Presidente Kennedy no se va a echar para atrás.» Sin dudas, el Gral. Doster que, en su Alabama natal, había pedido una licencia temporal de la Guardia Nacional Aérea, para pasar a la CIA como civil, era un hombre ingenuo.

No sólo habían cancelado esa segunda misión del domingo 16. Horas después, muy tarde en la noche, llega también la cancelación de los ataques aéreos a los aeropuertos y objetivos militares programados para realizarse el día de la invasión. La fatal decisión la toman dos civiles en Washington sin asesoramiento militar alguno. «Es mi opinión... que el Gobierno de los Estados Unidos... no sabiendo qué hacer con nosotros, procedió con el desembarco de Girón *para salir de la Brigada* y *de su responsabilidad política*» expresa luego con comprensible amargura el Comandante José (Pepe) San Román.

Para una mejor comprensión es necesario distinguir entre «cobertura aérea» y «ataques aéreos,» términos que con frecuencia se usan indistinta e incorrectamente como significando la misma acción. Lo que, criminalmente, se cancelaba eran los continuos ataques aéreos utilizando la totalidad de la aviación de la Brigada sobre aeropuertos y objetivos militares.

Hay serias inconsistencias en la secuencia de eventos descrita en distintas obras en las que se observa, además, una comprensible imprecisión en fijar las cruciales horas que precedieron al desastre político que más ha afectado al prestigio de los Estados Unidos en la segunda mitad del siglo. Esta inconsistencia e imprecisión se deben, en gran parte, a que algunos documentos se encontraban aún clasificados –es decir, considerados como secretos– cuando se escriben esas obras. Uno de estos escritos es la Minuta de la Reunión XIX de la Comisión Taylor, que fue desclasificada en Octubre de 1986.

---

[314] El Gral. George (Reid) Doster era, a principios de 1960, Jefe de la Guardia Nacional Aérea de Alabama. Contactado por la CIA a mediados de aquel año, Doster comenzó a contratar pilotos norteamericanos que servirían de instructores a pilotos que se van a entrenar en Centro América. Pronto, el propio Reid Doster estaría en la Base Aérea de Guatemala al frente de las operaciones aéreas. Todos allá desconocían sus antecedents y su rango militar. Lo llamaban, con afecto y respeto, Reid.

Dos de los autores que más han procurado precisar las horas y fechas de estos acontecimientos son Arthur Schlesinger y Peter Wyden. La obra del primero, «A Thousand Days» fue impresa en 1965. La de Peter Wyden «Bay of Pigs» –que al describir las horas anteriores al desembarco del 17 de Abril copia casi textualmente a Schlesinger sin siquiera darle crédito– fue impresa en 1979.

Con la información de que hoy disponemos puede ofrecerse una precisa secuencia de eventos de aquel domingo, 16 de Abril, cuya mañana había transcurrido plácidamente para el Presidente Kennedy, quien, luego de asistir a misa en la Parroquia de St. Johns, juega golf con su esposa, sus cuñados Steven y Jane Smith y su amigo Lem Billings. Se aleja de ellos tan solo un momento, a la 1:45 P.M., para llamar por teléfono a Dick Bissell y *darle la autorización para seguir adelante con la invasión.* No lo había perturbado el debate de Stevenson, el día anterior, en el Comité Político (no en la Asamblea General de las Naciones Unidas).[315]

DOMINGO 16 DE ABRIL

1:45 PM El Presidente Kennedy, desde Glen Ora, su residencia de descanso en Virginia, llama por teléfono a Dick Bissell, (el Director de la CIA para Acciones Encubiertas) y le da su autorización final para efectuar la invasión (El Presidente se había reservado el derecho de cancelar la operación hasta 24 horas antes de producirse). (La hora de la llamada está confirmada por el Almirante Burke, en la Tercera Reunión de la Comisión Taylor, Abril 25/1961. Pág. 7).

3-6:00 PM La situació internacional se hace más crítica. La Unión Soviética y China amenazan con acciones de retribución en Berlín, Laos o Vietnam.

---

[315] En las Naciones Unidas, como desde antes estaba programado, el Presidente de la Asamblea General Frederick Bolan, de Irlanda, dió por iniciada —a las 10:30 A.M. del sábado Abril 15 —la sesión de la Asamblea General de las Naciones Unidas. Raúl Roa pidió la palabra para «denunciar el ataque aéreo de los Estados Unidos realizado a las 6:30 de la mañana.» Bolan lo interrumpió informándole que ese tema no estaba en la Orden del Día. Se acordó tratarlo en la sesión del Comité Político de la ONU, convocada para las dos de la tarde de ese día. Fue en esa sesión del Comité Político que se produjo el conocido debate entre Adlai Stevenson y Raúl Roa. Desde su retiro, en Glen Ora, el Presidente Kennedy se mantuvo informado del intenso pero breve intercambio de acusaciones.

3:05 PM Stevenson pide a su Asesor Político, Dick Petersen, datos para preparar su discurso en las Naciones Unidas en la sesión del lunes 17.

4:00 PM Petersen es informado que el Departamento de Estado considera que la Delegación norteamericana «debe ya dejar de preguntar más detalles sobre los aviones... no es conveniente seguir insistendo sobre ese punto.»[316]

4:15 PM Comprendiendo el significado del mensaje, Petersen redacta un borrador para Stevenson y se traslada a las habitaciones de Stevenson en el Waldorf Towers para informarle.

7:33 PM Stevenson envía un telegrama a Rusk expresando su preocupación al conocer que los ataques del día 15 se habían originado fuera de Cuba, y manifestando el «grande riesgo de otro desastre como el U-2.»

7:45 PM Rusk, luego de consultar con Bundy, llama a Kennedy, que sigue descansando en Glen Ora. Le informa sobre el telegrama de Stevenson y le recomienda la cancelación de los ataques aéreos sobre objetivos militares programados para el día siguiente. Kennedy está de acuerdo con la cancelación. Es una prolongada conversación analizando, ellos, las consecuencias de esta decisión.

9:30 PM Bundy (Asesor Legal de Kennedy) llama al Gral. Cabell (que está sustituyendo por ese fin de semana a Allen Dulles al frente de la CIA) y le informa que ha sido cancelado el ataque de la mañana del día 17. Le informa al Gral. Cabell que toda próxima comunicación debe hacerla con el Secretario Rusk. De inmediato, Rusk envía a Bundy a Nueva York para tranquilizar «al irritado Stevenson.»

9:45 PM Cabell y Bissell van al Departamento de Estado a entrevistarse con Rusk y procurar disuadirlo de la decisión tomada.

11:00 PM Continúa la fuerte discusión entre Cabell y Bissell y el Secretario Rusk.

11:15 PM Rusk, en presencia de Cabell y Bissell, llama al Presidente Kennedy y éste mantiene la cancelación.

11:30 PM Estando Cabell y Bissell aún en el Departamento de Estado reciben una llamada de Jake Engler (Director de Proyectos de la CIA) preocupado por el limitado tiempo que queda antes de que salgan de la Base de Puerto Cabezas los bombarderos B-26. Es informado de la cancelación.

---

[316] Entrevista de Charles (Dick) Petersen con Peter Wyden.

11:40 PM Informado por Engler, el Coronel S. Beerli (Jefe de la División Aérea de la CIA) va al edificio de la Unidad de Comunicaciones Especiales (1717 H Street), codifican el mensaje, e informan a la Base de Puerto Cabezas la cancelación de los ataques a los objetivos militares que ya estaban programados para dentro de dos horas (en las instrucciones impartidas a los pilotos y a los paracaidistas, horas antes, se había fijado la hora de partida para las 2:00 AM).

11:50 PM El Coronel Beerli, el Coronel Hawkins, y otros, presionan, sin éxito, al Gral. Cabell para que vuelva a ver a Dean Rusk y logre rescindir la cancelación.

11:55 PM El Gral. David Shoup, Jefe de los Marines, es contactado en sus cuarteles de las calles 8 e I.

11:55 PM El Oficial de Comunicaciones de Puerto Cabezas recibe el mensaje. Incrédulo, vuelve a confirmar. Busca al General Reid Doster.

11:58 PM El Gral. Doster se comunica con Washington para tratar de lograr autorización para realizar los ataques a los aeropuertos y objetivos militares. Le niegan la autorización.

LUNES 17 DE ABRIL

12:01 AM El Gral. David Gray, Jefe de la División de Actividades del Estado Mayor Conjunto, es informado de la cancelación. Junto con el Gral. Cabell deciden que la Marina le dé cobertura aérea a la fuerza expedicionaria desde el porta-aviones Essex. No es aprobado.

12:01 AM El Houston está anclado a 300 metros de Playa Girón. Los hombres ranas ya están marcando la zona de desembarco.

1:05 AM Los paracaidistas abordan los 5 C-46 y el C-54.

1:55 AM Los primeros C-46, transportando a los paracaidistas, comienzan a despegar. Ignoran que los ataques aéreos a las instalaciones militares han sido cancelados.

2:00 AM El Gral. Lemnitzer (Jefe del Estado Mayor Conjunto!) es informado de la cancelación de los bombardeos. Se le comunica que la CIA solicita con urgencia cobertura aérea a la cabeza de playa. Lemnitzer lo aprueba y pide a los generales Wheeler y Gray que instruyan al Almirante Dennison que prepare la cobertura aérea. Luego, de inmediato, pide que se consulte con el Departamento de Estado.

2:30 AM El Comandante Oliva desembarca, para su sorpresa «en un terreno rocoso, con arrecifes de coral afilados, inadecuado para una operación anfibia.»[317]

2:45 AM Las tripulaciones de B-26 comienzan sus misiones de protección (Capitán René García y Luis Ardois; Capitán Mario Cortina y Salvador Miralles).

3:15 AM Despegan de Puerto Cabezas dos nuevos bombarderos tripulados por Joaquín Varela y Tomás Afont y Gonzalo Herrera y Angel López.

3:45 AM Salen otros 2 B-26 (Capitán Mario Zúñiga y Oscar Vega; Capitán Matías Farías y Eddy González).

4:00 AM Presionado por los oficiales que lo rodean el Gral. Cabell visita a Rusk en su apartamento del Sheraton-Park Hotel. Le pide cobertura aérea desde el Essex. Rusk llama al Presidente. El Presidente niega la cobertura.

Dos civiles, Kennedy y Rusk, con la vehemente oposición de los más altos militares, toman la decisión. «El Presidente Kennedy demostró que un presidente puede intervenir personalmente en la conducción de una operación militar pero tendrá que vivir lamentándolo» dijo luego el Gral. Taylor.

Impedidos de atacar objetivos militares utilizando la totalidad de los aviones de que disponían, y negada la, en esa situación, necesaria cobertura aérea, la invasión estaba destinada al fracaso.

En momento alguno el Presidente cancela la invasión. Sólo cancela los ataques aéreos que eran esenciales al éxito de la operación.

MARTES, ABRIL 18

4:30 AM Allen Dulles va personalmente a ver a Rusk y le insiste «en la necesidad de proteger los barcos.» Rusk (continuando su rutina) llama al Presidente; en presencia de Dulles. El Presidente vuelve a negar la cobertura aérea. (Declaración de Dulles en mayo 22/61 en la Reunión 19). (Dulles había volado a Puerto Rico el sábado 15 a las 3 de la tarde; regresó a las 9:30 PM el lunes 17 por el aeropuerto de Baltimore. Increíblemente, espera 7 horas para contactar a Rusk).

---

[317] The Miami Herald, Abril 14, 1991.

Los militares, que fueron sorprendidos por la inesperada cancelación de los ataques aéreos, ya nada podrán hacer. Pero Roberto San Román apunta hacia los verdaderos culpables cuando expresa: «Yo no sé por qué no detuvieron la invasión si habían cancelado los ataques aéreos. Sin respaldo aéreo estábamos seguros de ir a la muerte. Perdimos porque no tuvimos respaldo aéreo.»[318]

GOBIERNO PROVISIONAL EN LA CABEZA DE PLAYA.

Una de las más descarnadas omisiones que se observan en las narraciones de los panegiristas del Presidente Kennedy es la referente al compromiso del establecer un gobierno provisional al ocuparse una cabeza de playa.

El Comandante José P. San Román denuncia, con amargura e indignación, el incumplimiento de ese compromiso:

> «¿Acaso la unidad bajo mi mando, Brigada de Asalto 2506, no cumplimentó su misión de tomar y sostener una cabeza de playa y unas 600 millas cuadradas, y la mantuvo a través de tres días de combate continuo con suministros para un día de municiones y alimentos, con todas las posibilidades en contra nuestra?» Continúa manifestando San Román: «¿No saben que la razón para esta cabeza de playa era la de establecer una porción de territorio cubano libre al cual debía haber sido llevado el ampliamente representativo Gobierno Cubano en el Exilio, para convertirse en Gobierno Cubano en Armas, al cual reconocimiento internacional sería concedido?»

La participación norteamericana era un dilema creado por el cambio de plan: de operación guerrillera a invasión. En la primera, esto no hubiera sido problema; pero con el nuevo plan se presentaban dos alternativas: a) si los Estados Unidos reducían su participación para ocultar su responsabilidad, la operación podría fracasar, b) si se hacía suficientemente grande para que la operación tuviese éxito la responsabilidad sería difícil de negar si la operación fracasaba.

Thomas Mann, Subsecretario de Estado para Asuntos Inter-Americanos, presente en muchas de las reuniones importantes en las que se discutieron los planes paramilitares afirma que «el plan comprendía un razonablemente

[318] Roberto San Román ante la Comisión Taylor, Mayo 17, 1961.

rápido reconocimiento de un gobierno dentro de un período limitado de tiempo.»[319]

Esto lo confirma el Gral. George H. Decker, cuando declara en la reunión 12 de la Comisión Taylor: «Estaba supuesto a anunciarse un gobierno provisional cuando se hubiera establecido una cabeza de playa.»

Veamos a continuación los distintos documentos oficiales en los que se hacía constar que el traslado del Gobierno Provisional a la cabeza de playa se haría de inmediato y que, luego, sería oficialmente reconocido.

En enero 4 de 1961 el memorandum WH/4 del Estado Mayor Conjunto de las Fuerzas Armadas de los Estados Unidos se refiere a los requisitos para conducir el ataque contra el gobierno de Castro. En su página 2 se hace mención a que «esta operación» (el desembarco) precipitará un levantamiento general en Cuba... pero, «si las cosas no se producen como se han predicho, el área establecida por *nuestra fuerza* puede utilizarse como el sitio para el establecimiento de un Gobierno Provisional que puede ser reconocido por los Estados Unidos.»

Días después, el 3 de Febrero de 1961, el Estado Mayor Conjunto de las Fuerzas Armadas de los Estados Unidos envía al Secretario de Defensa el memorandum JCSM-57-61 bajo el título «Evaluación Militar del Plan Paramilitar de la CIA sobre Cuba.»

En este informe de 38 páginas que, como muchos otros documentos estuvo clasificado por años como secreto militar, se afirma que la misión de las Fuerzas Cubanas Exiliadas es la de invadir la isla de Cuba con un asalto anfibio y aéreo y mantener una cabeza de playa por tiempo suficiente para establecer un gobierno provisional.

En marzo 11, Richard Bissell, a cargo de Planes en la CIA, expone en un informe de 12 páginas las actividades y decisiones tomadas desde que la CIA comenzó el plan de acción contra Castro el pasado año.

Al describir el desembarco de las fuerzas expedicionarias expresa que esta operación envolvería un asalto anfibio/aéreo con respaldo aéreo para establecer una cabeza de playa donde se establecería el gobierno provisional, tan pronto dicha cabeza de playa fuese asegurada. Como una variante de este plan se produciría un desembarco diversionario con una fuerza de unos 160 hombres en un área inaccesible. «Por lo menos, una parte del Gobierno Provisional iría con la fuerza diversionaria y presumiblemente sería allí anunciado el establecimiento del gobierno provisional en suelo cubano.»

Luego, en marzo 15, el Estado Mayor Conjunto presenta bajo la identificación JCSM-166-61, una «Evaluación de los Aspectos Militares de

---

319 Thomas Mann. Transcript Kennedy Oral History. JFK Library, Boston, 1968.

Conceptos Alternos, del Plan Paramilitar de la CIA sobre Cuba.» En este informe se evalúan los aspectos militares de tres alternativas del Plan Paramilitar de la CIA. Estas alternativas se consideraron menos factibles que el Plan Básico (JCSM-57-61)

Decía el primer párrafo del Plan Básico: Luego de un desembarco de efectivos (diversionarios) en la noche anterior, la fuerza principal *–acompañada de una representación del Gobierno Provisional–* desembarcará también por la noche en playas seleccionadas.

Vemos como, una y otra vez, los planes militares incluían la presencia, desde horas tempranas al desembarco, de la representación del Gobierno Provisional.

La monstruosa realidad era muy diferente. En unas viejas barracas, secuestrados y aislados, permanecían en total incomunicación los cubanos que habían sido seleccionados como el Gobierno Provisional de la República en Armas.

Custodiados por soldados norteamericanos, con armas largas en sus manos, permanecían en un criminal arresto domiciliario, insomnes, desaseados, abandonados, los prominentes miembros del Gobierno Provisional: José Miró Cardona –cuyo hijo se enfrentaba al ejército castrista en Playa Girón–; Tony Varona –cuyo hijo, hermano y sobrinos habían marchado a la cita heroica confiados en la palabra empeñada–; Antonio Maceo –prestigioso profesional cuyo hijo también se batía en esos momentos en las pantanosas tierras de Girón. También estaban Justo Carrillo, Carlos Hevia y Manuel Ray.

Así describe Justo Carrillo[320] esos ignominiosos momentos vividos por los miembros del Consejo Revolucionario

> «El domingo 16 de abril de 1961, cuando regresaba a New York, después de un cortísimo viaje de unas horas a Miami, tan pronto como fue estacionado el avión en el aeropuerto de Idlewild, un ciudadano norteamericano vestido de civil, pronunció en voz alta mi nombre, así como el de Manuel A. de Varona, que casualmente viajaba en el mismo avión, y nos pidió que le acompañáramos por motivos importantes para nosotros.
>
> Nos mantuvieron aislados y rodeados por seis u ocho agentes durante una hora u hora y media y después nos llevaron, bordeando las pistas, hacia un automóvil negro, tipo «limousine,» en que estaban los otros cuatro miembros del Consejo, puesto que el séptimo, Artime, se aproximaba a Cuba como el «niño dorado»

[320] Justo Carrillo. Obra citada.

(golden boy) de Estados Unidos, hacia lo que él creía que iba a ser su sucesión de Castro como líder máximo.

El «limousine» negro, seguido por otros tres automóviles cargados de agentes, nos condujo a un motel de las afueras donde aparecieron Willard Carr y Frank Bender y donde comimos.

De allí viajamos a Filadelfia donde abordamos un «black flight» para la base de Opalocka, en la Florida. Viajaron con nosotros Carr y Bender.

Al llegar, nos instalaron en un local con catres militares, nos dieron unos pequeños radios portátiles y nos sirvieron el desayuno. Eran las seis y media de la mañana del 17 de abril de 1961. Al conectar los radios fue que los miembros del Consejo Revolucionario nos enteramos que la Invasión había desembarcado por Bahía de Cochinos.»

Cuando el jueves 20 Schlesinger, mensajero siempre tardío, llega con Adolf Berle a Opa Locka cumpliendo instrucciones del gran culpable, tiene que enfrentarse a la indignada protesta de estos cubanos. De labios de Carlos Hevia, educado en los Estados Unidos y graduado en la Academia Naval de Annápolis, escucha las palabras que reflejan el sentimiento de estos dirigentes: «Si esos muchachos van a ser destruidos en la playa, nuestro lugar es morir allá con ellos.»

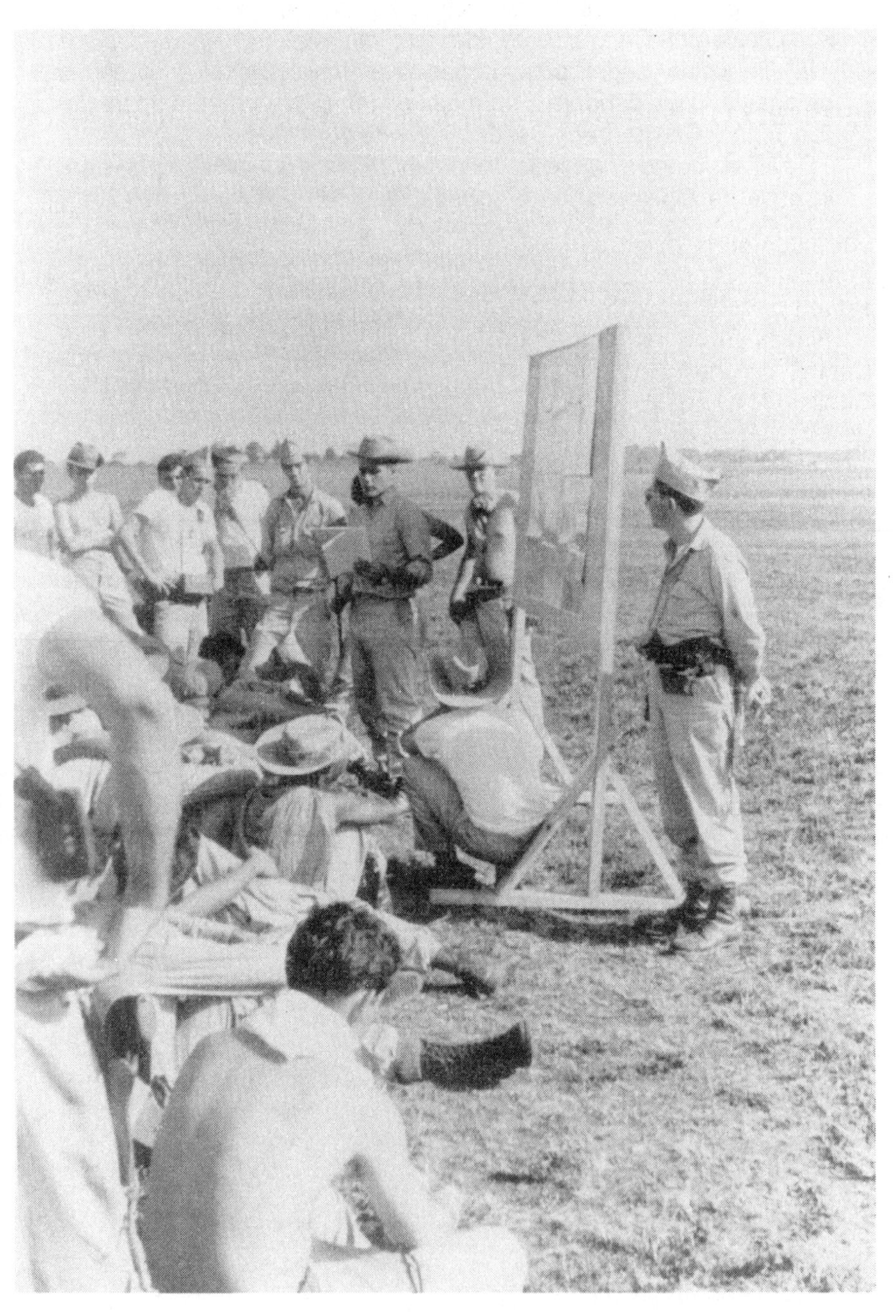

Instrucciones finales a los paracaidistas. De pie, en primer plano, el padre Lacera, Alejandro del Valle, Waldo de Castroverde y otros. (Foto cortesía de Juan Pérez Franco).

CAPÍTULO X

PRESENCIA DE LAS AGENCIAS Y DEPARTAMENTOS Y SU PODER DE DECISIÓN.

Todos los funcionarios, los departamentos, las agencias, que están envueltos en la operación «CUBA,» desde que en Marzo 17 de 1960 se aprueba el «Programa de Acción Encubierta contra el Régimen de Castro,» siguen presentes hasta su fracaso en Playa Girón el 20 de Abril de 1961.

Participan en los planes, desde su inicio: la Casa Blanca, la Agencia Central de Inteligencia, el Pentágono, el Departamento de Estado, el Consejo Nacional de Seguridad y funcionarios –superiores y subalternos– de estas agencias y departamentos. Lo que varía en el transcurso de estos largos trece meses, es el poder de decisión de los distintos organismos. En los primeros meses –durante la administración de Eisenhower– ese poder decisorio descansará en la Agencia Central de Inteligencia. Después, será la Casa Blanca y un reducido grupo de asesores del Consejo Nacional de Seguridad y del Departamento de Estado, los que asumirán, para debilitarlo, el control de la operación.

En las semanas y meses siguientes al fallido desembarco, las intencionales filtraciones de noticias que emanaban de los círculos de la Casa Blanca tienden a culpar del fracaso a la CIA que, por depender precisamente del poder ejecutivo, no puede rebatir las fundadas o infundadas acusaciones.

Karl E. Meyer y Tad Szulc, Arthur M. Schlesinger, Theodore C. Sorensen y otros de los primeros historiadores que escribieron sobre este trascendente momento de la historia contemporánea de los Estados Unidos, trataron de exonerar al poder ejecutivo descargando toda la responsabilidad sobre la Agencia Central.

LA CIA: CULPABLE, PERO, TAMBIÉN, CHIVO EXPIATORIO.

Uno de los pocos discrepantes de esa posición es Albert C. Persons, uno de los pilotos contratados por la CIA para entrenar a pilotos cubanos y realizar misiones de abastecimiento. En su obra «Bay of Pigs. Un Informe de Primera Mano,» Persons que, por supuesto, por su procedencia tiene una parcializada posición favorable a la Agencia, expone los siguientes sólidos puntos:

«No fue la CIA la que canceló los ataques aéreos que eran vitales al éxito de la misión.

No fue la CIA la que insistió en un desembarco «tranquilo,» «preferiblemente de noche,» ni fue la CIA la que cambió el sitio de la invasión de Trinidad a Bahía de Cochinos. No fue ella la que redujo la intensidad de los ataques contra las bases aéreas de Castro.

No fue la CIA la que dijo ...«Si tenemos que salir de estos hombres, es mucho mejor botarlos en Cuba...»

No fue la CIA la que envió a los combatientes cubanos a las playas, sin protección contra los aviones de guerra de Castro.

Y no fue la CIA la que engañó al pueblo americano sobre cómo y por qué esta operación fracasó.»

Estas observaciones podrán estar parcializadas pero son irrebatibles. Sin embargo, la CIA, como el Pentágono, asumió ante la historia la inmensa responsabilidad de no oponerse firme y vehementemente a los debilitantes cambios que a los planes militares imponía el joven Presidente.

Esa sumisión de la Agencia Central la encontramos también en los altos oficiales del Estado Mayor Conjunto y en los funcionarios de los Departamentos y agencias que participaban en las reuniones del Grupo Especial y del Grupo de Trabajo. Al igual que la CIA y el Pentágono se sometían a los cambios que debilitaban sus planes originales, los funcionarios liberales que rodeaban a Kennedy guardaban silencio ante esos planes que, aún mutilados, les parecían que mostraban la «innegable complicidad» de los Estados Unidos.

Estos liberales timoratos crearon luego una sociedad de protección mutua. Cuando se lee las obras de Schlesinger, McNamara, Bowles, Rusk uno puede observar las loas que se dedican los unos a los otros «por su valiente oposición a los planes elaborados.» Aunque todos ellos –sin excepción– guardaron absoluto silencio cuando tales planes se discutían. Así, Schlesinger, que decía «oponerse a los planes» pero que jamás abrió su boca en las discusiones, dice, después del desastre: «Me reproché amargamente a mí mismo por haber permanecido en silencio durante esas cruciales discusiones en el Salón del Gabinete.»[321] Idénticas palabras dijo Dean Rusk, otro de aquellos silenciosos opositores. En su libro autobiográfico, «As I Saw It,» dice este Secretario de Estado que con su silencio dio su consentimiento a los planes que luego –en un trágico momento de la historia– hizo fracasar al mostrar un carácter y una firmeza que había ocultado en el Salón del Gabinete: «Yo lamenté profundamente no haberme opuesto enérgicamente a la acción de Bahía de Cochinos....*Mi oposición no era conocida ni siquiera dentro del Departamento de Estado.* Muchos

[321] A. Schlesinger. «Robert Kennedy y su tiempo.»

de mis colegas, incluyendo Chester Bowles, creían que yo respaldaba la invasión.»

EL INFORME DEL GENERAL KIRKPATRICK

Luego del desastre de Girón se realizaron dos rápidas investigaciones con el propósito de conocer las causas que ocasionaron tan descomunal derrota. Una fue encomendada a un respetado militar que en esos momentos estaba retirado de servicio activo. La otra le correspondió a un alto oficial de la Agencia Central de Inteligencia que había sido totalmente marginado de la Operación Pluto a pesar de su elevada jerarquía en esa institución.

En el verano de 1961 el Inspector General de la CIA Lyman Kirkpatrick Jr. recibió instrucciones de realizar un estudio y análisis crítico sobre la forma en que se condujo toda la operación que culminó en el fracaso de Playa Girón. Su estudio fue considerado secreto militar y no se ha hecho público, pero en el número 240 de Noviembre-Diciembre de 1972 de la revista «Naval War College Review» apareció un estudio paramilitar de la invasión que recogía una charla sobre el tema ofrecida por Kirkpatrick, ya retirado de la CIA. En el artículo, Kirkpatrick desestimaba la posibilidad de que la invasión hubiera producido un levantamiento general, consideraba absurdo que por su tamaño pudiera mantenerse la invasión como una operación encubierta y concluía afirmando que la operación no debió haber sido manejada por la CIA sino por el Estado Mayor Conjunto.

El artículo de Kirkpatrick (su informe se mantiene aún como documento clasificado) carece del rigor y de la profundidad que muchos críticos de la operación le atribuyen. Repite los mismos lugares comunes de los elementos liberales de la década del 60:

a) Castro «desembarcó» en Cuba en 1956 con sólo 12 hombres.
b) El primer gabinete del régimen de Castro fue probablemente uno de los mejores en la historia de Cuba.
c) Castro debió haber sido invitado en Abril del 59 por el gobierno norteamericano. Por su miopía, la Administración de Eisenhower no lo hizo, por lo que lo invitó la Asociación de Editores de Periódicos.
d) Fue un error del Presidente Eisenhower en Marzo de 1960 («el germen del primer error») tratar de derrocar a Castro.
e) La operación estaba exclusivamente bajo la dirección de la CIA.
f) Se creó un problema en los campamentos «cuando algunos batistianos fueron incorporados a la Brigada.»

Tal vez lo que más puede descalificar el trabajo de Kirkpatrick es su afirmación de que, si entrenadores militares le dijeron a la Brigada: «Estamos respaldándolo con todos los medios,» eso no significaba que se estaban comprometiendo a las fuerzas militares norteamericanas.

El análisis de Kirkpatrick, no obstante, recoge otros puntos menos controversiales:

a) Inteligencia errónea fue la base del desastre de Girón: Este fallo lo hace recaer en la propia CIA.
b) Hubo un erróneo estimado de la calidad de la fuerza militar con que Castro contaba.
c) Reuniones frecuentes con el Presidente mantuvieron a éste bien informado desde que tomó posesión.

Da por sentado Kirkpatrick «que para ser considerada encubierta, una operación debe ser organizada en tal forma que pueda fácilmente ser negada por el gobierno que la originó.» «La mano del patroci-nador no debe ser visible» dice el antiguo Inspector General de la CIA. No encontró estas condiciones en la operación de Bahía de Cochinos y en su informe (más bien, en su conferencia) –que tiende a culpar a la Agencia Central de Inteligencia y a exonerar al Estado Mayor Conjunto –se extendió en explicaciones de lo que debe ser una operación de esta naturaleza. Una operación encubierta –dice el Inspector General– para ser totalmente encubierta debe ser tan clandestina, tan bien oculta, que su verdadero origen no pueda ser específicamente probado. Podrán existir –dice Kirkpatrick– alegaciones, especulaciones por los medios noticiosos, pero no prueba o verificación es permisible si la operación quiere ser propiamente considerada como encubierta.

Kirkpatrick había sido considerado como uno de los principales candidatos a sustituir a Allen Dulles en la dirección de la Agencia Central de Inteligencia cuando se vio afectado por un ataque de poliomielitis. Se mantuvo en la organización pero fue Bissell quien se situó como presunto heredero.

Poco antes de Kirkpatrick iniciar su extensa investigación el Presidente Kennedy solicitó de otro militar de prestigio, el Gral. Maxwell D. Taylor, que realizara un minucioso estudio de todo el proceso que condujo al desastre de Playa Girón.

EL INFORME TAYLOR.

«La invasión de Cuba en el mes de Abril, se ve ahora con claridad, se perdió en Washington.»[322]

Una de las más severas críticas a la actuación del Presidente Kennedy durante la operación de Bahía de Cochinos fue expresada por el Gral. Maxwell D. Taylor[323] antiguo Jefe del Estado Mayor del Ejército, que presidió la comisión que estudió las causas del fracaso de la invasión. En su obra «Espadas y Arados,» Taylor establece un paralelo entre dos presidentes norteamericanos: Truman y Kennedy.

> «Truman demostró que un presidente con poca popularidad pero gran coraje puede lidiar con un héroe militar que se ha excedido. En contraste, al cancelar un importante ataque aéreo en Bahía de Cochinos, el presidente Kennedy demostró que un presidente puede intervenir personalmente en la conducción de una operación militar pero tendrá que vivir lamentándolo.»

Aunque Kennedy tuviera que vivir lamentando ese error había que ocultar, a cualquier precio, la «criminal negligencia»[324] del Presidente. Para eso era necesario ralizar una investigación que exonerara al primer mandatario de la nación.

En abril 21, a los dos días del colapso del desembarco en Bahía de Cochinos, el Gral. Taylor recibió la encomienda del Presidente Kennedy de realizar una investigación sobre la causa de ese fracaso. De acuerdo a su testimonio el Gral. Taylor iba a conducir la investigación por sí mismo. No

---

[322] Hanson W. Baldwin NYT, Agosto 1, 1961.

[323] Maxwell D. Taylor, graduado de la Academia de West Point, organizó la primera división aérea de los Estados Unidos durante la Segunda Guerra Mundial. Dirigió las tropas de las Naciones Unidas en la etapa final de la Guerra de Korea. Fue Jefe del Ejército de los Estados Unidos en 1955 a 1959. Año y medio después de retirarse preside la Comisión Investigadora. Bajo la Administración de Kennedy volvió al servicio activo como Jefe del Estado Mayor Conjunto, el primero de Julio de 1961, apenas cuatro semanas después de haber presentado su informe.

[324] Expresión del Coronel Jack Hawkins, de los Marines, Comandante Militar adscrito a la CIA especializado en desembarcos anfibios quien al descartarse Trinidad tuvo a su cargo, junto con elementos paramilitares de la CIA, encontrar otros puntos de desembarco para cumplir con la solicitud de Kennedy.

pudo hacerlo. En el transcurso de la conversación con el Presidente Kennedy éste sugirió una comisión presidida por Taylor y compuesta por Bob Kennedy, Allen Dulles y el Almirante Arleigh Burke. Bob Kennedy representando los intereses del presidente, Burke los del Estado Mayor Conjunto y Dulles representando al CIA. Las tres instituciones más íntimamente envueltas en la operación.[325]

El Presidente Kennedy no conocía al Gral. Taylor personalmente. «Sabía de él, conocía sus puntos de vista y el papel que había desempeñado en el Pentágono durante los años de Eisenhower» recuerda Sorensen. «Creo que, como Senador, mencionó al Gral. Taylor al oponerse a la reducción del presupuesto del ejército en 1954 y en su discurso sobre nuestras deficiencias en la preparación militar en 1958.»[326]

De inmediato, Bob Kennedy trató de influenciar sobre este distinguido militar. «En el transcurso de nuestro trabajo sobre el estudio cubano, Bob Kennedy me preguntó en distintas ocasiones si yo estaría interesado en regresar a la vida pública en Washington» manifiesta el General Taylor en sus memorias. Días después «Bob se acercó a mí con una proposición específica: el Presidente deseaba que yo sustituyese a Allen Dulles, que se iba a retirar de la dirección de la CIA.» Taylor no aceptó el ofrecimiento. Pero en Junio 26 de 1961 el Presidente Kennedy designó al General Taylor como «Representante Militar del Presidente,» en cuya posición «con frecuencia busca el asesoramiento de Bob Kennedy sobre qué cosa era posible y qué cosa incompatible con el Presidente,»

Otros autores señalan también esta pronta identificación que Bob Kennedy trató de forjar con el general retirado que presidió la comisión investigadora. «La Junta Investigadora dio a Robert Kennedy un nuevo amigo,... Taylor quedó muy bien impresionado con el joven Kennedy.»[327] El predominio de Bob Kennedy en la Comisión lo confirma Phillips[328] al describir posteriormente su propio testimonio ante la junta investigadora:

---

[325] «Una comisión de ciudadanos respetados y eminentes presidida tal vez por un magistrado retirado de la Corte Suprema, hubiera podido garantizar una investigación imparcial. En su lugar Kennedy nombró al Gral Maxwell Taylor, que mantenía viejas rencillas con el Estado Mayor Conjunto, y a Bobby para presidir el grupo.» Ralph de Toledano. «R F K. The Man Who would be President».

[326] Theodore Sorensen. Transcript Kennedy Oral History. JFK Library, Boston, Abril 6, 1964.

[327] A. M. Schlesinger. «Robert Kennedy and his Times.»

[328] David A. Philips que estuvo al frente de Radio Swan.

«Fui al Pentágono para ser interrogado por el Gral. Taylor;» mientras Taylor «movía su cabeza lentamente de un lado a otro, Robert Kennedy, en mangas de camisa, hacía la labor investigativa.»

La integridad del Gral. Taylor nadie la ha puesto en duda, pues todos coinciden en su honorabilidad como militar y funcionario público. Sin embargo, es evidente la influencia que Bob Kennedy podía ejercer en las deliberaciones y las conclusiones de la Comisión Taylor, de la que el hermano del presidente era su más poderoso miembro. De ahí las palabras del Comandante San Román cuando manifiesta en su obra Respuesta «creo sufrir con Allen Dulles y Richard Bissell por los tristes momentos a que fueron sometidos durante el esfuerzo del Comité Investigador, dirigido por Robert F. Kennedy en su afán de esconder hechos y confundir historias.»

Tanto el Presidente Kennedy como su hermano estaban conscientes de las consecuencias políticas que tendría una abierta discusión de las causas que llevaron al desastre de Bahía de Cochinos. Los dos Kennedy sabían que la fracasada invasión había horadado seriamente su liderazgo y dañado el prestigio de la joven administración. La designación de una comisión investigadora compuesta por personas que representaban las instituciones más íntimamente comprometidas con las trágicas decisiones que condujeron a la derrota de Girón obedecía a dos propósitos:

a) Calmar a la prensa y a la opinión pública con la investigación que se iniciaba.
b) Ocultar luego por muchos años –como secreto militar– el resultado de tal investigación. Tan es así que Bob Kennedy suprimió un informe secreto preparado por Roger Hilsman, del Departamento de Estado.[329]

A la sorpresa inicial de ser designado para realizar este estudio unió el Gral. Taylor su extrañeza por la peculiar redacción de la carta de Abril 22 en la que el Presidente Kennedy delineaba el trabajo a realizar. «Había varios puntos interesantes en esta carta» –apunta el Gral. Taylor en sus memorias– «Uno fue la casi casual mención de (la operación de) Bahía de Cochinos, que era el tema primario de nuestra investigación... Otro punto fue la selección de mis colaboradores. Resultaba evidente que se me daba asociados que, cada uno de ellos, tenía un interés especial en el resultado de la investigación.»

En la comisión era el Gral. Taylor el único miembro que no tenía responsabilidades que apañar. Fue siempre interés de la Casa Blanca

---

[329] Ralph de Toledano. «R.F.K.»

ocultar las torpes decisiones que condujeron al mayor desastre sufrido por los Estados Unidos en lo que iba de siglo.

Por eso, la peculiar composición de la Comisión Taylor, las estrictas medidas tomadas para que no se filtrase información alguna sobre sus deliberaciones, y el férreo control ejercido para impedir –por el mayor tiempo posible– la divulgación de sus conclusiones aunque, por las medidas tomadas, no fuesen perjudiciales al Presidente. Se llega al extremo de cambiarle el nombre a la misma Comisión. La primera reunión, celebrada el 22 de abril de 1961, el Gral. Taylor la efectúa bajo un apropiado título: «*Junta de Investigación* («Inquiry») sobre las operaciones en Cuba concluidas por la CIA.» Al conocer el Presidente Kennedy que al «estudio» se le ha llamado «investigación» impugna de inmediato la denominación.[330] Es necesario, ordena, que se le dé otro nombre. Obedientes, los miembros de la Comisión se deciden por un inocuo título: «El Grupo Verde de Estudio.» El Gral. Taylor da, enseguida, instrucciones para que la primera página de las actas de la reunión anterior sea modificada para reflejar el nuevo título. Se va tupiendo la red con la que se pretende ocultar la verdad.

Agudos comentaristas conservadores se mofan de la Comisión. «Tiene que haber investigaciones. Robert Kennedy le pedirá a alguien que pregunte a alguien que le pregunte a otro por qué alguien no dió a alguien la información correcta» así describe William F. Buckley Jr.[331] lo que a puerta cerrada está realizando la Comisión Taylor. «Alguien tal vez sea despedido y, al final, Allen Dulles absolverá a Allen Dulles y Robert Kennedy informará a John Kennedy...»

Una anécdota narrada por su biógrafo y Consejero Legal Especial, Theodore Sorensen,[332] revela el interés del Presidente en sustraer del escrutinio público todo lo relacionado con Playa Girón.

Cuando Sorensen le informa al Presidente a fines de 1962 la petición de un distinguido autor de que se le diese acceso a los archivos de Bahía Cochinos, J.F.K. contestó negativamente. «Este no es el momento, me dijo. Además, *nosotros queremos escribir esa historia nosotros mismos.*» Y Sorensen comienza a contar la historia, la versión Kennediana de la historia,

---

[330] Comisión Taylor. Segunda Reunión.

[331] William F. Buckley, Editor, National Review, Mayo 6, 1961.

[332] Theodore Sorensen, Consejero Legal Especial de Kennedy tenía a su cargo la formulación de la política administrativa y las recomendaciones de la Casa Blanca al Congreso. Tuvo a su cargo la intensa, pero infructuosa maniobra para lograr la nominación vicepresidencial en la Convención Demócrata de 1956.

a pesar de admitir que estaba limitado por el hecho de que no conocía detalle alguno de la operación hasta que ésta terminó. Por supuesto, la historia narrada por Sorensen sigue el patrón de la de Szulc, Schlesinger y tantos otros que han pretendido exonerar a Kennedy del «peor desastre de aquel desastroso período,» como expresara el propio Sorensen.[333]

Similar, casi idéntica, admisión, la ofrece Pierre Salinger[334] al declarar que «a mediados de abril de 1961 yo no sabía absolutamente nada de una invasión militar contra Cuba»[335] pero dedica todo un capítulo de su obra «With Kennedy» a mostrar la inocencia del Presidente en las decisiones tomadas. Era ése, también, el propósito de la Comisión Investigadora.

El primer paso de la Comisión Taylor fue recoger el testimonio de cerca de 50 testigos o participantes que fueron entrevistados en el transcurso de 21 reuniones. Este grupo de testificantes incluyó los entrenadores norteamericanos en Centro América, funcionarios de todos los niveles en la Secretaría de Estado, la Secretaría de Defensa, el Estado Mayor Conjunto y el CIA. Comprendió a varios cubanos que participaron en la preparación de la acción pero, por supuesto, no incluyó –por el momento en que se realizaba la investigación–, a los brigadistas que se encontraban en ese tiempo en las cárceles de Castro.

El equipo investigador presentó un estudio preliminar al Presidente Kennedy en Mayo 15 y el informe definitivo le fue entregado en Junio 13. (Este documento considerado como «estrictamente secreto» fue parcialmente desclasificado en mayo de 1977. Durante las sesiones sólo se hacía una copia que era llevada personalmente por el Gral. David Gray[336] a cada miembro del EMC que debía leerla en su presencia y devolverla sin tomar notas.[337]

---

[333] Theodore Sorensen. «Kennedy.»

[334] Pierre Salinger, fue el Secretario de Prensa durante la Administración de Kennedy. Había servido en la misma posición a Adlai Stevenson durante partes de la campaña de 1952. En 1956 trabajó para Bob Kennedy que era, en aquel momento, el principal asesor legal del Comité Senatorial sobre Pandillerismo.

[335] Pierre Salinger «With Kennedy.»

[336] El Brigadier General Gray era el encargado de mantener los contactos entre el EMC, la CIA, el FBI y otras agencias. Había planeado operaciones anfibias en la Segunda Guerra Mundial, peleado en el Líbano y había sido profesor de la Academia West Point.

[337] Peter Wyden. Obra citada. Wyden se maravilla del «Desastre de Bahía de Cochinos, tan colosal, tan deliberado.»

CONCLUSIONES DE LA COMISIÓN TAYLOR.

A cuatro conclusiones llegó la Comisión Taylor:

1) La inadecuada cobertura aérea del desembarco.
2) El «fallo» de la Brigada, al ser derrotada en las playas, en convertirse en fuerza guerrillera.
3) La responsabilidad del Estado Mayor Conjunto por las deficiencias militares.
4) La falta de comprensión e incorrecta actitud de los altos funcionarios envueltos en la operación.

Más sucinta es la conclusión de un historiador:

«Bahía de Cochinos falló porque Kennedy y Bissell fallaron.»

Peter Wyden

Y mucho más precisa la conclusión de un combatiente:

«Playa Girón no hubiese fracasado si el presidente hubiera cumplido»

Comandante José P. San Román

INADECUADA COBERTURA AÉREA.

> «Con no otro propósito que evitar erróneas interpretaciones, yo asumo plena responsabilidad en afirmar lo siguiente: El Coronel (Frank Eagan) designado por el gobierno de los Estados Unidos para dirigir el campo de entrenamiento me aseguró en Febrero de 1961, cuando yo expresé mi preocupación por el reducido número de la tropa, que los patriotas cubanos tendrían completo control aéreo durante la invasión.»[338]
>
> Manuel Antonio de Varona

La evidencia obtenida no dejó duda sobre el inadecuado respaldo aéreo a la cabeza de playa y las consecuencias desastrosas que tan inesperada e inconsulta decisión ocasionó al suministro de municiones. A la pequeña fuerza aérea de los brigadistas no se le permitió usar todo su poderío contra los aeropuertos de Castro en el ataque sorpresivo de Abril 15; peor aún, carecía de equipo capaz de responder a la aviación de Castro, particularmente los tres T-33 jets, manifestó el Gral. Taylor al hacer mención a la cancelación por el Presidente Kennedy, el 16 de Abril, del bombardeo

[338] Dom Bonafide. The Miami Herald, Enero 22, 1963.

aéreo que estaba previsto en la madrugada del desembarco, de la brigada. Este episodio, dijo el general retirado, es «un ejemplo desafortunado de la impropia intervención civil en una operación militar sin una adecuada consulta con aquellos responsabilizados con su éxito.»

Los riesgos que conllevaba tal decisión eran sobradamente conocidos por la Administración. En marzo 14 de 1961 el Gral. Lyman L. Lemnitzer, Jefe del Estado Mayor Conjunto, había enviado un memorandum al Secretario de Defensa con la siguiente advertencia: «Si un solo avión de combate cubano escapa de ser destruido y obstrucciona la pista, la operación pudiera verse afectada seriamente.»[339] Esta observación era tan válida cuando se consideraba Trinidad como punto de desembarco, como cuando se consideró Bahía de Cochinos.

No era éste un comentario aislado. Aún con más precisión el documento expresa «Si no se logra la sorpresa es muy posible que fracase la misión aérea. Como consecuencia, si uno o más de los aviones de combate de Castro estuviese disponible para usarse contra las fuerzas invasoras, un solo avión armado con ametralladoras calibre 50 pudiera hundir a toda o a la mayor parte de la fuerza invasora.»[340]

Cuando aviones de reconocimiento pudieron verificar que los ataques de Abril 15 (D-2) no habían destruido la totalidad de la fuerza aérea de Castro, se solicitó autorización para lanzar nuevos ataques aéreos contra los blancos no destruidos. La petición no fue aprobada por Washington.[341] A pesar del inmenso riesgo que representaba la no destrucción de la aviación castrista.

Aún conociendo tan críticas advertencias, el Presidente Kennedy asumió la responsabilidad ante la historia de suspender el impres-cindible segundo bombardeo aéreo y la convenida protección aérea.

La operación, de principio a fin, estuvo dominada por una obsesión de ocultar la participación norteamericana, y todos los participantes comprendían perfectamente esta posición.

Así lo confirma el propio Gral. Taylor en su libro autobiográfico «Espadas y Arados:»

> «Zapata tenía la ventaja de una pista aérea suficientemente larga para permitir que operaciones de combate se originasen desde ella.

---

[339] Memorandum JCSM-146-61, (Punto 3).

[340] Memorandum JCSM-146-61, (Punto 9).

[341] Memorandum de Mayo 6 de 1961 ante la Comisión Taylor, que cubre el testimonio ante el Gral. Taylor de un agente de la CIA.

Esta ventaja fue atrayente para los funcionarios del Departamento de Estado que estaban sumamente ansiosos de descontinuar, lo antes posible, los ataques desde Nicaragua, y que deseaban dar la impresión de que los ataques se originaban en suelo cubano.»

La decisión tomada por el Presidente Kennedy, con el solo asesoramiento del Secretario Dean Rusk, produjo la indignada reacción de sobresalientes militares. «Es absolutamente reprensible, casi criminal» dijo el Gral. Lyman Lemnitzer, Jefe del Estado Mayor Conjunto, al conocer a las 2 de la madrugada, la cancelación del segundo bombardeo aéreo. Palabras similares expresó el Coronel Jack Hawkins, comandante militar adscrito al CIA: «Esto es una negligencia criminal.»

El Gral. David Shoup[342] coincidió con Hawkins que la decisión conduciría al desastre de la operación «pero ya nada puedo hacer. Las cosas han ido demasiado lejos.» El Mayor Gral. George (Reid) Doster tirando al suelo su gorra expresó su indignación más vívidamente. «Hemos perdido la p... guerra.» Siento «como si me hubiese caído una bomba» dijo el Gral. Cabell, el más impasible de los militares envueltos en la operación y, tal vez, el más responsable, entre todos los militares y funcionarios de la Agencia Central, de la derrota de Girón.[343] El Almirante Arleigh Burke, Jefe de las Operaciones Navales de la Armada Norteamericana mostró su estupor porque siempre había considerado esencial el segundo ataque aéreo. (Burke supo de la cancelación 10 horas **después** de haberse ordenado).

¿Por qué se redujo el número de ataques de la madrugada de Abril 15? En su columna del New York Times del viernes Abril 14 el influyente Scotty Reston, cuyas opiniones tanto pesaban sobre el Presidente, había agitado nuevamente su bandera de precaución sobre cuán lejos podía ir la Administración para ayudar a los cubanos exilados... En la Casa Blanca, Kennedy tomó el teléfono y llamó a Bissell. Preguntó cuantos aviones participarían en los ataques del sábado. Serían 16... «Bueno, yo no lo quiero en esa escala. Lo quiero al mínimo.» Las órdenes fueron cumplidas. Sólo

---

[342] Gral. David M. Shoup, Comandante del Cuerpo de Marines. Ostenta Medalla de Honor del Congreso por su acción en Tarawa.

[343] El Gral. Charles Cabell había sustituido por ese fin de semana a Allen Dulles como Director General de la CIA. Al pasar, imprevistamente, por el Cuartel de Operaciones el 16 de Abril, supo de la segunda misión de bombardeo. La detuvo. Consultó con Rusk y se produjo la cancelación.

ocho aviones participaron.[344] Evidentemente Reston ejercía extraordinaria influencia en la Casa Blanca. Esa misma semana había suprimido un artículo de Tad Szulc en que éste reportaba que la invasión era inminente.[345]

Aún a los pilotos norteamericanos que habían servido de instructores a los cubanos en los Campamentos les resultó sorprendente que sólo se utiilaran 8 aviones en esta vital operación. «Teníamos disponibles 23 B-26. En la madrugada oímos el trepitar de los motores. Todos los pilotos nos despertamos y nos acercamos a la pista para ver despegar los aparatos para el primer ataque. Ninguno entendíamos por qué se empleaban sólo 8 en esta misión, tan esencial» expresa Al Persons, uno de los pilotos norteamericanos, en su obra «Bay of Pigs. A Firsthand Account.»

El número y el momento en que en el plan original se realizarían los ataques aéreos revisten una gran importancia para comprender cómo su modificación o cancelación tuvieron extrema repercusión en la operación. Expone Lazo en su obra «La Daga en el Corazón» que el propio Richard Bissell le confirmó que el plan demandaba «tres intensos ataques aéreos con máxima capacidad cada uno. Si el segundo ataque se hubiese producido, la fuerza aérea de Castro estaría concentrada en la base que nosotros conocíamos.»

Lazo afirma que el Gral. Cabell le aseguró que, además de los tres masivos ataques aéreos programados, se realizaría también el número necesario de operaciones individuales para destruir todo el equipo de Castro en el suelo. Estaban programados no menos de 48 ataques desde Nicaragua y, si estos no hubieran sido suficientes para destruir toda la aviación de Castro antes de que la fuerza invasora llegara a las playas, se producirían bombardeos adicionales contra los aeropuertos.

Increíble y fatalmente, el mínimo de 48 ataques desde Nicaragua fue reducido a sólo 8, «por órdenes de la Casa Blanca.» El Capitán Eduardo Ferrer confirma, al narrar su experiencia personal, este hecho:

> «Lo que hubiera sido un bombardeo repetido con un total de 48 misiones en los dieciséis aviones durante tres días consecutivos, no sólo a los aeropuertos, sino a todos los objetivos militares, se quedó muy por debajo de las metas originales. El plan a seguir había sido caer sobre las instalaciones militares y objetivos tácticos con el peso demoledor de 124,800 libras de TNT, 384 cohetes y 138,840 balas

---

344 Así relata Bissell a Wyden la llamada que recibe del Presidente Kennedy.

345 A. Schlesinger. «One Thousand Days.»

calibre cincuenta. De más está decir que si con el primer ataque, que fue una mínima parte de lo que se iba a ejecutar según los planes, se destruyó la mitad de la Fuerza Aérea Castrista, de haberse llevado a cabo el resto de las misiones se hubieran pulverizado todas las instalaciones y armas mencionadas.

Las fuerzas armadas del régimen comunista tuvieron dos días de aviso gratuito para prepararse a recibirnos y con los míseros escombros de fuerza aérea que les quedó nos habrían de dar batalla hasta llevar aquel proceso al más desolador de los desastres. El éxito de la invasión de Bahía de Cochinos estaba basado en el dominio del aire, para lo cual era esencial destruir todos los equipos de la oposición en tierra. El día 15 de abril, cuando el Presidente John F. Kennedy suspendió el resto de los bombardeos CONDENO A MUERTE AL EJERCITO LIBERTADOR.»

Por supuesto, los que han escrito sobre Playa Girón citan con frecuencia a Schlesinger, a Szulc, y otros escritores liberales pero, que sepamos, ninguno ha hecho mención a la obra de Mario Lazo y, muy pocos, a la del Capitán Ferrer, que recoge testimonios personales de nuestros actores principales.

Schlesinger, muy convenientemente, ignora la fatídica reducción del número de aviones a emplear el día D-2; en su obra sólo hace referencia a que «el tema de los ataques aéreos había estado sometido a debate desde Enero.» Se limita a mencionar que «ocho B-26 salieron de Puerto Cabezas y en la madrugada atacaron los tres principales aeropuertos cubanos.» El historiador aligerando de graves responsabilidades al sujeto de su historia.

Otro diplomático, cuya opinión fue consultada en las fases iniciales de la operación –Thomas R. Mann, Subsecretario de Estado para Asuntos Norteamericanos– confirma que el plan requería del control exclusivo del aire. «Yo supe de los planes (sobre Cuba) tarde en el otoño de 1960. Era un plan, entonces, bien orientado. Me informaron que las decisiones de allí en adelante serían tomadas por la nueva Administración. Ese primer plan consideraba el desembarco de un pequeño grupo de hombres, unos mil, en una playa durante el día.» El plan que luego prevaleció «consistía en el desembarco de unos 1,200 hombres durante la noche en un área que se asemejaba a Tenochtitlán cuando Cortés la vió por primera vez.... Estaba basado en la asunción de que tendríamos el control del aire. *Que tendríamos completo control del aire.*» Más adelante agrega Mann que el plan «tenía en cuenta el reconocimiento rápido de un gobierno dentro de un período de tiempo limitado.»[346]

Era una opinión expresada también por la cúspide militar:

> «Los militares consideraron generalmente que el desembarco pudo haberse efectuado y que la fuerza invasora habría podido mantenerse durante muchos días si se hubiese producido por sorpresa y *se hubiera logrado el control del aire.* Esto era una remota posibilidad si consideramos lo inadecuado del bombardeo 'político' dos días antes de la invasión que, sin duda, era delación de la inminencia del desembarco» manifestó con claridad el Gral. Taylor.

Estas palabras recogen el eco de lo expresado por Miró Cardona ante la propia Comisión: «yo no puedo comprender por qué se bombardeó a Castro y luego se le dió 48 horas para recuperarse y prepararse para la invasión.»

D-2 (ABRIL 15): MOTIVACIONES POLÍTICAS, NO MILITARES.

El rechazo de los altos rangos militares a los incompletos ataques aéreos del día D-2 era unánime. El Gral. David W. Gray, de la División de Actividades Subsidiarias del EMC,[347] concidía en que se había aprobado originalmente continuos e ininterrumpidos ataques el D-Day, y que la decisión sobre realizar ataques el día D-2 se había tomado en los últimos días. «El plan aéreo contemplaba bombardeos sólo el D-Day, desde la madrugada.» Los planes aéreos para Trinidad y Zapata eran los mismos porque los objetivos eran idénticos. En igual sentido se expresa el Gral. Lemnitzer: «Los bombardeos del día D-2 se agregaron por razones no militares. Nosotros hubiéramos preferido realizar la operación sin los bombardeos del D-2;» luego manifiesta: «Lo aprobaron para darle credibilidad a la historia que los ataques del día D-Day se realizaban desde Cuba.»[348] Expone el Gral. Lemnitzer que los ataques aéreos del D-Day eran los importantes y que incluían bombas de fragmentación, napalm y ametralladoras calibre 50. «Los ataques aéreos del día 17 estaban

---

[346] Thomas R. Mann. Historia Oral. Declaraciones a R. Hackman, 1968. JFK Library, Boston.

[347] Reunión 10 de la Comisión Taylor.

[348] Reunión 12 de la Comisión Taylor.

considerados esenciales. Yo he visto la acción del napalm en los campos de aviación cuando los aparatos están estacionados cerca uno de los otros y el efecto de las bombas fragmentarias» (Reunión 17 de la Comisión Taylor).

A pesar del interés de los miembros del Estado Mayor Conjunto (EMC) y altos funcionarios de la CIA de proteger al Presidente Kennedy, no pudieron dejar de calificar de motivaciones políticas –no militares– las razones que condujeron a la aprobación de los ataques aéreos del D-2 y la limitación que luego se impuso al número de estos bombardeos.[349] Estas declaraciones fueron expresadas en la tercera reunión de la Comisión Taylor celebrada el 25 de abril, apenas a unas horas del desastre de Girón: «Cuando originalmente se consideraron los ataques aéreos del 15 de Abril, se sugirió que fueran conducidos durante dos días sin restricción. Sin embargo, debido a consideraciones políticas, se consideró efectuar sólo un número limitado de ataques el día D-2 y un número limitado de ataques la madrugada del día D-Day. Si los ataques aéreos del D-Day se hubieran realizado como estaban planeados originalmente, toda la fuerza aérea de Castro hubiera sido destruida y la fuerza invasora hubiera podido sobrevivir.»

Los borradores de este mitin son imprecisos y genéricos. No se conoce quién hace una declaración y quién hace otra. En una oración se incluyen las opiniones de varias personas sin identificar a ninguna de ellas. Cuando Dean Rusk anuncia que no habrá ataques aéreos en la madrugada del 17 de Abril, los barcos con la Brigada estaban a pocas yardas de la playa y era físicamente imposible retirarse. Rusk «cita su experiencia guerrera como Coronel en los campos de Burma-India» para darle autoridad a sus negativas decisiones, relata Peter Wyden en su obra ya citada. Igual mención hacen otros autores, aunque ni Wyden o los otros exponen esa «experiencia guerrera» del inefable Secretario de Estado. Resulta interesante estudiarla.

Primeramente, el propio Rusk menciona en su autobiografía que durante la Segunda Guerra él fue asignado al área «de más baja prioridad entre todos los teatros de guerra,» y su trabajo –seguimos citando al propio Rusk– «era tan político como militar,» formando parte del «escalón de retaguardia en los cuarteles de Nueva Dehli,» lejos del campo de batalla y donde «parecía pasar más tiempo en el aire, de un lugar a otro, que en el

---

[349] «En los mensajes de radio que recibía jamás me dijeron que desde abril 15, mucho antes de nuestro desembarco, las preocupaciones de como negar la participación americana, habían pasado a ser más importantes que los planes mismos.» José P. San Román. Obra Citada.

terreno.» Nunca participó en combate alguno («I was never exposed to ground combat.»)

Veamos algunas de las responsabilidades asignadas a Rusk que contribuyeron a su mencionada «experiencia guerrera:» a) Organizar un cuerpo de mensajeros (coolies) chinos para transportar en sus espaldas alimentos para las tropas en el frente. Luego se determinó que estos mensajeros consumían un volumen mayor de alimentos que el que transportaban; b) Ordenar al Departamento de Guerra la reposición de palomas mensajeras; c) Darle nombre («pinprick») a una intranscendente operación militar, y d) Diseñar unas hombreras para los uniformes de las tropas norteamericanas que las distinguieran de los soldados británicos.[350]

Al terminar la Segunda Guerra Rusk se pregunta a sí mismo si «lo que hicimos en Burma sirvió algún propósito útil.» No sabemos si se habrá hecho la misma pregunta en relación a su actuación en los planes y en las horas críticas que condujeron al desastre de Playa Girón.

Así describe Charles Murphy (el autor cuyo relato preocupa al panegirista Szulc) la reunión de Richard Bissell –Director de Operaciones de la CIA– y el Gral. Charles Cabell –Director Diputado de la misma organización– con el Secretario de Estado Rusk:

> «El Gral. Cabell estaba sumamente preocupado por la vulnerabilidad a ataques aéreos a que quedaban expuestas (por la súbita cancelación del segundo bombardeo aéreo) las bases y las tropas en la playa. Rusk no estaba impresionado. Los barcos, sugería, podían decargar y retirarse mar afuera antes del amanecer; y en cuanto a las tropas ya en tierra que pudieran ser atacadas por la aviación de Castro, había sido su experiencia como Coronel en los campos de Burma –dijo a sus visitantes –que los ataques aéreos podían ser más un trastorno que un peligro... Ahora, las consideraciones políticas se imponían a las consideraciones militares.»

CAMBIOS INCONSULTOS EN LAS OPERACIONES MILITARES.

Más grave aún, se realizaron cambios en las operaciones militares sin previa consulta a los miembros del Pentágono. «El principal problema era que se hacían cambios en el último momento que nosotros no conocía-

[350] Datos obtenidos de los apuntes autobiográficos del propio Dean Rusk, «As I Saw It.»

mos» denunciaba el Gral. White el 8 de Mayo ante la comisión investigadora.[351]

Dijo el Secretario de Defensa McNamara como restándole importancia a sus palabras que inculpaban a Kennedy: «Hubo una importante modificación que los Jefes de Estado Mayor no conocieron. Esta fue la decisión de cancelar algunos de los ataques aéreos del D-Day.»

McNamara, semanas después, enfrentaría su primera crisis en sus relaciones con la institución militar al verse obligado a responder a cargos formulados en el Congreso Federal que responsabilizaba al Estado Mayor Conjunto por el fracaso de la operación de Bahía de Cochinos.[352] Al Secretario de Defensa asumir completa responsabilidad personal por cualquier error que su Departamento –incluyendo al EMC– hubiese cometido, la tormenta amainó.[353]

El Jefe del Estado Mayor Conjunto también desliga a su institución de toda responsabilidad: «El EMC no estuvo envuelto en la cancelación de los ataques aéreos. Esta cancelación fue una gran sorpresa para mí» afirmó, ante el sonrojo de Bob Kennedy, el Gral. Lemnitzer.

El Jefe de Operaciones Navales, Almirante Arleigh Burke, coincide en denunciar la ignorancia en que se mantenía a los más altos jefes militares de los cambios que funcionarios civiles en las más altas posiciones hacían a los planes militares: «Habían muchas cosas de las que nuestra gente (la Armada Americana) nada sabía» (Reunión 21, Comisión Taylor).

Se tomaban decisiones pero no se informaba de los cambios a quienes tenían la obligación de conocerlos. Nada menos que el Jefe de la Fuerza Aérea de los Estados Unidos expresó total ignorancia sobre el nuevo plan –impuesto por la Casa Blanca y el Secretario de Estado– de realizar ataques aéreos el 15 de Abril. Esta fue la respuesta del Gral. Thomas White en la Reunión 12 de la Comisión Taylor cuando se le preguntó cuándo él había conocido del plan D-2: «No. Yo no lo supe. Sólo conocía de los ataques que realizaríamos el D-1 y D-Day.» (Los ataques aéreos el D-1 nunca se materializaron).

Los cambios son inconsultos y, además, frecuentes. El Gral. Taylor así lo recoge en su autobiografía: «El plan preparado por el CIA estuvo siempre

---

[351] Reunión 12 de la Comisión Taylor.

[352] Mayor Gral. Max S. Johnson: «Story of a Pentagon Crisis.» U.S. News & World Report, Junio 12, 1961.

[353] En Febrero de 1968 McNamara, admite públicamente por primera vez que él fue de los asesores del Presidente Kennedy que recomendó que se llevara a efecto la invasión. (N.Y.T. Febrero 5, 1968).

en proceso de revisión, por lo que los Jefes del Estado Mayor Conjunto *nunca* lo vieron en su forma final hasta el 15 de Abril, el día de los primeros ataques aéreos.»

De ineficiente, califica el Gral. Taylor la actuación de Kennedy, como conclusión al escribir sus extensas memorias.:

> «La ineficiencia en el uso del poder está muy adentrado en el sistema americano. No importa cuan capacitados puedan ser los hombres de una nueva administración; cuando llegan a sus nuevas posiciones son neófitos en el más complejo negocio que existe en el mundo: el militar. Cualquier nueva administración es vulnerable a un desastre a través de una apreciación equivocada como fue el caso de los funcionarios de Kennedy en Bahía de Cochinos.»

Castro tenía un total de 36 aviones de los cuales el 50% estaba en buenas condiciones de vuelo, según se declara en la segunda reunión de la Comisión Taylor. «Con los ataques del día D-2 (Abril 15) nosotros destruimos el 70 por ciento de su capacidad aérea. El D-Day le destruimos un Sea Fury y otro cayó en el océano. Le quedaban 3 T-33 pero no se nos permitió realizar más ataques aéreos»[354] y agrega «Teníamos planeado un ataque con 15 aviones en la madrugada del D-Day, pero no se nos dió la autorización.»

No se esperaba que los ataques aéreos D-2 eliminaran enteramente la fuerza aérea de Castro. Era el bombardeo del D-Day el más importante. Este era un esfuerzo total y completo y uno de los aspectos críticos de toda la operación.

Todas las culpas de las inconclusas operaciones aéreas del día D-2 que no destruyeron la fuerza aérea de Castro, que alertaron al régimen y que le sirvieron para montar el espectáculo de la Asamblea General de las Naciones Unidas, apuntan para la Casa Blanca y el Departamento de Estado. El propio Asistente del Presidente Kennedy, Mc George Bundy, manifiesta a la Comisión Investigadora: «En mi reunión con el Gral. Taylor y su grupo de asesores se me preguntó sobre *la decisión de no permitirle a la fuerza invasora ataques aéreos en la mañana del lunes. Este es un asunto que surge de una conversación con el Presidente y el Secretario de Estado,* y yo no creo que soy la persona indicada para comentar sobre esto.» Es conveniente destacar que estas esclarecedoras palabras fueron expresadas, por escrito, en papel de la Casa Blanca!, en sustitución de lo

---

[354] Los T-33 eran jets de entrenamiento con 2 ametralladoras calibre 50. (Segundo mitin).

manifestado verbalmente por el propio Bundy en la Séptima reunión de Mayo primero de 1961. Cuan incriminador debe haber sido el suprimido testimonio oral queda a la imaginación de cada uno.

El inmutable Dean Rusk no perdió su aplomo. Interrogado sobre si estaba entendido que el control aéreo era esencial para el éxito del desembarco, el Secretario de Estado responde tranquilamente: «Ni el Presidente ni yo estábamos conscientes de que habría un ataque aéreo el día D-2» y continúa expresando: «Después del ataque aéreo del D-2 hubo mucha confusión. No sabía[355] que habría más de un bombardeo aéreo en el área de La Habana.» La pobre memoria del Secretario de Estado no le permitía recordar la reunión de abril 12 en la que –por razones políticas, no militares– se aprobaron los ataques aéreos del día D-2, la supuesta defección de un piloto castrista, y los ataques aéreos de los días D-1 y D-Day.[356] Esta modificación, que no tuvo el respaldo de los Jefes del Estado Mayor Conjunto, era producto de una decisión previa del Presidente Kennedy.

En sus notas autobiográficas Rusk –el silente participante de las tantas reuniones en que se modificaban con alarmante frecuencia los planes militares– va aún más lejos, responsabilizando a la CIA de concotar la infantil historia del «piloto castrista desertor.»

El Almirante Burke se refiere a la decisión tomada por el Presidente Kennedy con el solo asesoramiento de Rusk: «Yo creo que esta decisión se tomó a petición del Secretario de Estado para tener un desertor cubano y dar la impresión de que los cubanos estaban efectuando los bombardeos desde Cuba.»[357] Días después, el Almirante de la Marina Norteamericana vuelve a señalar la motivación política que condujo a Kennedy a alterar los planes militares: «Ninguno de los Jefes del EMC consideró que los ataques del día D-2 eran apropiados militarmente, pero comprendían que políticamente eran un aspecto importante del plan.»[358]

El Gral. Lemnitzer insiste en la motivación política de los ataques de Abril 15:

---

[355] Reunión 10 de la Comisión Taylor.

[356] En abril 12 se produjo una importante conferencia con el Presidente, el Secretario de Estado, el EMC y altos funcionarios del Consejo Nacional de Seguridad. En la reunión se detallaron los últimos cambios en la «Operación Zapata» y se fijó un cronograma de las operaciones. (Memorandum #1 del Gral. M. D. Taylor, Junio 13, 1961).

[357] Almirante Arleigh Burke, Reunión 12 de la Comisión Taylor, Mayo 8, 1961.

[358] Reunión 18 de la Comisión Taylor.

«El Plan Final de Operaciones fue recibido dos días antes del D-Day y ya era muy tarde para un estudio personal. En un principio la Operación Zapata contemplaba ataques aéreos sólo en D-Day pero sin limitaciones. Los ataques del D-2 se agregaron no por razones militares. Nosotros hubiéramos preferido no realizar ataques aéreos dos días antes del ataque principal. Esos ataques del D-2 nunca tuvieron la intención de lograr la destrucción de la fuerza aérea de Castro. Estos ataques se realizaron sólo para darle credibilidad a la historia de que los ataques se habían originado dentro de Cuba. Por razones no militares se aprobaron los ataques del día D-2 porque se consideraron de gran importancia. Usted debe ser muy cuidadoso cuando diluye consideraciones militares a fin de que ciertos actos no se atribuyan o se asocien a los Estados Unidos.»[359]

El Gral. White[360] también discrepó de aquella súbita modificación: «En mi opinión el plan final limitando a 8 sorties contra los aeropuertos era fatalmente débil. Yo creo que la mejor operación hubiera sido lanzar un fuerte ataque aéreo sobre los aeropuertos el mismo día del desembarco.» Denuncia las causas y los culpables del trágico desembarco: «El problema fue que hubo cambios en el último minuto de los cuales nosotros no conocíamos. Me refiero a la cancelación del último minuto de los ataques aéreos. Ese fue un factor muy importante.» Y hace el Gral. White una acusación aún más directa: «Yo creo que se hicieron cosas a niveles superiores al Estado Mayor Conjunto sobre las que no fuimos completamente informados.»[361]

ROBERT KENNEDY.

A pesar de la amplia discusión sostenida durante las 21 reuniones de la Comisión Taylor, en todas las cuales (menos una) participó, Bob Kennedy negó, casi dos años después, que a la fuerza invasora cubana se le hubiese ofrecido cobertura aérea. En entrevista ofrecida a David Kraslow[362] y a «U.S. News and World Report,» el hermano del Presidente dijo que nunca se hizo esa promesa. Evasivamente, el Secretario de Justicia no hace

---

[359] Gral. Lemnitzer. Reunión 17 de la Comisión Taylor, Mayo 18, 1961.

[360] Gral. Thomas White, Jefe de la Fuerza Aérea.

[361] Gral. White. Reunión 12 de la Comisión Taylor, Mayo 8, 1961.

[362] David Kraslow. The Miami Herald, Enero 21, 1961.

mención a la suspensión de los ataques aéreos de Abril 17 que se efectuarían desde Puerto Cabezas con tripulación cubana. A esta afirmación, que se destacó ampliamente en la prensa local, respondió Manuel Antonio de Varona con las palabras mencionadas al inicio de este capítulo: «El Coronel Frank....me aseguró....que los patriotas cubanos tendrían completo control aéreo.»

No era la primera vez que el impulsivo Secretario de Justicia faltaba a la verdad en relación al problema cubano.

Niega también en la entrevista a Kraslov, que norteamericanos hubiesen muerto en las acciones de Girón. Los brigadistas recuerdan con orgullo a los cuatro pilotos norteamericanos que noblemente ofrendaron sus vidas el 19 de abril. David Wise, en su obra «The Invisible Government» dedica un capítulo a las viudas de los cuatro brigadistas norteamericanos que murieron en Girón, y a su lucha por obtener del gobierno norteamericano el debido reconocimiento. Fueron estos pilotos Riley W. Shamburger, Leo F. Baker, Thomas Willard Ray y Wade Carroll Gray, todos de Alabama. Thomas Willard Ray había nacido en Birmingham. Trabajaban en la Hayes International Corporation y volaba B-26 y F84 en la Guardia Nacional de Alabama. Leo F. Baker nació en Boston de madre francesa y de padre canadiense, pero se educó en Alabama. Sirvió en la Fuerza Aérea en 1944 y peleó en la Guerra de Corea; Riley W. Shamburger Jr. era de Birmingham. Como miembro de la Fuerza Aérea participó en la Segunda Guerra Mundial. Era Comandante de la Fuerza Aérea de la Guardia Nacional de Alabama. Wade Carroll Gray nació también en Brimigham, y trabajaba para la Hayes International como técnico electrónico. Son éstos, para Bob Kennedy, «inexistentes» norteamericanos. Ante el cúmulo de pruebas aportadas sobre la participación y muerte de los pilotos norteamericanos, el propio presidente tuvo que desmentir a su hermano. En una conferencia de prensa, el 6 de marzo de 1963 el Presidente Kennedy se vió obligado a admitir que estos norteamericanos que murieron en Bahía de Cochinos «estaban sirviendo a su país.»

Ya antes de enero 27, Bobby Kennedy está participando en estas reuniones. Una semana antes, el 22 de enero, está el Secretario de Justicia, junto a Rusk, McNamara y Bowles, siendo informado por el Gral. Lemnitzer, Jefe del Estado Mayor Conjunto, sobre «las distintas acciones en orden ascendente, de la participación norteamericana, necesarias para derrocar a Castro.»[363]

Como muchos, Bob Kennedy –luego del fracaso de Girón– trató de ocultar su propia participación en las reuniones convocadas para conocer

---

[363] Comisión Taylor. Memorandum #1. Punto 14.

y discutir los planes de la invasión. Así, en un memorandum dictado por él mismo en junio primero, seis semanas después del desastre, dice Robert Kennedy que se le informó de la operación cuatro o cinco días antes del evento. «Creo que fue el 12 de Abril. Dick Bissell (el Sub-Director de la CIA) siguiendo instrucciones de Jack (JFK) vino a verme al Departamento de Justicia y me informó........*Subsecuentemente*, yo asistí a algunas reuniones en la Casa Blanca...»[364]

Muy claras las palabras del Secretario de Justicia: a) «I was brought in on the Cuban situation» cuatro o cinco días antes del evento. b) *Posteriormente* «asistí a algunas reuniones.» Muy claras pero muy desviadas de la verdad. Porque desde que JFK tomó posesión su hermano Bobby asiste a sesiones sobre Cuba: En la tercera reunión de la Comisión Investigadora, el Gral. Gray hace mención a la *reunión de Enero 27* que se efectuó en la Casa Blanca. Lo interrumpe Bob Kennedy: «Yo asistí a esa reunión. Recuerdo que el Secretario Rusk habló de Isla de Pinos como posible punto de desembarco.» El Gral. Gray le aclaró que eso era correcto: «Se estaban discutiendo los siete posibles cursos de acción, desde fuerzas estrictamente voluntarias a una abierta participación de fuerzas norteamericanas.» Vuelve Bob Kennedy a recordar esa reunión en la Casa Blanca que se celebró en Enero 27: «Algo que recuerdo de esa reunión es que nos informaron que sería imposible derrocar a Castro... a no ser que las fuerzas invasoras estuviesen respaldadas por la participación de fuerzas norteamericanas.»

Como vemos, estuvo siempre al tanto de los planes y participaba en las reuniones. Parece que al revisar el acta de la Comisión Taylor en que se hacían constar sus afirmaciones, Bob Kennedy dio instrucciones de que no volviesen a mencionar su nombre en las actas de los próximos mítines. Luego, apenas en dos o tres ocasiones vuelve a aparecer su nombre.

En las sesiones de la Comisión Taylor, el Gral. Lemnitzer, Jefe del Estado Mayor Conjunto, sometido a fuerte interrogatorio, sigue exponiendo datos que comprometen al Presidente y a sus asesores civiles: «Se instruyó a la CIA a revisar el plan y ofrecer áreas alternas distintas a Trinidad, porque Trinidad carecía del tipo de pista requerida para hacer plausible la historia de que los aviones habían despegado desde la propia Cuba.» Continúa Lemnitzer manifestando en la reunión de Mayo 18:

> «Tengo una larga lista de razones por las que en el Estado Mayor Conjunto preferíamos Trinidad sobre Zapata: Estaba más distante de La Habana, más cerca del Escambray, tenía sólo una carretera de

[364] A. Schlesinger. «Robert Kennedy and his time.»

acceso al área, la más próxima unidad militar cubana estaba a más de 100 millas de distancia, y se esperaba un mayor respaldo popular (a la Brigada) en esa área.»

«Fue el Sub-secretario Mann,[365] a nombre del Departamento de Estado, quien más había insistido en sustituir a Trinidad y el primero en aceptar el Plan Zapata en la reunión de Marzo 16 porque ofrecía esta plausible denegación» expresa repetidamente el Gral. Lemnitzer. La razón expuesta por Thomas Mann era que «la necesitábamos para tener una fachada detrás de la cual poder negar que estos ataques procedían de Estados Unidos, Guatemala o Nicaragua.»

Cuando se le preguntó cuál era la importancia del control del aire el general respondió que «era absolutamente vital para el éxito.»

«Los ataques aéreos en D-Day se consideraban esenciales. Al eliminarse el ataque aéreo del D-Day se eliminaba grandemente la seguridad que teníamos en caso de ser atacados por la fuerza aérea de Castro. Los miembros del EMC no estuvieron envueltos en la cancelación de los ataques aéreos el día de la invasión. Supe de la cancelación de los ataques aéreos a las dos de la mañana del 17 de Abril. En ese momento yo respaldé vigorosamente que se le diera cobertura a la cabeza de playa por la Marina de los Estados Unidos. Le dí instrucciones al Almirante Dennison para que se preparara a ofrecer esta cobertura, pero conociendo las implicaciones políticas envueltas solicité del Gral. Wheeler y del Gral. Gray que consultaran con el Departamento de Estado.»[366]

Era demasiado para Bobby Kennedy las acusaciones, más que afirmaciones, del Gral. Lemnitzer. Se produjo esa mañana en el Pentágono una violenta confrontación. En el largo intercambio de acusaciones sobre las decisiones tomadas en los diferentes momentos del 17 de Abril, el Secretario de Justicia salió en defensa de su hermano alegando «que no se le daban al Presidente todos los mensajes que mostraban la crítica situación.» Fue éste el único mitin en que Bob Kennedy permitió que en las actas se volviera a mencionar repetidamente su nombre. (Sólo había aparecido profusamente en el Acta de la Segunda Reunión).

---

[365] Thomas C. Mann, antiguo funcionario del servicio exterior, había sido nombrado por Eisenhower Sub-Secretario de Estado para Asuntos Interamericanos poco antes de las elecciones de Noviembre. Poco antes del 17 de Abril ya había cesado en su cargo.

[366] Gral. Lemnitzer. Reunión 17 de la Comisión Taylor de Mayo 18, 1961.

Pocos meses después, el Gral. Lemnitzer era sustituido como Jefe del Estado Mayor Conjunto de las Fuerzas Armadas de los Estados Unidos.

D-DAY: SUSPENSION DE LOS ATAQUES AÉREOS.

A unas horas del desembarco, el Presidente había tomado otra fatal decisión. El 16 de abril a las 9:40 de la noche el General del Ejército Norteamericano C.P. Cabell fue llamado por McGeorge Bundy, Asistente Especial del Presidente Kennedy. Le fue notificado que no se permitiría bombardeos aéreos la siguiente mañana hasta que éstos no se pudiesen realizar desde las propias playas de desembarco. «Toda consulta posterior debía hacérsele al Secretario de Estado,» fue la lacónica advertencia del asistente. Inmediatamente, el Gral. Cabell solicitó una entrevista con el Secretario de Estado quien le informó que había consideraciones políticas que impedían los planeados ataques aéreos antes que la pista aérea de la cabeza de playa estuviese en *«nuestras manos»* y pudiera ser utilizada. Rusk *le aclaró al anonadado general que los ataques aéreos del día anterior se habían permitido por consideraciones militares pero que ahora las consideraciones políticas tenían prioridad.* La discusión se prolongó por varias horas.

El Gral. Cabell argumentó que dada la hora, casi las 11:00 P.M., era físicamente imposible detener la operación de desembarco porque ya la fuerza expedicionaria había comenzado a desembarcar y que si dejaban de realizarse los bombardeos aéreos en la zona inmediata a la cabeza de playa el resultado sería desastroso. Pero no tomó el teléfono que se le ofreció para tratar de hacerle ver al Presidente el trágico error que estaba cometiendo.

PLAN ALTERNO.

Existe abundante evidencia que prueba que a la brigada no se le ofreció un plan alterno en caso de que no tuviese éxito el desembarco. Pepe San Román manifestó a Haynes Johnson: «Nunca se nos dijo esto. Lo que se nos dijo fue: Si ustedes fallan **nosotros** entraremos.» Inclusive el Secretario McNamara consideraba que había una opción de evacuación por mar.

El General Taylor considera, piadosamente, que uno de los hechos que más atormentaba la mente de Kennedy después de la derrota era el que la Brigada no tomara la opción de convertirse en guerrilla luego de la derrota, ya que a él se le había repetidamente asegurado que la Brigada lo haría. El Gral. Taylor da una respuesta categórica a esa falsa creencia: «La Brigada, sin embargo, había sido informada antes de partir que si el desembarco encontraba serios obstáculos por las dificultades naturales de la zona o por fuerte oposición enemiga, ellos debían dispersarse para evacuar Cuba.»

Sin duda, de haberse seriamente considerado la posibilidad de convertir el desembarco anfibio en una lucha guerrillera esa alternativa tenía que haber sido eliminada cuando se desestimó Trinidad (cerca de la Sierra del Escambray) como sitio de desembarco y se seleccionó Bahía de Cochinos (tierra pantanosa muy distante del Escambray).

En el anexo 17, de fecha Mayo 31, se admite que sólo a los primeros brigadistas se les dió entrenamiento de guerrilla. Más adelante admite hechos esenciales:

a) Estas «**discusiones**» (no entrenamiento) «no cubrieron el área de Zapata.»
b) «En ningún momento la Brigada, una vez que estuvo organizada, recibió entrenamiento para luchar como guerrilla.»
c) «Haber tratado de realizar un entrenamiento de guerrilla hubiera desnaturalizado el propósito por el que la Brigada se había organizado.»
d) No se podía pre-planear la contingencia de operaciones guerrilleras debido a «los problemas de *seguridad que prohibían información previa (early briefing) a cualquier personal cubano*» sobre las circunstancias que podrían conducir a «ese plan de contingencia.»

Por años, se afirmó equivocadamente por escritores y analistas norteamericanos, que la Brigada conocía de un plan alterno para, en caso de encontrar seria oposición al desembarcar, transformar sus fuerzas en grupos guerrilleros. Hoy la evidencia que aparece en estos documentos –que por tantos años estuvieron ocultos a la investigación pública– muestran que la Brigada no fue informada de tal plan alterno. La mención de esa alternativa no era más que un ejercicio burocrático de altos militares del Pentágono y funcionarios del CIA que era recibida –si es que llegaba– como letra muerta en los escritorios de los militares y funcionarios del CIA que se encontraban en los campamentos.

Que la Brigada no había sido informada de plan alterno alguno –ni había sido entrenada para lucha de guerrilla– queda de manifiesto en la reunión #17 de la Comisión Taylor celebrada en Mayo 18. El Gral. Lemnitzer comenta así su conversación con el Presidente Kennedy y con Dick Bissell que –en la temporal ausencia de Allen Dulles– era el más alto funcionario de la Agencia Central de Inteligencia: «En la mañana del día D+2 yo comenté con el Presidente que ese era el momento para que la Brigada se tornara en fuerza guerrillera... yo recibí una sorpresa cuando el Sr. Bissell dijo que (la Brigada) no estaba preparada para convertirse en guerrilla.»

Los brigadistas, conocedores de la geografía de su país, no hubieran podido comprender como si antes se había escogido Trinidad porque «el desembarco se hará *cerca de una región montañosa* por si no se puede mantener la cabeza de playa y se hace necesario abandonarla, poder conducir operaciones guerrilleras, se» seguiría considerando tal alternativa en una zona llana y pantanosa.

RESPONSABILIDADES DEL ESTADO MAYOR CONJUNTO.

> «Yo diría que nosotros en el EMC no hicimos una evaluación detallada de las alternativas, tal como lo habíamos hecho con el Plan Trinidad.»[367]
>
> Gral. David W. Gray

En Abril de 1961 nombres hoy conocidos formaban el Estado Mayor Conjunto de las Fuerzas Armadas de los Estados Unidos: General Lyman Lemnitzer (Jefe), General Thomas White (Fuerza Aérea), General George Decker (Ejército), General David Shoup (Marines), Almirante Arleigh Burke (Marine).

Contrario a las conclusiones a que arribaron muchos analistas cuando se dió a conocer el Informe Taylor con grandes omisiones y mutilaciones, Taylor hace descansar gran parte de la responsabilidad en las deficiencias militares del Estado Mayor Conjunto y las contradicciones y la actitud de funcionarios superiores envueltos en la operación.

El Estado Mayor Conjunto había designado un Comité para estudiar en términos hipotéticos lo que podría hacerse para derrocar a Castro. En ese momento el E.M.C. no conocía los planes que ya estaban en marcha. El Comité fue dirigido por el Brigadier General David W. Gray, Jefe de la División de Actividades Subsidiarias del Pentágono

EXTRAVIO DEL INFORME JCSM-44-61.

En enero el Estado Mayor Conjunto –basándose en el informe del Comité presidido por el Gral. Gray– cuestionó la prohibición de la participación de los Estados Unidos en operaciones militares, discutiendo posibles niveles de participación. Ese documento fue pasado a la oficina del Secretario de Defensa pero se extravió «en la confusión del cambio de administración.»

---

[367] El Brigadier General Gray era considerado el prototipo del militar superior. Tenía fama de mantener notas meticulosas de todo en lo que participaba.

El Gral. Taylor al mencionar[368] este informe sitúa su estudio y redacción «temprano en enero.» Sin embargo fue elaborado en enero 27 (de hecho, en la página 2 menciona la reunión de enero 22 en la que el Jefe del Estado Mayor Conjunto había presentado el «concepto del Pentágono de una ascendente escala de acciones de respaldo o directas estadounidenses para lograr el derrocamiento del gobierno de Castro.»[369] Por tanto, su extravío no se produjo «en las actividades que se desarrollaron con el cambio de Administración.»

Todo hace indicar que este informe JCSM-44-61 sirvió de base a la «considerable discusión» de la reunión de enero 28 en la Casa Blanca con la presencia del Presidente, Vice-Presidente, Secretario de Estado, Secretario de Defensa, Director de la Agencia Central, el Jefe del Pentágono, algunos Subsecretarios y McGeorge Bundy, en la que el «Presidente particularmente desea que ninguna pista o indicio de estas discusiones llegue a personal alguno ajeno a la Rama Ejecutiva.»[370]

Fue esta la primera sesión de estudio sobre el plan de operaciones sobre Cuba en la que Kennedy participa como Presidente en funciones.

Este importantísimo documento, y su conveniente e inexplicable desaparición, ha sido ignorado por casi todos los que han escrito sobre esta etapa previa al desastre de Girón. Se trata del informe del Estado Mayor Conjunto JCSM-44-61 que recomendaba la institución de un grupo interdepartamental que considerara varios cursos de acción *en grado ascendente de participación norteamericana.*

El informe relacionaba 7 diferentes cursos de acción con creciente respaldo estadounidense. El plan que en ese momento –enero 27,1961– se estaba analizando era el tercero en grado de intensidad. Afirmaba el informe que «el presente Plan Político Para-Militar no asegura el logro de los objetivos señalados ni ha habido un detallado planeamiento para seguirlo si tiene éxito o para tomar cualquier acción directa que pudiera requerirse si se encuentra que el plan es inadecuado.»

---

[368] Memorándum #1, de Junio 13, 1961, del Informe de la Comisión Taylor (Punto 15).

[369] JCSM-44-61, Enero 27, 1961, que en su punto 2 afirma que «Los Jefes del Estado Mayor Conjunto creen que el objetivo primario de los Estados Unidos en Cuba debe ser el rápido derrocamiento del gobierno de Castro» y que «un plan de acción debe desarrollarse por un Grupo Interdepartamental de Planeación.»

[370] Memorándum de enero 28, en papelería de la Casa Blanca, redactado por McGeorge Bundy. (Declasificado en Abril de 1985).

Las 7 alternativas del informe JCSM-44-61 eran las siguientes: 1) Presión: Rompimiento de relaciones diplomáticas y económicas de países de la OEA; unida a la aplicación de un embargo; 2) Levantamiento interno: Producido por propaganda y presiones; 3) Invasión de fuerzas voluntarias con ayuda encubierta: entrenando un pequeño grupo de cubanos exiliados para establecer un centro de resistencia anti-Castro; 4) Grupos guerrilleros con ayuda encubierta: Entrenando cubanos exiliados para iniciar lucha guerrillera; 5) Fuerza invasora con acción descubierta: al igual que el punto 3 seguido de un abierto bloqueo naval norteamericano; 6) Acción descubierta norteamericana respaldada por países latinoamericanos: Invasión norteamericana junto con fuerzas voluntarias latinoamericanas; y 7) Acción norteamericana abierta: Invasión con solo fuerzas norteamericanas («Plan de Acción Norteamericana en Cuba;» Anexo 7; Comisión Taylor).[371]

Concluía el informe afirmando que la aplicación de cualquiera de las tres primeras alternativas no funcionaría. En Enero 22, dos días después de la inauguración del Presidente Kennedy, a Gray se le solicitó que pusiese al tanto a los oficiales de la nueva administración del estudio realizado por su Comité. La reunión terminó sin que se tomase decisión alguna. Más avanzado el proyecto de invasión, el Gral. Gray tendría una mayor participación. Según Peter Wyden, después del fracaso de Bahía de Cochinos el Gral. Gray destruyó personalmente todas sus notas sobre la operación siguiendo órdenes del Gral. Lemnitzer.

NO ENFÁTICA OPOSICIÓN AL PLAN.

El Estado Mayor Conjunto (EMC) no tuvo una mayor participación en los planes de operación en la fase anterior al 13 de enero de 1961. La mayor responsabilidad del Pentágono recae en su no abierta y enfática oposición a los continuos debilitantes cambios que los elementos civiles de la nueva administración comenzaron a hacerle a los planes trazados. «Revisamos primero el Plan Trinidad y después consideramos distintas alternativas. Sin embargo, el EMC consideró Trinidad preferible a cualquiera de las alternativas. Como posibilidad de conducir operaciones de guerrilla el área de Zapata era muy pantanosa. Nosotros revisamos el Plan de Trinidad muy en detalle. Sin embargo, en el Plan de Zapata nosotros no

---

[371] Peter Wyden enumera sólo 6 dándoles distintas descripciones: 1) Sanciones económicas, 2) Bloqueo, 3) Infiltración de una fuerza guerrillera, 4) Una fuerza de guerrilla con respaldo norteamericano, 5) Acciones aéreas y navales sin invasión, 6) Invasión con todos los medios.

expresamos nuestra posición con la profundidad que lo hicimos con Trinidad.»[372] Materialmente, no era posible. Sólo tenían unas pocas horas para rendir su informe.

Pero el Pentágono no prestó la debida atención a calibrar adecuadamente ni la capacidad de la fuerza aérea de Castro ni la de las fuerzas expedicionarias.

El Estado Mayor Conjunto de los Estados Unidos afirmaba en febrero 3, 1961, que la fuerza aérea de la Brigada consistía en 17 B-26; 10 C-54; 5 C-46; con un personal de 100 hombres, 18 de los cuales eran pilotos. En los momentos de preparar ese informe el sitio de desembarco escogido era Trinidad.[373]

Muchas páginas se han escrito sobre el desconocimiento del CIA y del Pentágono de la existencia en la fuerza aérea de Castro de aviones T-33. De hecho, en la página 7 del impactante memorandum de la cúpula militar no se hace mención a los T-33. Sin embargo, en el Apéndice «A» del Anexo «A» se menciona, además del equipo aéreo relacionado en la página 7, la existencia de «varios T-33, T-6 y N2S cuyo número exacto es desconocido.»

Al referirse a la capacidad aérea el memorandum mencionado, en su Apéndice «B,» vuelve a ignorar a los T-33 al hacer un resumen de la fuerza aérea castrista. «Fidel Castro contaba con varios aviones entrenadores T-33 de propulsión a chorro y armados con cañones de 20 mm.» explicó el Comandante José P. San Román.[374] Contaba con el Sea-Fury, uno de los más veloces aviones de propela del mundo, y con caza-bombarderos B-26, que estaban mejor equipados que nuestros aviones del mismo tipo, pues contaban con su ametralladora de cola.

A pesar de haber contado con esta información –por mucho tiempo oculta como secreto militar– ni la CIA ni el EMC le ofrecieron a la Brigada el equipo necesario para contrarrestar estas rápidas naves aéreas.

> «A mí me sorprendió encontrar que los aviones T-33 estuvieran armados. Yo no consideraba que los tenían como naves de combate. Si lo hubiese sabido yo hubiera deseado que los T-33 fueran uno de los principales objetivos del ataque aéreo. El ataque aéreo debió haberse concentrado en los aeropuertos que tenían el

---

[372] Comisión Taylor.

[373] De nuevo se le ofrecen al Gral. Taylor datos distintos: En Enero 4 la fuerza aérea de la Brigada se hace aparecer como consistente 10 B-26; 7 C-54; «algunos» C-46 (Segundo Mitin de la Comisión Taylor.»

[374] José Pérez San Román. Respuesta.

T-33. «Había una gran probabilidad de sostener la cabeza de playa si se hubieran destruido los aviones de Castro.»[375]

El 3 de febrero de 1961 el Estado Mayor Conjunto (EMC) preparó el memorandum, al que ya antes hemos hecho referencia, para el Secretario de Defensa con la evaluación militar del plan paramilitar del CIA sobre Cuba. Se establecía que la misión de la fuerza de los cubanos exiliados era la de controlar una cabeza de playa suficientemente grande para establecer un gobierno provisional, y que sirviese para atraer voluntarios y producir un levantamiento en la isla. El memorandum, en su Anexo A, ofrece un estimado del ejército bajo Castro, su fuerza aérea y naval así como la milicia. Es ya bien conocida la falta de precisión de los estimados norteamericanos sobre las fuerzas de Castro, especialmente la fuerza aérea, la que consideraba consistente de 3 F47; 1 F51; 14 SEA FURY; 13 B-26; 6 DBM-38; 15 Transportes; y 22 helicópteros de varios tipos.[376] La CIA ofrecía cifras distintas: 15 B-26; 10 Sea Furies; 4 T-33.[377]

OPERACIÓN MILITAR SIN CONTROL MILITAR.

El Gral. Gray admite que el Estado Mayor Conjunto vió por primera vez el Plan Zapata el 15 de marzo y le dió «una evaluación favorable como plan alterno.» Pero, reconoce que esto «se hizo de prisa»[378] ya que recibió la información el 13 de marzo, preparó su evaluación el 14, y la presentó el día 15. Vuelve a insistir en que, aunque para el EMC el Plan Zapata era la más factible de las 3 alternativas[379] que se estaban considerando, no era tan conveniente como el ya descartado Plan Trinidad. Algunos analistas han destacado una sutil distinción: El Pentágono aceptó el plan pero no lo aprobó.

Uno de los más notables ángulos de lo que algunos han llamado «la aventura de Playa Girón» es que fue una operación militar llevada a cabo

---

[375] Gral. Thomas White, Jefe de la Fuerza Aérea de Estados Unidos.

[376] El Gral. Taylor menciona otras cifras: 6 B-26; 4 T-33; y 2 ó 4 Sea Furies. (Segundo meeting de la Comisión Taylor, Abril 24/1961).

[377] Schlesinger. Obra Citada.

[378] Testimonio del Gral. Gray en el Segundo Mitin.

[379] Las tres alternativas eran, como se ha dicho antes, Preston; un lugar entre Cienfuegos y Trinidad, y Zapata.

sin control militar. Se hace evidente que Kennedy –como apunta un crítico– no tomó las medidas necesarias para llevar a feliz término una operación esencialmente militar.

El antiguo Inspector General de la CIA, Lyman B. Kirkpatrick en su trabajo publicado en la revista «Naval War College Review»[380] que extraoficialmente reproduce su informe sobre Playa Girón, tiende a exonerar al E.M.C. afirmando que a sus miembros sólo se les pidió una evaluación «primero de la factibilidad del plan y, luego, de la calidad del entrenamiento.» Aunque ofrecieron, a solicitud, los materiales que fueran necesarios y el personal para ayudar en el entrenamiento, insiste Kirkpatrick, el Estado Mayor Conjunto no era responsable del plan.»

Sin embargo, ni siquiera en los días previos al desembarco el EMC se esforzó en presentar y mantener con firmeza sus objeciones a los frecuentes y debilitantes cambios realizados a los planes de la invasión. «En la semana anterior al D-Day, el Estado Mayor Conjunto no se sentía complacido. Algunos de estos altos militares estaban irritados por los continuos cambios en los planes,» expresan David Wise y Thomas Ross en su obra «El Gobierno Invisible.»

La responsabilidad no es, pues, imputable sólo a los más altos escalones del gobierno civil. El propio Pentágono dejó de informar debidamente a oficiales superiores envueltos en la operación. El Almirante Robert Dennison, Comandante en Jefe de la Flota del Atlántico (CINCLAT) exteriorizó amargamente su inconformidad por no haber recibido la necesaria información: «Aún hoy, 28 de Abril de 1961, yo no he visto siquiera una copia del Plan de Invasión de Cuba» y repite con gran ironía: «Hubiera sido muy útil que yo lo hubiera tenido.»

Dennison expresó repetidamente su asombro –e inconformidad– a la negativa del Presidente Kennedy de cumplir con el ofrecimiento de darle cobertura aérea a la pequeña flota invasora: «En el despacho en que fui notificado que era el 17 de Abril la nueva fecha para el D-Day se me ordenaba, también, el cambio en el respaldo que yo debía ofrecer: en lugar de convoyar la flota de la invasión, *mis fuerzas serían llamadas para ofrecer cobertura aérea*.» No fue así. Lo que recibió fue un mensaje autorizando una cobertura temporal desde el Essex «sin buscar combate aéreo,» «sin atacar objetivos en tierra.» Las instrucciones indignaron al Almirante Dennison. «¿Cómo uno puede proteger a alguien si no puede disparar... cómo no buscar combate aéreo?» Concluye con estas amargas palabras: «¡Es ridículo!»

---

[380] «Naval War College Review,» Noviembre-Diciembre 1972.

Pero el propio Gral. Taylor en sus memorias «Espadas y Arados» tiende a exculpar a la cúpula militar norteamericana:

«Los Jefes del Estado Mayor Conjunto consideraban que habían estado obligados a trabajar bajo circunstancias que hacían muy difícil poder siquiera ofrecer un adecuado asesoramiento. Para mantener el secreto (de las operaciones) en las reuniones no se circulaba por adelantado una agenda y no se mantenía records escritos de las decisiones que se tomaban. Además, el plan preparado por la CIA se encontraba siempre en proceso de revisión por lo que los Jefes del *E.M.C. nunca vieron el plan en su forma final hasta el 15 de Abril, el día del primer ataque aéreo.*»

Se ha pretendido, por años, ocultar la verdad de las decisiones que condujeron al desastre de Playa Girón. En su obra, «The Decision to Land at the Bay of Pigs,» el destacado profesor de Ciencias Políticas Lucien S. Vandenbroucke concluye que *«desafortunadamente, detalles del fracaso fueron celosamente guardados. La mayor parte de las copias del informe de la Junta Investigadora sobre Bahía de Cochinos fueron destruidas, y por años la información disponible sobre este episodio consistía de unas pocas memorias de miembros de la Administración Kennedy.»*

Dice el Gral. Taylor al resumir el fracaso de Playa Girón:

«La operación comenzó en la madrugada de Abril 15 con ataques aéreos por ocho B-26 a los aeropuertos ocupados por la fuerza aérea de Castro. Aunque venían desde Nicaragua, los aviones tomaban una dirección para sugerir que pilotos desertores volaban desde campos cubanos, aunque el tiempo consumido en esto arriesgaba el alertar a Castro de la inminencia del ataque anfibio. Como podía esperarse, los ataques tuvieron sólo un éxito parcial en destruir los aparatos que se encontraban en tierra *pero, nuestros líderes militares no estaban muy preocupados con esto en ese momento porque se habían planeado ataques más fuertes para la mañana de la invasión, Abril 17.*

Desafortunadamente, estos nuevos ataques fueron cancelados por el Presidente Kennedy en la noche de abril 16 por el problema causado en las Naciones Unidas por los ataques de Abril 15. Como resultado, la Brigada cubana desembarcó enfrentándose a una fuerza aérea, no neutralizada, que incluía algunos jets de entrenamiento T-33 que resultaron sorpresivamente efectivos y muy superiores a los obsoletos B-26 que respaldaban el desembarco. La

Brigada cubana desembarcó tal como había sido planeado, pero pronto cayó bajo un continuo ataque aéreo que destruyó dos barcos de suministro que llevaban las reservas de municiones de la expedición.»

Los cubanos no podrán olvidar jamás a quien, en el último minuto, tomó esta fatídica decisión.

BIBLIOGRAFÍA

LIBROS

AGUILAR LEON, LUIS «Operación Zapata.»

AMBROSE, STEPHEN «Eisenhower» (New York, Simon, 1984).

ARONSON, JAMES «The Press and the Coldwar» (Indianápolis).

BECK, KENT M. «Necessary Lies, Hidden Truths: Cuba in The 1960 Campaign.»

BERLE, BEATRICE B. «Navigating the Rapids» (New York, Hartcourt, 1973).

BONSAL, PHILLIP W. «Cuba, Castro y los Estados Unidos» (Londres, Univ. of Pittsburhg, 1971).

BOWLES, CHESTER «My Years in Public Life» (New York, Harper 1971).

BRAÑA, MANUEL «El Aparato.»

CANNON, TERENCE «Revolucionary Cuba» (New York, Crowell, 1981).

CARRILLO, JUSTO «A Cuba Le Tocó Perder» (Miami, Edic. Universal, 1993).

CATLEDGE, TURNER «My Life and the Times» (New York, Harper 1971).

COFFIN, TRISTRAM «Senador Fulbrigh» (New York, Dulton, 1966).

DAVID, LESTER AND IRENE «Bobby Kennedy» (New York, Dodd, 1986).

DOCUMENTS ON AMERICAN (New York, Harper 1962).

FOREIGN RELATIONS 1961.

DUARTE OROPESA, JOSÉ «Historiología Cubana IV» (Miami, Universal, 1993).

DULLES, ALLEN «The Craft of Intelligence» (Colorado, Praeger, 1985).

EISENHOWER, DWIGHT D. «Public Papers» (Washington, 1961).

ENCINOSA, ENRIQUE «Cuba, The Unfinished Revolution» (Eakin, Austria, 1988).

FABRICIO, ROBERTO Y «The Winds of December» (New York, Corward, 1980).

FAIR PLAY FOR CUBA Audiencias ante el Subcomité Judicial del COMMITTEE Senado, Abril 25 a Mayo 16, 1961.

FERRER, EDUARDO «Operación Puma,» (Miami Open 1975).

GONZALEZ LALONDRY, LUIS «Sangre en Bahía de Cochinos» (New York, 1965).

HISTORIA DE UNA AGRESION (Venceremos, 1962).

HIGGINGS, TRUMBULL «The Perfect Failure» (W.W. Norton, 1987).

HOROWITZ, IRVING LOUIS «El Comunismo Cubano» (Biblioteca Cubana, Madrid, 1978).

HUNT, E. HOWARD «Give us this Day» (New Rochelle, Arlington, 1973).

IMMERMAN, RICHARD H. «The CIA in Guatemala.»
JANIS, IRVING L. «Groupthink, A Perfect Failure» (Hopewell J.J. Houghton).
JOHNSON, HAYNES «The Bay of Pigs» (New York, Bell, 1964).
KENNEDY, JOHN F. «The Strategy of Peace» (Harper, 1960).
LANE, MARK «Plausible Denial.»
LASKER, VICTOR «JFK, The Man and the Myth» (McMilland).
LAZO, MARIO «Dagger in the Heart» (New York, Funk, 1968).
MARTIN, JOHN BARTLOW «Adlai Stevenson and the World» (New York Doubleday, 1977).
MARTINO, JOHN «I was Castro's Prisoner» (New York, David, 1963).
MASLEY, LEONARD «Dulles» (Dial Press, 1966).
MEYER, KARLE Y TAD SZULC «The Cuban Invasion» (New York, Praeger 1962).
MONAHAN, JAMES y «The Great Deception» (New York).
KENNETH O. GILMORE.
McGAFFIN, WILLIAM y «Anything but the Truth» ERVIN KNOLL (New York, C.P. Putman 1968).
MURROW, EDWARD R. «Prime Time» (Canada, Little, 1969).
PENABAZ, MANUEL «Girón, 1961.»
PÉREZ SAN ROMAN, COM. JOSÉ «Respuesta» (Miami 1979).
PORTER, E.B. «Admiral Arleigh Burke» (New York, Random, 1990).
PERSONS, ALBERT C. «Bay of Pigs: A Firsthand Account» (Jefferson, N.C. McFarland).
PERSONAL DIPLOMACY, U.S. and CUBA.
PHILLIPS, DAVID A. «The Night Watch» (New York, Athenem, 1977).
PLAYA GIRON. DERROTA DEL IMPERIALISMO (Habana, Burgay, 1961).
RANELAGH, JOHN «The Agency. The Rise & Decline of the CIA» (New York, Simon).
RESTON, JAMES «Deadline» (New York, Random 1991).
RIVERO COLLADO, CARLOS «La Contrarrevolución Cubana» (Madrid, Akal 1977).
RODRIGUEZ, FÉLIX I. «Shadow Warrior» (New York, Simon, 1989).
ROSTOW, WALT W. «The Diffusion of Power» (New York. McMillan, 1972).
RUIZ, LEOVIGILDO «Diario de una Traición» (Miami, Indian 1970).
RUSK, DEAN «As I Saw It» (New York, Norton, 1990).
SALINGER, PIERRE «With Kennedy» (New York, Doubleday, 1966).
SCHLESINGER, ARTHUR M. «A Thousand Days» (Boston, Mifflin 1965).
SCHLESINGER, ARTHUR M. «Robert Kennedy and His Time» (Boston, Houghton, 1978).

SMITH, JOSEPH BURKHOLDER «Portrait of a Cold Warrior» (New York, Putnam).
SMITH, WAYNE S. «The Closest of Enemies» New York, Norton 1987).
SORENSEN, THEODORE C. «Kennedy» (New York, Harper 1965).
SZULC, TAD Y KARL E. MEYER «The Cuban Invasion» (New York, Praeger, 1962).
TAYLOR, GRAL. MAXWELL D. «Swords and Plowshares» (New York, Norton, 1972).
INFORME COMISION TAYLOR.
TANNER, HANS «Counter-Revolutionary Agents» (London, Foulis, 1962).
TOLEDANO, RALPH DE «R.F.K.» (New York, Putnam, 1967).
VANDENBROUKE, LUCIEN S. «Anatomy of a Failure. The Decision to Land of the Bay of Pigs» (Science Quarterly, Fall 1984).
VANDENBROUKE, LUCIEN S. «Las Confesiones de Allen Dulles,» Diplomatic History, Fall 1984.
VARONA, MANUEL ANTONIO DE «El Drama Cubano» (Maymar, Buenos Aires, 1960).
WYDEN, PETER «Bay of Pigs» (New York, Simon 1979).
WHITE, THEODORE H. «In Search of History» (New York, Warner, 1978).
WHITE, THEODORE H. «America in Search of Itself» (New York, Harper, 1982).
WILLS, GARRY «The Kennedy Imprisonment» (Boston, Little, 1981).
WISE, DAVID «The Invisible Government» (New York, Daudorn, 1964).
WRIGHT MILLS, C. «Listen, Yankee» (New York, Ballantine 1960).

ARTÍCULOS

LUIS AGUILAR LEON «Laureano Batista Falla.» Diario Las Américas, Septiembre 26, 1990.
STEWART ALSOP «Nota para los Historiadores.» The Saturday Evening Post. Enero 26, 1963.
STEWART ALSOP «The Lessons of the Cuban Disaster.» The Saturday Evening Post. Junio 24, 1960.
WILLIAM F. BUCKLEY JR. «CUBA, RIP» National Review. Mayo 6, 1961.
JOHN DILLE «With a Quiet Course it all Began,» Life, Mayo 10, 1963.
THEODORE DRAPER «Papers On Cuba» New Leader, Marzo 27, 1961.
THEODORE DRAPER «Cuba and the United States.» New Leader.
TOMAS FERNANDEZ TRAVIESO «Los Ocho Fusilados.» El Nuevo Herald.
LOUIS J. HALLE «Lessons of the Cuban Blunder.»
JOHN B. HENRY y WILLIAM ESPINOSA «The Tragedy of Dean Rusk,» Foreign Policy. Fall, 1972.

MAYOR GENERAL MAX S. JOHNSON «Story of a Pentagon Crisis.» U.S. News and World Report. Junio 12, 1961.
GENERAL LYMAN B. KIRKPATRICK, JR. «Paramilitary Case Study. The Bay of Pigs.» Naval War College Review, Noviembre, Diciembre 1972.
IRVING KRISTOL «The Case for Intervention in Cuba.» New Leader. October 15, 1962.
LOUIS M. LYONS What's Fit To Print? Junio 5, 1961.
EARL MAZO «Ike Speaks Out: Bay of Pigs Was All, JFK's» Newsday, September 10, 1965.
CHARLES J.V. MURPHY «Cuba. The Record Set Straight,» Fortune, Septiembre 1961.
REINHOLD NIEBUHR «The Cuban Crisis in Retrospect,» New Leader. Diciembre, 1962.
RICHARD NIXON «Cuba, Castro and John F. Kennedy,» The Reader's Digest. Noviembre 1964.
FRANCIS B. STEVENS «Inside Story of the Cuban Fiasco.» U.S. News and World Report, Mayo 15, 1961.
ADLAI E. STEVENSON «The Bay of Pigs.» The Annals of America: 1961.
U.S. NEWS AND WORLD REPORT «Playa Girón. La Cobertura Aérea. Lo que dice el Presidente Kennedy.» Febrero 4, 1963.
MANUEL ANTONIO DE VARONA «War Against Castro: How Big? What Chance of Success?» Entrevista. U.S. News and World Report. Abril 24, 1961.

ENTREVISTAS

ABREU, ERNESTINO
ACOSTA, ORLANDO (BEBO)
ALVAREZ DEL REAL, WILFREDO
BARRIOS, HILDA
BERGOLLA, RAFAEL
CARRILLO, FRANCISCO
DAUSA, JOSÉ ENRIQUE
DIAZ LANS, MARCOS
DIAZ LANS, PEDRO LUIS
DIAZ, HIGINIO (NINO)
DIAZ, LOMBERTO
DIAZ, OSCAR
DIEGO, TOMAS
ENCINOSA, ENRIQUE
FARIAS, MATIAS

FERNANDEZ BADUÉ, JOSÉ
FERNANDEZ DE HECHAVARRIA, ALBERTO
FLEITES, FERMIN (CUCHO)
GAMBA, TOMAS
GARCIA, MARCOS (MARQUITOS)
GONZALEZ REBULL, JULIO
GUERRA, PEDRO
HERNANDEZ, JULY
HUNT, HOWARD E.
INCLAN, CLEMENTE (MENTE)
LUIS PELLI, RENÉ
MARTINEZ ECHENIQUE, ALBERTO
MARIÑAS, MANUEL
MULLER, ALBERTO
NAVARRETE, CARLOS
NUÑEZ, NEIL
OLIVA, ERNEIDO
PAULA, JUAN
PÉREZ FRANCO, JUAN
RASCO, JOSÉ IGNACIO
RODRIGUEZ QUESADA, CARLOS
SARDIÑA, RICARDO RAFAEL
SORONDO, MAXIMO
VARGAS GOMEZ, ANDRÉS

DOCUMENTOS Y TESTIMONIOS

AMORY, ROBERT, JR. «Kennedy Oral History,» (JFK Library, Boston, 1966).

AMERICAN FOREIGN POLICY, 1961 «CUBA,» Páginas 278 a 299. Audiencias ante el Subcomité de Asuntos Interamericanos del Comité de Relaciones Exteriores del Senado, Abril 28, 1961.

BOSCH, ORLANDO «La Trágica Verdad de Cuba» Miami, Agosto 15, 1962.

BRADEN, SPRUILLE Declaraciones ante la Cámara de Comercio, Mayo 17, 1961.

BUNDY, McGEORGE National Security Files (desclasificados) (JFK Library, Boston, Febrero 1961, Caja 35).
Memorandum de Febrero 17, 1961 (JFK Library) (Desclasificado).
Memorandum de Marzo 15, 1961 (JFK Library) (Desclasificado diciembre 14, 1982).

Memorandum de Abril 18, 1961. (JFK Library). (Desclasificado diciembre 14, 1982).

CIA INFORMATION REPORTS (Washington, Enero 11, 1961, (Desclasificados en 1982) Testimonio escrito ante la Comisión Taylor. De abril 24, 1961. (JFK Library) Desclasificado.

FAIR PLAY FOR CUBA COMMITTEE CIA (100 páginas material desclasificado, enviados por la CIA al autor, Marzo 24, 1994).

FAIR PLAY FOR CUBA COMMITTEE Testimonio ante el Comité del Senado, Foreign Relations of the United States 1958-1960 (U.S. Government Printing Office, 1961).

FRENTE REVOLUCIONARIO DEMOCRATICO (FRD) Manifiesto de Constitución, México, Junio 22, 1960.

HURSWITCH, ROBERT «Kennedy Oral History» (J.F.K. Library, Boston, Abril 24, 1964).

JUICIO DE ROGELIO GONZALEZ CORSO, HUMBERTO SORI MARIN Y OTROS Conclusiones y Sentencia.

JUICIO DE PORFIRIO RAMIREZ SINESIO WALSH Y OTROS Conclusiones y Sentencia.

MANN, THOMAS «Kennedy Oral History,» (JFK Library, Boston, Marzo 1968).

MARTINEZ FRAGA, PEDRO «Examen de las Relaciones del Gobierno de Estados Unidos con el Consejo Revolucionario Cubano,» Miami, Noviembre 24, 1961.

MIRO CARDONA JOSÉ «Renuncia» Abril 9, 1963.

MOVIMIENTO DEMOCRATA CRISTIANO (MDC) Documento sobre el cese de su actividad pública.

SMATHERS, SENADOR GEORGE «Kennedy Oral History» (JFK Library, Boston, Marzo 31, 1964).

SCHLESINGER, ARTHUR JR. Memo al Presidente, Marzo 31, 1961.

SORENSEN, THEODORE «Kennedy Oral History» (JFK Library, Boston, Abril 6, 1964).

TAYLOR, GENERAL MAXWELL National Security File, (desclasificado) JFK Library, (Caja 35).

WHITE HOUSE Libro de citas del Presidente Kennedy de los días 16 y 17 de abril de 1961.

RELACIÓN NUMÉRICA DE LOS PRIMEROS BRIGADISTAS

2501	José A. Andreu Santos
2502	José Antonino Díaz Pou
2503	Vicente José Blanco Capote
2504	Javier Souto Alvarez
2505	Armando G. Acevedo Arencibia
2506	Carlos Rodríguez Santana (Carlay)
2507	Enrique G. Casuso Pérez
2508	Ramón E. Machado Vidal
2509	José Antonio Raffo Barrera
2510	Humberto Solís Jurado
2511	José Raúl Varona González
2512	Frank S. Bernardino Babot
2513	Guido G. Valladares Borges
2514	Enrique Falla Crabb
2515	Gabriel E. Durán Bryon
2516	William Schuss Alvarez
2517	Manuel H. Reyes García
2518	Jorge A. García-Rubio Cancio
2519	Jorge F. Gutiérrez Izaguirre
2520	José B. Clark Sánchez
2521	Emilio Martínez Venegas
2522	José J. Basulto León
2523	Carlos E. Hernández Sánchez
2524	Jorge Antonio Giraud Leiva
2525	
2526	Aurelio E. Pérez Lugones
2527	Rafael A. Quintero Ibarbia
2528	Rubén de Quesada Rioseco
2529	Fernando G. Trespalacios García
2530	Manuel Angel Blanco Navarro
2531	Santiago Morales Díaz
2532	Guillermo Fernández-Mascaró Ibarra
2533	Ricardo E. Céspedes Jiménez
2534	Ramón Julián Ferrer Mena
2535	Reinaldo Agustín García Martínez
2536	Jorge M. Navarro Rodríguez
2537	Miguel Angel Orozco Crespo
2538	José A. Pérez-San Román
2539	Roberto A. Pérez-San Román

2540 Osvaldo E. Piedra Nogueruela
2541 Hugo Sueiro Ríos
2542 Manuel Juan García-Rubio Rodríguez
2543
2544 René I. Chávez Pérez
2545 Luis Alberto Beltrán Nodarse
2546 Alejandro E. del Valle Martí
2547 Conrado Gustavo Caballero Acosta
2548 Tomás Cruz
2549 Gilberto B. Hernández Florat
2550 Manuel Artime
2551 Oscar Alfonso-Carol Armand
2552 Adolfo González Mendoza
2553 Pedro R. Tomás Moreno
2554 Rodolfo Hernández Herrera
2555 Hugo J. Gómez Oyarzabal
2556 José Manuel Alfonso
2557 Angel Hernández Valdés
2558 Francisco Salicio Sánchez
2559 Miguel M. Alvarez Jiménez
2560 Manuel Antonio Rodríguez Treto
2561 Mirto Collazo Valdés
2562 Pedro Acebo Rodríguez
2563 Jorge Rojas Castellanos
2564 Rubén Vera Ortiz
2565 Pedro R. Vera Ortiz
2566 Oscar Luis Acevedo Alemán

BRIGADISTAS VETERANOS DE VIETNAM QUE HAN SERVIDO EN LAS FUERZAS ARMADAS DE EE.UU. Y SUS GRADOS:[381]

CORONELES:

Matías Farías
Reynaldo García Martínez
Manuel Granado Díaz
Juan A. Montes
Nestor Pino Marina
Orlando Rodríguez

TENIENTE CORONELES:

Luis C. Bárcenas
Esteban Beruvides
Evelio Borrego Carballo
Rodolfo Díaz Hernández
Erik Fernández del Valle
Ramón J. Ferrer Mena
Mario J. de Lamar
Reinaldo Lazo
Juan R. López
Humberto F. Olivera
Francisco Padrón Hernández
Demetrio J. Pérez Rodríguez
Félix Pérez Tamayo
José S. Pérez Alvarez
Luis O. Rodríguez Martínez
Félix Rodríguez Mendigutía
Raúl de la Torre
José Raúl de Varona
Raúl Vázquez Martín

MAYORES:

José E. Alonso Lamar
Luis E. Martínez Castro
Modesto L. Castañer

---

[381] Fuente: Revista *Girón*. Miami, Enero de 1985.

Alfonso Cereceda
Florencio de Peña Flores
Benjamín Garay Saavedra
Oscar Martínez Roig
Segundo C. Martínez Granja
(Herido en combate)
Héctor E. Varona

CAPITANES:

Bernardo J. Bosh Rodríguez
Conrado Caballero Acosta
Máximo L. Cruz González
Rolando P. Cuervo Galano
Juan L de Sosa Chabau
Lomberto Díaz Pérez
José Dorta García (Herido en combate)
Eduardo J. Fernández Uriarte
José R. Fajardo Montano
(Muerto por enfermedad adquirida en campaña)
Federico García Geli
Amado Gayol Tabares
José A. González Castro
José Dearing González Morejón
Rafael A. Grenier Martínez
Eulogio R. Lavandeira
Roberto Macía Vinet
Cándido Molinet Pérez
Irenaido F. Padrón (Muerto en combate)
Manuel de J. Pérez Marquez
Celso A. Pérez Rodríguez
(Muerto en combate)
Reynold Prendes Paz
José Rojas
Arturo M. Sánchez González
Félix Sosa Camejo
Hugo Sueiro (Herido en combate)
Julio C. Soto Camacho
Raúl E. Taboada Reguera
Tomás Vázquez Casanova
José L. Vivanco Pardo

ÍNDICE ONOMÁSTICO

A

ABASCAL,ENRIQUE, 71, 75
ABASCAL, PEDRO, 70, 71, 85
ABELLA, SILVIO SAVIO, 39
ABELLO, CARLOS A., 39(N), 75
ABREU, ERNESTINO, 43, 82, 122
ABREU, RAUL, 103
ACEBO RODRIGUEZ, PEDRO, 50, 296
ACEVEDO, ARMANDO G., 47, 295
ACEVEDO, NILDO, 130
ACEVEDO ALEMAN, OSCAR LUIS, 50, 296
ACOSTA, DIONISIO, 182
ACOSTA, ORLANDO (BEBO), 43, 82, 113, 122, 122(N), 123, 162, 189, 190, 193
ADLER, JUAN, 172
AFONT, TOMAS, 249
AGUERO, ARISTIDES, 74
AGUERO, ERIC, 74
AGUILAR LEON, LUIS, 22, 24, 131,198
AGUIRRE, OSVALDO, 71
AGUIRRE, RAFAEL, 73
AIKEN, SEN. GEORGE, 219
AJA, PEDRO VICENTE, 70, 71
ALABAU TRELLEZ, FRANCISCO (FRANK), 32(N), 34, 115, 140
ALBA, NELSON, 31
ALARCON, RICARDO, 58, 66
ALDEREGUIA, SALVADOR, 74
ALEJOS, CARLOS, 53 (N)
ALEJOS, ROBERTO, 153 (N)
ALEMAN, PEPE,
ALESSANDRI, JORGE, 124
ALEXANDER, ORLANDO, 73
ALEXANDER, ROBERT, 167
ALEXANDER, WILLIAM, 157
ALFONSO, ABIGAIL, 122(N)
ALFONSO, JOSÉ MANUEL, 49, 296
ALLENDE, SALVADOR, 16, 16(N), 83
ALMAS, ROBERTO, 47(N)
ALMEIDA, JUAN, 46, 85
ALONSO, CLARA, 185
ALONSO, FELIPE, 73, 113
ALONSO, LUIS RICARDO, 92
ALONSO LAMAR, JOSÉ E., 297
ALONSO, RAMON (MONCHI), 40(N)
ALONSO AVILA, ANTONIO, 22(N), 33, 34, 36, 65, 70, 88, 111
ALVAREZ, CARLOS, 94, 193
ALVAREZ, ELIO, 30, 32, 33, 34, 114, 115, 171
ALVAREZ, LESTER, 182
ALVAREZ, URBANO, 27
ALVAREZ BARQUIN, ORLANDO, 172
ALVAREZ CABRERA, NIDIA ROSA, 188
ALVAREZ CRESPO, VICENTE, 184
ALVAREZ DIAZ, JOSÉ, 19, 45, 66, 170
ALVAREZ GUZMAN, RAMON, 38(N)
ALVAREZ JIMENEZ, MIGUEL M., 49
ALSOP, JOSEPH, 157
ALSOP, STEWARD, 146, 213, 226, 230, 242, 244
AMBROSE, STEPHEN, 132
AMENABAR, ALFONSO, 76
AMIEVA, RAUL, 73, 103, 113
AMORY, ROBERT, 218, 219
ANDERSON, HOWARD, 188
ANDERSON, ROBERT, 126
ANDREU, JOSÉ RAIMUNDO, 47
ANDREU SANTOS, JOSÉ M., 63, 130, 295
ANGULO, JESUS (CLEMENTE), 37, 69, 70
ANTUNEZ, EMILIANO, 27, 60
APARICIO LAURENCIO, ANGEL, 76
APPEL, FRITZ, 39, 69, 70, 85
ARA, GUILLERMO, 40
ARANGO, GUILLERMO, 184
ARANGO, ENRIQUE, 184
ARANGO, OFELIA, 182, 184
ARCHILLA LANGUIER, LUIS, 17
ARBENZ, JACOBO, 51, 83, 130, 131, 137, 157(N), 228
ARCAYA, IGNACIO LUIS, 80
ARDOIZ, LUIS, 249
ARELLANO, JORGE, 71
ARELLANO, RICARDO, 70
ARENAS, VALENTIN, 24
ARGUDIN, GLORIA, 96, 99
ARGUELLES, JUAN, 122(N)
ARIAS, EDUARDO, 26
ARIAS, JOSÉ, 122(N)

ARIZA, CARLOS, 137, 207
ARMADA CABRERA, NIDIA ROSA, 188
ARMESTO GARCIA, ELADIO, 39
ARMENTEROS, PLUTARCO, 122(N)
ARRIETA, ANTONIO, 39
ARRIOLA, JOSÉ, 74
ARTEAGA, WALDO, 74
ARTEAGA, CARDENAL MANUEL, 116
ARTIME, MANUEL, 18, 19, 35, 42-46, 50, 54, 69, 70, 82, 87-90, 103, 117-120, 142, 144, 148, 149, 153-157, 160, 165, 169, 180, 210, 212, 235, 236, 252, 296
ASCURRA, GIL, 44
AVILA, PEDRO, 105
AYARRAGARAY, LUCAS, 16(N)
AZICRI, MAX, 76

B

BABARRO, ANTONIO, 40
BABUN, SANTIAGO, 43, 82, 122, 193, 207
BACALLAO ACOSTA, HERIBERTO, 98
BADLEY, BENJAMIN, 221
BAKER, LEOF, 276
BALLEIRO, JOSÉ, 122
BALDWIN, HANSON, 259(N)
BALDWIN, ROGER, 16
BARANDELA, RAUL, 94
BARCELO, D., 38
BARNES, TRACY, 15, 123(N), 137-139, 156, 157, 177, 240, 241
BARQUIN, RAMON, 19, 139, 148, 149-151, 167, 172
BARNES, WILLIAM, 226, 227
BAHAMONDES, MIGUEL, 70
BARCENAS, LUIS C., 298
BARRERA, MARIO, 73
BARRIOS, HILDA, 38, 38(N), 68, 162
BASULTO, JOSÉ, 48, 63, 66, 295
BATISTA, FULGENCIO, 22, 37, 53, 109, 110, 144
BATISTA, LAUREANO, 70, 85, 96, 115, 195, 198-201, 204
BATTLE, MIGUEL J., 65
BARTHELEMY, RODOLFO A., 65, 150, 151
BAUTISTA DE LA VALLE, JUAN, 79, 80
BEATON, MANUEL, 43
BECK, KENT M., 234
BECQUER, NAPOLEON, 94, 167, 172
BEERLI CORONEL S., 248
BELTRAN, LUIS ALBERTO, 49, 296
BELLO, JOSÉ, 90
BENDER, FRANK, 18, 19, 68, 68(N), 135, 138, 149, 151, 154, 157, 180, 198, 226, 253,
BERBERENA, JOSÉ, 96
BERGOLLA, RAFAEL, 22, 24, 26, 35, 38(N), 39, 60, 65, 101
BERLE, ADOLF, 17, 17(n), 144, 167, 168, 177, 178, 189, 211-214, 218, 224, 230-233, 237, 253
BERNARDINO, FRANK, 48, 295
BERMUDEZ, PEDRO PABLO, 70
BERUFF, JORGE, 167
BERUVIDES, ESTEBAN, 297
BERNET, FELICIA (LUPE), 38(W)
BERENTHAL, JAIME, 75
BETANCOURT, ERNESTO, 149, 167
BETANCOURT, ROMULO, 16, 17, 79, 80, 143
BETANCOURT, TOMASITO, 27
BETANCOURT SANCHEZ, ANDRÉS, 79
BILLINGS, LEM, 246
BISSEL, RICHARD, 126, 128, 131, 139, 156, 157, 165, 177, 189, 196, 210, 212, 214, 218, 220, 221-231, 237, 243, 246, 251, 258, 261, 264, 266, 271, 277, 280
BLANCO, ALBERTO, 117, 118, 119
BLANCO, DIOGENES, 99
BLANCO, HUMBERTO, 27(N)
BLANCO, LAURO, 99
BLANCO, CAPITAN, 150
BLANCO, RAFAEL, 115
BLANCO, REVERENDO, 39
BLANCO CAPOTE, VICENTE, 42, 47, 48, 295
BLANCO NAVARRO, MANUEL A., 48, 56, 66, 165, 295
BOCH, BERNARDO, 105
BODDLER, BILL, 143
BOLAN, FREDERICK, 246
BOLIVAR, RAFAEL DE JESUS, 65
BONET, EDUARDO, 94
BONSAL, PHILIP, 53, 53(N), 54(N), 83, 131, 210, 212, 218, 230
BORBON, VICTOR, 95
BORBONET, ENRIQUE, 139
BORGES, DIEGO, 85
BORGES, AROLDO JOSÉ, 99
BORGES, SEGUNDO, 65, 133

BORGES GUERRA, JESUS, 188
BORREGO C., EVELIO, 297
BOSCH, JORGE, 73
BOSCH, ORLANDO, 95, 96, 99
BOSCH, PEPIN, 139, 170
BOTIFOLL, LUIS,
BOTIFOLL VENTURE, ERNESTO, 144, 188
BRADDOK, DANIEL, 143
BRAÑA, MANUEL, 76, 93, 114
BRINGUIER, JUAN FELIPE, 105
BRITO, JESUS, 46
BRUCE, DAVID (DAVE), 173, 242
BOVE CASTILLO, HAROLD, 181
BOWLES, CHESTER, 213, 223, 256, 257, 276
BOZA, RAMON, 39, 40
BOZA MASVIDAL, MONSEÑOR, 6, 116
BUENO, GASTON, 39
BUENO, LUIS, 45, 74
BUENO, MIGDALIA, 27
BUCKLEY, WILLIAM F. JR., 262
BUNDY, McGEORGE, 175, 177, 213, 214, 220, 229, 247, 273, 274, 279, 282
BURKE, ARLEIGH, 15(N), 123, 125(N), 126, 217, 246, 260(N), 266, 272, 274, 281
BURRUENZO, DANIEL, 75, 105
BUSOT LUGO, CARLOS, 24
BUSTAMANTE, CARIDAD, 40
BUSTILLO, IGNACIO, 74, 76

C

CABANA BATISTA, TOMAS, 107
CABALLERO ACOSTA, GUSTAVO, 49, 296
CABELL, GRAL. CHARLES P., 15(N), 247-249, 266, 266(N), 267, 271, 279
CABRERA, RICARDO, 73
CAJIGAS, FRANCISCO, 104
CAL, GENARO, 71, 75
CALATAYUD, TONY, 27, 102, 115
CALDERA, RAFAEL, 16, 16(N)
CALDERIN, ROBERTO, 44
CALVO, SIXTO, 6, 40
CALVO, MANUELA, 38, 38(N), 94, 111
CALZADO, ULISES, 40
CAMINO, BENJAMIN, 58, 84, 90, 107, 110
CAMPA, MARIA TERESA DE LA, 194
CAMPANERIA, VIRGILIO, 26, 26(N), 184-186
CAMPO, JOSÉ, 39
CAMPOS, CARLOS, 39, 184
CAMPOS, PEDRO IVAN, 27
CANALES, RAMON, 27(N)
CANDIA, RAFAEL, 63, 70, 84, 111, 197, 200
CANTERA FERNANDEZ, ROBERTO, 185
CANO, ALCIBIADES, 39
CANO, PAPITO, 39
CAÑAL, MARIO DEL, 36, 90
CAÑIZARES, FRANCISCO, 85
CAOS, JORGE, 99
CAPO, AGUSTIN, 90
CARBO, SERGIO, 109(N), 160, 170, 173
CARAMES, JOSÉ, 73
CARBONELL, HÉCTOR, 40
CARBONELL, NESTOR, 73, 114
CARMONA, GILBERTO, 65
CARDENAS, LAZARO, 16(N), 83
CARDONA, MARIO, 39
CARDONA CERRA, JUAN, 137
CAROL ARMAND, OSCAR ALFONSO, 49, 66, 147, 148, 150, 150(N), 296
CARR, WILLARD, 18, 179, 253
CARRELADO, THELMA, 72
CARRERA, EDDY, 37, 38, 38(N), 40, 69
CARRILLO, FRANCISCO (PANCHO), 44, 74, 89, 104, 116, 169
CARRILLO, JUSTO, 18, 35, 44, 54, 74, 87(N), 88, 89, 107, 116, 141, 144, 145, 148, 149, 151, 153, 155, 156(N), 158, 179, 180, 210, 212, 252
CARRO, JORGE LUIS, 184
CASA BLANCA, 13, 15, 168, 221-227, 231, 255, 261, 266, 272, 273, 282
CASALS, MAXIMINO, 27(N), 70, 84
CASALS, PEPIN, 27, 60, 151
CASAS, JAVIER, 40(N)
CASANOVAS, ANDRÉS, 39
CASCANTE, GILBERTO, 111, 130
CASILLAS, LUMPUY, COM., 207
CASTAÑEDA CIFUENTES, OMAR, 150(N), 151
CASTAÑER, MODESTO, 65, 150, 151, 297
CASTELLANOS, MARIO, 76
CASTELLON, HÉCTOR, 86(N)
CASTILLO, MANUEL (EL VIEJO), 40
CASTILLO CRESPO, JUAN, 182
CASTILLO, MANOLO, 182
CASTILLO, JAIME, 68
CASTRO, FULGENCIO, 105
CASTRO, RAUL, 93

CASTRO FIDEL, 15-17, 17(N), 18, 19, 30, 35, 43, 54, 56, 58, 71, 79, 80, 81, 83, 115, 125, 127-131, 139, 146(N), 174, 257, 263-265
CASUSO, ENRIQUE, 22(N), 48, 295
CATLEDGE, TURNER, 222, 225
CEBRECO, ANTONIO, 184
CEÑAL, PEPIN, 37
CENTIN, LUIS, 162
CEPERO, ROMILIO, 73, 103
CERECEDA, ALFREDO, 297
CERRO, ANGEL DEL, 74, 76, 86, 90
CERVERA, JAVIER, 102
CERVERA, MIGUEL (MIKE), 38, 39, 67
CÉSPEDES, PEDRO DE, 182
CÉSPEDES JIMENEZ, RICARDO, 48, 295
CHACON, FERNANDO (PIPI), 27(N)
CHANQUIN GONZALEZ, JOAQUIN, 185
CHAO, ENRIQUE, 26
CHAO, LUIS (EL CHINO), 40
CHARDIES, MIGUELITO, 65
CHAVEZ PÉREZ, MANUEL, 150
CHAVEZ PÉREZ, RENÉ, 49, 150, 296
CHERMELI, JORGE, 92
CHIBAS, RAUL, 59, 84, 172, 179, 210
CHI TEY, ALBERTO, 39(N)
CIA, 13, 15(N), 16, 50, 51, 127, 129, 137, 138, 142-144, 149, 160, 174-180, 189, 196, 199, 217, 218, 222-231, 235, 240, 255-258, 262, 263, 266, 270, 280, 282, 284, 285
CIENFUEGOS, CAMILO, 83
CIENFUEGOS, OSMANI, 73
COBO SAUSA, MANUEL, 90, 153, 155, 158, 159, 169
COBOS, ROBERTO, 94
CORTINA, MARIO, 249
COTAYO, GUSTAVO, 75
CLARK, JOHNY, 25, 43
CLARK SANCHEZ, JOSÉ B., 48, 295
CLAVIJO, ARIEL, 27(N)
CLAVIJO, FREDDY, 27(N)
COLLADA, ANTONIO, 103, 113
COLLADA, JUAN, 76
COLLAZO, MIRTO, 50, 296
CONTE, RAMON, 105
COSCULLUELA, EMILIO, 170
COMANDANTE AUGUSTO (Ver Ruisánchez, Ramón),
COMELLAS, MANUEL, 74
CONTE AGUERO, LUIS, 29, 211
CONSEJO NACIONAL DE SEGURIDAD, 13, 15, 176, 255
CONSEJO REVOLUCIONARIO CUBANO, 18(N), 19(N), 51(N), 74(N), 179, 194, 210, 218, 223-238
CORRAL, WILFREDO, 27
CORREA, JAVIER, 11(N)
CORONA, HERIBERTO, 70, 72
COMAS, ARTURO, 65
COLLINS, LEROY, 233
CRESPO, ALEJANDRO, 99
CRUZ, ALBERTO, 44, 92
CRUZ, TOMAS, 49, 66, 296
CUBELA, ROLANDO, 23, 28, 29, 58, 66, 82, 115, 116, 120
CUBEÑAS CONDE, RAMON A., 27, 63, 84
CUZA, MANUEL, 40(N)
CRUZ COBOS, ARMANDO, 92
CUELLAR, RADIO-OPERADOR, 64, 198, 205
CUESTA, TONY, 162
CUETO, JOAQUIN DEL, 188
CURBELO, RAFAEL, 198
CUERVO GALANO, ORLANDO, 169, 207
CUERVO GALANO, PELAYO, 73
CONGRESO PRO-DEMOCRACIA Y LIBERTAD, 16, 18, 21, 25, 30, 31, 41(N)

D

D'ALEXANDRE, ACELO, 39
DARIAS, DAGOBERTO, 105
DARIAS, JOSÉ, 141
DARIAS, OSCAR, 130
DAUSA, JOSÉ ENRIQUE, 43, 113, 122
DAVIS, ROBERT, 153
DECKER, GEORGE H., 251, 281
DE ARMAS, ALBERTO, 159
DE LA TORRE, RAUL, 111
DE LA TORRE, MANOLO, 73
DE LA VEGA, JAVIER, 44
DE LEON, CLARITA, 26
DE VARONA, ABEL, 112, 120
DE VARONA, CARLOS, 112
DEL CAÑAL, MARIO, 121
DEL CERRO, ANGEL, 131
DEL JUNCO, ALBERTO, 41, 86(N)
DEL VALLE, ALEJANDRO, 66, 156, 157, 296
DEL VALLE JUNCO, LUIS, 105, 111

DELGADO CALERO, ADALBERTO, 150
DELGADO, CARLOS MANUEL, 46
DENNISON, ALMIRANTE ROBERT, 286
DIAZ, DELFIN, 39
DIAZ, LOMBERTO, 36, 41, 44, 92, 106, 121, 170, 198, 199, 201, 204
DIAZ, JULIO CÉSAR, 27(N)
DIAZ, MIGUEL, 194
DIAZ, HIGINIO (NINO), 42, 42(N), 43, 45, 50, 104, 198, 206, 207, 208
DIAZ, OSCAR, 109, 110
DIAZ PÉREZ, LOMBERTO, 92, 297
DIAZ, RAFAEL, 161
DIAZ, RENATO, 73
DIAZ ANE, ENRIQUE, 207
DIAZ ARGUELLES, ERNESTO, 130
DIAZ ARGUELLES, RAUL, 130
DIAZ CIA, EVELIO, 116
DIAZ DIAZ, JESUS, 98
DIAZ HANSCOM, RAFAEL, 122, 162, 181-185
DIAZ HERNANDEZ, MAXIMO, 188
DIAZ HERNANDEZ, RODOLFO, 197
DIAZ LANZ, PEDRO, 42, 56, 144, 147, 162, 195, 196, 198-201, 204, 210
DIAZ LANZ, MARCOS, 198, 201, 211
DIAZ MARTINEZ, OSCAR, 107
DIAZ MARTINEZ, SANTIAGO, 109
DIAZ MENÉNDEZ, MARCOS, 188
DIAZ POU, ANTONINO JOSÉ, 47, 63, 66, 295
DIAZ RIVERA, TULIO, 30, 112, 171
DIAZ SILVEIRA, FRANK, 76, 78, 80, 92
DIAZ SILVERA, JOSÉ M., 26
DIAZ TAMAYO, MARTIN, 139
DIEGO, COMANDANTE (Ver Paneque, Víctor),
DIEGO, TOMAS, 59(N), 90
DILLON, DOUGLAS, 176, 213
DIRECTORIO REVOLUCIONARIO ESTUDIANTIL (DRE), 112, 113, 120, 173, 184
DONATE, FELIPE, 44
DONNELY, WALTER, 124(N)
DONOVAN, HEDLY, 147
DOPAZO, FELIPE, 182
DORTICOS, OSVALDO, 52, 53, 94, 103, 227
DOSTER, GEORGE, 148, 245, 248, 266
DRAPPER, THEODORE, 15, 147, 180
DROLLER, GERRY (Ver Bender, Frank),
DUARTE, JULIO, 94, 167
DUARTE OROPESA, JOSÉ, 97, 138, 156, 238
DUBOIS, JULES, 103
DULLES, ALLEN, 15(N), 123, 128, 132, 133, 146, 177, 189, 196, 212,
217, 222, 225, 230, 240, 247, 249
DULLES, JOHN FOSTER, 132
DURAN, GABRIEL, 66, 295
DURANCE, TONY, 38(N)
DUQUE, EVELIO, 96, 98, 136, 211
DUQUESNE, CARLOS, 102

E

EAGAN, CORONEL FRANK J., 69, 69(N), 230, 233, 235, 236, 276
ECHANDI, MARIO, 134
ECHEGARAY, BERTA, 182
ECHEGARAY, IVAN, 92
ECHEGARAY, OSCAR, 182
ECHEGOYEN, CARLOS, 211
EISENHOWER, DWEIGHT, 4, 15, 51-53, 124, 126, 128, 132, 136,
140, 143, 221, 233, 255, 257, 260
EISENHOWER, MILTON, 124(N), 125
ELIAS, LINARDO, 38
ENCINOSA, ENRIQUE, 95, 96, 98
ENGLER, JACK (JAKE), 153(N), 228, 247, 248
ESCALA, JORGE, 86
ESCALA, JORGE, 40
ESCAMBRAY, 83, 277, 280
ESCANDO, RICARDO, 38
ESCANDON, ELIO, 99
ESCOTO, MARIO, 36(N), 41, 44, 92, 188
ESERIA, NELSON, 40
ESPINDOLA, LUIS, 140
ESPINOSA BRAVO, ALBERTO, 76
ESTADO MAYOR CONJUNTO (Ver Pentágono),
ESTADO MAYOR DEL FRENTE REVOLUCIONARIO DEMOCRATICO, 107, 110, 111, 134, 135
ESTEFAN, JOSÉ ANTONIO, 40(N)
ESTEVA LORA, SALVADOR, 99
ESTEVEZ, JOSÉ, 167
ESTEVEZ, SANTIAGO,
ESTIN, MAURIANO MAURICE, 40

F

FABIAN, HÉCTOR, 43
FABRICIO, ROBERTO, 179
FAJARDO, ALVARO, 73
FAJARDO, DANIEL, 40(N)
FAJARDO, COM. MANUEL, 100
FALCON BRICEÑO, MARCOS, 8
FALLA, ENRIQUE, 48, 66, 295
FALLA, JULIO, 105
FALLAT, LEIDIS, 27(N)
FARIAS, MATIAS, 156, 244, 245, 249, 297
FELIZOLA, ELPIDIO, 105
FERNANDEZ, ANTONIO, 90
FERNANDEZ BADUÉ, JOSÉ (LUCAS), 24, 25(N), 26(N), 37, 38, 39, 40, 60, 69, 97, 101, 102, 158, 160
FERNANDEZ BRITO, JOAQUIN, 90
FERNANDEZ CAUBI, LUIS, 123(N), 185
FERNANDEZ DALMAN, ERNESTO, 75
FERNANDEZ DALMOIS, ERNESTO, 105
FERNANDEZ DEL VALLE, ERIK, 297
FERNANDEZ, EUFEMIO, 182-184
FERNANDEZ HECHAVARRIA, ALBERTO, 123(N), 160, 161, 162
FERNANDEZ, JESUS (JUDEC), 38(N)
FERNANDEZ, JESUS, 46
FERNANDEZ, LADISLAO, 85
FERNANDEZ, LLILLO, 42
FERNANDEZ LOPEZ, MARIO, 104
FERNANDEZ, LUIS, 122
FERNANDEZ, MANOLO, 77
FERNANDEZ MASCARO, GUILLERMO A., 48, 66, 296
FERNANDEZ MIRANDA, ROBERTO, 56
FERNANDEZ NUEVO, ANTONIO, 172
FERNANDEZ ORTEGA, ILUMINADA, 182, 184
FERNANDEZ, PATRICIO, 52, 53
FERNANDEZ PICHS, SANTIAGO, 73
FERNANDEZ, QUINTIN, 38
FERNANDEZ, RUBÉN, 122(N)
FERNANDEZ TRAVIESO, ERNESTO, 22, 22(N), 23, 28, 29, 43, 82, 102, 117, 118, 120
FERNANDEZ TRAVIESO, TOMY, 184
FERNANDEZ TRUJILLO, CARLOS, 90
FERNANDEZ SILVA, ENRIQUE, 104
FERNANDEZ URIARTE, EDDY, 42
FERNANDEZ, VIVIAN, 99
FERRER, CAP. EDUARDO, 65, 66(N), 100, 133, 150, 267, 268
FERRER, RAMON, 48, 66, 295, 297
FERRO, ESTHER, 140
FIALLO, AMALIO, 36
FIGUERAS, MARIA LUISA, 40(N)
FIGUERES, JOSÉ, 16, 17, 87, 143
FIORINI, FRANK, 56, 211
FLEITAS, IGNACIO, 86(N)
FLEITES, FERMIN, 38, 61, 101, 102
FLORES IBARRA, FERNANDO, 184
FLUXA, ROBERTO, 39
FONT, RAMON, 182
FORJAS, MARIA DE LOS ANGELES, 27(N)
FORNÉS, RAFAEL, 27
FORTUNY, MARIO, 39
FEDERACIONESTUDIANTILUNIVERSITARIO (FEU), 23, 30, 53, 58, 59, 112, 115, 120, 131
FORT GULLICK, 50
FRANK, WALDO, 113, 227
FRENTE ESTUDIANTIL UNIVERSITARIO DEMOCRATICO (FEUD), 28, 29
FRENTE OBRERO REVOLUCIONARIO DEMOCRATICO (FORD), 113, 120, 157, 173
FRENTEREVOLUCIONARIODEMOCRATICO (FRD), 35, 41, 41(N), 44, 45, 46, 54, 55, 59, 61, 71, 72, 74-77, 81, 88-93, 104-122, 127, 134-143, 153-159, 167-174, 179, 180, 188, 194, 204, 233
FRENTEREVOLUCIONARIODEMOCRATICO ESTUDIANTIL (FRDE), 57, 58, 76, 81, 82, 120
FRESNEDA, SRA., 36(N)
FREI MONTALVA, EDUARDO, 11(N), 16
FREYRE ROSALES, ERNESTO, 207
FRIAS, ORESTES, 182
FRONDIZI, ARTURO, 124
FRONTELA GOMEZ, ANTONIO, 150
FUENTES CID, PEDRO, 185
FUENTES RICO, CECILIO, 150, 151
FUENTES RICO, ROLANDO, 150, 151
FUENTES, FIDEL, 130
FUENTES ROSARIO, FIDEL, 130
FUENTES ROSARIO, RAMON, 130
FUNDORA, GERARDO, 95, 98, 99
FUNDORA, JORGE, 120, 122, 123(N), 161, 209
FULBRIGHT, WILLIAM, 173, 213, 214, 242

G

GALINDO, VALLE, 46
GALLEGO, AGUSTIN, 40
GALLEGOS, ROMULO, 16(N)
GALLINAR, VITI, 27
GALNARES, BENIGNO, 38, 38(N), 69, 70
GALVEZ, WILLIAM, 100, 134
GAMBA, TOMAS, 77, 78
GARAY SAAVEDRA, BENJAMIN, 297
GARCIA, CHIQUI, 150
GARCIA, HÉCTOR, 73
GARCIA, JOSÉ MARCOS (MARQUITOS), 26, 40, 70
GARCIA, ORLANDO, 90
GARCIA, PEDRO, 38
GARCIA, RENÉ, 24, 86
GARCIA, SERGIO, 111
GARCIA ARMENGOL, MIGUELON, 113
GARCIA DE CELIS, NICOLAS, 73
GARCIA DEL VALLE, PELAYO, 76
GARCIA FONSECA, INOCENTE, 109
GARCIA PÉREZ, ARMANDO, 75
GARCIA LORENZO, HESTER, 188
GARCIA MARTINEZ, ISRAEL, 75
GARCIA MARTINEZ, REINALDO, 48(N), 295, 297
GARCIA MENOCAL, FAUSTO, 65
GARCIA MONTES, JORGE, 90
GARCIA RUBIO CANCIO, JORGE, 48, 66, 295
GARCIA RUBIO, MANOLO, 49, 66, 296
GARCIA VAZQUEZ, ORLANDO, 74
GARROTE, LAUREANO, 27, 37, 38, 69
GASCON, ALBERTO, 103
GASTON, MELCHOR, 72
GAUDIE, FREDDY, 47, 134, 134, 154
GELP, ARMANDO, 27
GERADA ISER, RAFAEL, 99
GIBSON, RICHARD, 227
GIL SANCHEZ, JOSÉ, 27(N)
GINEBRA, LAZARO, 33
GIRAUD, JORGE, 48, 295
GIRBAU, MARIO, 74, 75, 90
GIRON, JULIO, 81
GODINES, MARTA, 182
GODOY, GUSTAVO, 75
GOICOCHEA, FERMIN, 75, 105
GOMEZ, CARLOS, 38(N)
GOMEZ, CONSUELITO, 40
GOMEZ, CONRADO (FERMIN), 26
GOMEZ, FERNANDO, 39
GOMEZ, JOSÉ, 30(N)
GOMEZ, JUAN, 75
GOMEZ, NICOLACITO, 27
GOMEZ, RAMIRO, 27
GOMEZ CALVO, MANUEL, 30, 33
GOMEZ CENDALES, ANTONIO, 65
GOMEZ HILL, ORLANDO, 73
GOMEZ MENA, ALFONSO, 73, 115, 197, 198, 200, 201
GOMEZ OYARZABAL, HUGO, 49, 296
GONZALEZ, ARTURO, 46, 46(N), 47(N)
GONZALEZ, EDDY, 152, 249
GONZALEZ, EGUIDO, 94
GONZALEZ, HIRAM, 46, 46(N)
GONZALEZ, JORGE, 44
GONZALEZ, REINOL, 68
GONZALEZ ALVAREZ, MANUEL, 109
GONZALEZ CALVO, MANUEL, 26
GONZALEZ CASTRO, JOSÉ, 133
GONZALEZ CORSO, ROGELIO, 41, 43, 45, 61, 68, 82, 97, 122, 136, 161, 162-164, 181, 183-185
GONZALEZ DEL VALLE, AMBROSIO, 32(N), 45, 74
GONZALEZ FERNANDEZ, PEDRO, 86
GONZALEZ HORRESTI, EPIFANIO, 150, 66
GONZALEZ MENDOZA, ADOLFO, 49, 296
GONZALEZ MORA, ANTONIO, 74
GONZALEZ PANDO, GEORGINA, 182
GONZALO, ARMANDO, 40
GONZNAGA, ALEJANDRO, 188
GOODWIN, RICHARD, 149, 167, 229
GORDON, LINCOLN, 167
GOYTISOLO, AGUSTIN, 171
GRAHAM, PHILLIP, 221, 222
GRANADO DIAZ, MANUEL, 297
GRANADOS, BENJAMIN, 141
GRANT, FRACES, 16
GRAU SAN MARTIN, RAMON, 92, 109, 110, 182
GRAVE DE PERALTA, ELIECER, 83
GRAY W., (BRIGADIER GENERAL) DAVID, 15(N), 123(N), 239, 243, 248, 263, 269, 277, 278, 281, 283, 285
GRAY, GORDON, 126
GRAY WADE, CARL, 276
GROBART, FABIO, 103

GROSO, LILIA, 25, 26, 38
GUEDES, EMILIO, 167
GUERRA, INO, 27
GUERRA, OMAR, 73
GUERRA, ORESTES, 38(N), 58, 70, 72, 84, 90
GUERRA ALBUERNE, JOSÉ, 40(N)
GUERRA BUENO, PEDRO, 27, 38, 38(N), 60
GUERRA IGLESIAS, ARMANDO, 109, 150
GUERRERO, TONY, 40
GUEVARA, ERNESTO (CHÉ), 95, 139
GUEVARA, LUIS (EL GUAJIRO), 64
GUILLOT, MANOLITO, 20, 22, 24, 30, 34, 35, 45, 62, 74
GOODPASTER, GRAL. ANDREW, 81(N), 126
GUITIAN, CUQUI, 48
GUTIÉRREZ, ALBERTO, 70
GUTIÉRREZ, JESUS, 70
GUTIÉRREZ, JORGE, 188
GUTIÉRREZ, NICOLAS, 73
GUTIÉRREZ, MARIA CARIDAD, 182
GUTIÉRREZ FALLA, LAUREANO, 104
GUTIÉRREZ IZAGUIRRE, JORGE, 48, 50, 295
GUPTON, DOUGLAS, 68

H

HABER NASSIF, PEDRO, 27
HANDLEMAN, HOWARD, 222
HAWKINS, CORONEL JACK (JAKE), 228, 238, 248, 259(N), 266
HEALY, GEORGE, 225
HECHEVARRIA, LUCIA, 40
HELM, RICHARD, 240
HELU, ROGELIO, 22, 24
HERNANDEZ ABDO, JORGE, 38
HERNANDEZ, SARGENTO ANTONIO, 94
HERNANDEZ, AROLDO, 95
HERNANDEZ, CARLOS, 42, 48, 66, 295
HERNANDEZ, COSSIO, 137
HERNANDEZ, CUSTODIO, GABRIEL, 46
HERNANDEZ, GILBERTO, 49, 296
HERNANDEZ, GIORDANO, 95, 99
HERNANDEZ, JOSÉ A., 73, 103, 113
HERNANDEZ, JULY, 25, 26, 38, 53, 60, 112, 120
HERNANDEZ HERRERA, RODOLFO, 49, 296
HERNANDEZ G. JESUS, 86
HERNANDEZ, JOSÉ M. (MANOLIN), 45, 74, 90, 155, 157-159
HERNANDEZ, MANOLITO, 38(N)
HERNANDEZ, MANUEL, 139, 141
HERNANDEZ, MARCOS D., 65
HERNANDEZ, NATALIO, 39
HERNANDEZ MILLARES, ENRIQUE, 184
HERNANDEZ OTERO, ALBERTO, 188
HERNANDEZ, PADRE, 25(N)
HERNANDEZ VALDÉS, ANGEL, 49, 296
HERRERA, GONZALO, 249
HERRERA RIAL, ROBERTO, 185
HERRERA TÉLLEZ, RAFAEL, 115
HERTER, CHRISTIAN, 79, 81(N), 124(N), 126
HEVIA, CARLOS, 19, 170, 173, 212, 252, 253
HIDALGO, MANUEL J., 24
HIGGINS, TRUMBULL, 224
HILSMAN, ROGER, 267
HISS, ALGER, 211
HOLLAND, G. KENNETH, 124(N)
HOLLAND, HENRY, 132
HUDD HORENCIA, RAFAEL, 103
HUERTAS, ENRIQUE, 74, 131
HUESO, DANILO, 111
HUMPRHY, HUBERT, 233
HUNT E. HOWARD (EDUARDO), 68, 69, 137-139, 151, 152, 156, 173, 179, 180, 222
HURWITCH, ROBERT A., 215, 229

I

IDIGORAS FUENTES, MIGUEL, 133
IGLESIA, ALBERTO, 38(N)
IGLESIAS, EDMUNDO, 38(N)
IGLESIAS, RAFAEL, 184
IGLESIAS VASALLO, RAMON, 44
ILLAN, JOSÉ M., 167, 172
IMMERMEN, RICHARD, 132, 132(N)
INCLAN, CLEMENTE (MENTE), 73, 115, 197-200, 204
INFANTE, EMILIANO, 40(N)
INFANTE, HATVEY, 40(N)
IRWIN, JOHN, 126

J

JAGAN, CHEDDI, 17, 83
JAILE, PEDRITO, 40(N)

JAUREGUI, LILITA, 40
JIMENEZ, JUAN CARLOS, 198, 205
JOHNSON, HAYNES, 15, 127, 150, 152, 214, 226, 227, 230, 236, 239
JOHNSON, LYNDON B., 177, 233
JOHNSON, GRAL. MAX S., 272(N)
JORRIN, GONZALO, 207
JUAREZ, LUIS, 27
JUAREZ FERNANDEZ, NIZ, 86

K

KEFAUVER, ESTES, 242
KENNEDY, JOHN F., 13, 127, 128, 136, 145-147, 149, 159, 167, 168, 173, 175, 177, 189, 195, 210-215, 217, 220-225, 227-230, 232-237, 240-243, 245-247, 249, 250, 258-260, 263, 265, 266, 270, 272, 274, 277, 279, 280, 282, 287
KENNEDY, ROBERT, 15(N), 16, 123(N), 129, 213, 221, 225, 227, 232, 233, 260, 260(N), 261, 272, 276, 277
KENNEDY, PAUL P., 222, 223
KING, J.C., 126
KIRKPATRICK, LYMAN, 218, 257, 258, 286
KNIGHT, O.A., 124(N)
KOCH, HERMAN, 45
KORMIENKO, GEORGI, 232
KOURI, ADA, 79
KRASLOW, DAVID, 275, 276
KRUSCHEV, NIKITA, 225, 234

L

LAMAR, ENRIQUE, 73, 140
LAMAR, HÉCTOR, 73
LAMAR, MARIO J., 297
LANCIS, CÉSAR, 36, 36(N), 92, 106, 120, 121, 170
LANDSDALE, GRAL. EDWARD, 51, 130
LARA, ANGEL ARAMIS, 188
LAWRENCE, WILLIAM, 221, 223
LAZO, MARIO, 182, 267, 268
LAZO, REINALDO, 297
LAZO PASTRANA, ALBERTO, 98
LAZO PEDRERA, LUIS, 75
LAZO PEDRERA, WINSTON, 75
LEAL, EDUARDO, 76
LEANTAUD, ELSA, 103, 120
LECHUGA, CARLOS, 79
LEMNITZER, GRAL. LYMAN, 177, 213, 217, 227, 248, 265, 266, 269, 272, 274, 276-281
LEMUS, EDUARDO, 182
LEMUS, JOSÉ M., 134
LEON, CLARITA DE, 26
LEON, CUBA, 182
LEON, JOSÉ,
LEON LEMUS, ORLANDO, 182
LEON, MARGARITA DE, 182
LEON, NENE, 68, 102
LEON SOTOLONGO, ARMANDO, 74, 171
LEON, VICENTE, 109, 110
LEDON, HORACIO, 76
LEIVIT, JOHNY, 40(N)
LEYVA, PEDRO, 74, 90
LINERAS, PASCASIO, 86, 90, 103, 113, 120
LLACA ORBIZ, ENRIQUE, 34(N), 73, 79, 80
LLANSO, KIKIO, 43, 82, 122, 136
LLERAS CAMARGO, ALBERTO, 177
LLERAS RESTREPO, CARLOS, 16
LLERENA, MARIO, 17
LLERENA MULLER, EDUARDO, 133
LLOVET, DAIWY, 59
LLUFRIO, EMILIO, 26, 26(N), 30
LODGE, HENRY CABOT, 130
LOPEZ, ANGEL, 249
LOPEZ BORGES, ANGEL, 73
LOPEZ CALLEJAS, MARIO, 25, 60
LOPEZ DE LA CRUZ, RAMON, 63, 84
LOPEZ DEUSA, ABOGADO, 184
LOPEZ FRESQUET, RUFO, 74, 94, 142, 167, 194
LOPEZ HIDALGO, MILTON, 86
LOPEZ LAY, CARLOS, 172
LOPEZ LEON, JOSÉ, 94
LOPEZ, JUAN R., 297
LOPEZ, NANDO, 38
LOPEZ-OÑA, CARLOS, 85
LOPEZ-OÑA, JORGE,
LOPEZ, PEPIN, 197, 198, 200, 201, 203
LOPEZ PÉREZ, MIGUEL, 86
LOPEZ, ROLANDO, 98
LOPEZ, ZACARIAS, 96
LORENZO FRADERA, ALVARO, 40
LORIE, RICARDO, 18, 42, 43, 45, 56, 144, 198, 211
LOSADA MONTES, ANTONIO, 77

LOZADA, ISRAEL, 27(N)
LOVEIRA, CARLOS, 104
LOVET, ROBERT, 242
LUIS PELLI, RENÉ, 26, 38, 60, 70, 130

M

MACEO, DR. ANTONIO, 17, 90, 117, 119, 149, 153, 160, 212, 238, 252
MACHADO, LUIS E., 75
MACHADO, RAMON, 48, 66, 295
MACHO, PADRE TOMAS, 207
MALLORY, LESTER, 56(N)
MANN, THOMAS R., 104, 177, 213, 219, 228, 250, 251, 268, 278
MANRARA, LUIS, 38, 69, 75
MANTILLA, JORGE, 70, 73, 198
MANZANO, ISRAEL, 77
MAÑACH, JORGE, 52
MARBAN, JORGE, 32, 33
MARCOS, JOSÉ A. (MARQUITOS) (Ver GARCIA, JOSÉ A. MARCOS),
MARIN, JUAN JOSÉ, 27(N)
MARINAS, JESUS, 73, 76
MARIÑAS, MANUEL, 162, 181, 182, 184, 189
MARISTANY, BERNARDO, 70
MARQUÉS, FERNANDO, 73
MARRERO, CARLOS MANUEL, 99
MARTI, JOSÉ, 22, 22(N)
MARTIN, AUGUSTO, 74
MARTIN ELENA, EDUARDO, 107, 108, 119, 134, 142, 148, 149, 154
MARTIN, JOHN BARTLOW, 241
MARTIN, NITZA, 73
MARTINEZ ALAYOM, GUILLERMO, 101
MARTINEZ, ALCIDES, 27
MARTINEZ, ANASTASIO, 44
MARTINEZ ARARA, RAUL, 104, 169
MARTINEZ, ARGEO, 39
MARTINEZ, ARMANDO, 26
MARTINEZ CASANOVAS, OSCAR, 39
MARTINEZ CASTRO, LUIS E., 297
MARTINEZ DE LA CRUZ, 150
MARTINEZ ECHENIQUE, ALBERTO, 130
MARTINEZ CALZADILLE, LUIS, 29(N)
MARTINEZ, ERASMO, 40, 122(N)
MARTINEZ FRAGA, PEDRO, 18, 18(N), 19, 19(N), 74, 76, 171, 173
MARTINEZ GRANJA, SEGUNDO, 297
MARTINEZ, GUILLERMO (RAMIRO), 37, 60
MARTINEZ, LUIS, 26
MARTINEZ MALO, MARIO, 130
MARTINEZ, MANOLITO, 40
MARTINEZ PIEDRA, ALBERTO, 71
MARTINEZ PIEDRA, FRANK, 70, 72
MARTINEZ ROIG, OSCAR, 297
MARTINEZ, ROLANDO, 82, 122, 126
MARTINEZ VENEGAS, EMILIO, 48, 48(N), 66, 296
MARTINEZ VIQUEIRA, DELFIN, 86
MAS CANOSA, JORGE, 27, 38, 60, 70, 72, 76, 85, 86, 112, 120
MAS TUDELA, RAMON, 40
MASFERRER, ROLANDO, 182
MASPERO, EMILIO, 103
MASO, CALIXTO, 184
MASSIP, MARIO, 120
MARCOS, JOSÉ A., 198
MATHEWS, HEBERT, 149
MATOS, HUBER, 38(N), 35(N), 93, 94, 206, 210
MAXWELL (CHICAGO, TRIBUNE), 225
MAYO, EMILITO, 39
MAZO, RAUL DEL, 194
MAZORRA, KIKO, 40(N)
McGUFFIN, WILLIAM, 221
McNAMARA, ROBERT, 130, 213, 217, 225, 230, 256, 272, 273(N), 276, 279
MEDRANO, HUMBERTO, 31
McCARTHY, EDWARD, 116
MacMILLAND, HAROLD, 136
MELO FONTANILLS, FERNANDO, 44, 90
MEMBIBRE, JOAQUIN, 53, 83, 96
MENCIA, MANUEL DE JESUS, 73
MÉNDEZ MONTENEGRO, 133
MÉNDEZ, VICENTE, 83, 96
MENDIGUTIA REGALADO, CARLOS, 185
MERCHANT, LIVINGSTON, 126
MESA, DIOSDADO, 53, 96
MESA, JUAN, 97, 198
MESA, NOLIS, 102
MESA, TITO, 64, 198
MESTRE, ABEL, 30
MESTRE, GOAL, 170
MEYER, KARL E., 15, 142, 146, 148, 149, 222, 223, 255
MITCHEL, 15(N), 123(N)
MIKOYAN, ANASTAS, 22, 22(N)
MIÑOSO BACHILLER, OSCAR, 70

MIR, ALFREDO, 161
MIRABAL, REINALDO, 39
MIRABAL, NADIA, 27
MIRALLES, SALVADOR, 249
MIRANDA, SEGUNDO, 22, 41, 51, 53, 59, 60, 69, 70, 72, 85
MIRO CARDONA, JOSÉ, 17, 51(N), 66, 89, 116, 117, 118, 119, 120, 139, 143, 144, 149, 156, 160, 162, 168-170, 173, 179-181, 189, 207, 210-212, 218, 223, 224, 226, 230, 232, 233-241, 252, 269
MIRO TORRA, JOSÉ A., 93
MOISÉS, SANTIAGO, 40
MOJENA, EULOGIO, 39
MOLA, MONGUIN, 40
MOLINA, NICOLAS, 66
MONGE, JOSÉ, 134
MONNAR, FRANCISCO, 56
MONTECRISTI, AGRUPACION, 41, 44, 74, 76, 89, 104, 156
MONTEJO, SERAPIO, 75
MONTES, JUAN A., 297
MONTES DE OCA, JUANA, 122(N)
MONTIEL, EDEL, 53, 96
MONTIEL, PAQUITO, 151
MONTIEL, PEDRO, 70
MORA, JOSÉ A., 53
MORA MORALES, PILAR, 96
MORALES CARRION, ARTURO, 167
MORALES, DANIEL, 39
MORALES, JORGE A., 75
MORALES, SANTIAGO, 48
MORAN ARCE, LUCAS, 104
MORÉ, CRISTOBAL, 73, 90
MORÉ, JULIO, 90, 102
MORÉ HIDALGO, JULIO, 150
MORÉ IBAÑEZ, INOCENCIO, 85
MOREL ROMERO, JOSÉ, 44, 140
MORENO, HÉCTOR, 94
MORENO, LUIS, 46
MORENO MELO, MAGNO, 39, 41
MORFFI, LEOPOLDO, 31, 44, 74, 88, 89, 90
MORSE, SENADOR, 219
MORSE DE LA BARRERA, LUIS, 86
MOSCOSO, TED, 167
MDC, 20-26, 28, 30, 35-37, 41, 43, 57, 58, 61, 69, 71, 74, 76, 82, 90, 96, 103, 110, 111, 115, 122, 123, 130, 135, 141, 155-158, 160, 185, 198, 199
MRP, 97, 98, 120, 143, 149, 166-172, 179, 180, 212
MRR, 25, 26, 41, 42, 43, 45-47, 50, 57, 61, 74, 76, 82, 90, 97, 103, 104, 122, 123, 141, 142, 155-157, 161, 166, 185
MOVIMIENTO 30 DE NOVIEMBRE, 46, 173
MIRR, 54, 95, 99, 99(N), 169(N)
MULLER, ALBERTO, 22, 22(N), 23, 25, 26(N), 28-30, 43, 81, 82, 103, 112, 113, 117, 120
MULLER, ALFREDO, 116
MUÑIZ, SALVADOR, 95
MUÑOZ, MARIN, 143, 167
MUÑOZ, JULIO, 98
MURPHY, CHARLES, 147, 271
MUSTELIER, PEPIN, 27, 60

N

NAPOLES, JORGE, 121
NAPOLES, RAMON ANTONIO, 39
NAPOLES, RODOLFO, 39
NARANJO, MARCOS, 122
NARANJO, PEPIN, 194
NAVARRETE, JUAN, 32(N)
NAVAS AGUILAR, MANUEL, 115
NAVARRO RODRIGUEZ, JORGE, 48, 295
NELSON, 198, 200
NIBO, LUIS, 46
NIETO, MANUEL, 94
NITZE, PAUL, 177, 213
NIXON, RICHARD, 126, 129, 233, 234
NOEL, JIM, 136, 138, 139, 179
NODAL TARAFA, RODOLFO, 130, 150
NORTON, DUNCAN, 147
NUÑEZ, HUMBERTO, 169
NUÑEZ, JOSÉ R., 88
NUÑEZ, NEIL, 38, 39, 39(N), 102
NUÑEZ PÉREZ, ORLANDO, 77

O

O'CONNOR, JOSEPH, 219
ODCA, 71, 85
OEA, 71, 71(N), 79, 80, 83, 113
OLAZABAL, HUGO, 94

OLIVA, ERNEIDO, 64-67, 84, 111, 127, 128, 152, 189, 234, 236, 249
OLIVARES, CARLOS, 53, 79
OLIVERA GONZALEZ, LUIS, 150
OLIVERA PÉREZ, HUMBERTO, 150, 152, 297
OLTUSKI, ENRIQUE, 53
ORDAZ, VALERIO, 188
ORIZONDO, RAFAEL, 120
ORGANIZACION AUTÉNTICA (OA), 36(N)
OROZCO, BEBO, 194
OROZCO CRESPO, MIGUEL, 48, 295
OROZCO CRESPO, ROBERTO, 48
OROZCO, MIGUEL ANGEL, 165(N)
ORTA, DAVID, 40
ORTEGA, JOSÉ ANGEL, 86(N)
ORTIZ, GREGORIO, 39
OTERO, YEYO, 39
OTELO SILVA, MIGUEL, 16
OVIEDO, ENRIQUE, 113
OYARZUN, PEDRO, 76

P

PADRE PASCUAL, 27
PADRON HERNANDEZ, IRENALDO, 105, 297
PALACIO, ALFREDO, 16(N)
PALOMINO, JOSÉ, 99
PALOMO, CELESTINO, 27, 40, 60
PANEQUE, VICTOR, 53, 54, 83, 95, 99
PARAJON, LUIS, 71, 72
PARDO LLADA, JOSÉ, 211
PAREDES, ALFREDO, 75
PARRA, ALFREDO (PARRITA), 38, 39
PASALODOS, DAMASO, 22, 38, 69, 198
PATTERSON, ALICIA, 225
PATIÑO, MIGUEL, 90
PAULA, JUAN, 75, 90, 161, 180
PAWLEY, WILLIAM, 139
PAZ ESTENSORO,
PAZOS, FELIPE, 134, 142, 166(N), 167, 172, 179, 210
PEINADO, FERMIN, 72, 72(N)
PELAEZ, CARLOS M., 171
PENABAZ, MANUEL, 151
PENA, ERELIO, 122
PENA ALBIZO, CAROLINA, 188
PEÑA, ELIO, 39
PEÑA FLORES, FLORENCIO, 297
PENTAGONO, 174, 176, 177, 180, 217, 228, 231, 255-259, 259(N), 260, 260(N), 263, 265, 266, 269-274, 276-278, 281-287
PERALTA, NARCISO, 182
PERDOMO, J., 39
PERERA, OLGA, 40
PÉREZ ALAMO, JOSÉ, 94
PÉREZ ALVAREZ, JOSÉ, 297
PÉREZ, ANABEL, 27
PÉREZ ARENCIO, HÉCTOR, 38(N)
PÉREZ, ARMANDO, 90
PÉREZ CALZADA, GUILLERMO, 95
PÉREZ VIVANCO, BENIGNO, 50(N), 165
PÉREZ, CARLOS ANDRÉS, 74
PÉREZ CROSS, FERMIN, 77
PÉREZ FLAQUER, JOSÉ A., 40(N)
PÉREZ FRANCO, JUANITO, 130
PÉREZ, HUGO, 27
PÉREZ, ISABEL, 26
PÉREZ, JOSÉ, 162
PÉREZ, JUVENTINO, 122(N)
PÉREZ MARTIN, ABEL, 50, 105, 188
PÉREZ LUGONES, AURELIO, 48, 295
PÉREZ, MANOLO, 158
PÉREZ, RODOLFO, 193
PÉREZ RODRIGUEZ, CELSO, 105
PÉREZ RODRIGUEZ, DEMETRIO J., 297
PÉREZ SAN ROMAN, JOSÉ (PEPE), 48, 48(N), 66, 87(N), 141, 142, 148-151, 161, 165(N), 189, 232, 236, 238, 245, 250, 261, 264, 270(N), 279, 284, 295
PÉREZ SAN ROMAN, ROBERTO, 48, 49(N), 56, 66, 152, 165(N), 295
PÉREZ SERANTES, ARZOBISPO, 25(N), 116
PÉREZ TAMAYO, FÉLIX, 297
PÉREZ TORRON, RAMANDO, 74, 89
PÉREZ VIVANCOS, BENIGNO, 165(N)
PERSONS, ALBERT C., 255, 267
PERMUY, JESUS, 112, 122(N)
PETERSEN, DICK, 247
PETIT, JOSÉ ANTONIO (EL CHINO), 26, 40
PHILLIPS, DAVID A., 7, 130, 131, 260, 260(N)
PIEDRA NOGUERUELA, OSVALDO, 49, 49(N), 56, 296
PICALLO, JUAN A., 182
PILOTO, VICTOR, 122
PIMENTERIA, JOSÉ, 27
PINERA, ORLANDO, 44
PIÑERA, ANGEL DE JESUS, 70, 72, 85
PINO, OSCAR, 79

PINO M., NESTOR, 298
PLAN TRINIDAD, 129, 177, 178, 195, 215, 217, 228, 256, 284
PLAN ZAPATA, 195, 215, 217, 228, 256, 265, 275, 283, 285
PLANK, JOHN, 189, 226, 228, 232
PLAZA, GALO, 16, 17
POELLO, ORLANDO, 39
PORRAS, BARRENECHEA, RAUL, 80, 81
PORTES, ALEJANDRO, 74, 112
PORTUONDO, JOSÉ, 140
PORTUONDO, VICENTE, 44
POWELL, JOAQUIN, 162
POWER, GARY, 210
PRADO, JOSEFINA, 58, 59, 90
PRENSA LIBRE, 29, 31, 32, 32(N)
PRIETO, MARIE, 38(N)
PRIETO, PLINIO, 53, 95, 96, 99, 100, 234
PRIDA, ESTHER, 75
PRIO SOCARRAS, CARLOS, 43, 109, 110, 199
PROGRAMA DE ACCION ENCUBIERTA, 16, 18, 123, 126, 130
PUENTES, FRANCISCO, 63
PUIG, RAMON, 26(N), 70, 184
PUIG, MANUEL LORENZO (ÑONGO), 181, 183, 184

Q

QUADROS, JANIO, 16(N), 83
QUESADA, ALFREDO, 122(N)
QUESADA, MANUEL, 76
QUESADA, RUBEN DE, 48, 296
QUEVEDO COMANDANTE, 115
QUEVEDO, JOSÉ (CHEO), 27
QUEVEDO, MIGUEL ANGEL, 66, 211
QUEVEDO, RAFAEL ANGEL, 39
QUIJANO, JOSEL, 27
QUINDIELO, RAIMUNDO, 75
QUINTERO, RAFAEL, 48, 295
QUIROS MEDINA, RODOLFO, 99

R

RADIO SWAN, 50, 131
RADIO LIBERACION, 131
RAFFO BARRERA, JOSÉ ANTONIO, 48, 296
RAMIREZ, OSVALDO, 95, 95, 130, 211, 290
RAMIREZ, PORFIRIO, 53, 54, 95, 98, 99, 115, 234
RAMIREZ, OZIEL, 22(N)
RAMOS, NARCISO, 40(N)
RAMOS, JULIO ANTONIO, 27
RAMOS, REINALDO, 66
RASCO, JOSÉ IGNACIO, 17, 18, 20-22, 24, 25, 34-36, 54, 62, 69,
70, 71, 79, 85, 88-90, 117, 120, 141, 144, 153, 155, 157-160, 169, 198, 200, 201
RAY, MANOLO, 68, 139, 142, 143, 149, 156, 166, 167, 172,
173, 179-181, 210, 212, 252
RAY, THOMAS WILLARD, 276
REGALADO, JOSÉ, 50, 188
RECAREY, JORGE, 50, 188
RESTON, JAMES (SCOTTY), 222, 223, 225, 266, 267
REID (VER GRAL. GEORGE REID DOSTER),
RESCATE REVOLUCIONARIO, 36, 36(N), 41, 43, 44, 59, 73, 76, 90, 121, 156
REBELLON, JOSÉ, 58, 82
REBEAUX, GUSTAVO, 140
REVILLA, JOSÉ, 113
REYES BENITEZ, LAZARO, 184, 188
REYES RAMIREZ, RAFAEL, 184
REYES, MANUEL, 48
REVUELTAS SAN EMETERIO, MANUEL, 56
RIAÑO, GABRIEL ENRIQUE, 182
RIERA, PEPITA, 45, 74, 76, 80, 103, 119
RIVAS VAZQUEZ, RAFAEL, 42, 45, 74
RIVERO COLLADO, CARLOS, 133
RIVERO, CLAUDIO L., 122(N)
RIVERO, JOSÉ I., 32
RIVERO SETIÉN, MANOLO, 121
RIVERO, MANUEL, 188
RIVERON HERNANDEZ, MARIO, 74
RIVERO, MANOLO, 39
RIO ANGLÉS, CARLOS, 116
RIVAS, JOSÉ (PACHE), 40
RIVAS, PEDRO, 27
RIVERA, ELVIO, 94
ROA, ARSENIO, 171
ROA, RAUL, 79, 81, 211, 246
ROA KOURY, RAUL, 227
ROBERTS, CHALMERS, 224
ROBOSBALDO LLAURADO, 94
RODON, OSCAR FELIPE, 136
RODRIGUEZ AMARO, ELIER, 188

RODRIGUEZ, ANGEL, 66
RODRIGUEZ ARAGON, ROBERTO, 122
RODRIGUEZ, ARTURO, 105
RODRIGUEZ BEZOS, JORGE, 75
RODRIGUEZ, BLANCA, 72
RODRIGUEZ, CARLOS RAFAEL, 181
RODRIGUEZ COBO, CARLOS, 184, 185
RODRIGUEZ DE LA TORRE, FELIPE, 109
RODRIGUEZ DEL SOL, ANGEL, 99
RODRIGUEZ, ERNESTO, 86
RODRIGUEZ, FELIPE, 74
RODRIGUEZ, FÉLIX, 133, 165, 165(N), 166, 297
RODRIGUEZ FLETES, JORGE, 74
RODRIGUEZ, GELIN, 38(N)
RODRIGUEZ, GLORIA, 40
RODRIGUEZ, JOSÉ, 170
RODRIGUEZ, JUAN, 27
RODRIGUEZ LODO, JOSÉ A., 72
RODRIGUEZ LOPEZ, EFRÉN, 184, 185
RODRIGUEZ MARTINEZ, LUIS O., 297
RODRIGUEZ, MARIO, 114
RODRIGUEZ MESA, JUAN, 96
RODRIGUEZ NAVARRETE, NEMESIO, 183, 184
RODRIGUEZ, NIEVES, 72
RODRIGUEZ OCHOA, LUIS, 188
RODRIGUEZ, ORLANDO, 298
RODRIGUEZ, OSCAR, 39(N)
RODRIGUEZ QUESADA, CARLOS, 46, 47
RODRIGUEZ, RAUL, 39
RODRIGUEZ RAVELO, FILIBERTO, 184, 185
RODRIGUEZ, ROBERTO, 75
RODRIGUEZ ROSAS, MANUEL, 116
RODRIGUEZ SANTANA, CARLOS (CARLYLE), 42, 42(N), 47, 85, 296
RODRIGUEZ SUAREZ, RAMON, 381
RODRIGUEZ TRETO, MANUEL A., 49, 296
RODRIGUEZ, VICENTE, 94
ROIG, PEDRO, 84, 102
ROIG, ROBERTO, 120
ROJAS CASTELLANOS, JORGE, 50, 50(N), 165(N), 188
ROMERO SOTOLONGO, JOSÉ, 40(N), 47(N)
RONDON, FELIPITO, 40, 40(N)
ROOSEVELT, FRANKLYN D., 211
ROS, AMANDA, 68(N), 102
ROS, ENRIQUE, 20-26, 35, 38-41, 45, 50, 60-62, 68-72, 75, 84, 90, 96, 101, 103, 117-120, 127, 135, 160, 169, 198, 208, 239
ROS ESCALA, ANGEL (GUILLIN), 42
ROSELL, JOSÉ ANTONIO, 75
ROSTOW, WALTER, 176
RUBIO PADILLA, 89, 105
RUBOTTOM, RICHARD, 124(N), 126
RUISANCHEZ, RAMON, 97, 98
RUIZ, DAKE, 64, 198
RUIZ GARCIA, ROBERTO, 103
RUIZ GUEVARA, 198
RUIZ LEON, ROBERTO, 76
RUIZ, NIVIA, 185
RUIZ, OSCAR, 122(N)
RUMBAUT, RUBÉN DARIO, 70, 71, 74, 85
RUSK, DEAN, 132, 134, 189, 213-219, 221-225, 229, 230, 237, 241-249,
256, 266, 266(N), 267, 270, 271, 274, 276, 277

S

SAA GONZALEZ, JESUS, 109
SAGEBIÉN, RENÉ, 27
SAGUE, GUSTAVO, 94
SALABARRIA, MARIO, 182
SALICIO SANCHEZ, FRANCISCO, 49, 296
SALAZAR, JORGE, 74
SALAZAR, JOSÉ, 74
SALAZAR, RIGOBERTO, 122(N)
SALINGER, PIERRE, 223, 263, 263(N)
SALVADOR, DAVID, 46, 47, 211
SALVAT, MANUEL, 22, 22(N), 28, 30, 43, 82, 112, 113
SALVIA, RENÉ, 151
SAN ROMAN, ROBERTO P. (Ver Pérez San Román, Roberto),
SAN ROMAN, JOSÉ P. (Ver Pérez San Román, José),
SANCHEZ, MANUEL R., 75
SANCHEZ, VICENTE, 40
SANCHEZ ARANGO, AURELIANO, 17, 18, 19, 30, 31, 54, 88, 89, 90, 92, 144, 167, 169-171
SANCHEZ ECHEVARRIA, ALFREDO, 185
SANCHEZ, JULIO, 30
SANGENIS, JOAQUíN, 42
SANGENIS, SERGIO, 42
SANTANA, ELVIDIO, 122

SANTANA GONZALEZ, MOISÉS, 137
SANTANA LIMA, CONRADO, 109
SANTIAGO, FELIPE, 39
SANTIAGO, TONY, 36, 44, 170, 198, 204
SANTOS, MARCO ANTONIO, 188
SARDIÑA, RICARDO RAFAEL, 88-90, 116, 120, 130, 141, 153-155, 158, 159, 169, 212
SASTRE, MIGUEL, 40
SCHLESINGER, ARTHUR, 11, 145, 147, 149, 154, 174, 175, 189,
210, 211, 213, 215, 217, 218, 221, 224-226, 229, 230, 232, 236, 237, 239, 240, 241, 243, 246, 255, 256, 263, 268
SERALLO, OSCAR, 102, 112
SESSAN PEREIRA, RAFAEL, 133
SHAMBURGER, RILEY W., 276
SHOUP, GRAL. DAVID, 248, 266, 281
SHULER, C.W, 15(N)
SILIO, ANTONIO, 140
SILVA, EDDY, 103
SILVA DEL SOLAR, MIGUEL, 92
SMATHER, SENADOR GEORGE, 196
SMITH, JANE, 246
SMITH, STEVEN, 246
SMITH, EMB. EARL, 138, 139
SMITH, WAYNE, 143, 144
SOCARRAS, CAYETANO, 140
SOCARRAS, JOSÉ LUIS, 41
SOLER, FÉLIX, 94
SOLER, POLICARPO, 182
SOLIS, PEPIN, 27
SOLIS JURADO, HUMBERTO, 48, 296
SOLIS MARIN, JOSÉ, 185
SOMOHANO, JOSÉ, 41
SOMOZA, LUIS, 132
SOPO, EDGAR, 102, 105, 133
SORENSEN, THEODORE, 15, 221, 242, 255, 260, 262, 262(N), 263
SORI MARIN, HUMBERTO, 74, 161, 162, 181-185, 210
SORONDO, MAXIMO, 103
SOSA, JOSÉ, 76, 130
SOSA CAMEJO, FÉLIX, 63
SOSA VALDÉS, PAULINO, 85
SOTO, FIDEL, 94
SOTO, JESUS, 47
SOTO, OSVALDO, 206, 207
SOTUS, JORGE, 42, 162, 195-197, 199-201, 203, 204
SOUTO, JAVIER, 47, 47(N), 63, 66, 133, 165(N), 295
STEVENSON, ADLAI, 233, 241-244, 246, 247
STEVENSON, ROBERT, 167, 219
SUAREZ, DIONISIO, 94
SUBIRAT, PEDRO, 105
SUEIRO, HUGO, 66, 150, 151, 152
SYLVESTER, ARTHUR, 223
SYMINGTON, STUART, 233
SZULC, TAD, 15, 83, 83(N), 129, 142, 146-150, 172, 173, 180,
223, 226, 235, 255, 263, 268

T

TAPIA RUANO, ALBERTO, 26(N), 184, 187
TARDIO, BENJAMIN, 96
TARDIO, BLAS, 96
TARDIO, CAMILO, 96
TARDIO, GENARO, 96
TARDIO, LUPE, 96
TARWATER, CORONEL P.W., 231
TAYLOR, GRAL, MAXWELL D., 15(N), 123(N), 127, 145, 147, 189, 211, 215, 232, 249, 258-265, 269, 270, 273, 277, 281-287
TENREIRO, ALBERTO, 122(N)
TERCILLA, FERNANDO, 40
TESTE, PADRE, 26, 94
THOMAS, HUGH, 34(N)
THOMAS, NORMA, 16
TORRE, RAUDELIA, 105
TORRES, DULCE, 74
TORRES, FÉLIX, 96
TORRES, JESUS, 94
TORRES, MARCOS ANTONIO, 105
TORRES, SILVIA, 72
TOMAS MORENO, PEDRO, 49, 296
TOLEDANO, LOMBARDO, 83
TOMEU, ANA M., 74
TORRES FORTE, MARTIN, 150
TRESPALACIOS GARCIA, FERNANDO, 48, 150
TRESPALACIOS PEREZ, FERNANDO, 70, 72, 85
TRUEBA, GASPAR DOMINGO (MINGO), 181, 183
TRUJILLO, RAFAEL L., 80
TRUMAN, HARRY S., 258

TRIPLE A., 25, 26, 30, 41, 44, 57, 59, 76, 86, 89, 92, 155-157, 185, 188, 199
TURCIOS LIMA, LUIS, 133

U

UNIDAD REVOLUCIONARIA, 120, 123, 181, 182, 182(N), 185
URIARTE DIAZ, FRANCISCO, 75
URRA, ORLANDO, 130
URRUTIA, MANUEL, 27, 210
UTRERA, JOSÉ (PEPE), 41, 44, 74(N), 92

V

VALDÉS, MANUEL, 188
VALDÉS CHAO, PEDRO, 111
VALDÉS CRESPO, JESUS, 76
VALDÉS ESPINOSA, JOSÉ, 105
VALDÉS MARTINEZ, JOSÉ Z., 77
VALDÉS MIRANDA, AUGUSTO, 74
VALDESPINO, ANDRÉS, 19, 167, 172
VALLADARES, GUIDO, 66
VANDEN BROUKE, LUCIENS, 287
VARELA CANOSA, JAIME, 141, 142, 155
VARELA, JOAQUIN, 249
VARGAS GOMEZ, ANDRÉS, 18, 194, 195
VARONA, CARLOS DE, 102
VARONA, HÉCTOR E., 297
VARONA, MANUEL ANTONIO (TONY) DE, 17, 18, 35-44, 54, 55, 79, 87(N), 109, 113, 114, 116, 120, 121, 130, 141, 144, 149, 151-153, 156, 158, 160, 162, 166, 169, 170, 173, 179, 180, 185, 210-212, 238, 252, 264, 276
VARONA G., JOSÉ RAUL, 48, 296, 297
VASQUEZ, G., 38
VAZQUEZ, GUALDINO, 111
VAZQUEZ, MARTIN, 297
VEGA, OSCAR, 249
VELAZQUEZ, EDGARDO, 38(N)
VELAZQUEZ, FELICIANO (CHINO), 39
VELETTA, LUIS DE LA, 75
VENEGAS, JOSÉ, 53
VERA, EVELIO, 105
VERA ORTIZ, PEDRO, 50, 296
VERA ORTIZ, RUBÉN, 50, 296
VIAN RUIZ, NICOLAS, 109
VILLAFAÑA, MANUEL, 141, 148-152
VIDAL, EULALIO, 39
VIDAL, FELIPE, 169
VIERA, RENÉ, 102
VILLANUEVA, PEDRO PABLO, 33, 34
VILLANUEVA BARROTO, MANUEL, 188
VILLAR, MARIO, 92
VILLAVERDE, PADRE, 26
VILLAVERDE LAMADRID, JORGE, 40
VILLEDA MORALES, RAMON, 81(N), 134

W

WALSH, SINESIO, 53, 54(N), 83, 84, 95, 98-100, 234
WELLES SUMNER, 167
WHEELER, GENERAL, 248, 278
WHITE, OSCAR, 199
WHITE, THEODORE, 221, 224
WHITE, GENERAL THOMAS, 272, 275, 281, 285(N)
WHITEHOUSE, EDUARDO, 56
WISE, DAVID, 276, 286
WILSON, WOODROW, 211
WYDEN, PETER, 179, 207, 222, 225, 226, 237, 238, 241, 247, 266

X, Y, Z

YABOR, ANTONIO MICHEL, 42, 43, 45, 104, 148, 198
YON SOSA, MARCO ANTONIO, 133
ZAHONET, MIGUEL, 44
ZALDIVAR, ARMANDO, 84, 99
ZALDIVAR, ARTURO, 73
ZAYAS CRUZ, CARLOS, 105
ZAYAS, FRANK, 74
ZAYAS, JORGE, 17

COLECCIÓN CUBA Y SUS JUECES
(libros de historia y política publicados por EDICIONES UNIVERSAL):

0-6 MÁXIMO GÓMEZ ¿CAUDILLO O DICTADOR?, Florencio García Cisneros
0359-6 CUBA EN 1830, Jorge J. Beato & Miguel F. Garrido
044-5 LA AGRICULTURA CUBANA (1934-1966), Oscar A. Echevarría Salvat
045-3 LA AYUDA CUBANA A LA LUCHA POR LA INDEPENDENCIA NORTEAMERICANA, Eduardo J. Tejera
046-1 CUBA Y LA CASA DE AUSTRIA, Nicasio Silverio Saínz
047-X CUBA, UNA ISLA QUE CUBRIERON DE SANGRE, Enrique Cazade
048-8 CUBA, CONCIENCIA Y REVOLUCIÓN, Luis Aguilar León
049-6 TRES VIDAS PARALELAS, Nicasio Silverio Saínz
050-X HISTORIA DE CUBA, Calixto C. Masó
051-8 RAÍCES DEL ALMA CUBANA, Florinda Alzaga
118-2 EL ARTE EN CUBA, Martha de Castro
119-0 JALONES DE GLORIA MAMBISA, Juan J.E. Casasús
123-9 HISTORIA DEL PARTIDO COMUNISTA DE CUBA, Jorge García Montes y Antonio Alonso Avila
131-X EN LA CUBA DE CASTRO (APUNTES DE UN TESTIGO), Nicasio Silverio Saínz
1336-2 ANTECEDENTES DESCONOCIDOS DEL 9 DE ABRIL Y LOS PROFETAS DE LA MENTIRA, Ángel Aparicio Laurencio
136-0 EL CASO PADILLA: LITERATURA Y REVOLUCIÓN EN CUBA Lourdes Casal
139-5 JOAQUÍN ALBARRÁN, ENSAYO BIOGRÁFICO, Raoul García
157-3 VIAJANDO POR LA CUBA QUE FUE LIBRE, Josefina Inclán
165-4 VIDAS CUBANAS - CUBAN LIVES.- VOL. I., José Ignacio Lasaga
205-7 VIGENCIA POLÍTICA Y LITERARIA DE MARTÍN MORÚA DELGADO, Aleyda T. Portuondo
205-7 CUBA, TODOS CULPABLES, Raul Acosta Rubio
207-3 MEMORIAS DE UN DESMEMORIADO-LEÑA PARA EL FUEGO DE LA HISTORIA DE CUBA, José R. García Pedrosa
211-1 HOMENAJE A FÉLIX VARELA, Sociedad Cubana de Filosofía
212-X EL OJO DEL CICLÓN, Carlos Alberto Montaner
220-0 ÍNDICE DE LOS DOCUMENTOS Y MANUSCRITOS DELMONTINOS, Enildo A. García
240-5 AMÉRICA EN EL HORIZONTE. UNA PERSPECTIVA CULTURAL, Ernesto Ardura
243-X LOS ESCLAVOS Y LA VIRGEN DEL COBRE, Leví Marrero
262-6 NOBLES MEMORIAS, Manuel Sanguily
274-X JACQUES MARITAIN Y LA DEMOCRACIA CRISTIANA, José Ignacio Rasco
283-9 CUBA ENTRE DOS EXTREMOS, Alberto Muller
298-7 CRITICA AL PODER POLÍTICO, Carlos M. Méndez
293-6 HISTORIA DE LA ODONTOLOGÍA EN CUBA. VOL.I: (1492-1898), César A. Mena
310-X HISTORIA DE LA ODONTOLOGÍA EN CUBA VOL.II: (1899-1940), César A. Mena
311-8 HISTORIA DE LA ODONTOLOGÍA EN CUBA VOL.III:(1940-1958), César A. Mena
344-4 HISTORIA DE LA ODONTOLOGÍA EN CUBA VOL IV:(1959-1983), César A. Mena
3122-0 RELIGIÓN Y POLÍTICA EN LA CUBA DEL SIGLO XIX (EL OBISPO ESPADA), Miguel Figueroa y Miranda
313-4 EL MANIFIESTO DEMÓCRATA, Carlos M. Méndez
314-2 UNA NOTA DE DERECHO PENAL, Eduardo de Acha
319-3 MARTÍ EN LOS CAMPOS DE CUBA LIBRE, Rafael Lubián
320-7 LA HABANA, Mercedes Santa Cruz (Condesa de Merlín)
328-2 OCHO AÑOS DE LUCHA - MEMORIAS, Gerardo Machado y Morales
340-1 PESIMISMO, Eduardo de Acha

347-9 EL PADRE VARELA. BIOGRAFÍA DEL FORJADOR DE LA CONCIENCIA CUBANA, Antonio Hernández-Travieso
353-3 LA GUERRA DE MARTÍ (LA LUCHA DE LOS CUBANOS POR LA INDEPENDENCIA), Pedro Roig
354-1 EN LA REVOLUCIÓN DE MARTÍ, Rafael Lubián y Arias
358-4 EPISODIOS DE LAS GUERRAS POR LA INDEPENDENCIA DE CUBA, Rafael Lubián y Arias
361-4 EL MAGNETISMO DE JOSÉ MARTÍ, Fidel Aguirre
364-9 MARXISMO Y DERECHO, Eduardo de Acha
367-3 ¿HACIA DONDE VAMOS? (RADIOGRAFÍA DEL PRESENTE CUBANO), Tulio Díaz Rivera
368-1 LAS PALMAS YA NO SON VERDES (ANÁLISIS Y TESTIMONIOS DE LA TRAGEDIA CUBANA), Juan Efe Noya
374-6 GRAU: ESTADISTA Y POLÍTICO (Cincuenta años de la Historia de Cuba), Antonio Lancís
376-2 CINCUENTA AÑOS DE PERIODISMO, Francisco Meluzá Otero
379-7 HISTORIA DE FAMILIAS CUBANAS (VOLS.I-VI) Francisco Xavier de Santa Cruz y Mallén
380-0 HISTORIA DE FAMILIAS CUBANAS. VOL. VII, Francisco Xavier de Santa Cruz y Mallén
408-4 HISTORIA DE FAMILIAS CUBANAS. VOL. VIII, Francisco Xavier de Santa Cruz y Mallén
409-2 HISTORIA DE FAMILIAS CUBANAS. VOL. IX, Francisco Xavier de Santa Cruz y Mallén
383-5 CUBA: DESTINY AS CHOICE, Wifredo del Prado
387-8 UN AZUL DESESPERADO, Tula Martí
392-4 CALENDARIO MANUAL Y GUÍA DE FORASTEROS DE LA ISLA DE CUBA
393-2 LA GRAN MENTIRA, Ricardo Adám y Silva
403-3 APUNTES PARA LA HISTORIA. RADIO, TELEVISIÓN Y FARÁNDULA DE LA CUBA DE AYER..., Enrique C. Betancourt
407-6 VIDAS CUBANAS II/CUBAN LIVES II, José Ignacio Lasaga
411-4 LOS ABUELOS: HISTORIA ORAL CUBANA, José B. Fernández
413-0 ELEMENTOS DE HISTORIA DE CUBA, Rolando Espinosa
414-9 SÍMBOLOS - FECHAS - BIOGRAFÍAS, Rolando Espinosa
418-1 HECHOS Y LIGITIMIDADES CUBANAS. UN PLANTEAMIENTO Tulio Díaz Rivera
425-4 A LA INGERENCIA EXTRAÑA LA VIRTUD DOMÉSTICA (biografía de Manuel Márquez Sterling), Carlos Márquez Sterling
426-2 BIOGRAFÍA DE UNA EMOCIÓN POPULAR: EL DR. GRAU Miguel Hernández-Bauzá
428-9 THE EVOLUTION OF THE CUBAN MILITARY (1492-1986), Rafael Fermoselle
431-9 MIS RELACIONES CON MÁXIMO GÓMEZ, Orestes Ferrara
436-X ALGUNOS ANÁLISIS (EL TERRORISMO. DERECHO INTERNACIONAL), Eduardo de Acha
437-8 HISTORIA DE MI VIDA, Agustín Castellanos
443-2 EN POS DE LA DEMOCRACIA ECONÓMICA, Varios
450-5 VARIACIONES EN TORNO A DIOS, EL TIEMPO, LA MUERTE Y OTROS TEMAS, Octavio R. Costa
451-3 LA ULTIMA NOCHE QUE PASE CONTIGO (40 AÑOS DE FARÁNDULA CUBANA/1910-1959), Bobby Collazo
458-0 CUBA: LITERATURA CLANDESTINA, José Carreño
459-9 50 TESTIMONIOS URGENTES, José Carreño y otros
461-0 HISPANIDAD Y CUBANIDAD, José Ignacio Rasco
466-1 CUBAN LEADERSHIP AFTER CASTRO, Rafael Fermoselle
479-3 HABLA EL CORONEL ORLANDO PIEDRA, Daniel Efraín Raimundo
483-1 JOSÉ ANTONIO SACO , Anita Arroyo
490-4 HISTORIOLOGÍA CUBANA I (1492-1998), José Duarte Oropesa
2580-8 HISTORIOLOGÍA CUBANA II (1998-1944), José Duarte Oropesa
2582-4 HISTORIOLOGÍA CUBANA III (1944-1959), José Duarte Oropesa
502-1 MAS ALLÁ DE MIS FUERZAS, William Arbelo

508-0 LA REVOLUCIÓN, Eduardo de Acha
510-2 GENEALOGÍA, HERÁLDICA E HISTORIA DE NUESTRAS FAMILIAS, Fernando R. de Castro y de Cárdenas
514-5 EL LEÓN DE SANTA RITA, Florencio García Cisneros
516-1 EL PERFIL PASTORAL DE FÉLIX VARELA, Felipe J. Estévez
518-8 CUBA Y SU DESTINO HISTÓRICO. Ernesto Ardura
520-X APUNTES DESDE EL DESTIERRO, Teresa Fernández Soneira
524-2 OPERACIÓN ESTRELLA, Melvin Mañón
532-3 MANUEL SANGUILY. HISTORIA DE UN CIUDADANO, Octavio R. Costa
538-2 DESPUÉS DEL SILENCIO, Fray Miguel Angel Loredo
540-4 FUSILADOS, Eduardo de Acha
551-X ¿QUIEN MANDA EN CUBA? LAS ESTRUCTURAS DE PODER. LA ÉLITE., Manuel Sánchez Pérez
553-6 EL TRABAJADOR CUBANO EN EL ESTADO DE OBREROS Y CAMPESINOS, Efrén Córdova
558-7 JOSÉ ANTONIO SACO Y LA CUBA DE HOY, Ángel Aparicio
7886-3 MEMORIAS DE CUBA, Oscar de San Emilio
566-8 SIN TIEMPO NI DISTANCIA, Isabel Rodríguez
569-2 ELENA MEDEROS (UNA MUJER CON PERFIL PARA LA HISTORIA), María Luisa Guerrero
577-3 ENRIQUE JOSÉ VARONA Y CUBA, José Sánchez Boudy
586-2 SEIS DÍAS DE NOVIEMBRE, Byron Miguel
588-9 CONVICTO, Francisco Navarrete
589-7 DE EMBAJADORA A PRISIONERA POLÍTICA: ALBERTINA O'FARRILL, Víctor Pino Llerovi
590-0 REFLEXIONES SOBRE CUBA Y SU FUTURO, Luis Aguilar León
592-7 DOS FIGURAS CUBANAS Y UNA SOLA ACTITUD, Rosario Rexach
598-6 II ANTOLOGÍA DE INSTANTÁNEAS, Octavio R. Costa
600-1 DON PEPE MORA Y SU FAMILIA, Octavio R. Costa
603-6 DISCURSOS BREVES, Eduardo de Acha
606-0 LA CRISIS DE LA ALTA CULTURA EN CUBA - INDAGACIÓN DEL CHOTEO, Jorge Mañach (Ed. de Rosario Rexach)
608-7 VIDA Y MILAGROS DE LA FARÁNDULA DE CUBA, Rosendo Rosell
617-6 EL PODER JUDICIAL EN CUBA, Vicente Viñuela
620-6 TODOS SOMOS CULPABLES, Guillermo de Zéndegui
621-4 LUCHA OBRERA DE CUBA, Efrén Naranjo
623-0 HISTORIOLOGÍA CUBANA IV, José Duarte Oropesa
624-9 HISTORIA DE LA MEDICINA EN CUBA I: HOSPITALES Y CENTROS BENÉFICOS EN CUBA COLONIAL, César A. Mena y Armando F. Cobelo
626-5 LA MÁSCARA Y EL MARAÑÓN (LA IDENTIDAD NACIONAL CUBANA), Lucrecia Artalejo
639-7 EL HOMBRE MEDIO, Eduardo de Acha
644-3 LA ÚNICA RECONCILIACIÓN NACIONAL ES LA RECONCILIACIÓN CON LA LEY, José Sánchez-Boudy
645-1 FÉLIX VARELA: ANÁLISIS DE SUS IDEAS POLÍTICAS, Juan P. Esteve
646-X HISTORIA DE LA MEDICINA EN CUBA II, César A. Mena y Armando A. Cobelo
647-8 REFLEXIONES SOBRE CUBA Y SU FUTURO, (segunda edición corregida y aumentada), Luis Aguilar León
648-6 DEMOCRACIA INTEGRAL, Instituto de Solidaridad Cristiana
652-4 ANTIRREFLEXIONES, Juan Alborná-Salado
664-8 UN PASO AL FRENTE, Eduardo de Acha
668-0 VIDA Y MILAGROS DE LA FARÁNDULA DE CUBA II, Rosendo Rosell
623-0 HISTORIOLOGÍA CUBANA IV, José Duarte Oropesa

646-X HISTORIA DE LA MEDICINA EN CUBA II, César A. Mena
676-1 EL CAIMÁN ANTE EL ESPEJO (Un ensayo de interpretación de lo cubano), Uva de Aragón Clavijo
677-5 HISTORIOLOGÍA CUBANA V, José Duarte Oropesa
679-6 LOS SEIS GRANDES ERRORES DE MARTÍ, Daniel Román
680-X ¿POR QUÉ FRACASÓ LA DEMOCRACIA EN CUBA?, Luis Fernández-Caubí
682-6 IMAGEN Y TRAYECTORIA DEL CUBANO EN LA HISTORIA I (1492-1902), Octavio R. Costa
683-4 IMAGEN Y TRAYECTORIA DEL CUBANO EN LA HISTORIA II (1902-1959), Octavio R. Costa
684-2 LOS DIEZ LIBROS FUNDAMENTALES DE CUBA (UNA ENCUESTA), Armando Álvarez-Bravo
686-9 HISTORIA DE LA MEDICINA EN CUBA III, César A. Mena
689-3 A CUBA LE TOCÓ PERDER, Justo Carrillo
690-7 CUBA Y SU CULTURA, Raúl M. Shelton
702-4 NI CAÍDA, NI CAMBIOS, Eduardo de Acha
703-2 MÚSICA CUBANA: DEL AREYTO A LA NUEVA TROVA, Cristóbal Díaz Ayala
706-7 BLAS HERNÁNDEZ Y LA REVOLUCIÓN CUBANA DE 1933, Ángel Aparicio
713-X DISIDENCIA, Ariel Hidalgo
715-6 MEMORIAS DE UN TAQUÍGRAFO, Angel V. Fernández
716-4 EL ESTADO DE DERECHO, Eduardo de Acha
718-0 CUBA POR DENTRO (EL MININT), Juan Antonio Rodríguez Menier
719-9 DETRÁS DEL GENERALÍSIMO (Biografía de Bernarda Toro de Gómez «Manana»), Ena Curnow
721-0 CUBA CANTA Y BAILA (Discografía cubana), Cristóbal Díaz Ayala
723-7 YO,EL MEJOR DE TODOS(Biografía no autorizada del Che Guevara),Roberto Luque Escalona
727-X MEMORIAS DEL PRIMER CONGRESO PRESIDIO POLÍTICO CUBANO,Manuel Pozo
730-X CUBA: JUSTICIA Y TERROR, Luis Fernández-Caubí
737-7 CHISTES DE CUBA, Arly
738-5 PLAYA GIRÓN: LA HISTORIA VERDADERA, Enrique Ros
740-7 CUBA: VIAJE AL PASADO, Roberto A. Solera
743-1 MARTA ABREU, UNA MUJER COMPRENDIDA, Pánfilo D. Camacho
745-8 CUBA: ENTRE LA INDEPENDENCIA Y LA LIBERTAD, Armando P. Ribas
746-8 A LA OFENSIVA, Eduardo de Acha
747-4 LA HONDA DE DAVID, Mario Llerena